高等院校通识课教育精品教材
"互联网+"新形态一体化精品教材

U0629163

学校心理学

主　编　郑淑杰

副主编　潘福勤

编　委　黄文述　张明浩　张巧明　李克信　柯洪霞

　　　　张耀华　仇莉娜　徐晓慧　王椿阳　滕洪昌

　　　　张光旭　张美峰　林洪新　辛素飞　耿晓伟

　　　　孙　静

新华出版社

图书在版编目（CIP）数据

学校心理学 / 郑淑杰主编. —北京：新华出版社，2019.1

ISBN 978-7-5166-4492-8

Ⅰ.①学⋯ Ⅱ.①郑⋯ Ⅲ.①教育心理学 Ⅳ.①G44

中国版本图书馆 CIP 数据核字（2019）第 026438 号

学校心理学

作　　者：郑淑杰	
责任编辑：贾允河	封面设计：
出版发行：新华出版社	
地　　址：北京石景山区京原路 8 号	邮　　编：100010
网　　址：http://www.xinhuapub.com	
经　　销：新华书店	
中国新闻书店购书热线：010-63072012	
印　　刷：北京荣玉印刷有限公司	
成品尺寸：185×260mm	
印　　张：22	字　　数：529 千字
版　　次：2019 年 1 月第 1 版	印　　次：2019 年 1 月第 1 次印刷
书　　号：ISBN 978-7-5166-4492-8	
定　　价：66.00 元	

前 言

教师的工作专业性很强，需要多学科的知识和理论作为支撑，心理学是教师专业成长和发展的重要支撑学科之一。

本书包括了作为教师所需的心理学知识和理论，同时兼顾教师资格证考试大纲的要求，体现基础与应用并重的原则。基础性表现为内容是对基础知识和基本理论全面、系统的介绍：认知过程——感知、记忆、思维；情感过程；心理状态——注意；心理活动动力——动机；智力；人格。应用性表现为适应教师教育的需要，包括了心理学诸多分支领域的内容：发展心理学、教育心理学（学习心理、品德心理）、社会心理学、心理健康教育、教师心理。

在体例上突出教材的特征，每章开始设有"内容提要"和"学习目标"两个部分，帮助学生了解学习内容，使学生的学习更具有目的性。在各章中随着内容的推进，相应地设置了"信息栏"，介绍了心理学在实践中的应用，主要目的是开拓学生视野，使其了解心理学在实践中，特别是教育实践中的应用。在每章结束后，为帮助学生在复习时掌握重点，设有"反思与探究"和为深入学习提供延伸阅读的"资源链接"两个部分。

郑淑杰和潘福勤承担了全书的提纲拟定、组织协调、统稿等工作。全书执笔者有：郑淑杰（第一、十五章）；黄文述、张明浩（第二章）；张巧明（第三章）；李克信（第四章）；潘福勤（第五章）；柯洪霞、张耀华（第六章）；仇莉娜、徐晓慧（第七章）；王椿阳（第八章）；滕洪昌（第九章）；张光旭（第十章）；张美峰（第十一章）；林洪新（第十二章）；辛素飞（第十三章）；耿晓伟（第十四章）；孙静（第十六章）。

在写作和出版过程中，得到了鲁东大学教育科学学院、教务处的大力支持，新华出版社亦鼎力相助。本书参阅了大量公开出版的文献，在此一并向原作者表达谢意！

由于时间仓促、水平有限，本书难免有疏漏和不足之处，恳请同行及广大读者批评指正！

此外，本书作者还为广大一线教师提供了服务于本书的教学资源库，有需要者可致电 010-60206144 或发邮件至 2033489814@qq.com。

编　者
2018 年 11 月

目　录

第一章　绪　论······1
　　第一节　心理学的研究对象·········1
　　第二节　心理学的研究方法·········8
　　第三节　心理学的发展·········12
第二章　心理的生物学基础·······19
　　第一节　神经系统与人类的智慧之谜·········19
　　第二节　脑与心理·········23
　　第三节　内分泌系统与心理·········29
第三章　注意与意识·······33
　　第一节　注意·········33
　　第二节　意识概述·········42
　　第三节　睡眠和做梦·········43
　　第四节　催眠·········51
第四章　感知觉·······56
　　第一节　感觉及其种类·········56
　　第二节　感觉的特性·········64
　　第三节　知觉及其种类·········68
　　第四节　知觉的特性·········76
第五章　记　忆·······88
　　第一节　记忆概述·········89
　　第二节　感觉记忆·········93
　　第三节　短时记忆·········95
　　第四节　长时记忆·········97
　　第五节　遗忘·········104
第六章　思　维·······111
　　第一节　思维概述·········111
　　第二节　思维的形式·········118
　　第三节　问题解决·········124
　　第四节　表象与想象·········129
第七章　情绪、压力与健康·······135
　　第一节　情绪概述·········136
　　第二节　情绪表达·········144
　　第三节　情绪理论·········149
　　第四节　压力与情绪·········152
第八章　动　机·······160
　　第一节　动机概述·········160

第二节 动机的理论 ·················· 165
第三节 意志 ·················· 170

第九章 智 力 ·················· **176**
第一节 智力概述 ·················· 176
第二节 智力的发展与影响因素 ·········· 182
第三节 智力测验 ·················· 187
第四节 智力开发与创造力培养 ·········· 193

第十章 人 格 ·················· **198**
第一节 人格概述 ·················· 198
第二节 人格理论 ·················· 201
第三节 人格的测量 ················ 209
第四节 良好人格的塑造 ·············· 214

第十一章 中小学生心理发展与教育 ······· **222**
第一节 中小学生心理发展概述 ·········· 222
第二节 小学生的心理发展与教育 ········· 228
第三节 中学生的心理发展与教育 ········· 231
第四节 中小学生个性和社会性发展 ······· 236

第十二章 学习心理 ·················· **241**
第一节 学习概述 ·················· 241
第二节 学习动机 ·················· 249
第三节 学习策略 ·················· 253
第四节 学习迁移 ·················· 259

第十三章 品德心理 ·················· **264**
第一节 品德概述 ·················· 264
第二节 品德的发展理论 ·············· 267
第三节 品德的形成和发展 ············· 271

第十四章 社会心理 ·················· **276**
第一节 社会认知 ·················· 276
第二节 态度及态度的改变 ············· 281
第三节 人际吸引 ·················· 285
第四节 群体心理 ·················· 289

第十五章 心理健康 ·················· **297**
第一节 心理健康概述 ················ 297
第二节 中小学生中常见的心理健康问题 ····· 300
第三节 心理问题的成因 ·············· 305
第四节 心理健康的维护 ·············· 312

第十六章 教师心理 ·················· **315**
第一节 教师的角色与心理特征 ·········· 316
第二节 教师的成长与培养 ············· 322
第三节 教师心理健康 ················ 331

参 考 文 献 ·················· **342**

第一章
绪 论

【内容提要】

在对心理概念进行定义和解释的基础上，阐述了心理学的研究对象。介绍了心理学研究常用的方法，概述了心理学在西方的产生、发展和在我国的传播、发展。

【学习目标】

1. 掌握心理概念及心理学的研究对象。
2. 理解心理学研究的主要方法。
3. 了解心理学的发展历史。

人人都有心理，从刚出生的婴儿到耄耋老者。心理无处不在，有人的地方就有心理。人的任何一种活动，从高智商的科学研究到简单的肢体运动，从清醒状态下的学习到意识模糊的睡眠，都有心理活动的参与。心理现象是如此的普遍，人人都有对心理的朴素认识。那么，你对心理的认识正确吗？

第一节　心理学的研究对象

了解心理学的研究对象，首先要知道什么是心理。

一、什么是心理

心酸、心想、心计、心得、心思，这些词人们经常使用，也知道词汇所表达的心理。但是，给"心理"科学地下一个定义，并非易事。

望文生义，从"心理"可知，该现象好像与"心脏"有关，实则不然。在人类发展早期，人们关注人的灵魂，发现人的心脏停止跳动后，灵魂就从机体上消失了，认为心脏与灵魂关系密切，心脏是灵魂的依托，也就流传下了"心理"这一说法。随着人类的进步，人们对自

身，特别是神经系统和大脑的研究与认识的不断发展，发现心理活动直接的物质依存体是大脑。

现代心理学认为心理是人对客观事物的反映，是大脑的机能，是在活动中产生、表现和发展的。

听到声音、看到颜色、记住知识、解决问题、感到高兴、克服困难……所有这些都是心理现象。听、看、记、想、体验、坚持都是有内容的，不存在没有内容的心理现象。听，是听到声音、听到说话、听到歌声……声音、说话和歌声是客观存在的；看，是看见颜色、看见建筑、看见某人……颜色、建筑、人是客观存在的；记，是记住一个人的相貌、记住一个词语、记住课表……相貌、词汇、课表是客观存在的。所以说，心理是指向一定客观对象的，是对客观事物的反映。

上述所有心理活动的产生，都必须有一定的物质条件做保证，即大脑。现以大脑皮层机能分区为例加以说明。现代科学研究表明，大脑皮层可以分为不同的区域，分别负责不同机能。有负责视觉、听觉、机体觉的初级感觉区；有负责动作、身体姿态、身体空间位置的初级运动区；有负责言语的言语区；有负责对各种机能整合的联合区。如果负责某种机能的大脑皮层区域受到损伤，那么这种机能就会出现障碍。从简单的反射到复杂的思维，各种心理活动都是以一定生理活动为基础的（详见第二章）。

然而，仅有客观事物和人的大脑，还不足以产生心理，在大脑和客观事物之间还需要一个中介——活动。通过活动，主体与客观事物才能发生联系，主体才可能对客观事物予以反映。如没有声波作用于听觉器官，人是不可能产生听觉的。也只有通过活动，那看不见、摸不着、无形无体的心理才能表现出来。因此，心理与活动是不可分的。

谈到活动就容易想到行为。在心理学中，行为有广义和狭义之分。狭义的行为指可以观察到的、外显的活动，如说话、打球。广义的行为不仅包括前述的可观察的活动，还包括无法直接观察的内隐活动，如感知、思维、动机等。这些内隐活动是可以通过外显活动而间接了解的。如果一个人能在短时间内记住大量的信息，可以推论他的记忆力好；如果一个学生很勤奋，可以推论他有很强的学习动机。心理是无形无体、看不见、摸不着的客观存在，无法直接观察觉知，只有通过可见的、可观察的、外显的活动而间接了解。所以，行为和活动（游戏活动、学习活动、创造活动等）也就成了心理学的研究对象。西方通常将心理学定义为系统研究行为和经验的科学。

二、心理学的研究对象

心理学建立伊始至今不过百余年的历史，却成就了众多的学派。各学派分歧的根本原因之一是对心理学研究对象的界定不一致。从内隐的意识到外显的行为，从清醒的意识到意识阈之下的无意识，从简单的行为到整体的经验，从价值中立的认知到有价值倾向的动机，都曾是不同学派所强调的心理学研究对象。心理学研究对象的复杂性可见一斑。

心理所依附的物质载体是人，人是有多种属性的，人的多种属性也预示着人的心理也具有多个层面、多种特性。首先，人是一个物体，具有物的属性：视觉产生的折光机制服从物理学原理。其次，人是一个生物有机体，具有生物的属性：脑细胞的营养与智力存在关联。最后，人是社会的人，具有社会的属性：唐朝的美女在现代人看来都需要减肥，今天的美女在唐朝恐怕都是"扶贫"的对象。

综合已有研究，心理学的研究对象概括为三个部分。

（一）心理过程

心理过程是人的心理活动基本表现形式，在这里"过程"通常意味着有明确开始和结束。根据性质和形态的不同，心理过程分为认识过程、情绪过程和意志过程。

1. 认识过程

认识过程是对客观事物的反映过程，是为了弄清客观事物的性质和规律的心理过程。用信息论的观点来看，就是人脑接收、存储、加工、输出信息的过程。认识过程包括：感知，如听到歌声、看见风景；记忆，如能回忆起昨天的谈话内容；思维，如根据已有的条件进行逻辑推理；想象，如设计一幢新颖的建筑。

2. 情绪过程

在认识客观事物的过程中，听到优美的歌声、看到别样的风景时会感到愉悦和高兴。这种高兴和愉悦就是情绪，是人对事物的主观体验。主观体验丰富多彩，在汉语词典中能找到大量的反应体验的词汇。最基本的划分方法是把体验分为积极的和消极的两类。

3. 意志过程

制定一个目标，克服各种困难实现预定的目标，这就是意志过程。意志是人能动性的体现。

（二）心理状态

指一段时间内心理活动的特征，如注意、困惑、消沉等。心理状态在时间上有持续性，但开始和结束的时间边界不如心理过程清楚；心理状态既有心理过程的成分，又表现出个性差异的色彩。如一个学生在听课时总是心无旁骛，"心无旁骛"说明其状态是注意力集中；"听课"是认识过程；"总是"反映了他的个性特征。

（三）心理特征

人们所做的事情相差无几，但表现出的特征却相去甚远，是人的个性表现。不论是学习还是工作，都有速度快慢、水平高低、粗心与仔细等区别。世界上找不到两片完全一样的树叶，也找不到两个心理世界完全一样的人。能力、气质、人格等是人心理特征的表现。

三、心理学与生活

经过百余年的发展，心理学取得了丰硕成果，表现在理论和实践两个方面。

（一）从事教育和研究的心理学

从事实践工作的心理学人员一般供职于大学和研究所，进行心理学的教学和研究工作。他们的研究主要涉及六个领域：

1. 发展心理学

发展心理学研究心理随年龄表现出的变化，如关注 2~4 岁儿童言语的变化情况，60~80 岁记忆的变化情况。该领域主要描述心理变化的趋势、表现出的年龄特征以及影响变化的因素。

我们以进食为例谈变化。婴儿刚出生时就表现出对食物味道的偏好，他们喜欢甜食、厌恶苦和酸的味道；蹒跚学步的儿童把所有能拿到的东西都放到嘴里啃，要"尝"所有的东西；再后来开始挑食，到7、8岁的时候，儿童挑食的唯一理由是味道不好；长大后，拒绝食物的理由复杂化，健康、体型、食物的形状等都可能成为拒绝食物的理由。从拒绝食物的发展趋势来看，表现为由最初的随着"感觉走"到后期的理性参与。

2. 学习与动机

学习与动机主要研究过去经验与当下动机对行为的影响，了解人的行为对过去经验的依赖程度。我们还以选择食物为例。在食物的选择上，过去经验起着非常重要的作用。例如，吃了某种食物后感到恶心，就形成了对那种食物味道的厌恶感，特别是对不熟悉的食物更容易形成厌恶感。再如，在公园里愉快地进食后就去剧烈运动，可能感到不舒服、恶心，那么你就可能不再喜欢那种食物了。尽管你知道是运动"惹的祸"，但是你的大脑仍然将恶心感与那种食物联系起来，而你的理性思维（该食物很有营养）在食物的选择上并不起作用。这说明，吃什么、不吃什么与过去的经验关系密切。

3. 认知心理学

20世纪60年代以信息论为理论指导的认知心理学发展迅速，将大脑类比为计算机，认为人的认知是一个信息的接收、编码、存储和提取的过程。

素食主义者拒吃所有的肉食，甚至看到别人吃肉都不舒服。素食越久的人越坚信，食肉不仅令人不愉快甚至是不道德的。坚信"食肉不道德"就是影响对食物选择的认知因素。

很多时候人们对食物的选择都是在认知指导下完成的。如人们拒绝喝盛在马桶里的矿泉水，尽管这个马桶从来就没有使用过；不吃做成动物粪便状的糖果，尽管糖果的味道非常可口。所有这些都说明，在上述情境下是认知指导你选择食物而不是味道。

4. 生理心理学

生理心理学试图从生理学视角来理解人的心理、行为。研究神经系统的化学和生物电变化，探讨药物、激素、基因对人的影响。还以选择食物为例看生理心理学家对该问题的研究。

味蕾是味觉的感受器，决定着对食物味道的感觉。研究发现拥有味蕾的数量存在个体差异，某些人拥有味蕾的数量是常人的三倍，有些人拥有味蕾的数量少于常人。味蕾数量的多少与基因有关，不同种族人群都存在味蕾数量的个体差异。拥有味蕾数量多的人通常难于忍受味道强烈的食物，如红茶、辣椒、胡萝卜，这些人对一点儿甜点就感到很甜，因为数量众多的味蕾使他们很容易产生味觉。

激素也影响到人们的味觉偏好。有这样一个个案，一个小男孩表现出强烈的对食盐的偏好，吃东西时撒上一层盐，甚至不吃其他食物时可以直接吃盐。如果禁止大量吃盐他就拒绝吃食物。这个男孩在3岁半时被送到医院接受治疗，吃医院为病人准备的普通食物，结果很快死于摄入食盐不足。研究发现，这个儿童的肾上腺素分泌不足，导致其机体能存储盐，他对食盐的强烈需求是因为他要补充因尿液消耗掉的盐。

5. 进化心理学

进化心理学试图根据物种进化的历史来解释行为，解释物种向特定方向进化的原因。例如，人与动物都偏好甜食厌恶苦味，因为大多数甜食是有营养的，而味苦的东西通常是有毒的。那些选择了甜食的动物最终成了我们的祖先，而那些选择味苦食物的动物还没有来得及繁衍后代就失去了生命。

进化论对人类偏好甜食的解释的确具有说服力，但是并非在所有情况下都是如此。研究者必须能把进化对我们行为的影响和学习对行为的影响区别开来，而这是非常困难的。

6. 社会心理学与跨文化心理学

社会心理学研究个体对他人的影响和团体对个体的影响。社会心理学研究人们对他人的认识、印象的形成、交往、社会动机、社会行为等问题。学习社会心理学有助于人们理解社会中的自己和他人。例如，邀请客人到家里吃饭，精心准备饭菜。通过吃饭这种形式人们真正要做的是强化人际关系。

跨文化心理学与社会心理学在研究内容上很相似，唯一不同的是跨文化心理学是对不同文化背景下人的心理、行为的比较。厨房与食物是饮食文化的物化特征，有研究曾经对从日本到国外学习一年的交换生进行调查，这些交换生对一年异国生活的满意度与所接受的教育、宗教、娱乐等关系不大，决定他们对一年生活是否满意的因素是食物。那些能吃到日本食物的学生对一年的留学生活感到满意，而吃不到日本食物的学生则表现出较多的思乡。简单的一日三餐承载着文化，文化的背后是心理。

（二）为个人服务的心理学

对于大多数人来说，提到心理学首先想到的就是心理医生，即临床心理学的内容。临床心理学解决的问题非常广泛，从抑郁、焦虑到婚姻冲突、做决策等。在我国做精神健康工作的人员很复杂，还没有形成系统的、完整的体系。下面介绍美国① 精神健康工作的从业人员及其工作范畴，有助于了解心理学在实践领域的应用。

1. 临床心理学

临床心理学工作者通常受过良好的专业训练，在理解、解决心理问题方面具有一定的造诣。大多数人拥有哲学博士学位，要求有研究经历并撰写学位论文。在接受专业训练过程中，一般至少有一年的临床实践。除哲学博士学位外，心理学博士也可以从事这一职业。对心理学博士的要求是有临床实践经验，可以没有或有较少的做研究的经验。

2. 精神病学

精神病学是医学的分支，主要治疗情绪障碍。从事精神病治疗的医生通常先获得医学博士学位，之后再接受4年的精神病学训练。

临床心理学工作者和精神科医生为绝大部分来访者提供同样的服务：倾听、询问、提供帮助。但两者也有不同。首先，所有的精神科医生都有处方权，只有部分州的、经过特殊训练的临床心理学工作者才有处方权。其次，更多的精神科医生供职于精神病院，精神病院中的临床心理学工作者相对少些。最后，精神科医生服务对象的问题更为严重，而临床心理学工作者服务对象的问题相对轻些。

由于精神科医生拥有处方权，那么在工作中是否比临床心理学工作者更有优势？精神科医生有时表现出优势，但并非所有时候都如此。例如，在解决焦虑、抑郁问题时，某些精神科的医生习惯于使用药物，而临床心理学工作者则致力于改变来访者的生活方式。药物是有

---

① James W K. Introduction to Psychology[M]. Belmont:Thomson Wadsworth，2008.

效的，但是过分依赖药物也是很危险的；而改变生活方式更有可能从根本上解决问题，但需要的时间比较长。

3.其他的心理健康职业

除了上述两个常见的与心理健康有关的职业外，还有其他几种与心理咨询有关的职业。

心理分析师，指以精神分析理论和方法为宗旨提供治疗、咨询服务的从业者。由弗洛伊德创立该治疗理论，经追随者进一步发展，该理论试图寻找、分析人们行为、言语背后的无意识。心理分析师这个称呼所指代的群体包括两个部分：一是指那些试图发现无意识思想和情感的心理健康从业人员；二是指在心理分析机构接受6~8年训练的咨询师，这些人在接受精神分析训练之前，通常是精神科医生或临床心理学工作者。

临床社会工作者，与临床心理学工作者类似，只是专业背景不同。临床社会工作者通常拥有社会工作的学士学位，但在解决心理问题方面也受过专门的训练。与博士相比，硕士接受教育的年限短，研究经验也不多。许多心理康复机构引导自己的来访者接受临床社会工作者的服务，而不是精神科医生或临床心理学工作者。因为，临床社会工作者的收费比较低。

心理咨询师，为人们提供教育、职业、婚姻、与健康相关服务的从业人员，这些人通常拥有博士学位（哲学博士、心理学博士或教育学博士），有在督导师监督下进行咨询的经验。心理咨询师与临床心理学工作者的工作内容有重叠，但侧重点不同。前者主要解决的是重要的生活决策、家庭和职业适应等问题。如果这些问题没有得到很好的解决，则可能导致焦虑、抑郁。焦虑、抑郁等情绪问题是临床心理学工作者要解决的问题。心理咨询师供职于学校、心理康复中心、企业等机构。

司法心理学工作者，为律师、警察、法官等提供建议和咨询的从业人员。司法心理学工作者的专业训练与心理咨询师、临床心理学工作者类似，不同的是需要接受法律方面的专业培训。例如，司法心理学工作者对被告是否具有精神问题，从而是否需要承担法律责任提出意见；对罪犯是否具备假释的心理条件予以评估。

【信息栏】1-1：来访者

来访者

为尊重接受服务的对象，在心理咨询中使用"来访者"或"当事人"称谓需要帮助的对象，而不使用"病人""患者"，避免消极的暗示。"来访者"的使用也包含着咨询师对接受服务对象的期待和假设：与来访者建立积极、平等的关系；来访者有自省的能力，他们在咨询师的帮助下能够成长。

（三）为组织提供服务的心理学

在发达国家，心理学工作者还在公司、企业、学校供职，做一些人们看来与心理学无关的工作。

1.工业/组织心理学

研究人工作的心理学就是工业/组织心理学。包括人与工作的匹配、进行职前训练、发展工作团队、设计薪酬与津贴、反馈工作业绩、设计工作环境等。工业/组织心理学既研究个体行为也关注组织行为，包括经济环境和政府政策的影响。下面的事例有助于人们对这个领域的了解。

一个生产复杂电子产品的企业，需要为自己的产品撰写并出版产品说明书、维修手册。设计产品的技术人员不想做这项工作，他们也不善于写作。于是公司聘请一个专门写产品说明和维修手册的员工。一年后，这位"写手"被告知工作业绩不佳，因为反馈的信息显示手册存在很多的技术问题。这位"写手"为自己辩护：当他要求技术人员复查手册或解释具体的技术问题时，技术人员通常以"没有时间"为由予以拒绝；他发现自己的工作复杂而无效，工作环境灯光昏暗、嘈杂、闷热、椅子不舒服。当他表达这些不满为自己辩护时，领导认为他抱怨太多。

在这种情况下，心理学能帮助企业找到问题所在并提出解决的策略。第一种可能是雇佣的"写手"不称职，如果是这样，那么应该解聘这位"写手"，聘用既懂技术又善于写作并且"喜欢"工作环境灯光昏暗、嘈杂、闷热、椅子不舒服的人员。如果无法聘用到这种人，那么企业应该改善工作环境，对目前的"写手"予以技术培训，或者提供技术工作方面的帮助。

再如，当组织对员工不满时，心理学通过分析问题所在：是员工素质不高？还是工作有难度？根据分析结果，提出提高招聘条件或改进工作条件的建议。

2. 工效学

工效学也称人类工程学，是提高机器的可操作性，从而帮助人们有效、安全地使用机器的学科。学会操作日益复杂的机器是现代生活面临的挑战，有时这种挑战还很严峻。设想一下：一个飞行员想操作飞机着陆，却错误地拉升了飞机的双翼；一个核电站的工作人员没有看到警示标志。这些后果是不堪设想的。很多受过良好教育、高智商的人，不一定会使用照相机或微波炉的所有功能，有的人甚至在完成给数字手表设定时间的任务时都有困难。

工效学最早因军事领域需要而产生，军事领域的任务对人提出了挑战。如使用复杂的军事装备攻击眼睛不能直接看到的目标；在震耳欲聋的战场上听懂他人所言；仅凭双手在机器上追踪三维空间里的目标；在分秒之间做出生死决定。完成这些任务具有相当的难度，军界希望心理学解决的问题是：士兵应该掌握什么样的技能才能完成这些复杂的任务。

工效学是心理学和工程学的交叉学科，在大学学科设置中，可以在心理学和工程学两个学科中见到其身影。不论在哪个学科下，工效学都是将心理学、工程学和计算机有机结合的学科。

工效学诞生后，其研究成果迅速应用于公司、企业和日常生活。这是一个工作机会多，发展潜力巨大的领域。

3. 学校心理学

很多儿童在接受学校教育过程中都出现过问题，有的儿童不能安静坐着听课、注意力不集中，有的儿童出现行为问题，有的儿童存在阅读、拼写困难，有的儿童掌握知识很快因而厌倦了"冗长"的学习过程。

在发达国家，学校心理学工作者供职于从幼儿园到高中的各级教育结构。他们的工作是了解儿童的教育需要，制定满足这些需要的计划，实施或帮助教师实施这些计划。

在美国，学校心理学工作者至少要有硕士学位，当然工作机会对于博士学位获得者更多一些。

第二节 心理学的研究方法

工欲善其事，必先利其器。做任何事情方法都是重要的，研究方法对于科学研究来说，也是重要的工具。心理学的诞生得益于研究方法的改进，因为使用了新的研究方法——实验法，心理学才脱离哲学怀抱而独立。

从心理学建立之日起，历经百年的发展。心理学积累了大量的知识，多种理论并存，呈现出繁荣之势。所有这些成绩的取得都与研究方法的发展息息相关。

一、研究问题来源与研究层次

（一）问题来源

科学研究始于问题，没有问题研究就无从谈起。那么研究问题从何而来呢？心理学研究问题的来源大致有四个方面。

首先，理论是心理学研究问题产生的一个来源。理论存在的意义之一就是提出新问题并加以验证。例如，心理分析理论强调早期经验在发展中的重要作用，所以有大量的研究关注儿童早期的教养经验与人格发展的关系；布卢姆的智力发展理论认为，4岁时已经获得了17岁时智力的一半，直接引发了大量的早期智力开发研究。

其次，研究方法和技术的更新是导致研究问题产生的另一个因素。用传统的研究方法，如问卷、访谈、测验等，无法了解教学过程中师生互动的过程，而录像技术的使用则可以全程记录教学过程，不但能了解师生互动的过程，而且能了解这种互动过程的背景及其发展过程。

再次，社会的需要是研究问题产生的第三个因素。社会发展与技术变革的结果之一是新问题的诞生，如离婚家庭儿童的发展、电视暴力对人的影响等，都是随时代的发展而产生的研究问题。于是，研究问题也就打上了时代的烙印，因此网络对人的影响成为心理学家今天的课题。

第四个引发研究问题产生的因素就是知识本身。由于理论、方法和社会需要等种种原因使我们有了研究的问题，而对这些问题研究的结果，又进一步增加了新的研究问题。如，研究表明儿童先天就具有强烈的好奇心，这种好奇心表现在学习上就是求知欲，是学习的内在动力。同时研究也表明，外在的强化也能加强学习动机。那么外在强化能否削弱内在的学习动机呢？这就是知识引发的研究问题。

（二）研究层次

任何研究都是不断深入的，由表及里、由浅入深。心理学的研究也存在不同的层次，描述、解释、预测和干预是心理学研究不断深入的路径。

描述是心理学发展初期的主要研究层次，目的在于了解心理现象的基本事实和表现，回答"是什么"的问题。就是一种对问题和现象的描述：某种心理现象的表现是怎样的？在哪种条件下容易表现出来？年龄、性别和文化与其表现有何关系？如对动作技能形成的研究发现，动作技能形成经历四个阶段——认知阶段、分解阶段、联系定位阶段和自动化阶段。该研究结果就是对动作技能形成的描述。描述层次的研究使我们对人的心理有了整体的印象和概貌，是其他层次研究的基础。

描述心理现象之后是对这些现象的解释，回答"为什么"的问题。"为什么"涉及解释的问题，它要回答心理、行为产生的原因、内在的过程。例如，为什么动作技能形成的第一阶段是认知？为什么不能开始就达到自动化阶段？对所描述现象的解释使心理学对研究对象的认识由表及里，加深了一步。

知道了心理现象产生的原因，就可以预测特定条件下人的行为表现具有什么特征。如心理学研究发现，儿童语言的获得与语言环境有非常密切的关系。那么，如果一个儿童在缺乏言语刺激的环境下长大，就可以预测该儿童的言语发展可能存在问题。需要指出的是，到目前为止，心理学对很多心理现象产生的原因还没有很清楚的认识；另外，心理现象的测量不可能像自然科学那样精确。所以，对心理现象的预测，也不可能像自然科学那样精确。

如果对心理现象产生的原因有了清楚的认识，那么就可以对行为进行干预和控制。如让儿童表现那些好的行为，尽量避免不好行为的出现。干预和控制主要是通过对制约行为产生原因的控制和改变而实现的，如攻击行为是一种常见的儿童问题行为，研究发现他人的攻击行为是儿童攻击行为获得的一种影响因素，于是可以通过减少榜样的攻击行为、或惩罚榜样的攻击行为而减少被干预者的攻击行为。

二、研究方法

有了研究问题，接下来的工作是找到适合研究该问题的方法。研究方法可以从不同层面来理解：哲学的、学科的和技术的，本部分主要从技术层面讨论研究方法。

（一）实验法

严格的实验法是在实验室中进行的，但由于其研究结果的有效性受到质疑，于是后人进行了改进，出现了在实验室之外的实验方法，也就是通常所说的准实验。

变量是实验法中的核心概念，是指在性质、数量上可以变化、测量、操控的条件、现象、事件或事物的特征。学习成绩、年龄、智力水平、亲子关系、父母教养方式、人格特征等都可以是变量。

实验法通常要证明事物间因果关系，"因"就是自变量（研究者预期能引起另一个变量变化的变量），"果"就是因变量（受自变量影响的反应变量）。因变量的变化有时还会受到自变量以外因素的影响，而这些因素又是研究者不感兴趣的，称之为无关变量。

不论是严格的实验法还是准实验，都是指控制无关变量，操纵自变量，考察自变量对因变量影响的研究方法。实验法和准实验的区别在于对无关变量控制程度的不同，前者对无关变量的控制更为严格，后者对无关变量的控制较为宽松。如研究教学方法对学生学习成绩的影响，教学方法就是自变量，是研究者控制和操作的变量。学生的学习成绩就是因变量，是研究者关注的结果。学生的性别、已有的学习基础等因素都有可能对学生的成绩产生影响，而这些因素却是研究者不感兴趣的，就是无关变量，研究者通过对这些无关变量的控制而减少、消除其对学习成绩的影响，从而更清楚地看到教学方法对学生学习成绩的影响。

通过分析可以看到实验法具有的特点表现在两个方面。首先，研究者处于主动的地位，可以操控变量，人为地创设一定的情景，使研究结果出现。如前例中的教学方法就是研究者可以控制和操作的，使用不同的教学方法可以看到不同的结果。其次，实验法有严格的设计

程序和要求。如被试的选择、研究材料的使用、研究程序、指导语和数据分析的技术等。这些研究设计和要求的目的是控制无关变量，对因果关系进行推论，能回答"为什么"这个问题。

（二）观察法

观察法就是通过感官或感官替代物——摄像机、录音机，对研究对象的心理与行为表现进行有系统、有计划的记录，分析记录并从中发现规律的研究方法。例如，在日常生活和教学活动中，通过对学生的学习、交往、娱乐等活动的观察，了解学生的心理特点和人格特征。

这种研究方法有诸多优点。首先，该方法就是把人放在了真实环境中来研究，所得结论与实际符合程度高。其次，观察法还可以对研究对象进行描述，弥补了实验室研究只有数据没有"人"的不足，能看到研究中活生生的人。第三，由于儿童言语表达能力有限，对自己的行为不能进行准确的报告；儿童不像成人那样掩饰自己，儿童的心理活动具有突出的外显性，表现得更为本真。所以观察法在研究儿童时具有其他方法无法替代的作用。第四，现代媒体技术与统计分析技术的使用，使得观察法焕发了新的研究魅力。如心理学研究中录像技术的引进，使研究者能准确记录人的行为表现：面部表情、细微的动作。观察记录的内容是很庞杂的，有的行为表现是在瞬间完成的，而录像带可以反复播放、慢放，对观察的内容进行反复的考察，从而进行准确分析。现代统计分析技术的发展为复杂数据的分析提供了可能，如时间序列分析技术可以处理交往对象之间互动的数据：谁发起社交活动？对方的反应性如何？互动的特征是什么？

尽管观察法存在上述优点，但同时也存在不足。第一，在研究中观察到的可能不是所期望的，希望出现的行为并没有观察到，所以观察有一定的被动等待性。第二，观察很难控制无关变量，对因果的解释比较困难。第三，观察很难重复，所以研究结果很难验证和检验。

（三）心理测验法

心理测验法是使用量表收集资料进行研究的方法。

心理测验的基本特征是间接性和相对性。所谓间接性，是指通过被测验者的外显行为来推论其内在心理过程与特征；是一个由"结果"追溯"原因"的研究思路。如，一个学生做决定时总是参考别人的意见，那么可以推测他的独立性比较差。所谓相对性，是指测量结果的参照点不是绝对的。测量结果的参照点一般使用平均数，个体测验分数的解释要看你所在群体的水平（平均数和标准差）。

量表通常是专业人员编制的，编制测量工具是一项浩繁的专业工程，一般无需自己编制。如果有被专业人士认可的工具，就可以使用。

测验法在具体使用过程中，既可以个别施测，也可以集体施测；既可以用文字测量，也可以用非文字测量。测验的实施要遵循特定的程序，以保证测验结果的准确性。

（四）问卷法

问卷法是研究者用问卷收集资料的一种研究方法。问卷是研究的工具，成熟的问卷是按照研究的要求、程序进行设计的，有一定的结构。

问卷通常包括四个部分。第一部分是标题，用简短的语言对问卷内容进行概括；第二部分是指导语，即对问卷进行说明，如问卷的目的、如何作答、具体的要求和需要注意的问题等；第三部分是问卷的主干部分，一般包括问题和备选答案，也可以只有问题（开放式问卷）；第四部分是结束语。在研究中可以使用别人编制的问卷，也可以自己编制。编制问卷是一项专业性很强的工作，请参阅相关资料。

该方法的优点是在短时间内能收集到大量的资料，节省人力、时间和经费，特别是集体施测时资料的收集更为迅速。不足有二：首先，灵活性不强，问卷的问题和结构都已经确定，回答者没有选择的余地，只能在被选的范围内作答；其次，问卷法的深入性不够，问卷的问题只能是针对大多数人在大多数时候的表现进行设计，备选答案一般也考虑到表面的情况，所以无法深入下去。

（五）访谈法

访谈法是通过谈话的途径获得研究资料的方法。访谈既可以作为主要的资料收集方法，也可以作为资料收集的辅助手段。如果将该方法作为主要的资料收集方法，那么在访谈过程中要有一定的控制：访谈哪些人、哪些事件、访谈的问题应周详。如果该方法作为辅助的研究方法，只是为了澄清某些变量、关系、假设、步骤等，那么访谈的设计可以宽松一些，不必严格控制。

根据对访谈问题控制程度的不同，将访谈分为结构访谈和非结构访谈两大类。所谓结构访谈是指对访谈问题严格控制的一种访谈，访谈问题是标准化的，所有访谈对象回答同一结构的问题，这种访谈又称为标准化访谈。非结构访谈是指自由程度较大的访谈方式，访谈者和访谈对象在一个特定的谈话领域自由交流。

访谈者在访谈进行之前要做必要的准备。首先，访谈者要明确访谈的目的，如研究家庭关系对儿童发展的影响，那么访谈最好是在家庭中进行，访谈对象主要是家庭成员；在访谈的同时，还可以看到家庭成员间的互动。其次，对访谈对象及其生活背景有一个初步的了解，如城市和农村的父母对待不同性别儿童的态度是存在差异的，这可能导致父母对男孩、女孩接纳、容忍程度的差异。最后，拟订一个访谈程序表，包括访谈之前应该阅读哪些资料、对访谈对象应了解到什么程度、对哪些特殊任务或事件做事先准备、在什么地方访谈、第一个问题是什么、问题的排列顺序怎样等。

做好上述准备工作，只是访谈成功的一半，访谈技巧的具备是访谈成功的另一半。访谈技巧主要涉及以下几个方面。在访谈之前做好设备工具的准备——录音机、摄像机、纸张文具等；心理准备——如何与访谈对象开始交流、怎样使访谈对象尽快消除紧张疑虑、在访谈开始用简洁恰当的语言将自己介绍给访谈对象、说明访谈的目的、制造友好的气氛、对访谈对象提出必要的要求。在访谈过程中，对访谈对象远离主题的诉说采取认真倾听的态度，在适当的时机将话题拉回访谈的"正题"。

访谈法的优点是弹性大、面对面的交流，有机会发现问题，对不清楚的问题可以重复、追问，对访谈对象的外在表情和动作也可以在访谈过程中观察到。但是这种方法也存在不足，访谈者可能有主观猜测和解释的成分；访谈者与访谈对象之间生活经验和价值取向的不同，可能造成沟通障碍与困难。

（六）个案法

个案研究是对一个或少数几个个体进行系统研究的方法，可以使用追踪观察和回溯调查

的手段。如对发展非常优秀的个体进行研究，调查他们的家庭背景、父母的教养态度与行为、儿童的心理特征等，不但追溯他的过去，还要跟踪他的未来，考察其发展变化的趋势。有时在不能使用其他方法时，个案研究有其特殊的意义，如对"狼孩"的研究。

在使用这种方法时存在一个间隔多长时间收集资料的问题。一般来讲年龄是决定时间间隔的一个因素，年龄越小收集资料的时间间隔应该越短，因为年幼儿童的发展变化是非常迅速的，避免漏掉重要的变化信息。由于现代科技的发达，各种媒体——录音机、摄像机都可以在个案研究中使用，增强了观察记录的准确性。

个案研究虽然是在长期的日常生活中记录人的行为、活动，但是这种观察记录同样应是在科学指导下的活动，不是生活的流水账，不是记录数量庞杂而意义不大的生活片段，而是在科学指导下观察记录关键的言语资料和重要的镜头。

个案研究最大的优点是资料细致、系统，是同一个体在不同阶段的表现，能考察真正的发展、变化，看到个体发展的轨迹及其影响因素。当然个案研究也存在着不足，它获得的是个别资料，缺乏可供比较的个体或群体，所得结论的代表性成为一个无法避免的缺陷，不能将结论推论到大多数人身上。

西方儿童心理学的鼻祖普莱尔所著的《儿童心理》一书，就是根据对自己孩子系统观察而写成的。他每天观察三次，早、中、晚各一次，从出生一直观察到 3 岁末。在中国心理学发展历史中，开创个案研究先河的是陈鹤琴，他是中国儿童心理学的开拓者。1920 年 12 月，其长子一鸣出生，他以自己的儿子为研究对象，进行了 808 天的个案追踪研究，在此基础上撰写了《儿童心理之研究》《家庭教育》两部专著。

本节介绍了心理学研究的主要方法，在具体的研究中选择哪种研究方法，在一定程度上取决于研究的问题和可行性。当选择了一种研究方法后，研究者一定要清楚地意识到每种研究方法的优点和不足，尽量扬长避短。同时，研究的结果与研究的方法是密切相关的，没有脱离研究方法而独立存在的研究结果，每一种研究方法都影响着研究结果、结论的获得。所以，关注研究过程有助于对研究结论的理解。为保证研究的科学性，在心理学的研究中，最好用多种方法考察同一个问题，相互取长补短，避免单一方法的局限性。

第三节　心理学的发展

在心理学界有这样一句话：心理学有一个漫长的过去，但只有短暂的历史。心理学的漫长，是因为心理学与哲学同古，心理学最初蛰伏于哲学的襁褓。早在心理学成为独立学科之前，人们已经关注心理，关于心理现象的思想、观点也已有很多，所以说，心理学有一个漫长的过去。但是，心理学作为一门独立的学科却为时较短，心理学界公认的标志性事件是，1879 年冯特在德国的莱比锡大学建立第一个心理学实验室。从此，心理学脱离哲学怀抱成为一门独立学科。与其他成熟的自然科学相比，心理学不过是一个蹒跚学步的孩子。中国的心理学是从西方引进的，是典型的舶来品，本节将讨论西方心理学的产生和发展及其在中国的传播。

一、心理学的产生与发展

（一）心理学的诞生

1. 哲学起源

哲学是心理学产生的源头，心理学所讨论的问题早在古希腊、罗马时期就有哲学家关注，当时主要表现为理性主义和经验主义之争。理性主义主张只有运用理性才能获得可靠的知识，否认真正的认识来源于知觉。理性主义贬低感觉经验，害怕感官的错误。经验主义认为外部世界的信息在感官中就能呈现出来，感觉经验是获得知识的基础，害怕理性的欺骗。理性主义和经验主义的对立，围绕普遍必然知识和如何获得这些知识而展开，于是有了存在与形成的哲学之辩。存在的倡导者通常是理性主义者，相信主体之外存在永恒的超越的真理与价值。形成的倡导者通常是经验主义者，否认存在永恒不变的存在（真理），只有在不断变换的经验中寻求唯一的真理——事物的变化规律。

到了中世纪，宗教成为占统治地位的社会意识形态，哲学成为宗教的婢女。心理学的思想也打上宗教的烙印，认为心理是灵魂的官能。奥古斯丁认为，记忆、理性和意志是灵魂的主要官能，三者在经验上形成统一体。

文艺复兴时期用人学代替神学，目光从天堂转向尘世。反对盲目的宗教信仰和神学崇拜，宣传个性解放。与此同时，自然科学的发展使人们相信唯物认识论，自然科学的研究方法也影响到人们对心理的认识。于是，用经验的方法研究人的心理成为一种趋势。达·芬奇主张"我们的全部知识都是从感觉开始的"[①]。这是唯物的经验主义的思想同思辨的唯心主义的抗争。

到了近代，经验的心理学迅速发展，成为哲学心理学的主流，主要探讨知识经验是怎样产生的，属认识论问题。经验主义心理学思想和理性主义心理学思想仍然是西方近代哲学心理学思想的两种主要理论形态。经验主义心理学思想产生于英国，鼻祖是培根，重视感官经验的作用。主要讨论人的心理是如何获得知识的，忽视心理的主动性和理性思维的作用。理性主义心理学思想产生于法国，鼻祖是笛卡尔。强调主体先天固有的能动性、心理活动的统一性、动力性和矛盾性，忽视感觉经验的作用。

2. 科学起源

19世纪自然科学得到巨大发展，当时的天文学、解剖学、生理学、物理学等多门学科发展迅速。这些得到发展学科的共同特点是，采用系统的观察和实验的方法。新方法的使用促进了自然学科的发展，这启发了心理学，也要通过方法的革新获得发展。

在自然科学中，对心理学发展影响较大的是生理学和物理学。生理学家研究心理的生理机制，认为脑是心理的器官，提出了反射的概念，创造了新的研究技术（局部切除法、刺激法，研究不同部位的机能）。布洛卡言语中枢的发现，引发了脑机能定位说。在物理学领域，也使用实验的方法，物理学与心理学的直接结合产生了心理物理学。此外，天文学的研究发现，不同观察者报告观察结果时在时间上存在差异，这促进了心理学对反应时的研究。上述心理学研究都借鉴了自然科学的实验方法，实验心理学呼之欲出。

---

① 唐钺. 西方心理学史大纲 [M]. 北京：北京大学出版社 .1982：53.

3.实验心理学的建立

尽管资本主义在欧洲各国都有发展,哲学思想和自然科学也相应在发展,但是心理学却钟情于德国,这与德国人的性格特点和对科学的理解有关。德国人的特点是细心和精确,喜欢描述性的工作,重视对事实的观察和研究,因此,很早就对生物学进行研究,因生物学与心理学关系密切,自然容易从生物学"过度"到心理学。另外,德国人对科学的理解比较宽泛。英国和法国把科学理解为用定量方法研究的物理学和化学,生物学则被排除在科学大门之外。而德国人则把生物学、语言学等都当作科学来对待,而语言是最重要的心理现象。那么心理学诞生于德国就顺理成章了。

实验心理学建立之初,研究者得益于实验生理学,并取得了一定的成绩。内斯·缪勒提出了神经特殊能量说,促进了神经系统内的机能定位研究;赫尔姆霍兹证明了可以用实验和测量的方法研究心理生理过程;韦伯和费希纳研究了刺激强度与感觉之间的数量关系。尽管在19世纪末有很多心理学家的业绩至今都被奉为经典,但是,科学心理学诞生的桂冠却给了冯特。因为,他不仅建立了第一个心理学实验室,取得了丰硕的研究成果;更重要的是冯特力图建立一门新的科学,进行大量的宣传工作,编辑了世界上第一种刊登心理学研究报告的学术刊物,也培养了大批的心理学人才。

冯特的研究兴趣非常广泛,从感觉的生理机制到行为的文化差异。他研究的一个基本问题是意识或经验的构成元素是什么。他认为心理构成的基本元素是感觉和情绪,元素的结合形成不同的意识状态。冯特使用内省的方法收集数据来证明自己设想的正确性。

(二)早期的心理学

心理学建立之初,除冯特外还有一个重要人物对心理学产生了很大影响,是冯特的学生铁钦纳。他于1892年受聘到美国的康奈尔大学任教,很快以他为核心形成构造主义学派。他试图描述意识的结构,认为感觉、意向和情感是构成意识的三个基本元素。在当时的美国与铁钦纳对立的是机能主义,代表人物是威廉·詹姆斯,被尊称为美国心理学之父,1890年出版《心理学原理》一书,影响深远。他感兴趣的是意识的机能,即意识是"如何工作的"。他讨论的问题是:人们怎样保持好的习惯、人们怎样意识到某一事情自己曾经见过等。威廉·詹姆斯的主要贡献是提出了问题,激励后来者解决他所提出的问题。

达尔文的进化论对心理学产生了巨大影响。进化论认为人类与其他物种有着共同的祖先,这意味着每一个物种都有适应自己的独特生活方式,同时也与其他物种有共同的特征。那么动物与人类也有着共同的特征,包括智力。早期的比较心理学主要研究动物的智力,试图根据动物的智力水平从最聪明到最愚钝对动物进行排序。但结果表明对动物智力的测量并非易事,最终认识到这是一项无意义的工作。因为不同动物的能力结构不同,缺乏可比性。现在仍然研究动物的智力,重点转移到了解动物智力行为的机制以及这种机制对了解人类智力的启发。

在一些学者对动物智力兴趣盎然的时候,另外一些学者的兴奋点是人类智力。高尔顿关注人的个体差异,认为智力是遗传的。他尝试着测量人的各种特征,为后来的心理测量奠定了基础。1805年法国的比奈编制了第一个智力测验(见第九章),迅速在美国和西方各国流行,并发展到对人格、兴趣和其他心理特征的测量。

（三）行为主义的兴起

从 1920 年到 1970 年，心理学被描述为研究行为的科学，意识、经验很少被提及，因为大多数心理学家认为意识问题是无法回答的，所以强调研究可观察的行为。心理学家关注的问题是：环境与人、动物行为的关系是怎样的？环境如何塑造行为？什么是学习？学习是如何发生的？这些问题不但有意义并且是可回答的，符合科学研究问题的基本要求。

华生是行为主义的创立者，他认为心理学的研究对象是可观察、测量的行为，而不是人的意识过程。虽然他并非是行为主义的第一倡导人，但却是将行为主义系统化、理论化的第一人，在行为主义宣传和普及工作中做了大量的工作，所以被尊称为行为主义的奠基人。

行为主义对学习问题倾注了大量精力，通常以动物而不是人为研究对象。研究动物的优点是可以控制动物的饥饿、睡眠等自变量，而对人则不能严格控制。另外，动物的学习较为简单，容易探索其基本规律，并将这些规律从一个物种（动物）推论到另一个物种（人类）。在 20 世纪中叶，很多心理学家坚信通过走迷宫的老鼠可以研究所有的行为。随着研究的深入，他们发现即使走迷宫的老鼠也不像先前想象的那样简单，于是逐渐放弃这种研究模式，改变了方法继续研究动物学习问题。

行为主义至今仍活跃在心理学的舞台，只是不占绝对主导地位而已。计算机的发明，使记忆、知识和信息加工的心理学研究成为可能。心理学家将人的心理活动类比为计算机的信息加工过程，思维、知识这样有意义的问题成为当今研究的主流，而这些问题在早期的行为主义那里是避而不谈的。

图 1-1　美国心理学家华生（John B.Waston）

（四）从弗洛伊德到现代临床心理学

20 世纪早期临床心理学是一个非常狭窄的领域，只关注视觉、听觉、运动、记忆障碍，对精神疾病的治疗属于精神病领域，是医学的一个分支，不属于心理学。奥地利精神病医生弗洛伊德，通过对病人梦和记忆（内容）的分析，形成并推广了一种新理论——精神分析，也称为心理分析，这种理论起源于精神病治疗的实践。弗洛伊德试图从病人当前的行为追溯其童年早期的经历，包括儿童的性幻想。精神分析的核心是强调潜意识，潜意识是很难或根本不能进入意识中的部分。潜意识包括原始的本能冲动、与本能冲动有关的欲望，特别是性欲。由于这些冲动不被社会风俗、道德、习惯所容纳，而被排挤到意识阈之下。但它们并没有消失，而是在潜意识中积极活动，追求满足。这种潜意识的心理过程，虽不为人所察觉，却在人的一生中占有重要的支配地位。

图 1-2　西格蒙德·弗洛伊德（Sigmund Freud）

弗洛伊德的理论在二战后的美国得到迅速传播，并产生巨大影响。20 世纪中期，美国和欧洲的大多数精神病医生都接受过精神分析的训练。二战后，由于士兵在战争中遭受心理创伤，精神

病医生无法满足大量士兵的治疗需求，心理学工作者开始介入这项工作。于是临床心理学成为一个普及的领域，该领域使用多种治疗技术并比较不同方法的疗效，弗洛伊德的理论和方法逐渐丧失了统治地位，让位于新的理论和方法。

在新兴的治疗理论中，人本主义心理学独树一帜，以罗杰斯为代表。罗杰斯对人性的假设积极乐观，认为每个人都具有一种固有的、先天的维护自我、提高自我、自我实现的动机，这种动机引领着人向积极的方向发展。人所表现出的"恶"是文化导致的。现代社会是一个物质丰富，但商业化和技术充斥整个社会的时代，人类体验着前所未有的"精神孤独"。他的以来访者为中心的疗法直接反映了他的治疗观。罗杰斯认为来访者知道对于自己什么是最好的；来访者决定与咨询师讨论什么话题；重视当下的感受，不强调过去（不强化过去的失败），人可能向更积极的目标发展；治疗的目标是人的成长和发展，而不是症状的减轻。

（五）当下的心理学

20世纪60年代中期，认知心理学兴起，关注人的思维和知识获得；今天的认知心理学不再关注思维，而是测量各种条件下人反应的准确性和速度从而推测信息内在的加工过程。认知心理学还利用大脑扫描技术了解人在完成各种任务过程的大脑内部活动。

另一个迅速发展的领域是神经科学。近几十年来，神经系统研究发展迅速，任何一个心理学的分支都需要关注神经科学的研究成果及其理论含义。

新兴的应用领域也在发展。如健康心理学家研究人的行为与健康的关系，探讨吸烟、饮酒、性活动、身体锻炼、饮食、对压力的反应是如何影响人心理健康的；并试图通过改变人的行为来提高健康水平。运动心理学家运用心理学原理帮助运动员设立目标、进行训练、调整比赛期间的心态等。

心理学的未来会是怎样的？这是一个很难回答的问题。但是，心理学应该反映人类变化的需要，这是所有人的期望。

✉ 【信息栏】1-2：玛丽·卡尔肯斯

玛丽·卡尔肯斯

在1900年前后，心理学已经对女性开放，与其他学科相比，心理学是较早对女性开放的学科。即使如此，女性的发展机会也是有限的。玛丽·卡尔肯斯（Mary Calkins）被认为是美国哈佛大学心理学系最优秀的毕业生，她研究的内容是记忆。但是，她被拒绝授予博士学位。理由是此前哈佛大学的学位只授予男性，没有授予过女性。

今天的北美洲和欧洲，有2/3的心理学博士学位授予了女性；女性主导着某些心理学的领域，如发展心理学；女性在很多心理学组织中扮演着领导者角色。

二、心理学在中国

（一）中国古代心理学思想

与西方相同，在中国古代的文献典籍中有关于心理问题的阐述思想丰富，但没有专门的心理学著作。概括来看，中国古代心理学思想的主要观点如下。[①]

1. 天与人

探讨自然与人的关系，表现为两种天道观。一种是神学的天道观，把天当作有意志的神，主宰人事。如孔子的弟子子夏说："生死有命，富贵在天。"另一种是自然天道观，荀子认为人间灾异是自然的变化。两种天道观历代相传并发扬光大，王充、韩愈、刘禹锡的著述中都曾提到天人关系。

2. 人与禽

研究人与禽兽的区别。古代多数思想家都强调人与动物的区别，且主张"人为贵"或"人为万物之灵"，孔子曰："天下之性人为贵"。人为什么贵于禽兽，王夫之认为"恻隐、羞恶、恭敬、是非、唯人有之，而禽兽所无也。人之形色足以率其仁义理智之性，亦唯人则然而禽兽不然也。"这与西方以动物为研究对象，将对动物研究结论推论到人类的倾向相比，要科学、进步得多。

3. 形与神

探讨身与心的关系。荀况有"形具而神生"的思想，"形"指身体，"神"指精神。这是唯物主义身心观，"神"的基础是"身"，"神"由"身"而生。这种思想被汉代的王充和南北朝的范缜继续发扬光大。

4. 性与习

关注先天本性与后天学习的关系。孔子有"性相近也，习相远也"之论；认为人的天性有共同的特点，但是后天的学习使人之间的差异加大。在对天性的本质认识上有善、恶两种不同的倾向。孟柯认为人性是善的，恶是后天习得的结果；荀况认为人性是恶的，因此需要后天的教育遏制这种发展倾向，从而朝向善的方向发展。

5. 知与行

探索感知与行动的关系。老子曰："不出户、知天下……是以圣人不行而知，不见而名，不为而成。"这是唯心的知行观。荀子的知行观是唯物的："不闻不若闻之，闻之不若见之，见之不若知之，知之不若行之，学至于行之而止矣。行之，明也。"

（二）西方心理学在中国的传播

鸦片战争前后，一些学者主张革新、向西方学习。废除科举、兴办学校，成为革新的举措之一。清政府于 1903 年颁布《奏定学堂章程》，心理学被列入大学和师范学校的课程。1917 年北京大学哲学系建立了第一个心理实验室；1920 年南京高师（今东南大学）建立了中国第一个心理学系；1921 年中华心理学会在南京成立；1922 年第一种心理学杂志《心理》编辑出版[②]。

20 世纪的 20 年代，留学西方的学子陆续回国，其中不乏心理学家，加强了国内心理学的力量，使心理学这门学科呈兴起之势。心理测量、儿童心理学等领域不但开展研究，还取得了一定的成绩，有发表的学术论文，出版了介绍心理学流派的书籍。但是，30 年代后由于

---

① 高觉敷. 中国心理学史 [M]. 北京：人民教育出版社，1985：3-12.

② 彭聃龄. 普通心理学 [M]. 北京：北京师范大学出版社，2001：32.

日本的侵略，心理学在中国处于发展的停滞期。

（三）现代心理学的建立

新中国成立后，心理学赢得了发展的机会，基本上是重整时期，认为西方的心理学不适合中国文化与社会的需要，应建立适合本土的心理学[①]。新中国成立之初，主要是对前苏联心理学的学习和接受，特别重视巴甫洛夫的高级神经活动学说，其著作《大脑两半球机能讲义》被奉为心理学的圣经，用于指导教学和科研。在学习前苏联的同时是对西方心理学的批判，包括结构主义、机能主义、行为主义、完形（格式塔）心理学、精神分析等。争论的热点是对心理本质的辩论，论战后达成的共识是：心理活动是高级神经活动经过长期演变所产生的一种现象，是人类所特有的。

1957年中国与苏联关系破裂，心理学也不再以前苏联为导向。在"左"的思想影响下，1958年从北京师范大学起始一场对心理学的批判运动，认为心理学存在"生物学化、抽象化"的错误。这种批判运动受到多数院校的响应，心理学受到很大的冲击，被认为是"伪科学"，心理学课程停开，直到1977年才得以恢复。

"文革"结束后，与其他学科一样，心理学迎来了发展的春天。从事心理学研究的机构和人员不断增加，大学恢复心理学专业的招生，建立了研究生培养制度；心理学的学术团体建立并迅速发展，心理学学术会议百家争鸣；心理学科研成果丰硕，并开展国际交流与合作。

【反思与探究】

1. 什么是心理？如何理解？

2. 心理学研究什么？

3. 结合实际介绍一种你熟悉的心理学研究方法。

4. 简要介绍美国心理学工作者在哪些领域从事实践工作？

【第一章资源链接】

1. Richard Gerrig & Philip Zimbardo. 心理学与生活 [M]. 王垒，王苏，译. 北京：人民邮电出版社，2016.

本书写作流畅，通俗易懂，将心理学理论与知识联系人们的日常生活与工作，帮助读者理解心理学在生活中的应用，是一本经典的心理学教科书。

2. Roger R. Hock. 改变心理学的40项研究 [M]. 白学军，等，译. 北京：人民邮电出版社，2017.

根据权威心理学家的建议，本书收录了心理学领域意义重大、影响深远的40项著名研究，具体介绍了每项研究的内容，有利于读者学习和掌握心理学科学研究的思路、程序及方法。

3. http://www.cpsbeijing.org/ 中国心理学会

是由中国心理学工作者组成的公益性、学术性社会团体，是中国科学技术协会的组成部分，创建于1921年。网站设有《心理学报》和《心理科学进展》的最新期刊，方便及时了解我国心理学研究的新进展。

[①] 尚仁. 学新论 [M]. 北京：北京师范大学出版社，1995：14-16.

第二章

心理的生物学基础

【内容提要】

人的神经系统由中枢神经系统与周围神经系统构成，中枢神经系统包括脑和脊髓，周围神经系统是在脑和脊髓外的神经，包括躯体神经系统和自主神经系统，自主神经系统又包括交感神经系统与副交感神经系统两部分。人的很多心理机能与行为，在很大程度上都是由中枢神经系统决定的。另外，由自主神经系统控制的内分泌系统也与人的心理有着密不可分的关系。

【学习目标】

1. 了解人类神经系统的结构与机能。
2. 了解人脑的构造与功能。
3. 了解人脑与各种心理、行为的关系。
4. 了解人类各种内分泌腺的机能与心理的关系。

从开始站立行走并使用工具的那一刻起，就注定人类将成为这个世界的主宰，而这一切与人类的神经系统，尤其是脑的进步，有着密不可分的关系。人脑是一个巨大的宝库，孕育着取之不尽用之不竭的智慧。与此同时，大脑两半球的分工与合作，向人类呈现了一幅宏大的画面，吸引了无数科学家孜孜探索。裂脑人、半脑人、左撇子，以及各种脑损伤现象，更让这幅画面充满了神秘感。接下来，就让我们一起欣赏这幅画面展现给我们的无穷魅力吧。

第一节　神经系统与人类的智慧之谜

神经系统具有重要的功能，是人体内起主导作用的系统。一方面，神经系统控制与调节各器官、系统的活动，使人体成为一个统一的整体。另一方面，通过神经系统的分析与综合，

机体才能够对环境变化的刺激作出相应的反应，达到机体与环境的统一。

一、人的神经系统

神经系统是人体内由神经组织构成的全部装置，由中枢神经系统和周围神经系统两部分组成，各类神经又通过其末梢与其他器官系统相联系。

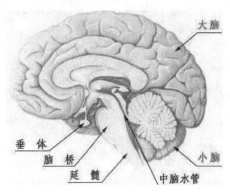

图 2-1　人脑的结构图

（一）中枢神经系统

中枢神经系统包括脑和脊髓两部分，脑又包括后脑、中脑和前脑三个部分（见图 2-1）。大脑是前脑最为重要的一部分。

后脑，大脑最靠后的部分，包括延髓、脑桥和小脑。延髓位于脊髓的上方，控制人体重要的反射活动，如呼吸、心跳、呕吐、唾液分泌、咳嗽和打喷嚏。大剂量的鸦片由于抑制了延髓的活动，所以会威胁到生命安全。脑桥位于延髓的腹前侧，其中的许多轴突从大脑的一边交叉到另一边，因此，左右半球就可以控制对侧的躯体。延髓、脑桥、中脑和前脑中央的一部分结构组成了脑干。脑干上接大脑半球，下接脊髓，在大脑、小脑和脊髓间进行信息传递，同时脑干还参与调节呼吸、意识及体温控制等生命活动。大脑和小脑的损伤可能不会威胁到人的生命，但若脑干受损，将很快致死，因此脑干被称为生命中枢。

中脑位于大脑中部。中脑的顶部称为顶盖，其左右两边的凸起为上丘和下丘，分别加工视觉信息与听觉信息。顶盖的下面是被盖。中脑的另一个结构是黑质，能够激活多巴胺通路，为运动做好准备。如果黑质神经元的成活数量减少到正常的 20%~30% 以下，就会出现帕金森病症状（见信息栏 2-1）。

【信息栏】2-1：帕金森病

帕金森病

帕金森病（Parkinson's disease）的症状是僵直、肌肉震颤、运动缓慢以及身体和精神的自主活动困难。它累及约 1%~2% 的 65 岁以上的人群。除了运动问题以外，患者在认知任务中表现缓慢。多数患者在早期阶段就有抑郁症状，而且许多人的记忆和推理能力有缺陷。

帕金森病患者并不是瘫痪或肌无力。他们的异常在于没有引导他们动作的刺激时产生了自发的运动。其可能的致病原因是神经元的逐渐进行性死亡，特别是黑质发出轴突到尾状核和壳核的神经元，此轴突可以释放多巴胺。多巴胺能兴奋尾状核和壳核，后者兴奋的降低会引起对苍白球一致作用减弱，结果是对丘脑的抑制增强，对大脑运动皮质的刺激减弱，进而减慢运动的发生。研究估计，45 岁以上的人平均每年按约 1% 的速率丧失黑质神经元，如果黑质神经元的成活数量减少到正常的 20%~30% 以下，就会出现帕金森病症状。

前脑是人脑中最复杂、最重要的神经中枢。前脑由左右两个半球组成，每个半球主要接受来自对侧的感觉信息，并控制对侧的躯体运动。前脑最靠外的部分是大脑皮层。皮层下包括丘脑及基底神经核。丘脑是大脑皮层主要的信息输入来源，后者与运动有关。另外还包括围绕脑干边缘的一部分结构，称为边缘系统，与动机及情绪有关。

小脑位于大脑及枕叶的下方、脑干的后面，略呈卵圆形。小脑由左右两个半球所构成，在功能方面，小脑和大脑皮层运动区共同控制肌肉的运动，以调节姿势与身体的平衡。小脑与低位脑干有双向纤维联系，所以小脑可调节躯体运动与躯体反射活动。小脑与大脑也有双向纤维联系，因此小脑对随意动作起着调节作用，控制动作的力量、快慢与方向。与大脑半球的运动支配相反，左侧小脑与左侧躯体的运动相关，右侧小脑与右侧躯体的运动相关。

脊髓是中枢神经的一部分，是周围神经与脑之间的通路，也是许多简单反射活动的低级中枢（见图2-2）。脊髓本身也能完成许多反射活动。脊髓两旁发出许多成对的神经，称为脊神经，分布到全身皮肤、肌肉和内脏器官。来自四肢和躯干的各种感觉冲动，通过脊髓的上行纤维束传达到脑，进行高级综合分析；脑的活动通过脊髓的下行纤维束，传达到各种运动神经纤维，最终到达各种运动器官。脊髓发生急性横断损伤时，病灶节段水平以下呈现弛缓性瘫痪、感觉消失和肌张力消失，不能维持正常体温，大便滞留，膀胱不能排空以及血压下降等，总称为脊髓休克。严重折脊髓损伤可引起下肢瘫痪、大小便失禁等。

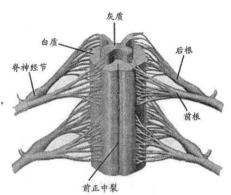

图2-2 人的脊髓和脊神经根

（二）周围神经系统

周围神经系统包括各种神经和神经节。其中，同脑相连的称为脑神经（见图2-3），与脊髓相连的为脊神经，支配内脏器官的称自主神经。脑神经主要支配头面部器官的感觉和运动。人的视觉、听觉、嗅觉、味觉以及所有喜怒哀乐的表情等，都必须依靠脑神经的功能。脊神经由脊髓发出，主要支配身体和四肢的感觉、运动和反射。植物性神经系统是由分布于心肌、平滑肌和腺体等内脏器官的运动神经元所构成的神经系统，也称为内脏神经系统。心跳、呼吸和消化活动都受它的调节。植物性神经系统的运作不受个体意志所支配，又称为自主神经系统。植物性神经系统虽然本身运作上能够自主，但在整个神经系统中仍然受到中枢神经系统的支配，其主要中枢是下丘脑。植物性神经系统分为交感神经系统和副交感神经系统两类，两者之间相互拮抗又相互协调，组成一个配合默契的有机整体，使内脏活动能适应内外环境的需要，而且在人的情绪反应中，也有着十分重要的作用。

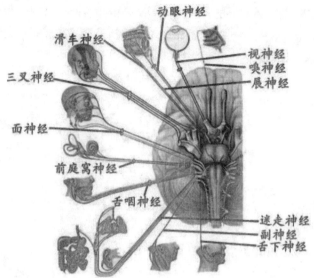

图 2-3　人的脑神经示意图

二、脑的发育

人类胚胎早期（妊娠 3 周），脑还是由一层薄薄的细胞组成（神经板），接着在这层神经板上形成贯穿头尾的神经沟。随后，神经沟的壁，即神经褶向中间合拢并在背侧融合，构成神经管。整个神经系统都是由神经管壁发育而成的。神经板发育成神经管的过程大约在怀孕后 22 天左右。一种常见的先天疾病是神经管融合失败引起的（见信息栏 2-2）。在发育的第 28 天，神经管关闭，神经管的前部末端发育为三个相连的脑泡。最前端的脑泡分化为前脑，第二个脑泡分化为中脑，第三个脑泡分化为后脑。

【信息栏】2-2：营养与神经管发育

营养与神经管发育

神经管的形成是神经系统发育中的决定性环节。它在怀孕后 3 周时发生，通常此时母亲们还未意识到自己已经怀孕。神经管无法正确闭合是一种常见的先天性缺陷。神经管前部的愈合失败将导致无脑畸形。无脑畸形以前脑和颅骨的退化为特征，是致命的。神经管后部的愈合失败将导致脊柱裂，严重时表现为神经板无法发育成后续的脊髓。较轻的情况表现为脊柱裂。

研究发现，许多神经管缺陷病例都是由于怀孕后几周内因日常饮食的叶酸缺乏引起的。叶酸在许多新陈代谢途径中起着重要作用，包括发育过程中细胞分裂所必需的 DNA 生物合成。叶酸的名字来源于拉丁文中的"叶子"，因它最初从菠菜叶子中分离出来的。除了绿色蔬菜，叶酸高含量的日常食物还有：肝脏、酵母、蛋、豆和橘子。经证实，在此期间的饮食中提供适量（0.4 毫克/天）的叶酸可以使该症的发生减少 90%。

三、人类的智慧之谜

根据进化论的观点，人类是从猿类进化而来的。在猿进化为人的过程中，脑也在不断地发展变化，这种发展变化体现在脑的容量、结构等各个方面。人脑的形状就像一个核桃仁，它拥有大约一百四五十亿个神经细胞，人类的大脑是世界上最复杂也是效率最高的信息处理系统。关于人脑比动物脑的优越性，科学家们进行了许多探讨，以揭示人类聪明的根源所在。有学者认为，脑的重量是人类大脑聪明的原因。但现代人的脑重在 1350 克左右，而一头成年大象的脑可以达到 6000 克，成年蓝鲸的脑可以达到 9000 克，但是大象和蓝鲸并不比人聪明。于是有学者指出，这些动物的脑虽然很大，但其脑重与体重的比重远远小于人类，例如，象脑只占象全身重量的千分之一，蓝鲸的脑重只占体重的万分之一。但脑体比例也不是完美的预测智力的指标。现代人的脑重占全身总重量的五十分之一，而有一种叫狨猴的猿类，脑重占体重的十八分之一，但人的智慧却是狨猴所不能比的。这些证据表明，单纯的脑重、脑重与体重之比都不能作为人脑比动物脑优越的证据。有些学者转向人脑的皮层寻找证据，认为人类大脑的皮层皱褶多，皮层面积相应增大，神经细胞的数量也就相应增多。如果把人类大脑的皮层摊平，它的面积相当于四张 A4 打印纸那么大，黑猩猩的大脑皮层展开后只有一张打印纸那么大，猴脑的皮层只是相当于一张明信片，而老鼠的皮层仅仅只有一张邮票那么大。尽管如此，人类大脑皮层的皱褶却并不是最多的，海豚的脑皱褶比人的多两倍，然而海豚并不比人聪明。这说明脑皱褶也不能完全作为人脑优越的证据。

上述研究表明，人脑在形态上虽然没有表现出比动物脑更大的优势，但是人脑较大的体积和较大的皮层面积，为形成具有高级功能的复杂内在结构提供了物质基础。除此之外，我们还可以从脑的结构和功能差异上，比较人脑与动物脑的区别。小脑在较低等动物中的作用比较大，比如小公鸡的小脑占整个脑的一半左右，某些鱼类的小脑甚至可以占到整个脑的90%，但人类的小脑在整个脑的构成中所占的比例要小得多。与小脑相比，在进化过程中经历了最多变化的是大脑皮层。大脑的发展初期与嗅觉机能的发展有关，两栖类和鱼类动物的大脑只有嗅觉功能，爬行类动物的大脑才发展了其他机能。人脑的发展，最主要的是大脑新皮层的发展，新皮层只是到了哺乳动物才有巨大的发展。不同的哺乳动物新皮层的发展水平也不一样。在新皮层与大脑皮层的百分比方面，刺猬是 32.4%，兔子是 56.0%，猴子是 85.3%，黑猩猩是 93.8%，人类是 95.9%，人类大脑的新皮层所占大脑皮层的比例是最高的。

人脑在结构和功能上表现出许多优越性，但人脑也有不如动物脑的地方，例如在对自然灾害的预感上，人类的感觉远远不如动物。人脑与动物脑在功能上的差异，也是科学家感兴趣的问题之一。

 # 第二节　脑与心理

人的很多心理机能与行为现象，在很大程度上都是由脑决定的。关于脑与心理以及行为的关系，科学家们进行了相当丰富的研究与探索，也产生了许多复杂而有趣的结果，等待我们去认识。

一、大脑两半球的分工与合作

人的大脑两半球，大体是左半球负责右半身，右半球负责左半身。而每一半球在功能上

学校心理学

也有层次之分，原则上是上层负责下肢，中层控制躯干，下层控制头部，形成一种上下倒置、左右交叉的微妙结构。同时，每一半球又各自划分为数个神经中枢，每一中枢都有其固定的区域，形成大脑皮层分化而又统合的复杂功能。两个脑半球由胼胝体联结，两个脑半球之间的交互作用，也是靠胼胝体的联结完成的。

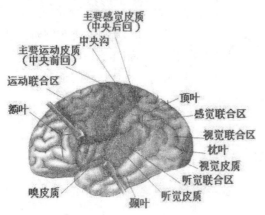

图2-4　大脑的功能解剖图

（一）大脑皮层的分区

根据皮层在颅骨下所居的位置，可以把大脑皮层分为四个脑叶，分别为枕叶、顶叶、颞叶和额叶（见图2-4）。

枕叶位于大脑皮层的尾端，是视觉信息传导的主要目的地。其中初级视皮层（纹状皮层）区域的损毁会导致皮质盲，即患者有正常的眼睛及瞳孔反射，但是没有模式知觉或者视觉表象能力。

顶叶位于枕叶和中央沟之间。位于中央沟后侧的中央后回（初级躯体感觉皮层）是触觉信息和来自肌肉牵张感受器和关节感受器信息的主要目的地。

颞叶是两个大脑半球最外侧的部分，是处理听觉信息的主要皮层区域。大多数情况下，左侧颞叶是负责理解人类口头语言的关键区域。同时，颞叶还负责处理运动知觉及人类面孔的识别。如果颞叶损伤或病变，会导致患者出现听觉或视觉上的幻觉现象。研究发现，当精神疾病患者报告出现幻觉时，对他们进行大脑扫描，会检测到颞叶的过度活动。

额叶从中央沟一致延续到大脑的最前端，包括初级运动皮层和前额叶皮层。额叶的后部是中央前回，负责精细运动的控制，如弹钢琴。额叶最前端是前额叶皮层，可以接受所有感觉信息的传入，承担了大量的整合信息的任务。

（二）左右脑的分化

大脑分为左右两个半球，除语言区之外，每一半球上分别有运动区、体觉区、视觉区、听觉区、联合区等神经中枢，说明大脑两半球的功能具有一定程度的对称性。但是，大脑两半球的功能并不是完全一致的。科学家们采用了多种方法，设计了一系列实验，探讨人类大脑的分化。

韦达实验是对人类大脑两半球语言功能进行研究最早使用的方法，这一方法选择性地麻醉大脑左、右半球，然后要求病人计数和摆动双手的手指。当药物起作用之后，被麻醉的半球就进入了睡眠状态，对侧手就停止了活动。在5分钟之内，注射药物的一侧半球功能暂时丧失，病人出现偏瘫、偏盲和单侧感觉障碍等现象，并出现时间长短不等的失语症。如果注入药物的一侧为左半球，失语症可能持续两分钟，随后伴有命名和计数障碍。如果药物注入非优势脑，只能引起几秒钟的语言障碍，不出现命名和计数障碍。

电休克法是对大脑两半球功能进行研究的另外一种比较早的方法。当病人的一侧脑被休克后，就暂时成为一个左脑人或者右脑人，研究者可以对他们的表现进行研究，以揭示左右脑的工作原理。右半球休克后，病人的视知觉受到损害，注意不到画面上的细节问题，不能记住或者认出原来见过的东西，不能分辨声音所传递的情绪情感，倾向于对声音进行分类，而不是去识别它。而左半球休克后，病人变成一个右脑人，他的情绪积极性明显降低，不喜欢用语言回答问题，而用动作和手势来反应，并且说话漫不经心，很难与之交谈，言谈中词汇明显减少，代表抽象概念的词汇更少。这表明，左右两个大脑半球既有自己的独特性，也有共同的知识背景。尽管右半球没有左半球那么多的语词和抽象概念，但也有其自身独特的视觉记忆，并且具有一定的语言机能。

还有研究者运用速示实验考察两半球的语言视觉功能。研究者将文字材料或非文字的简单图形材料在速示器中连续呈现，并保证视觉刺激分别投射至被试的两个大脑半球。结果发现，大多数人对于文字性材料的加工优势在左半球，而对于非语言文字的图形材料而言，加工优势则在右半球。另外，右半球还在情绪的理解和识别，空间关系的理解以及整体模式的感知方面表现突出。

除了考察语言功能和形象思维能力在两半球中的差异外，一些心理学家还用眼动仪对两半球在伴有情感性成分的认知活动中的作用进行研究。结果发现，被试者思考和回答富有情绪性的问题时，两眼多向左转；思考和回答非情绪性的问题时，两眼多向右转。由于控制眼球运动的中枢定位于对侧半球，所以眼球向左转，表明右半球活动占优势；眼球向右转，表明左半球活动占优势。由此研究者推论，右半球在处理情感信息上占优势，左半球在处理非情感信息上占优势。

（三）裂脑人

实验发现，猴子癫痫发作是通过胼胝体从一侧脑半球扩散到另一侧半球的，切断胼胝体可以阻断这种扩散。20 世纪 60 年代，斯佩里等人设计了一系列巧妙的实验，对裂脑人进行研究。被试是一位家庭主妇，因癫痫施行了胼胝体切断术。实验安排被试坐在一个屏幕前面，屏幕底下放着各种东西，可以用手摸得到，但看不到。首先，将一个杯子的图像投射在被试的左脑，这时被试报告说看见了杯子，并成功从众多物品中挑选出杯子。接着，将杯子的图像投映在被试的右脑，询问被试看见了什么，被试报告什么都没有看见。可是当要求被试用左手从屏幕下的东西里面挑选出她刚才看到的东西，她却正确地把杯子挑选了出来。重复多次，都是这样。因此，实验者推论，图像进入右脑后，右脑没有命名机能，对于看见的东西无法用语言表达，但是视觉信息确实进入了脑内，所以可以指挥左手正确拿出方才看见过的东西。在对裂脑人左右半球的音乐能力进行比较时，发现右脑无论在辨别音色、音调和响度以及旋律的格调方面，都优于左脑。

裂脑人的研究说明，脑的左右半球存在一些机能的不对称性。多数人的语言功能主要由左脑负责，而右脑则主要负责非语言功能，如音乐等。但裂脑人的研究也揭示，脑的左右半球在功能上的分化并不是绝对的。美国神经科学家加扎尼斯的研究发现，右脑也有部分的语言功能，裂脑人的右半球不仅能够将词与图正确搭配，还可以进行音节拼读与押韵等言语活动。另外一个有趣的现象是，即使没有胼胝体的沟通作用，脑的左、右两个半球仍能表现出一定程度的协调活动。研究发现，当右脑听到左脑错误的回答时，它就使人皱眉、摇头，通过面部神经让与之相连的左脑感觉到，从而选择另外的答案。在生活中，让裂脑病人看着单词用左手选择物体，这时病人可以说出他所看到的单词，右脑再听到这个单词，再指挥左手选出正确物品。所以，分割左、右两个半球并不会彻底影响裂脑人的日常生活。

（四）左利手

研究表明，左利手者占总人口的1/10左右。从人类的发展历史角度看，右利手是一个古老的世界性习惯，严格意义上的左利手是很罕见的。相当一部分人，不同的动作惯用手是不一样的，如有的人扔用右手，而接用左手；还有一些动作需双手协同，如锄地、持锹、挥杆等。另外，单手动作惯用某一侧手的人，双手动作的主导手有可能是另一侧的手。

脑神经与认知行为学家研究发现，左利手想事情与别人不同，左利手的人常在写或画之前，脑中已想好成型的图像。许多左利手也会自己想办法把背不起来的零碎数据，重组成一页图画，就记住了。左利手的数学、视觉透视、空间能力较强，有利于往数学与建筑领域发展。左利手在需要快速反应与正确空间判断的运动方面，表现优异。同时，研究发现右利手者用左手做事，比左利手想用右手做事困难得多。

随着研究方法的进步与研究的不断深入，关于大脑两半球的分工与合作问题，有越来越多的事实被人们所认识。脑科学研究的成果已经证实大脑在完成任何心理活动时，都是左右两半球协同活动的结果。

二、脑伤害与心理行为障碍

（一）脑损伤效应

脑损伤引起的最惊人的变化是失语症，即一种语言能力的丧失或破坏。由脑损伤而引起的言语失调通常可以分为两种类型。一种是感觉性失语症，虽然病人知道别人正在向他说着话，但不能懂得或识别口头语言。研究表明，感觉失语症的产生，主要是因为颞叶受损，特别是颞叶和顶叶、枕叶的结合部位受损所致。另一种失语症是运动性失语症。患有运动性失语症的人往往在寻找一个单词过程中发生问题，这个词在片刻间完全被丢掉，或者被其他一些词所替换。此外，运动性失语症还表现出说话流利性的改变、无意义或不合语法的语言偶尔出现、无法控制言语器官以便产生适当的语音等。运动性失语症的产生，主要是因为额叶较低部位区域受损所致。

✉ **【信息栏】2-3：菲里尼斯·盖奇**

菲里尼斯·盖奇

菲里尼斯·盖奇的工作是炸掉阻塞铁路通道的障碍物。盖奇25岁的一天，正当他用一根铁撬把炸药填塞到孔中的时候，炸药被一颗火星意外地点燃了。提前引爆的炸药将他手中的铁撬从他的左颧骨下方穿入头部，然后从头顶飞出。被铁撬击倒后，尽管颅骨的左前部几乎完全被损毁了，但在医生的精心治疗下，盖奇活了下来，并且重新开始工作。

盖奇在严重的脑损伤后存活了13年，成为一个奇迹，而更为引人注目的是，盖奇在经历了脑损伤以后，脾气、秉性、为人处事的风格等等发生了明显的变化，与从前判若两人。他仍然可以说话、走路，严重的脑损伤似乎对他没有什么影响。但不久以后，人们发现盖奇的脾气与从前大不相同了。他本是一个非常有能力、有效率的领班，思维机敏灵活，对人彬彬有礼。但这次事故以后，他变得粗俗无礼，对事情缺乏耐心，既顽固任性，又反复无常，优柔寡断。他似乎总是无法计划和安排自己将要做的事情。出院后的盖奇已无法胜任领班的职位。他后来在一家出租马车行工作，负责赶马车和管理马匹。

盖奇的故事发生以后，脑与人格的关系引起了科学家强烈的关注。通过对脑损伤病人的研究以及大量的动物实验，人们对脑与人格的关系也有了越来越多的了解。在脑损伤的病例中，与人格关系最为密切的是额叶损伤。额叶损伤以后，病人通常无法集中注意力，行为支离破碎，失去创造力。他们很难对将来作出计划和安排，无法完成有组织的复杂任务，难以对自己做出恰当的评价，很难适应新环境。额叶损伤的病人通常可能会表现出两类极端的人格。一种是情绪多变、易怒、异常兴奋，难以控制自己的冲动，表现出极强的攻击性。另一类病人的表现恰恰与前者相反，他们通常极度的冷漠，对什么都漠不关心，毫无兴趣，生活近乎一片空白。这类病人通常嗜睡，并且记忆力、注意力都受到了不同程度的损害，但他们不在乎自己能力上的缺陷，而且经常否认自己有病。

（二）多动障碍之谜

儿童多动症是儿童多动综合征的俗称，又称注意力缺陷多动症（ADHD），或轻微脑功能失调综合征，是一种常见的儿童行为异常疾病。这类患儿的智力正常或基本正常，但学习、行为及情绪方面有缺陷。科学家使用脑成像技术进行研究时发现，ADHD患者在脑的一些区域，特别是调控注意的脑区域，存在结构衰退的特点。和正常人相比，ADHD患者的右前额皮层、尾状核及小脑蚓部区较小，因而可能使得患者抑制注意力分散、协调运动与控制能力下降。一些学者认为，脑神经递质数量不足，如去甲肾上腺素、多巴胺等脑内神经递质浓度降低，会削弱中枢神经系统的抑制活动，从而导致孩子动作增多。还有一种解释认为，脑组织器质性损害也会增加儿童多动的可能性。如母亲孕期患高血压、甲状腺肥大，或分娩过程异常，或儿童出生后1~2年内中枢神经系统有感染或外伤等，这样的儿童易患多动症。另外，过量摄入食物中的人工色素、含铅量过度的食物，虽不一定达到铅中毒，但可能会导致多动症。

（三）老年痴呆的罪魁祸首

老年痴呆症，又称阿尔茨海默症（Alzheimer's Disease，AD），是发生在老年期及老年前期的一种原发性退行性脑病，主要表现为持续性高级神经功能活动障碍，即在没有意识障碍的状态下，记忆、思维、分析判断、视空间辨识、情绪等方面的障碍。据调查，65岁以上的人群中有3%~5%患有老年痴呆症，而到80岁，此比率就上升到15%~20%。20世纪90年代以来，一些科学家发现许多老年痴呆症患者的脑组织有一定程度的萎缩，尤其额叶和颞叶最为明显。但是另一些科学家认为，与其他器官一样，人脑具备大量的储备能力，能够忍受神经细胞功能的少量损失。因此，脑组织萎缩不能完全解释老年痴呆症导致的记忆、思维、情感等功能的迅速衰退。老年痴呆的特征性病理变化除了大脑皮层萎缩以外，还伴有 β - 淀粉样蛋白（β-amyloid，β-AP）沉积。β - 淀粉样蛋白的长期沉积可以引起神经细胞、轴突、树突及神经胶质细胞广泛的结构变化和生化变化，从而严重损害脑功能。解剖学研究已经显示，这种蛋白质的沉积与神经原纤维的缠结以及神经细胞和突触的其他结构变化综合在一起，会使记忆和思维和有关的神经元回路逐渐瓦解，边缘系统和联合皮层逐渐和其他脑区相分离，严重影响了智慧和情感功能，但大多数的运动和感觉能力并不太受影响。这可能是为什么老年痴呆患者仍然能走、能吃以及能说话的原因。但截至目前，还没有一种特别有效的办法能够对老年痴呆进行早期的诊断和治疗。

三、脑潜能的开发

(一) 脑的潜力

人脑从重量上来讲，虽然只有 1350 克左右，但人的大脑是由上百亿个细胞组成的，是世界上最复杂也是效率最高的信息处理系统。实验证明，大脑能在几百分之一秒的时间内，接收外界传来的一个人脸的映像，并在四分之一秒的时间内，分析这张脸的详细情况，把这些情况综合成一个整体；然后大脑便从它的记忆库里所储存的几千个脸孔中识别这一张特定的脸，看看以前是否见过它；如果曾见过这张脸，大脑还能够回忆起与这张脸孔有关的言谈举止、思想观念、交往经历等资料；紧接着，大脑还要继续识别这张脸孔的表情，并决定自己所要采取的行动，而以上所发生的全部过程还不到一秒钟。即使如此，一个普通人能够表达出的信息量也只是冰山一角。

有研究者提出，像爱因斯坦那样伟大的科学家，也只用了自己大脑的三分之一的功能，而一般人则更少。近代的科学家认为，人在自己的一生中，仅仅运用了头脑能力的 10%，还有 90% 的头脑潜能白白浪费掉了。而最新的研究更进一步指出，以前人们对脑的潜能估计太低，人类根本没有运用头脑能力的 10%，甚至连 1% 都不到。

(二) 脑的可塑性

大脑与生俱来的结构和机能的特点不是固定不变的，它受用进废退的原则支配，具有很大的可塑性。新生儿的脑重很轻，脑细胞树突的分支也很少。随着后天环境与教育的影响，脑细胞不断发育，重量增加，树突分支也增加。如果缺乏后天的刺激、影响，婴儿的大脑就得不到充分发育。

 【信息栏】2-4：环境对大脑的影响

环境对大脑的影响

20 世纪 60 年代，加利福尼亚大学的生物学家、心理学家与神经解剖学家用老鼠做过一系列著名的实验。他们将一大批实验室繁殖的老鼠分成三组，分别放到三个不同的笼子里。第一组被关到铁丝网笼子里；第二组老鼠被单独关在三面都不透明的笼子里，其中光线昏暗，几乎听不见外面的声音；第三组老鼠则生活在一个大而宽敞、光线充足、设施齐全的笼子里，里面有秋千、滑梯、木梯以及各种各样的玩具。几个周以后，科学家对不同组老鼠的脑进行解剖，发现第三组老鼠大脑皮层的重量远远高于其他两组的老鼠。他们发现，这些老鼠皮层在整个大脑中的比重增加了，皮层中每个神经细胞增大了 15%。此外，越来越多的研究提供了相同的证据，科学家们用沙鼠、松鼠、猴子等动物都获得了同样的结果。不仅如此，一些研究还表明，只要环境条件合适，动物的脑在接受刺激后的几秒钟内就会发生明显的改变。

对双生子的研究表明，后天的生活环境与教育条件的差别越大，他们的智力发展水平差别就越显著。有一对同卵双生姐妹，从 18 个月以后分开抚养，一个生长在偏僻的山区，只受过两年学校教育；另一个生活在繁华的城市，读完了专科学校，当姐妹俩年满 35 岁时，同时接受智力测验，两人相差 24。对长期遭受虐待的孩子进行的研究则发现，由于孩子从一开始就失去了与家人的积极交流与情感互动，受虐待孩子的脑发育，明显不如正常儿童，尤其是在与情绪有关的颞叶部位，受虐待孩子的脑几乎没有什么发展。以上事实表明，后天的环境与发育可以改善大脑的结构与功能。适宜的环境可以促进脑的发育，不良的环境刺激则会损伤我们的脑，就人类而言，丰富的刺激和富有积极意义的情感体验，对于全面地锻炼脑的不同部位是极其重要的。

（三）脑的开发

由于在日常生活中，我们更多使用的是与左脑有关的功能，相对忽视了右脑的功能。脑科学研究表明，我们的脑并非左右脑那么简单，我们的脑是一个包含了众多不同工作模块在内的复杂系统。左右脑既有分工，又有合作。因此脑的发展既非侧重左脑，也非偏重右脑，而是左右脑协同开发。

科学家发现，当我们比较两个数字的大小和进行数的运算时，脑的活动区域会有很大的不同。通过听觉、视觉等不同的感觉通道进行学习时，脑的工作也有非常大的差别。另外，当我们处于焦虑、抑郁的状态时，人脑很难进行正常的信息处理工作。因此，如何适应脑的工作方式，更好地利用脑的潜能，对脑进行开发，已成为目前科学家们高度关注的课题。尤其是信息技术的兴起，为我们开发人脑的潜能，促进人类的学习和生活指出了一条新的道路。

（四）脑的营养

许多研究表明，儿童智力落后与婴儿期缺乏营养有关系。孕期母亲严重的营养不良会造成胎儿脑部偏小，智能偏低，甚至出现畸形儿和死胎。有报告指出，素食妇女生养的儿童，可能会产生不可逆转的脑疾患，出现感情淡漠，丧失控制头部稳定的功能，甚至出现昏睡状态。人们认为这些现象可能是由于母亲乳汁中缺乏维生素 B12 等物质造成的。许多儿童和动物实验研究证明，在幼年期即使轻度营养不良也会引起智力落后，如果营养不良的情况不太严重或时间不长，以后能获得充分营养，他们的智力仍然会很快恢复，但如果时间过长或过于严重，那就不可挽回了。

实验证明，蛋白质与中枢神经系统高级部位的功能也有着极为密切的关系。澳大利亚神经生理学家艾克尔斯发现，反复刺激神经细胞时，所发生的神经冲动都是沿着同样的通路迅速传递，于是引起突触的生长，使传入效率提高，这时候就引起了回忆。这是由于突触生长需要合成新的蛋白质，而蛋白质的合成又需要核酸等营养素的参与。还有一些临床实验，在病人大脑中注射某种高分子化合物，可使病人回忆往事，若阻断某种蛋白质的合成，则会影响记忆。

 # 第三节　内分泌系统与心理

内分泌腺是人体内一些无输出导管的腺体，它的分泌物称激素，对整个机体的生长、发育、代谢和生殖起着调节作用。人体主要的内分泌腺有脑垂体、甲状腺、副甲状腺、胰腺、肾上腺、性腺等。人体内的这些内分泌系统与人的心理有着密不可分的关系。

一、脑垂体与心理

脑垂体位于丘脑下部的腹侧，为一卵圆形小体，形状就像一颗豌豆，是身体内最复杂的内分泌腺，所产生的激素不但与身体骨骼和软组织的生长有关，且可影响其他内分泌腺如甲状腺、肾上腺、性腺的活动。脑垂体分泌的激素既直接作用于人体，也激发其他腺体产生激素，或调节其他腺体的激素产量，间接作用于各种组织。下丘脑借助神经脉冲获得有关身体的大量信息，感到有需要时，就分泌被称为释放因子和抑制因子的化学物质。这些物质缓慢地传到脑垂体，或刺激脑垂体释放所储藏的激素，或抑制脑垂体释放激素，从而控制身体的生长和发育，调节多项人体功能。下丘脑对脑垂体的监控作用，证明神经系统与内分泌系统为保持身体功能正常，配合得非常紧密。一旦脑垂体出现肿瘤，如果垂体瘤向后上生长压迫垂体柄或下丘脑，可致多饮多尿；如果肿瘤向侧方生长侵犯海绵窦壁，则出现动眼神经或外展神经麻痹；如果肿瘤穿过鞍隔再向上生长致额叶腹侧部，有时出现精神症状；如果肿瘤向后上生长阻塞第三脑室前部和室间孔，则出现头痛呕吐等颅内压增高症状；如果肿瘤向后生长，可压迫脑干致昏迷、瘫痪等。

二、甲状腺与心理

甲状腺位于气管上端的两侧，分左右两叶。正常人在吞咽时甲状腺随喉上下移动，甲状腺的前面仅有少数肌肉和筋膜覆盖，故稍肿大时可在体表摸到。甲状腺激素促进生长发育作用最明显是在婴儿时期，尤其是出生后头四个月内影响最大。它主要促进骨骼、脑和生殖器官的生长发育。若没有甲状腺激素，垂体的生长激素也不能发挥作用。甲状腺激素缺乏时，垂体生成和分泌生产激素也减少，所以先天性或幼年时缺乏甲状腺激素，会引起呆小病。呆小病患者的骨生长停滞而身材矮小，上、下半身的长度比例失常，上半身所占比例超过正常人。又因神经细胞树突、轴突、髓鞘以及胶质细胞生长障碍，脑发育不全而智力低下，他们性器官也不能发育成熟。甲状腺与人的心理的关系还主要体现在甲状腺素有提高神经系统兴奋性的作用，特别是对交感神经系统的兴奋作用最为明显，甲状腺激素可直接作用于心肌，使心肌收缩力增强，心率加快。所以甲状腺功能亢进的病人常表现为情绪敏感、容易急躁激动、失眠、心动过速和多汗。而甲状腺机能不足时，患者新陈代谢速率较常人降低，还会表现为心智能力减退、性情消极、反应迟钝、性欲减退等。如果儿童的甲状腺机能严重不足时，会造成矮呆症，表现为生长发育阻滞、心智发展极度缓慢，并且牙齿发育不全、皮肤粗糙。

三、副甲状腺与心理

副甲状腺的位置与甲状腺非常接近，副甲状腺激素的功能是帮助身体维持钙和磷质在体内的平衡。过量的副甲状腺激素使钙质大量释出，出现骨质疏松，严重时可发生病理性骨折，并且由于尿钙的增加，容易发生肾结石或磷酸钙在肾脏的沉积。副甲状腺功能亢进的其他症状还包括神经肌肉和肠胃道功能异常，如感觉虚弱、疲劳、抑郁、肌肉酸痛等，随着病情加重，可能有食欲减退、恶心、呕吐、便秘、迷妄、无法思考、记忆力减退、口渴及多尿等。副甲状腺功能亢进的病人，也较容易发生高血压、消化性溃疡和胰脏炎。

四、胰腺与心理

胰腺位于上腹部，它分泌的胰液中有好几种消化酶在食物消化过程中起着主导作用，特别是对脂肪的消化。在分泌方面，虽然胰腺体积细小，但含有多种功能的内分泌细胞，如分泌胰高血糖素、胰岛素、胃泌素等。这些细胞分泌激素除了参与消化吸收物质之外，还负责调节全身生理机能。如果因某种疾病导致胰腺功能减退，胰液分泌减少，人就要患严重的消化不良症，精神上表现得萎靡不振。胰腺还有一个非常重要的功能，那就是分泌胰岛素。胰岛素是人体糖代谢中不可缺少的物质，如果胰岛素不足，人体就有可能患糖尿病，容易饥饿，伴有惊慌表现。除此之外，胰岛细胞还分泌胰高血糖素、胃泌素和生长激素释放抑制素等，因此其生理功能也是多方面的。

五、肾上腺与心理

肾上腺位于肾脏的正上方，由肾上腺皮质和肾上腺髓质两部分组成。当个体处于应激状态时，除了激活交感神经系统，还会激活下丘脑—垂体—肾上腺皮质轴（HPA轴）。下丘脑的激活诱导垂体前叶分泌促肾上腺皮质激素，此激素会促使肾上腺皮质分泌类固醇激素皮质醇，皮质醇可以增加新陈代谢活动，它能够促进肝糖原和肌糖原的分解，增加血糖和血液中的乳酸含量。应激导致皮质醇的分泌增多，能够帮助个体动员能量来对抗困境。适度释放的皮质醇会改善个体的注意和记忆，但长期皮质醇的增加引起海马内新陈代谢活动的提高，海马内细胞变得脆弱，从而使得个体的记忆能力和免疫系统遭到损害。肾上腺髓质主要分泌肾上腺素，肾上腺素与情绪变化的关系尤为密切。个体在狂喜或者暴怒时，体内的肾上腺素与去甲肾上腺素含量都明显上升。

六、性腺与心理

性腺主要指男性的睾丸、女性的卵巢。睾丸可分泌男性激素睾丸酮，其主要功能是促进性腺及其附属结构的发育以及副性征的出现，还有促进蛋白质合成的作用。卵巢可分泌卵泡素、孕酮、松弛素和雌性激素。睾酮素与心理有关的作用主要表现在竞争性与攻击性方面。研究发现，具有高睾丸酮含量的年轻成年男性，同样具有高比例的攻击行为和暴力犯罪。这可能是由于睾丸酮可以导致情绪的唤起，但对情绪管理能力的下降所引起的。对女性而言，参与社会竞争的职业女性，比全职家庭主妇体内睾丸酮含量高；职业女性的女儿往往比全职家庭主妇的女儿体内睾丸酮含量要高；女性同性恋者中，担任男性角色一方的睾丸酮含量更高。女性同样会发生暴力行为，但是攻击性较弱。

【反思与探究】

1. 人类大脑的左右两半球是如何进行分工并合作的？
2. 根据脑的可塑性，在生活中我们应当注意哪些问题？
3. 我们应该从哪些方面注意脑的营养？
4. 根据目前对脑的潜力的一些研究成果，谈一谈你的观点与认识。

【第二章资源链接】

1. 王晓萍 . 心理潜能 [M]. 北京：中国城市出版社，2001.

心理潜能的开发自 20 世纪以来，广为世人关注。本书从心理学的角度，结合国内外脑科学的研究成果，对人类的大脑潜能、心理潜能、创造潜能、洞察与社交潜能以及儿童潜能开发等诸方面进行了广泛深入的探讨，具有很高的阅读价值。

2. 沈德立 . 脑功能开发的理论与实践 [M]. 北京：教育科学出版社，2001.

本书对国内外脑科学研究的最新成果进行了系统的梳理，论述了开发脑功能的基本原则。以课题组大量研究所得到的第一手资料为依据，总结了开发脑功能的各种途径与手段，对于脑功能开发实践具有鲜明的指导意义，具有非常高的学术和应用价值。

3. 伯勒尔 . 谁动了爱因斯坦的大脑 [M]. 吴冰青，吴东，译 . 上海：上海科技教育出版社，2009.

关于一个人成为天才或者罪犯的决定因素是不是有物质的成分，科学家极度着迷。本书详述了在人脑的物质解剖结构中定位天才与堕落根源的最初科学尝试，描写了研究、收藏特殊脑和捐献脑的人们，以及那些脑本身的用途与最后的归宿，具有很强的趣味性。

4. 贝尔，克勒斯，帕罗蒂斯 . 神经科学——探索脑 [M]. 王建军，译 . 北京：高等教育出版社，2003.

第三章
注意与意识

【内容提要】

本章共分为两大部分，一是注意，主要介绍注意的概念、种类、品质及其在教学中的运用；第二部分是意识，主要内容包括意识的含义、层面和状态，具体介绍了睡眠、梦和催眠等意识状态。

【学习目标】

1. 理解意识的不同状态及相关理论。
2. 重点掌握注意的概念、分类及注意品质。
3. 能够结合注意的有关规律，将其应用到教学与学习中去。

过去学者们一直认为注意与意识这两个概念是大体上交叉的，甚至是相同的，后来则认为注意与意识是两个不同的概念。注意是以清晰鲜明的形式让数个同时作用于我们的刺激依次通达我们的意识。可以用以下的比喻加以说明：注意像是选择一个电视频道，意识像是显示在屏幕上的视觉图像；注意像是一个可变焦距的聚光灯，意识像是该光柱所照到的区域内的图像。注意控制着信息通达到意识的数量。虽然注意与意识在心理学中是两个不同的概念，但是同人的其他心理现象一样，这两种心理现象也是密切联系的[①]。

 ## 第一节 注意

一、什么是注意

有人曾形象地把注意比作一座"门"，认为凡是从外界进入心灵的东西，都必须通过它。

---

① 黄希庭.心理学导论 [M].2 版.北京：人民教育出版社，2007：268-269.

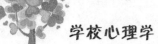

当一个人在学习或工作的时候，他们的心理活动或意识总会指向和集中在某一对象上。比方说，在听课时，学生不是什么都看、都听和都记，而是选择他们所需要的对象，把自己的感知觉、记忆、思维等活动指向和集中在教师讲课的内容上。心理活动或意识对一定对象的指向和集中，就叫注意 [1]。

指向性和集中性是注意的两个基本特性。注意的指向性是指心理活动有选择地反映一定对象，而离开其他的对象，这表明人的认识活动是有选择的。集中性是指心理活动停留在被选择对象上的稳定和深入程度。集中性不单表现出离开了一切与自己操作无关的事物，而且也表现出抑制了对于与自己的操作无关甚至有碍的事物的注意和记忆，亦即对其他一切事物可"视而不见""听而不闻"。

注意本身不是一种独立的心理过程，而是一种心理特性或心理状态。人们常说"注意课本""注意老师的话"，实际上是把"看"和"听"省略掉了。一方面，注意不像感知、记忆、思维等具有自己特定的反映内容；另一方面，注意总是表现在各种心理过程当中，并同这些过程自始至终联结在一起。所以，注意是一切有意识的心理活动的共同特性，是心理活动的一种积极状态。

二、注意的种类

根据产生和保持注意时的目的性和意志努力的不同，可以把注意分为无意注意、有意注意和有意后注意。

（一）无意注意

大家正在上课，一个人突然闯进来，大家会不约而同地注视他，这就是无意注意。无意注意是指事先没有预定目的，也不需要意志努力的注意。

我国古人总结写作经验，认为文章的布局应是：凤头、猪肚、豹尾，言简意赅。旧章回小说的写作，基本上就是遵循这个方式的。开头来个提纲挈领的诗词提示，像凤头一样，小巧玲珑，一下子就把人的眼睛夺去了。中间部分，构思一些扣人心弦的波澜起伏、曲折萦回而处处奇峰突起的情节，像猪肚容万千，让人目不暇接。定到关情处，笔锋一转，突然刹尾，一首诗词，寓以深意，令人深思，像豹尾一样，虽短而有力，"余音绕梁，三日不绝"，而且就在这个节骨眼上，抓住人们的期待心理，来个"欲知后事如何，且听下回分解"。"凤头、猪肚、豹尾"实际上是总结人的无意注意心理规律，并推广运用于写作上。

引起和维持无意注意的原因，包括刺激物本身的特点和人的主观特点两个方面。

1. 刺激物本身的特点

（1）刺激物的物理特征。指刺激的强度、大小、色彩、形状以及所发生的变化等，如一道强光、一声巨响等很容易引起人们的无意注意。但一个事物即使其刺激作用较强，若是音调毫无变化地持续发生作用，就不再能引起人们的无意注意。反之，若富于变化或突然发生变化，如单调的钟声突然停下来，就容易被人们注意，还有商业广告中的霓虹灯等。

（2）刺激物的情绪特征。生动的故事、动画片、电脑游戏等之所以能吸引儿童的注意，一定程度上是由于它们能唤起情绪反应。

---

① 彭聃龄.普通心理学（修订版）[M].北京：北京师范大学出版社，2001：182.

（3）刺激的差异性。就是指人们对新奇事物产生无意注意而言的，如新奇的电影广告、新颖的时装模特、"少见多怪"、"万绿丛中一点红"、"鹤立鸡群"等都体现了刺激的差异性。所以广告、商品橱窗的布局，必须考虑所要宣传介绍的物品在背景中的突出，力求醒目，考虑方式新颖、别具一格、不落俗套，才有吸引力。

（4）刺激的指令性。有些词语带有指令性，如"下课了""请注意"等，容易引起人们的注意。

2. 人的主观特点

（1）人的需要和兴趣。又饥又渴的人，食物和饮料易引起他们的无意注意；急于学外语的人对于任何学习外语的书籍、补习班的广告都不放过；球迷看到球赛的海报、准备考大学的人、正从事某项科学研究的人，看到或听到有关的资料都容易引起注意。

（2）人当时的情绪状态和精神状态。心情舒畅时比心情抑郁时更容易注意到周围的事物或变化。

（3）人已有的知识和经验。比如一个有经验的警察更容易在人群中注意到扒手，医术高明的医生更容易注意到人的气色变化。

（二）有意注意

有意注意又称随意注意，是有预定目的，需要一定意志努力的注意。例如学生在听讲，从操场上传来了喧闹声，由于认识到听课的重要性，就迫使自己排除外来声音干扰，把注意集中在听讲上，既有一定的目的，又需要意志的努力。有意注意主要取决于人的因素，具体表现在以下几点。

1. 对活动目的的认识

对活动目的认识得越深刻，越容易保持较好的有意注意。

2. 对事物的间接兴趣

间接兴趣是指对活动的结果感兴趣。比如学生对学英语本身不感兴趣，但学好英语是考研究生、找工作、出国的重要砝码，从而也会努力地学习英语。

3. 智力活动的积极性

上课时边听讲边记笔记比光听不记更容易保持有意注意，这是因为边听边记的情况下，学生的智力活动积极性高。

4. 生理与情绪状态

生病或因熬夜而使脑子昏昏沉沉，即使动机很强，也很难集中注意。有意注意与年龄也有重要的关系。现代科学研究发现，大脑额叶的机能有两个：一是接受和分析信息，把人的注意引向一定的刺激物和动作；二是抑制那些不需要的刺激物所引起的注意，亦即控制人的分心。大脑额叶的发展比脑的其他部分较晚，大约到七岁完成，十二岁左右达到成熟。因而，婴儿出生后，有一段时期只有无意注意。有些年轻的父母不了解儿童在这段时期是无意注意占优势，具有随外界事物转移注意的特点，而过分要求儿童老老实实地坐着或站着，这是违反儿童身心发展规律的。随着大脑额叶的发展，并在教育的影响下，由于生活经验和语言的帮助，有意注意才逐渐形成和发展，所以额叶的发展是影响有意注意的因素之一。

5. 意志品质

无意注意在大脑皮层上所形成的优势兴奋中心，是由注意的对象本身所引起和维持的，而有意注意在皮层形成的优势兴奋中心，则是由一定目的和语言动觉刺激来维持的，也就是说，有意注意是通过给自己下达命令"要注意它"，才能引起和维持自己的注意。一个有顽强意志品质的人，较容易使自己的注意服从于当前的目的和任务。

（三）有意后注意

有意后注意是指有预定目的，不需要意志努力的注意。例如学生开始学外语没有兴趣，但为了升学考试不得不做出努力去全神贯注地学习，这时的注意是有意注意。后来，由于不断克服困难，取得满意的成绩，对外语产生了浓厚的兴趣，这时的学习就成了一种乐趣，而不是一种负担，可以不需要意志努力而保持注意了，此时就是有意后注意。有意后注意是我们在教育中需要争取发展的对象。

有意后注意是在有意注意的基础上，并在有意注意之后产生的。它不同于无意注意，因为有意后注意总是和自觉的目的任务联系起来的；它也不同于有意注意，因为有意后注意是一种更为高级的注意形态，它具有高度的稳定性，是人类从事创造性活动的必要条件。

三、注意的品质

（一）注意的稳定性

注意的稳定性是指注意在同一对象或同一活动上所能持续的时间。这里不仅包括对同一对象的持续时间，也包括对同一活动的持续时间，持续时间越长表明稳定性越好。

影响注意稳定性的因素有以下几个方面。

1. 对象本身的特点

注意对象的内容越丰富、越复杂多变，注意就越稳定。反之，内容贫乏、单调静止的对象，越难于维持注意的稳定性。例如，对于单调静止的简单图像（如一张图片），注意的稳定性肯定不及内容形象多变的复杂图像（如一部电影）那样稳定。

2. 活动的内容及活动的方式

在复杂而持续时间长的活动中，必须适当地变化活动的内容和方式，才能维持注意的稳定性。例如，对于学生来说，连续一上午上同一门课，很难维持注意的稳定性，反之，把性质不同的学科或难易不同的内容适当间隔开，才能保证注意的稳定性。

3. 主体状态

为什么专心致志地听讲学习效果就好？因为人在觉醒时，大脑皮层普遍处于一定的兴奋状态，由于某些刺激物的影响，可以在相应的区域形成一个优势兴奋中心。在优势兴奋中心上，暂时神经联系既容易建立，又容易巩固，对客观的事物认识得最清晰、最完全。若是漫不经心地听、看、记、想，则是在优势兴奋中心周围的相对抑制区进行的，因而不能获得对客观事物最清晰、最完全的反映，学习效果就不可能好。

注意稳定性的年龄特征也很明显。有关研究发现，1岁半儿童对有兴趣的事物能集中注意5~8分钟，2岁儿童能集中注意10~12分钟，7~10岁儿童可达20分钟，10~12岁儿童达25分钟，少年一般可保持40分钟左右。初中生就已经能够适应一堂课45分钟的教学要求，但他们的注意性很容易受兴趣、情绪的影响，有兴趣的课或情绪好的课，能保持高度的注意，具有较高的学习效率；但若遇到自己不感兴趣的课或情绪不好的时候，则表现为沉不住气，常常走神、搞小动作，甚至偷看小说或者睡觉等。

✉ 【信息栏】3-1：注意的分心

注意的分心

注意的分心是由主体的心理因素所引起的，如人们通常所说的"思想溜号""思想开小差""身在教室心在外"等都是注意的分心。古人所说的"心不在焉""心不使焉"等也是这个意思。又如《荀子·解蔽》篇中说："心枝则无知，倾则不精，贰则疑惑"。这里的"心枝""倾""贰"都可以理解为注意的分心。这句话意思是说，注意分心就会对外界事物无所知；用心不专（分心）就不能"精"；一心两用，就会疑惑不定。可见注意的分心是注意力不集中的一种表现，它是由主观（如情绪、思考、想象、动机等）引起的。关于这方面的典型描述，请读战国时孟子所写的下面的一段话吧：

今夫弈之为数，小数也；不专心致志，则不得也。弈秋，通国之善弈者也。使弈秋诲二人弈，其一人专心致志，惟弈秋之为听。一人虽听之，一心以为有鸿鹄将至，思援弓缴而射之，虽与之具学，弗若之矣。为是其智弗若与？曰：非然也。（《孟子·告子上》）

这里的"一心以为有鸿鹄将至，思援弓缴而射之"，说的就是分心现象。鸿鹄事实上并没有来，只是心里老想着它将要来，并且想用箭去射它。这显然是由主观因素引起的注意不集中即分心现象。

资料来源：顾娅娣. 中国古代心理学思想中的注意问题 [J]. 心理科学，2001，24（2）：175-177.

（二）注意的范围

注意的范围也叫注意的广度，是指在同一时间内能清楚地把握的对象的数量。列宁的战友回忆列宁读电报时的情景说，列宁"似乎连扫一眼电报内容都不能那么快，可是他已经把所有的电文都记熟了，后来还能逐字逐句援引，并且提到数字时，总是惊人的准确"，说明列宁的注意范围很大。

注意的范围具有重要的实践意义，现实生活中的某些职业，如印刷排字的工人、报务员、领航员、驾驶员、体育裁判、教师等，都要求有较大的注意范围。有人对交通事故进行了调查，肇事者也好，受害者也好，其中的原因之一，就是他们的注意范围太窄，注意到了这方面，忽略了那方面，结果造成事故。

影响注意范围的因素有以下几个方面。

1. 知觉对象的特点

注意的范围与知觉对象的特点有关。如果知觉对象形态相似、排列集中整齐、颜色大小相同，能构成彼此联系的整体，注意的范围就大，反之注意的范围就小。

2. 知识经验

文化水平较高的人，对于文字的注意范围就大于文化水平较低的人。越是熟悉的内容，注意的范围也越大。读外文，初学者是一个字母一个单位，进而一个音节一个单位；懂一点

外文的人，一落眼可能是一个单词或词组；精通外文的人，就更不一样，可能是一个或几个句子，其注意的范围就大得多了。

3. 个人活动的任务

活动的任务不同，注意的范围也不同。例如，一个人在感知不同颜色的文字时，或者要求他说出尽可能多的文字，或者要求他说出文字的颜色，或者要求他辨别文字的正误。由于活动的任务不同，他所注意的文字的数量也会不同，此外，有明确目的的任务和无明确目的的任务相比，前者的注意范围更大。

（三）注意的分配

注意的分配是指在同一时间内把注意指向不同的对象。

《三国演义》记载，庞统在耒阳当县令，整天游山玩水，喝酒睡大觉。当张飞来检查工作时，他才在睡梦中被叫醒起来。张飞指责他荒废县政，他满不在乎，把三个月积累的诉讼案全部拿出来清理。只见他双目观察原告被告姿态，耳听口供，口说主张，手写判词。不到两个时辰，积案全清。这就不仅说明一心可以两用，而且还可以多用，注意分配的潜力很大。

法国皇帝拿破仑草拟《法典》时，一口同时述说民法、刑法、商法等法律条文，竟使十二三个速记员分别记录还招架不过来。

影响注意分配的因素有以下几个方面。

1. 同时进行的几种活动中，最多有一种是不熟练的

在前面我们谈过，注意是心理活动对某一对象的指向与集中。一个人的心理活动在一定时间内只能指出和集中于一定事物，而不能同时注意所有的事物。因为当一个人心理活动指向和集中于某事物时，他大脑皮层的相应区域就形成优势兴奋中心，对周围的其他区域产生负诱导。所以从注意的规律来看，一个人不可能同时专心致志地做两件或两件以上的事情，这就是所谓"一心不能两用"，一心两用是驼子跌跤两头空。例如，不能一手画圆，一手画方。人们的生活经验也证明，一心两用是会影响工作和学习的。例如，一个人不能一边读外语，一边又演算数学题；也不能一边下棋一边看书，这样势必什么也做不成或做不好。

2. 同时进行的几种活动之间存在着一定的关系

在日常生活中，我们却见到这样的现象：有的人既能一边飞快地编织毛衣，又能一边和别人谈笑风生；有人还一边织毛衣，一边看书学习；又如排球运动员在比赛时，既要注意与本队队员密切配合，又要注意对方的突然袭击；教师在讲课时，也是既要注意自己讲解的内容，又要注意学生是否用心听讲。这些事例不是又生动地说明一心可以两用吗？在生活经验中，有时也常向我们提出"眼观六路，耳听八方"的要求。其实这就是心理学中所研究的注意的分配。活动之间的关联性越强，注意的分配能力也越强。

（四）注意的转移

注意的转移是指根据新的任务，主动地将注意从一个对象或活动转到另一个对象或活动上。

在社会生活中，有些工作对注意的转移要求很高，像航空员、火车和汽车司机、战斗指挥员等，每一分钟每一秒钟都要保持高度的警惕，随时注意情况的变化，随机应变。有人研究，一个飞行员在起飞和降落的 5~6 分钟的时间内，注意的转移多达 200 多次，若注意转移不及时，后果将不堪设想。

影响注意转移的因素有以下几个方面。

1. 原有注意的紧张程度

原有的注意紧张度高，则注意的转移越困难。有人曾对一个初中毕业班学生做了一次实验。上一节课安排考数学，分量较重，于下一节课上课预备铃响时收卷。下一节课安排语文阅读辅导课，有意延缓5分钟开讲，一边等迟到学生，一边让大家议论考试。这一课讲3个内容不相关的问题，每题10分钟分别写在黑板上。讲毕，抹去黑板，进行测验，要求学生写出本讲内容。这个班51人，测验结果：三题全对者4人（8%）；对两题者27人（53%）；对一题者16人（31%）；全然不知者4人（8%）。事后进行分析，4人全对者这次数学都考得好，心里踏实，全神贯注听课。而4人全然不知者其中3人数学在30分以下，他们反映"注意集中不起来，老想数学"。

2. 新注意对象的特点

如果新注意对象能引起个体的兴趣，或能满足他的心理需要，注意的转移就比较容易实现。如上面那个例子，第一节上数学课，第二节不是语文课，而是学生们喜欢的音乐课或体育课，那么注意的转移肯定很迅速。

3. 个体的特点

神经过程灵活的人，其注意转移就快些，反之则慢些。注意能迅速、及时转移者，能保证新活动任务的完成；反之，老是把注意粘在原来活动对象转移困难者，就很难完成新的任务，甚至产生恶性循环。

注意转移能力的年龄特征也很明显。一般说来，7~8岁儿童转移注意的能力还较差，在从事新活动时还"惦记"着前一项活动的有趣情景，9~10岁以后注意转移的特征才开始成为个体的心理品质而逐渐稳定下来。初中生一般都比小学生有更大的自觉性和灵活性，很多学生都能自觉地迅速将注意从别的科目或活动转移过来。高中生的这种能力进一步得到发展。

四、注意在教学中的应用

（一）在教学组织中要区别对待各种注意

不同的注意类型各有其特点，在教学组织中就应区别对待，扬长避短，以充分发挥各种注意的优势，为整个教学活动服务。

1. 无意注意是教学组织中巧妙利用的对象

无意注意在教学中具有双重作用：一是消极的干扰作用，教学活动以外的偶然事件引起学生无意注意，造成分心；二是积极的组织作用，通过对特定刺激物有意识的控制来吸引学生必要的无意注意，提高教学效果。巧妙利用无意注意就在于，根据无意注意发生的规律，着重控制有关刺激物的特点，以尽可能地引发具有积极组织作用的无意注意和排除具有消极干扰作用的无意注意。具体表现在：（1）排除因无关刺激的干扰所引起的学生注意分散，或运用无意注意将已分散的注意力重新吸引到教学上来；（2）在教学中将无意注意与有意注意交替使用，发挥无意注意不易疲劳的长处，提高学生的注意稳定性；（3）运用无意注意引起学生对某些教学内容（如重点、难点等）的集中注意。

2. 有意注意是教学组织中主要依靠对象

教学活动是一个按计划、有系统、分步骤进行的严格控制的过程，它要求学生在规定的时间、按规定程序接受规定的内容，进行规定的认知操作，因而在教学活动中就必须主要依靠学生有预定目的、能随意调节的有意注意。要根据有意注意维持的规律，充分利用影响有意注意的有关因素，以尽可能保持其高度的集中与稳定。

3. 有意后注意是教学组织中争取发展的对象

由于有意注意容易引起疲劳，所以，一个积极的教学策略就是尽可能争取发展学生的有意后注意，使学生的注意活动既能保持明确的、符合教学活动要求的指向，又能消除因意志努力所造成的疲劳。这时，学生摆脱了精神上的束缚和压力，感受到了教学所固有的魅力，觉得时间过得很快，学习仿佛成了一种享受。可以说，能否使学生经常处于有意后注意状态，很大程度上反映了老师的教学艺术性。

（二）在教学组织中要充分发挥各种注意品质的作用

1. 教学组织中要充分考虑到影响注意品质的各种因素

在整个教学活动中，学生在教师讲解新知识时需要有高度的稳定性，阅读文章时需要有较广的注意范围，边听讲边记笔记又侧重于注意的分配，课与课之间的转换侧重于注意的转移……所以这就要求教师应当发挥优良的注意品质的助成作用，克服不良的注意品质的干扰作用。

2. 教学组织中要充分考虑到学生注意品质上的特点

一方面，要利用好学生注意品质上所表现出的潜力；另一方面也要考虑到学生注意品质上尚存的一些局限和不足之处。如，中学生已能适应一整节的授课，但其注意稳定性受兴趣影响，所以在进行一整节的授课时，更要注意教学本身的吸引力。

 【信息栏】3-2：运用注意规律组织教学的方法

运用注意规律组织教学的方法

1. 运用注意规律于教学预备环节

教学预备环节是指老师为课堂教学做准备工作的阶段，其重点在于事先创造有利于学生专心听讲的内外条件。

（1）创造良好的内部条件。首先，是要抓好备课工作，从学生角度出发，充分考虑到各种因素，写好教案。其次，关心学生的作息情况，保证他们有充沛的精力投入学习。最后，及时发现并帮助个别学生排除顾虑、烦恼等一些思想问题。

（2）创造良好的外部条件。如保持教室的整洁、照明光线适宜等。老师还应注意自己的仪表，不宜有过分艳丽奇异的打扮。

2. 运用注意规律于教学组织环节

教学组织环节是指上课预备铃响后到上课开始前的短暂阶段，其重点在于使学生做好上课前的心理准备，让注意处在良好的定向状态。

（1）稳定情绪。刚刚进行完考试或刚刚结束某种课间游戏，或课间发生过争辩、讨论等，学生的情绪不够安定，老师可以通过语言暗示或针对学生的争论因势利导等方法来稳定情绪，并且要求学生预备铃响后立即进入教室，以保证稳定情绪所必要的时间，这样也可以避免因个别迟到引起全班学生的无意注意。

（1）避免一些不适当的做法。如老师不应在这一阶段分发上次测验的试卷或公布成绩，也不应将实验仪器或幻灯等教具直接放在讲台上，而应放在课桌里，以免引起学生的无意注意，导致分心。

（2）坚持"起立坐"仪式。这一系列规范动作，可以帮助学生在意识上划出一条明确的分界线，使他们更自觉地将对课前活动的意识转向对当前课堂活动的意识，有利于实现及时的注意转移。

3.运用注意规律于教学开始环节

教学开始环节是指教师具体展开教学内容之前的引论阶段，其重点在于帮助学生提高学习的目的性，激发学习兴趣，调动起高度的注意，创造良好的开端。

教师可以通过简要地向学生阐明本节课的学习意义和重要性，引起他们对学习结果的间接兴趣，从而调动他们对教学内容的有意注意。教师还可以从生动事例开头，通过形象生动、富有启发性的讲述，一下子抓住学生的注意力，使其产生对学习内容本身的间接兴趣，为听课进入有意后注意状态创造条件。

4.运用注意规律于教学中间环节

这一环节是课堂教学的核心环节，是指教师具体展开教学内容的阶段。其重点在于自始至终吸引中学生的注意力于教学活动中，使其保持高度的稳定性。

（1）注意讲课技巧。首先，语音语调应抑扬顿挫。其次，要控制讲课节奏。太快，学生过分紧张难以跟上；太慢，学生又易懒怠、松弛，都不利于注意的持久。此外，言语的形式、风格应随讲课内容做适当调整。如讲定义时，做到规范、准确、简练；对于重点和要点，要在音响、音调上予以突出而且应做必要的重复。

（2）注意板书技巧。主要内容以条目形式列于黑板中间部分，其他内容可以副板书的形式列于黑板两侧。

（3）注意教学形式的多样化。如个别提问、集体讨论、动手实验以及运用录音、幻灯片等设备。

（4）注意教学中的举例。举例说明时，做到生动、形象。

5.运用注意规律于教学结束环节

教学结束是指教师讲完教学基本内容后做必要的归纳或引申阶段，其重点在于把中学生正准备松弛的注意力再一次集中起来，并为下一堂课创造有利条件。首先，要言简意赅地小结本堂课要点。其次，应尽可能提出一些引出下次课内容的富有启发性、吸引力的问题，以激起学生对下次课的兴趣。

第二节　意识概述

一天中我们是如何度过的呢？清晨起来，做一下简单的运动之后，你会感到特别的神清气爽；上课了，老师在台上讲解，也许你在高度集中地听讲，也许你心不在焉，不知道老师讲了些什么；下课了，你与同学们高谈阔论；夜晚来临，你感到思维不那么清晰，于是洗漱完毕，上床进入梦乡。在这一天中，我们经历了不同的意识状态，对自身以及周围世界的觉知水平随着不同的意识状态而有所不同。

一、什么是意识

意识虽然是多学科研究者希望破解的谜，但迄今为止，对意识还没形成一个为人们共同接受的定义。不同的研究者以各自的专业背景为参考框架，提出各自的意识定义。例如，有人从认知心理学的观点出发，认为意识"是一种把信息存入长时记忆并从长时记忆中读出的机制"；另一些人则从脑生理学角度出发，认为意识是"（大脑）皮层活动的连续变化"；还有人把意识定义为一种从神经系统的活动中突显出来的整体的功能，它既不同于也不能还原为神经事件。定义虽然如此纷杂，但也为我们提供了从多侧面、多层次考察意识的视角。在许多情况下，人们倾向于在不同的意义上使用意识概念。如就心理状态而言，"意识"意味着清醒、警觉和注意集中；就心理内容而言，"意识"包括可以用语言报告的一切东西，如对幸福的体验、对往事的回忆等；就行为而言，"意识"意味着受意愿支配的动作或活动，与自动化的动作相反；而在哲学水平上，"意识"是一种与物质相对立的精神实体，由思想、幻想、梦等组成[①]。

二、意识水平

意识并非只有一种水平，我们对信息的加工可以在不同的觉知水平上进行。

（一）焦点意识

任何时候，人们总是忽略一些刺激，选择一些刺激并拒斥一些刺激。焦点意识（focal conscious）是指我们集中注意而获得的清晰的意识。例如，棋手在集中注意下棋时对棋局的意识，即为焦点意识。个人处于焦点意识水平时，需要投入较多的心理资源。

（二）下意识

人体内外有许许多多的刺激在冲击着我们，但在某一特定时刻，我们只能把注意集中在其中很少一部分刺激上。不在焦点意识中的物体或事件仍会对我们产生某些影响。当你在集中注意看书中的一个短语时，它周围的词语或图表是不清楚的，处于你的边缘意识（marginal conscious）水平上。又如鸡尾酒会现象（cocktail party phenomenon），当你在拥挤的室内正和某人交谈，忽略了别人的谈话声和一般噪音，突然别人谈话中提到了你的名字，马上会引起你的注意。很明显，如果别人的谈话没有进入你的边缘意识，你是不可能觉知到别人谈话中提到你的名字的。许多研究表明，这些未被注意的信息是在觉知的下意识水平（subconscious

---

① 张积家.普通心理学 [M].广州：广东高等教育出版社，2004：131-132.

level）上起作用的。因此，边缘意识也属于下意识。

（三）前意识

我们头脑中许多当前不在意识之中的记忆和思维，在必要时可以把它带到意识中。此刻你可能未意识到去年的春节，但如果你想回忆的话，就可以把它们回忆起来，这时这些记忆便成为你意识清晰的组成部分。对这些记忆的意识被称为前意识（preconscious）。我们头脑中储存的各种知识、经验、技能、习惯都可能被带到意识之中。前意识在精神分析理论中是介于意识和潜意识之间的一种意识层面，其作用是去除不为意识层面所接受的内容，并将其压抑到潜意识中去，而在认知心理学中是指曾经储存在长时记忆中的信息，但只有在必要情形下进行回忆时才会对其产生意识。例如，我们大脑里储存着许多资料，在平时没有使用时我们并没有感觉到这些资料的存在，当在使用时，就会对其产生意识。

（四）潜意识

潜意识（unconscious）是弗洛伊德创造的一个概念。依据精神分析理论，某些记忆、冲动和欲望是无法进行意识的，这些心理事件就属于潜意识的范畴。弗洛伊德认为，某些痛苦记忆是被压抑的，即被转为潜意识并继续影响人们的行为，尽管当事人并未意识到这些记忆的存在。被压抑到潜意识中的思想和冲动虽然不能进入意识，但它们会以间接或伪装的方式（如通过梦、非理性行为、怪癖、口误等）影响着我们。弗洛伊德还认为，潜意识欲望和冲动是大多数精神疾病的原因。他使用精神分析的方法，将被压抑的心理内容召至意识中，来治疗患者。现在，大多心理学家认为有一些记忆和心理是内省所不能达到的，这些心理现象可以被称为潜意识。但学者们对弗洛伊德过分强调潜意识的情感痛苦方面而忽视潜意识的其他方面提出了强烈的批评[①]。

以上我们介绍了四种意识水平，即焦点意识、下意识、前意识和潜意识，并分别对它们作了界定。虽然并非所有的心理学家都会同意这些界定，但是这些概念在心理学各种著作中随处可见，我们从意识水平上对这些概念加以界定是必要的。

第三节　睡眠和做梦

无论任何时候，只要你知道自己的感觉、知觉、记忆和感情，就说明你对那些感觉、知觉、记忆和感情是有意识的。正如威廉·詹姆斯所指出的那样，意识像是一条永远在变化的"溪流"，或称意识流。我们生命的多数时间处于觉醒的意识状态，即一种清楚的、有组织的、警觉的正常状态。在正常的觉醒意识状态下，我们知觉到的时间、地点和事件都是真实的、有意义的和熟悉的。同时，威廉·詹姆斯还指出，由于疲劳、谵妄、精神恍惚、催眠作用或药物作用等原因，人的意识会与正常状态下的意识有明显不同，比如睡眠、做梦等。

在我们每个人的一生中，都会有大约 25 年的时间是在一种奇怪的半意识状态中度过的，这种状态叫睡眠。虽然睡眠表面看来极为平常，但若深入研究，就会使人感到相当神秘，人们睡眠时并不是完全没有反应。研究显示，如果你听见有人叫你的名字，而不是别人的名字，

① 黄希庭 . 心理学导论 [M]. 2 版 . 北京：人民教育出版社，2007：265-266.

你就比较容易醒；当一架喷气式飞机在头顶上轰鸣时，一个熟睡的母亲可能听不见，但如果她的孩子发出非常轻的哭声，她就能立刻醒来；有些人睡眠时甚至能完成简单的任务；睡觉时做梦，醒后能记忆梦中情节，有人还会在梦中做文章或思考解决问题。这些都是睡眠时仍有意识活动的明证。

一、我们为什么要睡觉

睡眠具有普遍性，无论人类与动物，在其每天 24 小时的生活周期中，都会睡眠，只不过在睡眠的形式、时间、地点等方面有所差异而已。那么，个体为什么必须睡眠？到目前为止有以下 3 种不同的解释．

（一）生物节律

在一天 24 小时内，个体在生活上呈现周期性的活动：何时睡眠、何时进食、何时工作，几乎都有一定的顺序，而这些顺序几乎是由个体生理上的动作所决定的，像这种决定个体周期性生活活动的生理作用，我们称为生物钟。生物钟之所以形成，除个体生活习惯因素之外，主要受一天 24 小时变化所决定。例如：一天之内的温度有显著的变化，人类身体的体温，在一天内也有显著的变化，在环境温度降低而人的体温也降低的情况之下，个体就会产生睡眠的需求。每天气温的变化规律，大致是午夜至凌晨五时左右的一段时间最低，人类的体温，也正好是在这一时段降至最低。因此，对绝大多数的人来说，晚上十一点到翌晨六点钟是睡眠时间[1]。

睡眠专家韦布（Wilse Webb）认为，睡眠是一种先天的生物节律或自然肌体循环的一种状态。他称睡眠为"温和的暴君"，因此睡眠是不可抗拒的。但是，在需要的情况下，特别是在危险的时候，暂时取消睡眠是可能的。一个喜剧演员说："你可以让狮子和羊羔躺在一起，但羊羔是睡不着觉的。"

人可以较长时间不睡觉，但时间的长度终究是有限的。对一般人来说，持续 4 天以上不睡觉就会感到极大的痛苦，有的人可以坚持更长时间。觉醒时间的世界纪录是加德纳（Randy Gardner）创造的，他 17 岁时曾持续 268 小时（11 天多）不睡觉。出人意料的是，后来他只睡了 14 小时就恢复了正常状态。正如加德纳所发现的，对于失去的睡眠时间，通常我们并不需要去睡同样长的时间把它弥补回来。大多数由于睡眠剥夺或睡眠缺失所引发的综合征，只需一夜的睡眠就能恢复正常状态[2]。

（二）恢复论与保养论

恢复论所指的"恢复"，包括生理与心理两个层面。就生理层面讲，个体在清醒时的一切活动，如果一直不停，得不到充分休息，无论在神经系统的传导，还是在肌肉腺体的动作上，既不能达到充实完美的境界，也无法适时完成新陈代谢作用。人的体力像一座水库，水库中的贮水耗用到一定地步，必须将出水口暂时关闭，或将出水量减少，使水库内贮水量增加，以维持长久的供水功能。就心理层面讲，睡眠可以帮助个体完成清醒时尚未结束的心理

---

① 张春兴．现代心理学 [M]．上海：上海人民出版社，1994：177.

② Coon D．心理学导论——思想与行为的认识之路 [M]．9 版．郑钢，等，译．北京：中国轻工业出版社，2004：259-260.

活动。在学习心理学上早有实验证明，练习过后立即睡眠者，醒来之后会有较好的记忆。原因是练习后立即睡眠，可供未完成的信息处理工作，继续在睡眠时完成。

保养论是恢复论的补充。按保养论的说法，个体之所以需要睡眠，主要是为了保存精力，以免疲劳过度，危害健康。换言之，对维护身心正常功能而言，睡眠具有自动的调节作用。

（三）演化论

这种理论认为，包括人类在内的各种动物，所以表现出各种不同的睡眠方式，主要是在生存过程中长期演化而来的。例如，动物睡眠的目的是避免消耗能量，以及在一天之中不适应的时间里避免受到伤害。人类缺少夜视能力，而且容易受到老虎、狮子等大型食肉动物威胁，所以要在夜里躲到安全的地方睡觉，先是巢居穴处，后来发出建造房屋的能力。牛、羊、骆驼等动物，之所以分阶段睡眠，是原因它们终年在空旷处游荡，无定点栖身，因此必须随时睡眠休息，随时觉醒，以便遇到侵袭时能随时逃逸。

二、睡眠阶段

（一）睡眠的四个阶段

对睡眠进行科学研究，始于德国神经生理学家伯格（Hans Berger）对脑电波的研究。伯格发现，当一个人从清醒进入睡眠时，大脑的生理电活动会发生复杂的变化，通过精确测量这些脑电变化并对其进行分析，就能很好地了解和提示睡眠的本质。在进行睡眠研究时，研究人员使用脑波仪（electroen-cephagraphy）记录睡眠中脑电波活动变化的曲线，称为脑电图（electroencephalogram，EEG），同时记录身体各项功能指标的变化，如呼吸、心率、血压、肌肉强度等，将它们作为睡眠研究的主要资料。

当人处于觉醒和警觉时，EEG 呈现小幅快波，叫作 β 波（见图 3-1）。即将进入睡眠的瞬间，EEG 转换为大幅慢波形式，叫作 α 波。当人放松并任凭思维畅游时，也会出现 α 波。随后，人闭上眼睛，呼吸逐渐变得慢而有规律，脉搏减慢，体温下降。根据脑电波变化和行为的变化，我们可识别出睡眠的四个阶段。实际上，不同波形在第一个阶段都会出现，但每一种波形在不同阶段出现的频率不同。

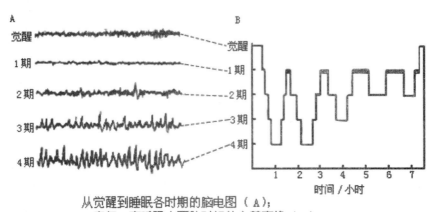

从觉醒到睡眠各时期的脑电图（A）；
一青年一夜睡眠中两种时相的交替变换（B）

图 3-1　睡眠时期的脑电图及时相的交替变换

第一阶段　睡眠第一阶段又称为轻度睡眠，此时人失去意识，进入睡眠，心率减慢，呼

吸有些不规律，躯体肌肉放松。在这一阶段中，EEG 主要是小而不规则的波形，并伴有一些 α 波。如果人在这时被唤醒，可能说自己睡着了，也可能说没睡着。

第二阶段 随着睡眠加深，体温进一步下降，EEG 开始呈现睡眠纺锤波，这是一种独特的脑电波活动。纺锤波是睡眠与觉醒的真正分界。如果在纺锤波出现 4 分钟后叫醒被试，其中大多数人会说他们睡着了。

第三阶段 这一阶段会有一种新的脑电波出现，即 δ 波，这种波又大又慢，它的出现标志着深度睡眠和意识的进一步丧失。

第四阶段 大约 1 小时后，睡眠者进入睡眠第四阶段或深度睡眠，脑波几乎完全是 δ 波，人在沉睡。如果这时人被很大的噪声惊醒，会感到脑子一片混乱，可能不记得有噪声。

经过一段时间的深度睡眠，人会经第三阶段和第二阶段返回到第一阶段。深度睡眠和轻度睡眠之间的转换贯穿整夜的睡眠。

（二）睡眠的两种基本状态

如果你注意观察一个睡眠中的人，很快就会发现，睡眠者的眼睛在不时地动。这种快速眼动（rapid eye movement，REM）与做梦有紧密的联系。如果睡眠者在出现快速眼动时被唤醒，其中 85% 人次会报告说自己正在做生动的梦。所以，有梦的快速眼动睡眠和发生在睡眠第二、三、四阶段中的非快速眼动（non-REM，NREM）睡眠是睡眠中两种最基本的状态。

睡眠时间中 20% 为快速眼动睡眠，梦总是与快速眼动同时出现。在非快速眼动睡眠中，有 90% 的时间没有梦。与非快速眼动期出现的思维和表象比较，快速眼动期中的梦一般持续时间更长，内容更为清晰、详细、古怪和富有梦幻性。

在整夜睡眠中，人通常会经历 4~5 次这样的睡眠周期。睡眠周期会随着时间和年龄而有所改变。例如，快速眼动睡眠在周期中持续的时间越来越长，最后一次可长达 1 小时，所以，大多数的梦是发生在一夜的后半期。新生儿的睡眠中，REM 占时间最多，约占睡眠时间的一半，据此推论，婴儿的梦远比成人要多。老年人睡眠时做梦较少，一夜中出现 REM 的时间，约在 18% 左右。

三、睡眠失常

（一）失眠

失眠（insomnia）是最常见的睡眠失常现象。失眠的主要表现有：上床后很难入睡；时睡时醒，无法进入沉睡阶段，自觉不能消除疲劳；入睡困难，容易惊醒，醒后很难再入睡。在生活紧张的现今社会中，失眠现象相当普遍，30% 左右的成年人有不同程度的失眠，约 9% 的人有严重的或长期的失眠。

失眠看似简单，形成的因素却非常复杂，大体可以分为 4 类：（1）情境性失眠。这是由于外在情境发生变化，暂时适应困难所致，如亲友病故、失学、失业等。因情境改变而形成的失眠，一般在情境中的危机消除或逐渐适应后，就会自行恢复正常睡眠。（2）良性失眠。也称为假性失眠，是当事人虽抱怨自己深受失眠之苦，而事实上他并不缺少睡眠。即失眠是不真实的，只是人们在心理上有失眠感而已，这种不一致主要是对自身睡眠状态的解释方式或归因错误导致的。（3）失律性失眠。这是由于生活程序突然改变太大，一时无法调整好睡眠节律所致，如飞行时差造成的睡眠困难即属于失律性失眠。（4）药物性失眠。这是由于经常借助安眠药物来使自己睡眠而造成心理上和生理上的药物依赖倾向所致。例如，有人在情绪紧张无法入睡时常吃安眠药以使自己睡眠休息，但通过药物对中枢神经的抑制作用来解除失眠困扰并不是真正的或自然的睡眠，只能有一时之效，并且长期服用易形成药物依赖倾向。

【信息栏】3-3：对付失眠的行为疗法

对付失眠的行为疗法

这里列出的所有方法都对治疗失眠有帮助，其中睡眠时间控制和刺激控制最为有效。你可以试试，看哪些方法对你最有用。

避免使用兴奋剂 咖啡和烟是兴奋剂，因此不要喝、不要抽。还要记住，不要饮酒，酒虽然不是兴奋剂，但会损害睡眠的质量。

不把忧虑带上床 晚上，要提前把自己所担心或关心的事情都写下来，计划好明天该怎么做，然后就把它们置于脑后。先睡觉，有事明天早晨再说。

放松 学会一种有效的身体或心理放松方法，比如，肌肉放松法、静思法以及用冷静的想象驱除忧虑的方法。白天的大运动量锻炼可改善睡眠，晚上睡前做轻微锻炼也对睡眠有帮助，但活动量不要太大，以免引起兴奋。

睡眠时间控制 即使你一整夜睡不着，早上也不要晚起，白天睡觉不要超过1小时，傍晚不要睡觉，第二天也不要早睡，努力使自己到了正常的睡眠时间再上床。这样，就不会破坏你的睡眠节律。

刺激控制 卧室只与睡眠联系。形成以下习惯：（1）不困不上床；（2）每天早晨按时醒；（3）上床后只睡觉，不做其他事；（4）如果在10分钟之内睡不着觉，就起来；（5）睡不着不要着急，先找点事情做，困了再去睡。

睡不着时睁大眼睛 睡不着觉不要有思想压力，千万不要使劲闭着眼睛。相反，你可以在黑暗中尽可能长时间地睁着眼。这样，睡眠可能不期而至，自然地入睡，并能够降低焦虑。

资料来源：Coon D. 心理学导论——思想与行为的认识之路 [M].9版.郑钢，等，译.北京：中国轻工业出版社，2004：267.

（二）睡眠窒息

睡眠窒息（sleep apnea）是一种因呼吸困难造成睡眠失常的现象。呼吸困难的原因，可能是因气管障碍，也可能因大脑主管呼吸的神经中枢功能失常所致。睡眠窒息者，夜间经常多次因呼吸困难醒来，醒后就无法再行入睡，白天常感精神不振，身心俱疲，多常见于老年人。

（三）发作性睡眠

发作性睡眠（narcolepsy sleep）是一种突发的、不可控的睡眠发作，一般持续几分钟到半小时不等。患者可能在站立、说话甚至驾驶汽车时突然入睡，发作性睡眠对一个人的事业和社会生活的影响是显而易见的。监视脑电图发现，发作性睡眠往往直接进入快速眼动睡眠。因此，发作性睡眠者的睡眠发作是在觉醒状态突然转为快速眼动时发生的。

幸运的是，发作性睡眠是很罕见的，在一万人中约有2~10人的比例，这种病往往有家族

史，表明它是遗传的。目前，对发作性睡眠无治疗方法，但兴奋剂可降低发病的频率，每日白天有规律地睡一觉也有一定帮助。

(四) 梦游和说梦话

梦游（sleepwalking）是一种既吓人又挺有意思的现象，指睡眠中自行下床活动，而后再回床继续睡眠，睡醒后对自己夜间的行动一无所知的怪异现象。梦游者能在梦游中从事很复杂的活动，会开门上街，会拿取器物，会躲避障碍物而不致碰撞受伤。梦游者多为儿童，年龄多为6~12岁，多数到成年后不治而愈。梦话（sleeptalking）也称梦呓，是指睡眠中说话的现象。实际上，梦游和梦话都与做梦无关。因为梦游时患者的脑电波正处在睡眠的沉睡阶段，而沉睡阶段是不会做梦的，而且几乎所有的说梦话现象也都是在沉睡阶段发生的。因此，把梦游和梦话分别称为"睡中行走"和"睡话"较符合事实。

 【信息栏】3-4：对睡眠认识的五个误区

对睡眠认识的五个误区

1. 睡得越多越好

事实上，睡眠时间存在极大的个体差异，有的人睡八九个小时还不够，有的人睡四五个小时就够了。睡眠质量比睡眠时间更重要。

2. 老人可以少睡

事实上，并不是老人可以少睡，而是老人睡眠机能下降，睡眠变浅。老人与年轻人一样，需要足够的睡眠。

3. 老人无疾而终是幸事

事实上，老人在睡觉时去世并不是无疾而终，而是因为长期的睡眠呼吸暂停、心脏疾病等突发致死。无疾而终不值得庆幸，如果早防早治，老人本来可以活得更长。

4. 打鼾者睡得香睡得甜

事实上，打鼾者上呼吸道不畅，经常被憋醒，难以进入较深的睡眠期，睡眠质量不高。一些打鼾者还可能引发睡眠呼吸暂停。

5. 失眠直接危害身体

事实上，失眠主要损害人的精神和心理。睡眠实验表明，即使强制剥夺睡眠，也不会损害人的身体器官。失眠对健康的危害远没有人们想象的那么严重。

资料来源：黄席珍.睡眠忠告 [M].广州：广东人民出版社，2003：2.

四、梦

1952年，研究者克莱特曼和阿塞林斯基发现了快速眼动睡眠，他们宣告，梦的研究进入了一个"黄金时代"。大多数人每夜做4~5次梦，但并不是所有的人都能记住他们的梦。当那些自称从不做梦的人第一次在快速眼动睡眠中被唤醒时，往往震惊地发现原来自己也做梦。梦常要占90分钟左右的时间，第一个梦只有大约10分钟，最后一个平均30分钟，长的可达50分钟。因此，梦会持续一段时间，并不是一闪而过。

（一）梦的世界

霍尔（Calvin Hall）是研究梦的权威，他收集并分析了一万多个梦，发现大多数梦反映的是日常事件。人们梦中最常出现的场所是熟悉的房间，梦中的活动常常发生在做梦者和另外两三个人之间，这些人都带有重要的情绪色彩，如朋友、敌人、父母或老板。梦中的活动都是跑、跳、骑车或乘车、坐、说话和看等最熟悉的活动。记录中，大约半数的梦有性的成分，飞翔、漂浮和往下掉的梦境要少一些。研究者也发现，人的梦越多，梦见不好的事就越多，梦境中焦虑、恐惧、气愤和悲哀等不愉快的情绪往往多于愉快的情绪。

（二）梦的理论

多数理论家认为，梦是在反映我们觉醒时的思维、幻想和情绪。因此，一个更有意义的问题是：我们在解释梦的时候应该解释得多深？一些理论家认为，梦具有深刻的、隐含的意义；另一些则认为梦毫无意义。让我们看看这两种观点各自的道理。

1. 关于梦的心理动力学理论

弗洛伊德的著作《梦的解析》提出了一个全新的心理理论。通过分析自己的梦，弗洛伊德总结出，很多梦代表愿望满足。愿望满足指无意识欲望的表达，因此，一个对老师不满的学生可能会梦见在教室里让老师下不来台，一个寂寞的人可能梦见浪漫的爱情，一个饥饿的孩子可能梦见食物。

弗洛伊德提出的关于梦的心理动力学理论，强调内部冲突和无意识的力量，他的很多思想是有吸引力的。但是，有些证据对这一理论不利，例如，一项饥饿研究证明，自愿被试中梦见食物和饮食的次数并没有增加。当然，根据弗洛伊德学说，梦很少直接表达人的需要。弗洛伊德给我们的一个重要启发是，梦中的观念是以表象或图画的形式表达的，而不是以词的形式表达。

弗洛伊德认为，梦以伪装的象征表达无意识欲望和冲突，例如，旅途代表死亡，小动物代表儿童；而一个女人如果被她最好的朋友的丈夫所吸引，则可能梦见偷了朋友的结婚戒指戴在自己手上，间接地表现她的真实欲望。

并不是所有的梦都有隐含意义。甚至弗洛伊德也认识到，有些梦只是琐碎的、不重要的"白天的残片"，或正常觉醒事件的遗留物。

2. 激活—合成假说

我们知道，弗洛伊德的方法并不是解释梦的唯一方法。与弗洛伊德的观点相反，科学家霍普森（Allan Hobson）和麦卡利（Robort McCarley）对梦的形成有不同解释，他们认为：在快速眼动睡眠时，大脑中平时控制眼动、平衡和活动的细胞被激活，但由于从脑细胞发出的信息被阻断，不能到达躯体，所以躯体不运动，而这些细胞不断把它们的活动通知给脑高级区域。为解释这些信息，脑只能搜索存储的记忆，并制造出梦。霍普森和麦卡利把他们的这种解释称为激活—合成假说。霍普森说："睡眠时，脑的开关是开着的（激活的），产生并整合（合成）它自己的感觉和运动信息。"

以梦中典型的追赶情景为例：在这样的梦里，我们感到我们在跑，在逃离危险或躲避追赶，但两条腿就是不听使唤。霍普森和麦卡利认为，在这样的梦里，脑被告知躯体在跑，但身体没有运动，不能给出反馈来确证这一点，此时的脑为了使这一信息合理，便创造了一个

追赶的梦。按照这种观点，梦没有"潜在的"或隐藏的意义，而仅仅是发生在睡眠时思维的另一种形式。

激活—合成假说的确可以解释一些梦中的经验。例如，它可以解释为什么古怪的梦像是白天幻想的两倍。然而，很多心理学家仍然相信，梦是有深刻含义的。

梦中的事常常导致一个人的改变，这一点不需要怀疑。研究者德门特曾经梦到他得了肺癌，梦中一位医生告诉德门特，他很快就要死了。那时，德门特一天吸两包烟。德门特说："我永远不会忘记醒来时感到的震惊、欢欣和绝妙的慰藉，我感到获得了再生。"第二天，他真的把烟戒了[①]。

【信息栏】3–5：释梦 / 弗洛伊德 1900

释梦 / 弗洛伊德 1900

在心理学上，关于梦的系统的理论解释首推弗洛伊德（Freud，1900），他将对梦的解释称作"通往探索心理生活中的无意识状态的成功之路"。

弗洛伊德远不是第一个对梦饶有兴趣的心理学家。在《梦的解析》一书中，他列举出 115 例就此话题展开的讨论。然而，大多数心理学家将梦视作低级荒唐和无意义的思想，认为其来源并不是心理过程，而是某些干扰睡眠的肉体过程。弗洛伊德则认为，无意识不仅是清醒状态之外的某些想法和回忆，而且是被强制遗忘的痛苦感情与事件的沉积。他认为，梦是在自我意识的防卫松懈时呈现在大脑里的重要隐蔽材料。他假设道，梦是愿望的满足，人们通过梦中富有愿望的思考满足了在平日里未被满足的需要。例如，在性方面遭受挫折的人会倾向于做富有色情色彩的梦，而一个不成功的人会梦见自己获得巨大的成就。即是说，梦是被压抑的潜意识冲动或愿望以改头换面的形式出现在意识中。这些愿望和冲动主要是人的性本能和攻击本能的反映，它们不被社会伦理道德所接受。在清醒时，由于意识的监督作用，这些愿望和冲动受到抑制。而在睡眠时，意识的警惕性有所放松，它们就会以改变了的形式出现在梦中。

弗洛伊德的这个观点来自他对自己所做的一个梦的分析。1895 年 7 月，他梦到自己正在治疗一个名叫"艾玛"的少妇。梦很复杂，弗洛伊德对它的分析也很长（达 11 页之多）。简单来说，他在一个大厅里遇见她；客人们正纷纷赶来；她告诉他，她的喉咙、胃和腹部都在疼痛；他担心自己未能仔细地诊治，有可能疏忽了她的一些机体症状；通过许多其他细致的检查，他后来发现，他的朋友奥托，一位年轻医生，曾用一支不清洁的注射器给艾玛打针，这也正是她的病根所在。通过自由联想，弗洛伊德进一步追寻该梦的一些要素之后的真实意义。弗洛伊德想起来，在此前的一天里，他曾见过朋友奥斯卡·莱，一位儿科医生。莱认识艾玛，并对他说："她好多了，可还没有彻底康复。"弗洛伊德觉得有点生气，因为他把这句话视作对他的间接批评，可能认为他在艾玛的治疗上只取得了部分的成功。在梦中，为了伪装事实，弗洛伊德将奥斯卡转变成奥托，再把艾玛剩下的精神症状变成生理毛病，并让奥托来负这个责任。下面是弗洛伊德的结论："事实上，奥托的话

① Coon D. 心理学导论——思想与行为的认识之路 [M]. 9 版. 郑钢，等，译. 北京：中国轻工业出版社，2004：270-271.

· 50 ·

使我非常生气，他说，艾玛的病并没有完全治好，于是，我就在梦中报复他，把责任全都推到他的头上。梦把我应对艾玛负的责任推卸掉，称她有待康复是其他因素造成的……梦代表着事物的一种特别状态，即按照我所希望的样子表现出来的状态。因此，它的内容是某种愿望的满足，动机则是那个愿望。"通过对自己不高尚动机的残酷自查，弗洛伊德发现了一个价值连城的技术。在接下来的 5 年里，他接连分析了一千余患者的梦境，并在《梦的解析》一书中报告说，这种方法是心理分析治疗和无意识思维研究中最为有用的工具之一。

　　弗洛伊德将梦境分为两个层面：一是显性梦境，是做梦者醒来后所能记忆的梦境。它是梦境的表面；另一是潜性梦境，是梦境深处不为做梦者所了解的部分，它是梦境的真实面貌。做梦者所陈述的显性梦境实际上是潜性梦境经由伪装后转化而来的。伪装的方法有以下一些：（1）简缩，指显性梦境中的情节要比潜性梦境中的情节少而简单，某件事情的部分可以代表全部。例如有时以一件衣服代表某个人，某条街道代表一个城市，或者一盏灯代表做梦人曾经居住过的房子。（2）转移，指从潜性梦境转化为显性梦境时，把不愿意接受的观点移置为或象征性地等同于乐意接受的思想。例如，阴茎变成棒球拍、旗杆等，乳房变成山脉、气球等，不一而足。（3）综合，指存在于显性梦境中的内容也许实际上是潜性梦境中许多思想的结合，例如一个童年的爱畜代表整个家庭。（4）再修正，指在人陈述其显性梦境时，会有意无意地对梦中情节加以修正。通过这四种伪装，潜性梦境便转化为显性梦境，也就成了梦。

　　资料来源：黄希庭，郑涌 . 心理学十五讲 [M]. 北京：北京大学出版社，2005：129-131.

第四节　催眠

　　很长时间以来，催眠是笼罩在一层神秘的面纱之下，有时看电影，我们会看到有关催眠的镜头，感觉催眠很神秘，也很神奇。绝大多数人对于催眠知之甚少，甚至有人将催眠按其字面理解为催人入眠，还有相当多的人将之看作一种巫术，一种旁门左道。一是因为催眠最早多为巫士和神职人员所掌握，二是因为对不少人来说催眠状态实在是太不可思议了。朱光潜先生曾对催眠状态做过这样的描述："催眠的状态是很奇怪的，一方面它很像天然睡眠，眠时神情很昏迷，醒后对于眠中经过常不能记起；一方面又和天然睡眠迥然有别，受眠者在催眠状态中可以接受催眠者的暗示，生出种种特殊的反应，也就是说受眠者不是全然眠着，他在服从催眠者的命令时，一举一动都像是在做梦似的。这个状态和许多其他心理的变态都很类似。"所以催眠是划在变态心理学范畴的，一般非专业人员是不大会去研究什么变态心理学，因为光听这名字就足以让人生畏，生怕和变态沾上边。这也是催眠远离大众的一个原因。

一、什么是催眠

　　实际上，催眠并不像看起来那样神秘。催眠是意识的一个改变状态，其特征为注意范围的缩小和对暗示性接受程度的提高。当然，并非所有的心理学家都同意这样的定义。有些人

认为，催眠仅仅是顺从、松弛、想象、服从、暗示和角色扮演的混合。这两种定义中的关键之处是一致的，即催眠不是"魔术"，通常可用心理学的原理来解释。

二、催眠的状态

催眠既是似睡眠而又非睡眠的一种特殊意识状态，而在此种意识状态之下，将出现何种心理特征？美国斯坦福大学希尔嘉实验观察发现，在催眠状态下被试在心理上一般显示以下7种特征[①]。

（一）主动性反应减低

被催眠的个体不主动进行各种活动，而是倾向于按照催眠师的暗示去活动。

（二）暗示性提高

暗示性是指个体接受催眠师暗示的程度。当个体一旦进入催眠状态后，其暗示性就大大增高。被试由于暗示性增高而表现出来的行为有时会令人惊讶。例如，催眠师暗示个体的胳膊僵直，则其胳膊就会变得像木条一样僵硬。此时，我们就很难将他的胳膊弯下来。

（三）知觉扭曲与幻觉

在催眠状态下，个体的知觉会产生扭曲和幻觉。在催眠师的诱导下，个体会将一种物体说成是另一种物体，或歪曲物体属性，如很甜的东西尝起来是酸的。被催眠者也会将不存在的事物当成是存在的事物，或存在的事物当成是不存在的事物。

（四）注意层面趋窄

进入催眠状态的个体的注意范围大大缩小，他们只注意催眠师的暗示，而不再注意周围环境中的刺激。例如，当催眠师暗示周围声音均听不见，而只能听见催眠师的声音，则被催眠者就会听不见周围的其他声音。

（五）催眠中的角色扮演

在催眠状态下，个体听从催眠师的暗示，能够扮演与其原来性格不同的另一角色，并表现出符合该角色的一些复杂行为。如果催眠师暗示个体是一个小孩，则他就真的像变成小孩一样，在言语、行为上表现出小孩的特点。

（六）旧记忆还原

进入催眠状态后，如果催眠师询问个体在清醒时曾记不得的经历过的一些事情，他却能清清楚楚地讲述出来。讲述的内容多以视觉影像为主，并且非常生动，就像又回到当时的情境中一样。

（七）催眠中经验失忆

催眠中经验失忆是指催眠师暗示个体在被催眠期间什么也没有发生，则其在事后就会报告说自己什么也记不得了。

① 张春兴 . 现代心理学 [M]. 上海：上海人民出版社，1994：193-196.

【信息栏】3-6：催眠后的"回忆"是想象还是记忆？

催眠后的"回忆"是想象还是记忆？

　　1976 年，加州曾发生过一起 26 个孩子被绑架案。绑匪把他们从校车中劫走，作为人质索要赎金。经过催眠，校车司机回忆出了绑匪所驾驶的汽车牌照号码，因此帮助警方侦破了案件，救出了孩子。这一成功之后，催眠术对记忆的作用被说得神乎其神。但事实又是怎样的呢？

　　研究表明，被催眠的人比正常状态下的人更容易运用想象弥补缺失的记忆。而且，如果你给被催眠者提供一些虚假信息，他们很可能把它纳入自己的记忆。有时，被催眠者甚至对某种虚构记忆坚信不疑，决不改变。这些研究结果说明一个事实，即因催眠而增加的虚构记忆比真实记忆要多。在一项研究中，被催眠的被试回忆出的信息中，错误率竟高达80%。总之，我们可以得出这样的结论：催眠并不能大大改善记忆。

　　催眠有时能使人回忆起更多的信息，这确是事实。但问题在于，我们并没有可靠的方法来分辨催眠后的报告中哪些是真实的记忆，哪些只是想象。

　　资料来源：Coon D. 心理学导论——思想与行为的认识之路 [M].9 版 . 郑钢，等，译 . 北京：中国轻工业出版社，2004：154.

三、催眠的方法

　　有多少催眠师就有多少种催眠方法，但所有的催眠技术都不外乎让人做到以下几点：（1）集中注意催眠师所说的话；（2）放松并感到疲倦；（3）顺其自然，心甘情愿地服从催眠师的指令；（4）进行生动想象。

　　催眠师进行催眠时一般采取这样的步骤：首先，要被催眠的人处于安静舒适的状态中，外界的干扰减少到最小程度；然后催眠师要求被试者将注意力集中在某件特定的事情上，例如想象平静的大海、表的滴答声等，催眠师用平和的语言或暗示被催眠的人，如说"放松""你现在感觉非常舒适"等；这样被催眠的人就慢慢进入完全放松的状态，就会相信催眠师的描述是真实的，会顺从和接受催眠师的指示去做一些动作或事情。

　　10 个人中大概有 8 个人能被催眠，但只有 4 个人能达到较好的催眠效果。爱幻想、好空想、容易被任务吸引的人往往容易接受催眠，但没有这些特质的人也可被催眠。催眠更依赖于被催眠者的努力和能力，而不是催眠师的技术。

　　被深度催眠的人会放宽对现实的检验，因而使自己正常的"意志力"或自我控制力降低。但是大多数人不会接受他们认为不道德的或恶意的催眠暗示，如在大庭广众下脱脱衣服，或伤害他人。

【信息栏】3-7：被催眠的人会做出违法的事来吗？

被催眠的人会做出违法的事来吗？

　　我们在电影中见过这样的情节：一位邪恶的催眠师将人催眠，然后指使他去杀人放火。这种事情有没有可能发生呢？据研究，这样的情节是没有根据的。

　　事实上，很多研究表明，被催眠的人并没有完全丧失自己的意志。比如在一位被催眠

人面前摆一把椅子，暗示他将看不到这把椅子，则被催眠者会表现出他真的没看到这把椅子。但如果让他笔直向前走，他会设法绕开这把椅子。另外，Orne 和 Evan 曾做过这样一个实验，想弄清楚被催眠的人会不会做违反道德和法律的事。他让一部分被催眠的人和一部分没被催眠的人混在一起，然后让催眠师对他们一起进行暗示（催眠师并不知道哪些人被催眠，哪些人没有，这叫"双盲实验"）。尽管被催眠的人在暗示下确实做出了诸如撕毁圣经，偷试卷甚至贩卖非法药品的行为，但是他们之所以这样做是因为他们知道这些行为只是实验而已，并没有犯法。

因此实验者认为，只有在合法范围内被催眠者才会做出"非法"行为。

资料来源：王敏. 有关催眠 [J]. 医学心理指导（校园心理），2005（12）：57.

四、催眠理论

（一）意识分离论

美国心理学家希尔加德（Ernest R. Hilgard）提出的意识分离论把催眠看作一种改变了的意识状态。他认为，个体被催眠后的意识分为两个层面。第一个层面是被试接受暗示后所意识到的一切新经验，该层意识是在催眠师的暗示下产生的，其性质有可能是扭曲的、不真实的，但这一层意识可与外界进行交流。第二个层面是隐藏在第一个层面之后，不为其所意识到的经验，该层意识是个体根据自己的感觉产生的，其性质是比较真实的。只是因当时受到催眠暗示的影响，第二层意识被第一层所掩盖，不能以口头方式表达出来而已，希尔加德称之为隐秘观察者。他认为，许多催眠效果是这种被分裂的意识的产品。

实验证明，没有被催眠的人将手指放入冰水中 25 秒后就会感觉到剧痛，而被催眠的人，如果事先给予了"你将不会感到疼痛"，那么他在手指放入冰水中 25 秒后就会报告说"不疼。"但如果告诉被催眠者如果他们身体的某些部分仍感觉到疼痛，就用另一只手按下旁边一个按钮，结果被催眠者无一例外地按下了按钮！这说明，在催眠状态下，口头回答的不疼是在催眠暗示下所产生的意识经验，是扭曲的、失真的；另一只手按按钮的行为表达出了被催眠者自己的感受，是真实的。

（二）社会角色论

社会心理学家斯帕诺斯（Spanos）对意识分离论提出质疑，他认为，催眠状态下的行为实质上都是在人正常的自主范围内。一个人确定自己被催眠的唯一原因是其在催眠条件下的行为与自己期望在这种状态下会出现的行为相一致。在斯帕诺斯看来，催眠的过程是一种西方文化中具有多种含义的仪式。个体希望放弃对自己行为的控制，随着催眠过程的深入，就开始相信他的自主行动开始转化为自发的不随意活动。有研究表明，富于想象力的人在催眠和非催眠的情况下都能产生生动的知觉，这说明，被催眠的人是富于想象力的演员，正在扮演被催眠的角色。

总而言之，催眠在诱导放松、控制疼痛和进行心理治疗中是一个很有用的工具。一般说来，催眠用于改变主观经验效果较好，而用于对吸烟或饮食过量的行为矫正效果差一些。催眠是一种有用的技术，但不会产生什么神奇的效果。

【反思与探究】

1.根据产生和保持注意时的目的性和意志努力的不同，可以把注意分为哪几类？

2.影响无意注意、有意注意的因素是什么？

3.注意的品质包括什么？

4.影响注意品质的因素有哪些？

5.教师在教学中应该如何根据注意规律有效地组织教学？

【第三章资源链接】

1. Freud S. 释梦 [M]. 孙名之，译. 北京：商务印书馆，1996.

本书以大量实际的梦阐释了弗洛伊德的精神分析理论，并对梦的来源、梦的选材以及梦的运作过程等问题进行了深入细致的论述。它不但为人类潜意识的学说奠定了稳固的基础，而且也建立了人类认识自己的里程碑。

2. Elliot Aronson. 社会心理学 [M].5 版 . 侯玉波，等，译 . 北京：中国轻工业出版社，2005.

本书共分为四篇。第一篇从考察古代社会人们对睡眠的信念开始，介绍了睡眠的研究背景。第二篇涉及睡眠体验，做梦即为其一。第三篇讲述睡眠的生理学及心理学。第四篇有关睡眠的种种问题（成年人的睡眠障碍、失眠的心理治疗、儿童睡眠问题）及其处理。

3. Revenstorf D，Zeyer R. 自我催眠 [M]. 方新，译 . 北京：中国轻工业出版社，2007.

这是一本给你施以作用力的书，它将使你改变对生活的看法；它也是所有愿意探讨自我意识、掌握自己人生命运的人所必读的一本书。作者向我们讲述了简明易懂且容易使用的自我催眠方法，帮助你摆脱不良习惯，摆脱恐惧症，缓解慢性疾病，培养自我控制力。

第四章
感知觉

【内容提要】

任何一种客观事物本身有许多属性、特征，对事物个别和整体属性、特征的反应过程为感觉和知觉。本章首先介绍了感觉的一般概念，感觉的类别以及感觉的基本特性；其次，讨论了知觉的一般概念，知觉的特性和知觉的分类以及错觉等内容。

【学习目标】

1. 掌握感觉知觉的概念。
2. 理解并能运用感觉知觉的基本特性。
3. 了解知觉的种类及产生的条件。
4. 了解错觉及产生的原因。

第一节　感觉及其种类

一、感觉概念

现代心理学把人脑对直接作用于感觉器官的客观事物个别属性的反映称为感觉，它是一种最简单的心理现象，是认识的起点。可以说，感觉是一切知识和经验的基础，是人正常心理活动的必要条件。例如对于我们面前的一个苹果来说，它有许多的属性与特征。对苹果的红颜色，我们通过眼睛而产生红的视觉。对苹果的味道，我们通过舌头产生酸甜的味觉。对于苹果的香气，我们通过鼻腔而产生芳香的嗅觉。对于苹果的表面，我们通过手的皮肤的接触产生微滑的触觉。这些在主观上产生的红色、酸甜、芳香和微滑的感觉，不是我们自己凭空产生的，而是在客观事物的直接作用于我们的眼鼻嘴肤等感官而产生的结果，这些感觉是外部感觉。同时，我们不仅能感觉到我们身体以外的客观事物属性，而且也能感觉到我们身体本身的种种状态和特征，这又构成了另一类感觉——内部感觉。例如，人可以感觉到自身的饥饿、口渴、疼痛、姿势与运动状态等，这些都属于内部感觉。人的感觉从感觉器官的角度可划分有外部感觉和内部感觉。外部感觉是指感受外部刺激，反映外部事物个别属性的感觉，主要分为视觉、听觉、嗅觉、味觉和肤觉五大类；内部感觉是指感受内部刺激，反映机体内部变化的感觉，主要分为机体觉、平衡觉和运动觉。

由于感觉仅仅指的是我们对客观事物的一种属性的反映，同时感觉的产生主要是由于感觉过程所决定的，所以感觉被认为是我们对客观世界的最简单的认识，也是最简单的心理活动形式。在感觉的基础上，人脑对事物的整体和事物之间的关系进行更复杂的整体的反映，这便是知觉了。尽管感觉是最简单的认识过程，但是，我们不是对外界刺激的作用做出消极的反映，相反，它的产生必须依赖于我们自身的积极活动。

感觉在人们的生活和工作中有重要的意义。首先，感觉为人们提供了有机体内外环境的信息。通过感觉人能够认识外界事物的颜色、明度、音调、响度、味道与软硬等，从而了解不同物体的不同特性。通过感觉我们也能认识自身有机体的工作状态，获得饥渴、冷暖以及疼痛等信息。其次，感觉保证了有机体与环境维持动态平衡的途径。如果没有感觉提供的外界信息，人的心理活动就无法正常进行。俄国医生鲍特金遇到过这样一位病人。病人除了一只眼和手上的一小部分有感觉外，全身其他部分都失去了感觉。如果这个病人闭上这只正常的眼睛，别人也不去触动他的那只手，她很快就睡着了。这种观点也被心理学家所做的"感觉剥夺"实验所证实。人们从环境中获得必要的信息，是保证有机体正常活动所必需的。相反信息超载或不足，都会给机体带来不良的影响。超载会使人对外界事物产生冷漠的态度，不足又会产生无聊、不安与痛苦的感受。

［信息栏］4-1：感觉剥夺实验

感觉剥夺实验

1954 年伯克斯顿在加拿大的麦克吉尔大学做了世界上第一个感觉剥夺实验。被试是大学生，每天报酬是 20 美元。被试整天躺在有光的小室中舒适的床上，时间尽可能地长。实验中严格限制他们的感觉输入。例如以水漂浮的方法模拟失重感；以隔音暗室来剥夺声光刺激；戴上用纸板做的袖头和棉手套，以限制他们的触觉；头枕在用泡沫橡胶制的 U 型枕头上，同时空调的嗡嗡声限制他们的听觉等等。实验发现，在感觉剥夺期间，他们的思维很混乱，对任何事情都不能作明晰的思考，思维似乎是跳来跳去，50% 的人产生幻觉。不仅如此，感觉剥夺损害了被试的思维，如有的被试参加了为时十四天的感觉剥夺实验之后，有八天之久不能学习。

其次，感觉是一切较高级、较复杂的心理现象的基础。人的知觉、记忆、思维、想象等高级心理过程必须借助于感觉提供的原始材料，人的情绪情感和意志也必须依靠人对外界和有机体内部状态的感觉。因此，没有感觉，人的一切心理现象就无从产生与发展。

二、视觉

视觉是由外界物体所发出的或反射出的光波作用于视分析器而引起的感觉。眼睛的视网膜是视觉的感觉器官。在人的各种感觉中，视觉常常处于主导地位。一方面视觉是人获得信息的主要通道，它与人的日常生活关系密切，人对周围世界的了解主要依靠视觉；另一方面，当视觉获得的信息与其他感觉得来的信息相矛盾时，人们更相信视觉的信息即"眼见为实"。

（一）视觉的适宜刺激

视觉的适宜刺激是波长在 380~780 纳米范围内电磁波，即可见光波，它约占整个电磁波的 1/70，在此波长范围之外的电磁波，人眼则无法看到（见图 4-1）。

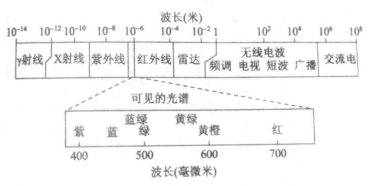

图 4-1　全部电磁光谱与可见光波

光波具有强度、波长和纯杂程度三种物理属性，它们分别决定了人的颜色视觉中的明度、色调、饱和度三种感觉属性。

1. 明度

明度指颜色的明暗程度，它决定于光波的强度和物体表面的反射系数。光的强度和物体表面的反射系数越大，物体看上去越亮，明度就越高；反之，则越暗，明度就越低。例如，黑纸只反射出投射光的 4%，而白纸却反射了投射光的 85%，所以白纸比黑纸的明度要高得多。

2. 色调

色调指常见的红、橙、黄、绿、青、蓝、紫等颜色，它主要决定于光波的波长。对光源来说，色调是由占优势的波长决定的，占优势的波长不同，色调也就不同。如果 580 纳米的波长占优势，光源看上去是黄色的；如果 470 纳米的波长占优势，光源看上去是蓝色的。

3. 饱和度

饱和度指某种颜色的纯杂程度或鲜明程度，它决定于光波的纯杂程度。物体表面反射的光波中决定其色调的光波所占的比例，所占比例越大，其饱和度就越高；反之，其饱和度越低。

颜色的三种属性及其相互关系，可以用三度空间的颜色纺锤体来说明（见图 4-2）。在颜色纺锤体中，垂直轴代表明度的变化，自上而下是由白经灰到黑的无彩色系列。绕中轴四周的是各种彩色。四周与中轴的垂直距离代表饱和度的变化，与中轴的垂直距离越长，饱和度越大；反之，就越小。从图中可以看出，明度不同，颜色的饱和度也不同，越是接近黑白两端，颜色的饱和度就越小；在中等明度下，颜色的饱和度

图 4-2　颜色纺锤体
（资源来源：Judd & Wyxzecki，1952）

最大。无彩色只有明度上的差异，而无色调与饱和度的变化。

（二）视觉的生理机制

视觉的生理机制包括折光机制、感光机制、传导机制和中枢机制。

1. 视觉的折光机制与感光机制

视觉的折光机制和感光机制位于人的眼睛。眼睛是视觉的外周感受器，它由眼球壁和眼球内容物构成，眼球结构见图 4-3。

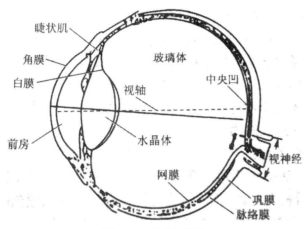

图 4-3　眼睛的结构

眼睛的折光系统由角膜、水晶体、房水和玻璃体构成，其功能是使反射出来的光线聚集在视网膜的中央凹周围形成清晰的映象。

视觉的感光机制是视网膜上的感光细胞——视锥细胞和视杆细胞（锥体细胞和棒体细胞）。两种细胞在形态分布和功能上都有所不同，见图 4-4。视锥细胞多分布在中央凹周围；视杆细胞多分布在视网膜边缘。视锥细胞是昼视器官，在中等和强的照明条件下起作用，主要反映物体的细节和颜色；视杆细胞是夜视器官，在弱光下起作用，主要反映物体的明暗。

此外，两种感光细胞还含有不同的感光色素。视锥细胞的感光色素叫视紫蓝质，能感受强光和色光，而视杆细胞的感光色素叫视紫红质，它由视黄醛和视蛋白构成。在弱光的作用下，视紫红质分解为视黄醛和视蛋白，并使视杆细胞产生神经冲动。

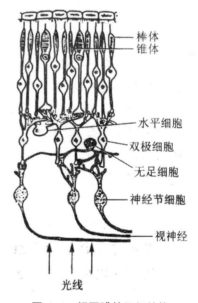

图 4-4　视网膜的组织结构

2. 视觉的传导机制与中枢机制

物体发出的光刺激作用于人的眼睛，经过眼睛的折光系统作用于视网膜上的感光细胞，引起感光细胞中某些化学物质分子结构的变化并释放能量，发出神经冲动，这种冲动传至双极细胞，再由双极细胞传到神经节细胞，然后沿视神经经过视交叉传到外侧膝状体进行初步

的加工，最后投射到皮层的视觉中枢产生各种视觉。

（三）视觉现象

1. 感受性与视敏度

（1）对光强的感受性。在正常情况下，人的视觉对光的强度具有极高的感受性。据测定，10^{-6} 烛光／平方米（其能量仅相当于几个光量子）的光强足以引起人眼的反应。视觉对光强的感受性与光刺激作用的网膜的部位有关。当光刺激作用在离中央凹 8°~12° 的地方时（网膜上视杆细胞密集处），对光的感受性最高；刺激盲点，对光完全没有感受性；而在中央凹部位（网膜上视锥细胞集中处），则对光强的变化有最大的感受性。

（2）对颜色的感受性。视网膜的不同部位对颜色的感受性不同。中央凹能辨别各种颜色，从中央凹到边缘，对颜色的分辨能力逐渐减弱，先丧失对红、绿色的感受性，后丧失对黄、蓝色的感受性，成为全色盲。人眼对不同颜色的感受性也不同。在明视觉条件下，对黄绿色的感受性最高；在暗视觉条件下，对蓝绿色的感受性最高。

（3）视敏度。视觉系统分辨最小物体或物体细节的能力叫视敏度。医学上称之为视力。视敏度的大小通常用视角的大小来表示。视角是指物体通过眼睛节点所形成的夹角。在正常情况下，人眼可以分辨的视角为 1 分角（1/60 度），人的视力为 1.0，有的可达 1.5。

2. 闪光融合

对于断续的光，我们会看到闪烁，但当频率增加到一定程度时，我们不再看到闪烁，而是将其感觉为一个稳定的连续的光，这种现象叫作闪光融合。例如日光灯每秒钟闪动 100 次，但是我们并没有感觉到它在闪动，这就是闪光融合的结果。产生闪光融合所必须达到的最小闪烁频率叫作闪光融合临界频率。

3. 颜色混合与色觉缺陷

颜色混合指将不同颜色的光混合在一起，它具有以下规律。

每种颜色都有另一种同它相混合而产生白色或灰色的颜色，这两种颜色称为互补色。例如，红色和青绿色、橙黄色和青色、黄色和蓝色、绿色和紫色等，都是互补色。混合两种非补色，可以产生一种新的介乎它们之间的颜色。例如，红色与蓝色混合产生橙色，红色与黄色混合产生紫色，绿色和蓝色混合产生蓝绿色。在光谱上红、绿、蓝三种颜色，按一定比例混合可以产生一切彩色和非彩色。这三种颜色叫三原色。

色觉缺陷包括色盲和色弱。色弱主要指对颜色的感受性低，尤其是对光谱中的红色区和绿色区的感受能力低。在刺激光较弱时，色弱患者几乎分辨不出任何颜色。色弱患者在男性中占 6%，是一种常见的色觉缺陷，而女性中仅占 0.4%。

色盲是指丧失颜色感觉的现象，它分为全色盲和局部色盲。全色盲患者完全丧失对颜色的感受性，只能看到白色和灰色。他们的视网膜上缺少视锥细胞或者视锥细胞功能丧失。这种病人很少见，约占总人口的十万分之一。局部色盲又分红—绿色盲和黄—蓝色（紫）盲，前者把整个光谱看成黄、蓝两种颜色，后者则看成红、绿两种颜色。局部色盲中红—绿色盲最为常见。

三、听觉

听觉是声波作用于听分析器所产生的感觉。内耳耳蜗是听觉的感觉器官。在人的各种感觉中，听觉的重要性仅次于视觉。

（一）听觉的刺激

听觉的适宜刺激是物体振动所产生的声波。每秒振动 16~20000 次范围内的声波是人耳所能接受的。而每秒振动超过 20000 次的超声波和低于 16 次的次声波则是人耳感觉不到的。

声波具有频率、振幅和波形三种物理属性。频率指发声体每秒振动的次数，单位为赫兹。不同的声音，其频率也不相同。如成年男子语音的频率低，而女子和小孩语音的频率高。振幅指振动物体偏离起始位置的大小。发声体的振幅大小不同，它们对空气形成的压力大小也不相同。振幅大，压力大；振幅小，压力小。振幅的大小可以用分贝来测量。波形是由发声体的特点决定的。不同的发声体如小号、长笛都有自己特殊的波形。乐音是指呈周期性的声波振动，如歌唱家的歌声、小提琴发出的声音。噪音是指无周期性的声波振动。正是声波的这些物理属性，才决定了听觉的基本特征：音高（音调）、音响（音强）和音色。

（二）听觉的生理机制

听觉的器官是听分析器，它包括耳朵、听神经、皮下中枢和皮层的颞叶区。耳朵是听觉的外周感受器，它由外耳、中耳、内耳三部分组成（见图 4-5）。外耳包括耳廓和耳道，其主要作用是收集声音刺激。中耳由鼓膜、三块听小骨（锤骨、钻骨和镫骨）、卵圆窗和正圆窗组成。内耳由前庭器和耳蜗组成。耳蜗是人的听觉器官，它由鼓阶、中阶和前庭阶构成，鼓阶和中阶以基底膜分开。基底膜上有柯蒂氏器官，柯蒂氏器官内的毛细胞是听觉的感受器。声音传至卵圆窗的振动引起耳蜗液的振动，由此带动基底膜的运动，使毛细胞兴奋，机械振动于是便转化为神经冲动。

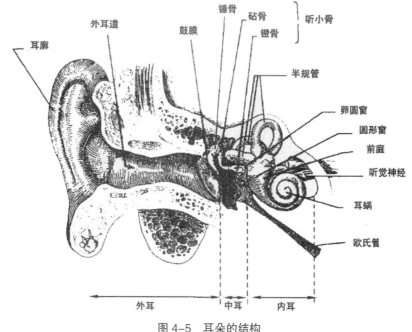

图 4-5　耳朵的结构

听觉产生的过程是毛细胞的兴奋沿听神经传至螺旋神经节的双极细胞，由双极细胞再传至皮下中枢的内侧状体进行初步加工，再经丘脑传向大脑皮层的颞叶区，经过皮层的高级加工，便产生了听觉经验。

（三）基本听觉现象

1. 听觉的属性

听觉有音高、音响、音色三种属性。音高指声音的高低，它是由声波频率决定。频率越高，我们听到的声音就越高；反之，就越低。研究表明，音乐的音高一般在 50~5000Hz 之间；言语的音高一般在 300~5000Hz 之间；人耳对 1000~4000Hz 范围内的声音的感受性最高。

音响是声音的强弱，它是由声波的振幅决定。振幅大，声音强度就大。人耳响度的感受范围是 0~130 分贝，超过 130 分贝的声音引起的不再是听觉而是痛觉。

音色是把基本频率与强度相同但附加成分不同的声音彼此区分开来的特性，它决定于声波的波形。波形不同，音色也就不同。

2. 声音的掩蔽

两个声音同时到达耳朵相混合时，只能感受到其中的一个较强的声音，这种现象称为声音的掩蔽。其中，起干扰作用的叫掩蔽音，听不到的叫被掩蔽音。例如，在安静的房间里，我们能够听清人的说话，而在马达轰鸣的厂房里，这一声音则被掩蔽了，我们无法听到，这里马达的轰鸣声为掩蔽音，人的说话声为被掩蔽音。

四、其他感觉

人的感受除了视觉、听觉以外，还有嗅觉、味觉、皮肤觉以及内部感觉。

（一）嗅觉

嗅觉是对物质固有的气味的感觉。它的适宜刺激是有气味的物质，这种物质作用于鼻腔上部粘膜中的嗅细胞，产生神经冲动，经嗅神经传至嗅觉的皮层部位——海马回、沟内，产生嗅觉。嗅觉感受性受许多因素的影响。首先，刺激物性质不同，嗅觉的感受性也不同。例如，每公升空气中仅含有 0.00004 毫克人造麝香，人就能嗅到，而每公升空气中要含有 4.533 毫克四氯化碳人才能嗅到。其次，机体健康状况和环境因素不同，感受性也不同。例如，温度太高，空气湿度大，感受性高；人患有鼻炎、感冒时感受性就低。

嗅觉的研究成果已被广泛地应用于生产和生活。例如，在工厂的车间内释放一种芳香物质会使人精神振奋，可减轻疲劳，提高工作效率；在病房内放天竺花香味对病人有镇静作用。

（二）味觉

味觉是对物质的酸、甜、苦、咸等味道特征的感觉。味觉的适宜刺激是能溶于水的、有味道的化学物质。其感受器是分布在舌面及咽喉粘膜等处的味蕾。味觉的传导机制是味蕾中的味觉细胞兴奋后，冲动沿面神经、舌咽神经和迷走神经经弧束核、丘脑弓状核至皮层后回的底部，产生味觉。可见，味觉没有单独专用的味神经，味觉在皮层上也无精确的定位。

人的基本味觉有酸、甜、苦、咸四种。其他的味觉都是这四种基本味觉以不同的方式混合而成的。实验证明，把草酸、白糖、奎宁和食盐按不同的比例混合可以产生各种不同的味道。

不同性质的味蕾在舌面的分布不同，所以味觉的感受性随着舌面的位置不同而有差异。舌尖对甜味最敏感，舌根对苦最敏感，舌中对咸味最敏感，舌的两侧对酸味最敏感。

温度、机体的需求状态对味觉的感受性有明显影响。在20℃~30℃味觉的感受性最高。长期以淀粉为食物的人，对肉的感受性高，对糖的感受性降低；人饥饿状态时，对甜和咸的感受性增高，而对酸和苦的感受性降低。

（三）皮肤觉

刺激作用于皮肤引起的各种感觉叫皮肤觉，简称肤觉。肤觉是对物质接触皮肤及温度的感觉。当外界有足够强度的机械的、化学的、温度的或电的刺激作用于皮肤时，就产生不同的皮肤觉。肤觉有四种基本形态：触觉、压觉、冷觉、温觉和痛觉。肤觉感受器在皮肤上呈点状分布，分别称之为触点、冷点、温点和痛点。身体的不同部位，它们的分布也不相同（见表4-1）。

表4-1 肤觉感受器的分布（每平方厘米）

	痛	触	冷	温
额	184	50	8	0.6
鼻尖	44	100	13	1.0
胸	196	29	9	0.3
前臂掌面	203	15	6	0.1
手臂	188	14	7	0.5
拇指肚	60	120		

1. 触压觉

触压觉是由不均匀的压力刺激皮肤引起的感觉，它包括触觉和压觉。两种不同性质的感觉刺激物接触皮肤表面，使皮肤轻微变形，引起触觉；当刺激加强，使皮肤明显变形，就引起压觉。身体的不同部位，其感受性也不同。一般来说，额头、眼皮、舌尖、指尖的感受性较高，手臂、腿次之，躯干、胸腹部的感受性较低。

2. 温度觉

温度觉是皮肤表面温度变化所引起的感觉，它包括冷觉和热觉。低于皮肤温度即生理零度的温度刺激作用于皮肤即产生冷觉；高于生理零度的温度刺激作用于皮肤则产生热觉。刺激温度等于生理温度，不产生温度觉。温度觉的感受性主要受身体的不同部位和受刺激的皮肤面积大小的影响。一般说来，面部对温度的感受性较高，下肢的感受性较低。此外如果受刺激的皮肤面积大，感觉强度也大。

3. 痛觉

任何机械的、物理的、化学的、温度的以及电的刺激，只要达到一定的强度并对有机体产生损伤或破坏时，都会引起痛觉。痛觉对有机体起保护作用，使之免受进一步的伤害。痛觉的感受性因身体的不同部位而各异，背部和面颊感受性最高，脚掌和手掌的感受性较低。此外，过去的经验，对伤害刺激的认识、暗示、情绪状态以及注意等因素对痛觉的感受性也

有一定的影响。

（四）内部感觉

内部感觉指接受机体内部的刺激并反映机体自身的运动与状态的感觉，它包括运动觉、平衡觉与内脏感觉。

1. 运动觉

运动觉又称动觉是关节肌肉的感觉。它是对身体各部分的位置、运动以及肌肉的刺激进行反映的感觉，反映了人对四肢位置、运动状态及肌肉收缩程度的信号。运动觉的适宜刺激是骨骼肌肉系统（包括言语发声系统）的各种运动，其感受器位于肌肉组织、肌腱、韧带和关节等神经纤维的深处。运动觉对人的活动具有重大的意义。当机体运动时，感受小体兴奋，冲动沿脊后索上传，经丘脑至皮层中央后回，产生驱体感觉。动觉在人的生活实践中具有重要作用。它是随意运动的基础，它可以使动作协调准确，并可完成各种复杂的动作技能。动觉是触摸觉的重要组成部分，当我们用手沿物体轮廓运动时，动觉和肤觉结合，为我们提供了物体的形状、大小、弹性、软硬以及光滑度的信息。

2. 平衡觉

平衡觉又称姿势感觉、静觉，是对身体的感觉，它是由人体作加速度或减速度的运动所引起的，能够反映关于运动与头部位置的信号以及运动的速度。平衡觉的感受器是位于内耳的前庭器官，它由半规管和前庭两部分组成。当身体作加速或减速的旋转运动时，半规管内的液体推动感觉纤毛产生兴奋。在前庭内具有纤毛的感觉上皮细胞上有耳石。当人体作直线加速或减速运动时，耳石便改变自己与感觉细胞纤毛的位置，因而产生兴奋。平衡觉与视觉、内脏感觉关系密切。当前庭器官兴奋时，视觉上会感到目眩，消化系统也会出现恶心、呕吐等现象。人们熟悉的晕车、晕船现象，就是由于前庭器官受刺激引起的。

3. 内脏感受

内脏感觉又称机体觉，它是由内脏器官的异常变化作用内脏分析器而产生的感觉，反映了我们身体内部状况及器官活动变化状态。常见的内脏感觉有饥觉、渴觉、饱觉、恶心、排泄感觉、性觉等。其皮下中枢是下丘脑，皮层代表区在第二感觉区的边缘系统。内脏感觉的性质不确定，缺乏准确的定位，所以又称为"黑暗感觉"。当内脏器官工作正常时，各种感觉便融合成人的一般自我感觉。在通常情况下，内部感受器的信号常常被外部感受器的工作所掩蔽，只有当内部器官受到特别强烈的刺激，内部感受器发出的冲动很强时，才能被人意识到。

第二节　感觉的特性

一、感受性与感觉阈限

心理学上把感觉器官对适宜刺激的反映水平称为感受性，即感觉能力。不同的人对刺激的感受性是不同的。有的人能辨别出很微弱的刺激量，有的人则辨别不出。用刺激物的物理量来标示一种人的感受性时，就是感觉阈限。感觉阈限是指能引起感觉的持续了一定时间的刺激量。可见，一种刺激要引起感觉，不仅要具备一定的量，而且必须持续一定的时间。因此，感受性的高低是用能引起感觉阈限的大小来度量的。感受性与感觉阈限在数值上成反比关系，感受性高，则感觉阈限小；感受性低，则感觉阈限大。每种感觉都有两种感受性和感觉阈限：绝对感受性与绝对感觉阈限、差别感受性与差别感觉阈限。

（一）绝对感觉性与绝对感觉阈限

并不是任何刺激都能引起感觉，要产生感觉，刺激必须达到一定的量即强度。刚刚能引起感觉的最小刺激量叫绝对感觉阈限。凡是没有达到这一强度的刺激都处在阈限以下，不能引起感觉。例如，我们平时觉察不到落在皮肤上的尘埃，看不清远处的物体。

绝对感受性是指人的感官觉察最小刺激强度的能力。绝对感受性可以用绝对感觉阈限来度量，二者在数值上是成反比例关系。绝对感觉阈限越大，即能够引起感觉所需要的刺激量越大，绝对感受性就越小；反之，绝对感受性就越大。如果用 E 表示绝对感受性，R 表示绝对感觉阈限，它们之间的关系就可以用公式表示：$E=1/R$。

人的绝对感觉阈限不是一个固定的刺激量，它可因刺激物的性质和有机体的状况而有所不同。例如，活动性质、刺激强度和持续时间、个体的注意和态度以及性别、年龄等因素都会影响绝对感觉阈限。所以，在不同的条件下，同一感觉的绝对感觉阈限不同。

各种感觉的绝对感觉阈限是不同的。一般说来，人的各种感觉的绝对感觉阈限都很低。在黑暗且空气透明的夜晚，人眼能看见 30 哩远的一支烛光，它的强度只相当于几个光子；在安静的房间内，人耳能听到 20 英尺远机械手表的嘀嗒声，它的强度只有 0.0002 达因 /cm²；人能嗅到一公升空气中散布的 1/10 万毫克的人造麝香；人能品出两加仑水中加一茶匙糖的甜味；人的嗅觉可以感觉到三个房间中一滴香水的香味。

（二）差别感受性与差别感觉阈限

在人的绝对感觉阈限之上，并不是任何刺激量的变化都能觉察出来。变化量必须达到一定的程度，人们才能感觉出有差别。例如，当把 100 克砝码放在手上，如果再增加 1 克，那么人们不会感觉到重量有所增加；但是如果增加了 3 克以上的砝码，人们则会感觉到重量增加了。这表明两个同类刺激物，它们的强度差异只有达到一定的程度，人们才能够觉察出它们的差别。这种刚刚能引起差别感觉的刺激物间的最小差异量叫差别感觉阈限或最小可觉差（JND），能够感受刺激之间这一最小差异量的能力叫差别感受性。

差别感受性可以用差别感觉阈限来表示，二者成反比例关系。差别感觉阈限越小，即刚刚能引起差别感觉的刺激物间的最小差异量越小，差别感受性就越大。

1834 年，法国生理学家韦伯（Weber）在研究触觉的差别阈限时发现，对刺激物的差别感觉，不取决于刺激增加的绝对数量，而取决于增加刺激量与原刺激量的比值。例如，对于100 克重的物体，必须增加 3 克才能感到重量的变化，而对于 200 克重的物体，则必须增加6 克。可见，为了引起差别感觉，刺激的增量与原刺激量之间存在着某种关系，用公式表示：$K=\Delta I/I$，其中 I 为标准刺激的强度或原刺激量，ΔI 为引起差别感觉的刺激增量，即 JND，K为常数。这个公式称为韦伯定律。对不同的感觉的感觉刺激强度而言，K 的数值是不相同的。对于听觉的响度而言，是 1/11；对视觉明度而言，是 1/62；味觉中咸味的比值是 1/5；皮肤的

重量感觉是 1/53。

在韦伯研究的基础上，1860 年德国物理学家费希纳进行了深入研究。他认为 JND 在主观上是相等的。任何感觉的大小都可由在阈限上增加的最小可觉差来决定，据此他推导出一个感觉量与刺激量之间关系的公式：$S=Klog^I+C$ 这就是著名的费希纳定律。到了 20 世纪 50 年代，美国心理学家斯蒂文斯用数量估计法研究了刺激强度与感觉大小的关系。他认为心理量并不随刺激数量的对数上升而上升，而是刺激量的乘方函数。用公式表示就是：$P=KI^n$

其中的 P 是指感觉的大小，I 是刺激的物理量，K 和 n 是被评定的某种经验的常定特征。对能量分布较大的感觉通道如视觉、听觉来说，乘方函数的指数低，因而感觉量随刺激量的增长而缓慢上升；而对能量分布的感觉通道如肤觉来说，乘方函数的指数较高，因而物理量变化的效果更明显。研究感觉阈限和感受性是有重要意义的。这些数据为某些工程计算提供依据，也为我们的工作生活提供指导。

二、感觉后像

在刺激停止作用于感觉器官后暂时保留的感觉印象称为感觉后像，也叫作感觉后效。在各种感觉中，视觉的后效很显著，又称视觉后像。

感觉后像有正后像和负后像。正后像的性质和原刺激的性质相同；负后像的性质则同原刺激的性质相反。夏天天空中出现闪电时，我们注视一会儿，便会在出现闪电的位置看到如闪电相同的持续了一定的时间视觉现象，这就是正后像；在注视一个红色正方形约一分钟后，将视线转向一张白纸，在白纸上可以看到一个绿色的正方形后像，这是负后像。彩色的负后像在颜色上与原颜色互补，而在明度上则与原颜色相反。视觉后像残留的时间与刺激的强度和作用的时间有关。一般来讲，刺激强度越大，作用时间越长，后像持续的时间就越长。同时，我们听到的雷声会持续一会儿，正所谓余音缭绕三日不绝，正是听觉后像的表现。

三、感觉适应

人对某种刺激的感受性不仅取决于该刺激的性质，而且受感受器接受的其他刺激和其他感受器机能状态的影响。感受性由于外界刺激的持续作用或一系列刺激的连续作用而发生变化的现象，称为感觉适应。适应可以引起感受性的提高，也可以引起感受性的降低。

各种感觉都存在适应现象，其中视觉适应最为人们所熟悉，但在各种感觉中的表现和速度是不同的。视觉的适应可分为暗适应和明适应。暗适应是指照明停止或由亮处转入暗处时视觉感受性提高的过程。例如当我们从阳光照射的室外走入电影院时，一开始除了屏幕什么也看不清，经过一段时间后，逐渐能看清楚黑暗中的物体，这种现象就是暗适应。在暗适应的最初 5~7 分钟内，感受性提高较快，随后速度减慢；完全达到暗适应，大约需要 30~40 分钟，其间感受性可提高达 20 万倍。而明适应是指照明开始或由暗处转入亮处时视觉感受性下降的过程。例如当我们从暗处走到阳光下时，开始觉得光线耀眼，但很快就能恢复正常状态，看清周围的事物，这种现象就是明适应。明适应是由于一系列强光刺激导致视觉感受性迅速降低的过程。与暗适应相比，明适应过程比较短，在最初半分钟里，感受性迅速下降，随后速度减慢，在 2~3 分钟内明适应就全部完成。

其他感觉也存在适应现象。"入芷兰之室，久而不闻其香；入鲍鱼之肆，久而不闻其臭"，这是嗅觉的适应。吃一口山楂，觉得很酸，但继续吃下去就不那么酸了，这是味觉的适应。

天冷时我们刚穿上厚厚的衣服觉得很重，但很快就感觉不到衣服的压力，这是触压觉的适应。冬天用凉水洗衣服，开始觉得冰冷刺骨，过一会就觉得不那么凉了，这是温度觉的适应。只有痛觉和听觉不容易发生适应，因为痛觉和听觉起到警报作用，促使人们避免痛刺激和危险，保护机体免受伤害，痛觉的这一特点具有重要的生物学意义。此外，过于强烈的刺激很难产生感觉适应。

四、感觉对比

感觉对比是指同一感受器接受不同的刺激作用而使感受性发生变化的现象。感觉对比可分为同时对比和继时对比。

同时对比是由于几个刺激物作用于同一感受器而产生的，这在视觉中最为常见。例如，同一个灰色方形，放在白色背景上的显得暗些，放在黑色背景上的显得亮些；同一个灰色圆环，放在红色背景上的显得带绿色，放在黄色背景上的显得带蓝色。

继时对比是由于几人刺激物先后作用于同一感受器，使感受性发生变化的现象。例如，注视一红色物体一段时间以后，再看白色物体，会出现青绿色的后像；吃过糖后再吃西瓜，会觉不出西瓜的甜味。

研究感觉对比现象在生活中实践中也有重要意义。在工业生产中，机器的重要操作部分采用淡黄色或白色，加强对比，以便识别，以提高工作效率。厨师在做饭菜时，先做什么再做什么都有重要作用。

五、感觉的相互作用的规律

感觉的特性主要指感觉相互作用引起感受性发生变化的现象。对于某种刺激的感受性除了取决于该刺激的强度外，还会受到其他刺激和其他感受器的机能状态的影响。我们一个感受器由于接受其他刺激或者其他感受器的机能状态对感受性产生的影响，叫作感觉的相互作用。感觉的相互作用有两种作用形式：一是同一感觉的相互作用；二是不同感觉的相互作用。同一感觉的相互作用主要包括感觉对比和感觉适应，这在前文已述。下面我们主要讨论不同感觉的相互作用。

（一）不同感觉的相互影响

日常生活中，人们接受环境的信息常常是多种感觉同时进行的，这时不同感觉的相互影响便发生了。不同感觉的相互作用的一般趋势是对一感受器的微弱刺激，能提高其他感受器的感受性，而强烈的刺激则降低其他感受器的感受性。例如，微痛刺激、某些嗅觉刺激可提高视觉的感受性；微光刺激则能提高听觉的感受性；用呈现音乐的方法可减轻或解除牙疼病人的痛觉等。用刀子沿玻璃边擦出来的吱吱声，会使许多人产生寒冷的感觉；食物的颜色和气味会影响人的胃口；摇动的视觉现象使人头晕目眩。在噪音的影响下，黄昏视觉的感受性就会降低到受刺激前的20%；而轻微的肌肉动作或用凉水擦脸可以使黄昏视觉的感受性提高。闪光刺激能使声音的响度产生起伏的变化，使人产生声音脉动的感觉。

（二）不同感觉的相互代偿

人的某种感觉系统的机能缺失后，可以通过其他感觉的系统的机能来弥补的现象，称为不同感觉的相互代偿，也称感觉的补偿。例如，盲人没有视觉，但其听觉十分敏锐，他们是通过拐杖的回声判别附近的障碍物；聋哑人丧失听觉之后，可能用眼睛来听。此外随着现代科学技术的发展，人们制造了"声呐眼镜""阅读仪""电子助听器"等产品，从而为不同感觉的相互代偿提供了广阔的前景。

【信息栏】4-2：盲人调琴师——陈燕

盲人调琴师——陈燕

中国钢琴协会会员、一级调律师陈燕，她患先天性白内障。一架钢琴，8000多个零件，闭着眼睛一一触摸，再调出精准的音律——听起来这似乎是件不可能完成的事。35岁的陈燕却把不可能变成了可能。

她的姥姥想出许多办法来开发小陈燕的听觉和触觉。在陈燕刚会走路的时候，姥姥就教她靠听觉走路；姥姥把五分硬币丢到地上让陈燕去找；姥姥要她练习穿针引线。

而正是这种不可思议的听觉和触觉训练，陈燕有了许多过人之处："我会骑自行车，拿到了游泳深水证，跆拳道黄带，还会骑独轮车。现在还没有盲人会骑独轮车，所以想去申报吉尼斯世界纪录。"

（三）联觉

一种感觉兼有另一种感觉的心理现象，称为联觉。在日常生活中，往往会把各种感觉现象经常联系在一起，由此产生了联觉。

视觉中颜色视觉最容易产生联觉。颜色可以引起温度觉，如红、橙、黄等颜色给人以温暖的感觉，被称为"暖色"；青、蓝、紫等颜色，给人以寒冷的感觉，被称为"冷色"。颜色也可以引起距离的感觉，红、橙、黄等颜色给人以向前方突出的感觉，能产生接近感，因而被称为进色；蓝、青、绿等颜色给人以向后方退去的感觉，能产生深远感，因而被称为退色。色觉还可以引起轻重觉，如，家具选用淡而鲜艳的颜色，会给人轻巧感；选用深而浓暗的颜色，则给人以沉重感。

研究联觉具有重要的实用价值，联觉规律已在建筑、装潢、广告、医疗等领域被广泛地应用。例如，在住房装修中，可根据房间大小的不同采用不同的色调。要使宽大的房间感觉上变小些，可选择暖色，要使狭小的房间感觉变大些可选择冷色。

（四）感受性的发展

人的感受性不是固定不变的。感受性的发展变化依赖于人们的生活条件与实践活动。由于社会实践活动的要求和熏陶，人们的某种感觉的感受性会变得特别灵敏，如茶博士的品茶功夫、品酒师的品酒能力、熟练炼钢工的"火眼金睛"等，此外，有计划的训练也可以提高感受性。

第三节　知觉及其种类

一般认为感觉是一种最简单的心理现象，但在现实生活中，单纯的感觉是不存在的。因此，从这一意义上讲，知觉才是最简单的心理活动。由于两者的联系紧密，所以又统称为感知觉。

一、知觉的概念

知觉是在感觉的基础上产生的，它是人脑对直接作用于感觉器官的客观事物的整体属性的反映。它是整合了来自感觉的多种信息形成对事物的单一映象。例如，苹果用眼看有一定大小，成椭圆状，绿中透红，用手摸表皮光滑有一定硬度，用鼻子闻有清香的水果气味，用舌头尝有酸甜味，人脑把这些属性综合起来，便形成对该物体的整体反映，并知道它的名字是苹果，这就是对苹果的知觉过程。可见，知觉是对事物各种属性、各个部分、各个方面及其相互关系的综合的、整体的反映。知觉包含了按一定方式来整合个别感觉信息的作用，形成一定的结构，并根据个体经验整合和解释感觉提供的信息的过程，个别感觉在这种过程中被整合成物体或事件的完整映象。因此，知觉是比感觉更高级、更复杂的认知过程。在日常生活中，人们都是以知觉的形式反映事物，孤立的感觉在人身上是很少见的。

知觉是对客观事物的整体的反映，任何整体都包含了许多个别属性与部分，因此，一般说来，引起知觉的刺激物是复合刺激物。例如，一棵树，有形状、颜色、大小、树干的涩滑等特性。人们在知觉时也是多种分析器协同活动的，由此就能反映客观事物的多种属性与部分，形成对事物的综合映象。

知觉的产生不仅需要具体的客观对象，也依赖于人的已有经验。第一次使用显微镜观察动物细胞的人是很难获得正确的知觉信息的。同时知觉作为一种过程，包含了觉察、分辨、识别和确认几个过程。

二、知觉和感觉的区别与联系

知觉和感觉是不同的。其区别在于，感觉反映的是事物的个别属性，知觉反映的是事物的整体属性；感觉仅依赖于个别感觉器官的活动，而知觉依赖于多种感觉器官的联合活动；知觉不仅受感觉系统的生理因素影响，而且依赖于人的过去经验，受人的心理特点制约；知觉与词联系在一起，可见知觉比感觉更加复杂。

知觉同感觉又是相互联系着的。感觉和知觉都是刺激物直接作用于感觉器官而产生的，都是我们对现实的感性反映形式；他们都是人类认识世界的初级形式，反映的都是事物的外部特征和外部联系。同时，知觉是在感觉的基础上形成的。离开反映事物个别属性的感觉，就不会有反映事物整体的知觉。人对客观事物的个别属性的感觉越丰富，对该事物的知觉就越完整、越正确。但知觉不是各种感觉的简单相加，而是各种感觉的有机结合。

根据知觉过程中起主导作用的分析器不同，可以把知觉分为视知觉、听知觉、嗅知觉、触知觉等；根据人脑反映对象的不同，可以把知觉分为物体知觉和社会知觉。对物体的知觉又分为空间知觉、时间知觉和运动知觉，下面我们做一下介绍。

三、空间知觉

空间知觉是客观事物的空间特性在人脑中的反映，包括形状知觉、大小知觉、深度知觉和方位知觉等。如果人不能认识物体的形状、大小、距离和方位，就不能适应客观环境。空间知觉是由视觉、听觉、运动觉等感官协同活动的产物，同时也是人长期生活经验和大脑思维的结果。

（一）形状知觉

形状知觉是人脑对物体形状特征的反映。网膜的视像形状和眼睛察看物体时动觉刺激是形成形状知觉的重要信息；手抚摸物体时肌肉活动所产生的动觉，也是物体形状的信号。人脑对这些视觉的、动觉的信息进行综合处理，就产生了反映客观事物形状的知觉。

在形状知觉中，对象的轮廓具有重要的意义。轮廓是图形与背景的分界线，它是在视野中邻近的成分出现明度和颜色的突然变化时出现的。轮廓决定形状。轮廓清楚，形状就清楚；轮廓模糊，形状就模糊。因此，教师在直观教学中欲使学生对图形形成清晰的知觉，必须考虑到用明度或颜色的变化来突出图形的轮廓。当客观上不存在刺激的梯度变化时，人们在同质的视野中也能看到轮廓，这种轮廓叫主观轮廓或错觉轮廓，如图4-6所示。

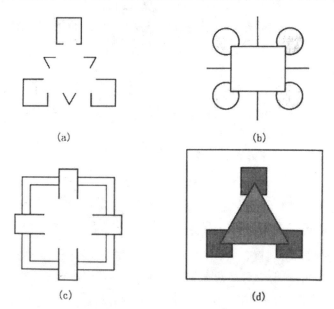

图 4-6　主观轮廓（资料来源：Coren，1972）

（二）大小知觉

大小知觉是人脑对物体的长度、面积、体积方面属性的反映。人对于物体大小的知觉是靠视觉、触觉和运动觉实现的。由于人在生活实践中使视觉、触觉、运动觉和各种判断距离的信号建立了联系，因此，人能单凭视觉信号判断物体的大小。

物体大小的视知觉由两个因素决定：第一，物体的实际大小。在距离不变时，视像与物体大小成正比。因此，视像大小是物体大小知觉的一个重要线索。第二，知觉者离物体的距离。同一物体，知觉到的大小与距离成反比。物体由于远近不同，可能视像大小知觉相同，但我们并不认为它们大小相同。

【信息栏】4-3：经验与空间知觉

经验与空间知觉

先天盲的人在医治复明后的最初几天是看不到物体的大小、形状和远近的。经过几天之后，他逐渐形成了视觉与触觉、运动觉的联系，开始能分辨物体的形状、大小和距离。

如果你是一个细心的人，你会发现新生儿是可以倒视的。你递给他一个玩具，他抓倒了。这是由于视网膜上成的像是倒立的。但是，为什么我们正常人看东西却是正立的呢？这是触觉、运动觉和经验参与的结果。19世纪心理学家斯特拉顿（Stratton，1896）给自己戴上一副特制的眼镜。开始时，他看到的物体是倒立的。经过8天后，又成了正立的。当他摘下眼镜时，他看见的物体又是倒立的，经过12天才矫正过来。这表明，人的知觉不仅在生活实践中产生发展，而且在生活实践中改造。

（三）深度知觉

关于物体远近距离或深度的知觉为深度知觉，它包括立体知觉与距离知觉。由于人是生活在三维空间之中，所以深度知觉对人来讲是十分重要的。形成深度知觉需要一些线索，主要有单眼线索与双眼线索。

单眼线索是指用一只眼睛就能感受的深度线索。这些线索包括：对象重叠、线条透视、空气透视、明暗与阴影、运动视差、物体的结构级差、颜色分布和眼睛的调节。双眼线索指由双眼所提供的深度与距离的信息。深度知觉的产生，主要是双眼视觉的作用。双眼线索包括视轴辐合、水晶体的调节与双眼视差。

（四）方位知觉

对物体或自身所在空间方向、位置等属性的反映叫方位知觉。在方位知觉中，视觉的方向定位和听觉的方向定位是方位知觉的两种主要的形式。

当人们用眼睛观察周围环境时，环境中的物体就在视网膜上形成了不同的投影。由于物体在视网膜的投影的位置不同，便给大脑提供了它们的空间方位的信息。听觉的方向定位是人双耳的机能。人的左、右两耳中间相隔一般为27.5厘米。由于同一声源到达两耳的时间差、强度差和位相差，这是人利用听觉耳进行方向定位的主要线索。

四、时间知觉

时间知觉是人脑对客观事物和事件时间关系即事物的连续性和顺序性的反映。客观事物是连续的。例如，植物的生长要经过发芽、生根、成长、开花、结实、枯萎等一系列阶段；客观事物又是顺序的，诗人雪莱说过："冬天到了，春天还会远吗？"讲的就是这种顺序性。在时间知觉中，听觉、视觉、触觉等感官都参加，并起不同的作用。正确地估计时间在人的日常生活和工作中也有重要的意义。

（一）时间知觉的客观参照指标

时间的最显著特点是它的一维性。它无始无终，从无限的过去走向无限的未来。因此，知觉时间必须通过各种客观现象作为媒介间接地进行。下述现象是人们知觉时间的主要依据。

1. 自然界中周期变化

自然界中的许多周期性现象为我们知觉时间提供依据，如太阳的晨升暮落、月亮的盈亏圆缺、昼夜的交替、四季的循环等。在计时工具发明之前，人们主要是根据这些现象来知觉时间的，如将太阳的一升一落定为一日，将月亮的一次盈亏变化定为一月，将四季的一次更替系列定为一年。

2. 社会的周期现象

人类的许多活动也具有周期性的特点。如城市闹市区的生活节奏是晨起、午闹、夜稀；工人上班时间每天八小时；汉族每年正月初一欢度春节。

3. 人体活动与活动对象变化

人的许多生理活动是周期性的、有节律的活动。如人在正常情况下的呼吸频率每分钟 17 次，心跳每分钟 60~70 次；从进食到饥饿，大约要经过 4~6 小时；觉醒与睡眠，每周期为 24 小时。人的体温、血压、血糖、排尿、内分泌甚至人的智力、体力、和情绪也都有节律性的变化。人们根据这些节律性的活动，也能估计时间。人身体组织的这些节律性的活动，也叫生物钟。

4. 人造计时工具

人们在很古的时候就开始设计计时工具来知觉时间。在古代，人们用漏壶滴水来计算时间。后来，人们发明了钟表。随着科学技术的发展，人们通过精密的计时工具不仅可以计量年、月、日、时这些较长的时间，而且可以计量毫秒、微秒等极其短暂的时间。

（二）影响时间知觉的因素

人的时间知觉，受下述因素的影响。

1. 时间间隔的长短

人对 1 秒钟左右的时间估计得最准确，短于 1 秒的时间人倾向于高估，长于 1 秒的时间倾向于低估。时间间隔越长，误差就越大，个别差异就越明显。

2. 感觉通道的性质

听觉判断时间的精确性最好，触觉次之，视觉较差。听觉能辨认 1/100 秒的时间间隔，触觉能辨认 1/40 秒的时间间隔，而视觉仅能辨认 1/20~1/10 秒的时间间隔。

3. 一段时间内事件的数量与性质

在一段时间内事件发生的数量多，性质复杂，人倾向于将时间估计得短些，反之，人倾向于将时间估计得较长。活动紧张、充实，人倾向于将活动时间估计得较短，活动枯燥、乏味，人倾向于将活动时间估计得较长。 但在回忆往事时，情况相反。同样长的一段时间，内容越充实，就觉得时间越长；内容越贫乏，就觉得时间越短。

4. 个体的情绪与态度

人在愉快的时候，觉得时间过得很快，时间也被估计得短些；而在劳累、烦闷或厌倦的时候，觉得时间过得很慢，时间也被估计得长些。俄罗斯的谚语"幸福腿长，痛苦脚短"说的正是这个意思。人在期待某个时刻快些到来时，觉得时间过得很慢，出现时间的高估；当希望不愉快又无法避免的时刻不要到来，或觉得时间不够用时，会觉得时间过得很快，出现时间的低估。

5. 年龄

人所经历的时间长短是人对时间估计的重要的背景因素，儿童常常嫌时间过得慢，老年人常慨叹时光去得快。

6. 知识经验与职业训练

时间知觉是在人的生活和活动过程中发展起来的。某些实践活动要求有精确的知觉时间的能力，如跳伞运动员要在跳出飞机之后 20 秒钟准时开伞，若早一秒钟便失去了获胜的机会。现代科学技术的发展，使人的许多空间活动速度大为增加，对掌握时间的要求也就越高。超音速飞机每秒钟速度接近或超过半公里，如果飞行员不能在需要的时刻精确地掌握每秒钟的时间，便可能忽略许多重要的目标。所以，一般的飞行员都发展起了十分精确的时间知觉。

五、运动知觉

（一）什么是运动知觉

运动是物质的根本属性。人对物体在空间位置的移动特性（如物体在空间上的位移、运动方向和运动速度）的反映就是运动知觉，它直接依赖于对象的运动速度。物体运动的速度太慢太快，或单位时间内物体位移的距离太小太大，都不能使人产生运动知觉。

运动知觉对于人和动物的适应性行为具有重要的意义。有些动物只能知觉运动的物体，它们对于静止的东西不反应，运动的物体是它们危险和食物的信号。运动知觉在人类生活中也有重要的意义。

运动知觉分为真正运动知觉和似动知觉。物体按特定速度或加速度，从一处向另一处做连续位移，由此引发的知觉就是真正运动的知觉。似动知觉是指在一定的时间和空间条件下，人们在静止的物体间看到了运动，或者在没有连续位移的地方看到了连续的运动。知觉的主要形式有以下几种。

1. 动景运动

当两个刺激（如光点、直线、图形等）按一定空间间隔和时距相继呈现时，我们就会看到从一个刺激物向另一个刺激物的运动，这就是动景运动。例如，给人们呈现两条直线，一条水平，一条垂直，或者两条相互平行，当时距为 60 毫秒左右时，就会看到从一条直线向另一条直线的运动；而如果时距过长或过短，就会看到先后出现或同时出现两条直线的情况。

2. 诱导运动

由于一个物体的运动使其相邻的静止的物体产生运动的现象叫诱导运动。例如，晴朗夜空中的月亮是相对静止的，而浮云是运动的，可是由于浮云的运动，人们看到月亮在动，而云是静止的。

3. 自主运动

在暗室里，如果你点燃一支熏香或烟头，并注视着这个光点，你会看到这个光点似乎在运动，这就是自主运动现象。

4. 运动后效

在注视向一个方向运动的物体之后，如果将注视点转向静止的物体，那么会看到静止的物体似乎向相反的方向运动，这就是运动后效。

（二）影响运动知觉的因素

运动知觉的产生依赖于下述主客观条件。

1. 物体运动的速度

运动知觉直接依赖于物体运动的速度。物体运动速度太慢，不能使人产生运动知觉。如人眼不能觉察出钟表时针的运动，不能感知花朵开放的变化过程。人眼刚刚能够觉察的单位时间内物体运动的最小视角范围一般为 1~2 分 / 秒，称为运动知觉的下阈。同样，物体运动太快，人眼也觉察不出来，例如人不能觉察光的运动。人眼刚刚能够看清的物体的最快的运动速度，称为运动知觉的上阈，一般为 35 度 / 秒。

2. 运动物体和观察者之间的距离

以同样速度运动的物体，由于它们和观察者之间的距离不同，它们运动的角速度也不同。距离近者我们知觉起来运动的速度快，距离远者知觉起来速度慢。

3. 观察者自身的静止与运动状态

人要知觉运动，往往是以那些相对静止不动的物体作为参照物。例如，坐在平静的船舱里的顾客，是以不动的海岸作为参照物来知觉客船的运动的。在火车上，当邻近火车开动时，观察者往往辨不清是自己的列车开动还是另一列车在开动，此时，只要看一下月台上不动的东西，就可以辨清。

4. 目标物的照明

目标物照明低，人们难以判断运动物体的速度，因而容易发生车祸多发生在傍晚和晚上。

六、错觉

错觉是指在特定条件下对事物必然会产生的某种固有倾向的歪曲知觉，是对客观事物不正确的知觉，是知觉的一种特殊情况。心理学上的第一个皮肤错觉是亚里士多德发现的。实际上错觉的种类很多，有大小错觉、形状和方向错觉、时间错觉、运动错觉、倾斜错觉等。它可以发生在各种感觉通道中，但以视错觉最为明显。产生错觉的原因是多种多样的：既有客观的原因，也有主观的原因；既有生理的原因，也有心理的原因。研究错觉的现象有助于揭示人们正常知觉世界的规律。

（一）视错觉

常见的视错觉有大小错觉和形状—方向错觉，有时称为几何图形错觉。

1. 大小错觉

人们对几何图形大小或线段长短由于某种原因而出现错误的知觉，叫大小错。如在缪勒—莱耶错觉（图 4-7a）中，由于两条长度相等的直线两端加上了不同的斜线，使有向外的斜线的直线看起来比有向内的斜线的直线长得多。在潘佐错觉（也叫铁轨错觉，图 4-7b）中，在两条辐合线中间有等长的直线，结果一条看上去长些，一条看上去短些。在垂直—水平错觉（图 4-7c）中，垂直线与水平线是等长的，但看起来要长些。在贾斯特罗错觉（图 4-7d）中，两条等长的曲线，下面的看上去要比上面的看上去要长。在艾宾浩斯错觉（图 4-7e）中，被小圆环绕着的圆和被大圆环绕着的圆是等大的，但是看上去被小圆环绕的大些。在月亮错觉（图 4-8）中，月亮在天边时显大（a），而在天顶时显小（b）。

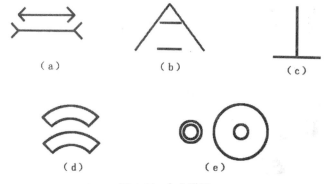

图 4-7 大小错觉

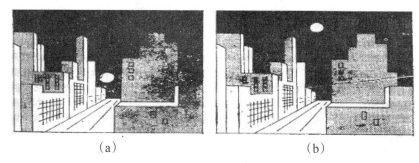

图 4-8 月亮错觉

2. 形状—方向错觉

这是视错觉的又一类型。如在佐尔拉错觉中（图 4-9a），一些平行线由于附加线段的影响而被看成不平行了。在冯特错觉中（图 4-9b），两条平行线由于附加线段的影响而被看成弯曲的。在爱因斯坦错觉（图 4-9c）中，在许多环形曲线中的正方形显得弯曲。在波根多夫错觉（图 4-9d）中，被两条平行线切断的同一直线，看上去有些错位。

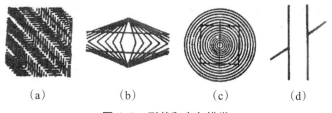

图 4-9 形状和方向错觉

（二）其他感觉通道中的错觉

错觉也可以发生在视觉以外的感觉通道中。

1. 形重错觉

让人们判断一斤棉花和一斤铁孰重，人们总会觉得一斤铁重些，一斤棉花轻些。

2. 方位错觉

我们看电影时听到的声音分明是从旁边墙壁上的扬声器中传出来的，但我们觉得它是从演员口中发出来的。

（三）错觉产生的原因

错觉产生的原因是复杂的，既有客观原因，也有主观原因。客观上，错觉的产生都是在知觉对象所处的客观环境有了某种变化的情况下产生的，如对象的结构产生了改变，增加了附加成分，或处在某种背景之中。主观上，当前的知觉与过去经验之间的矛盾、思维推理上的错误、各种感官之间的相互作用等，都可以成为引起错觉的原因。

研究错觉现象有着重要的理论和实践的意义。它有于揭示人们正常知觉客观世界，使人更全面地了解人的认识的产生条件、过程和特点。它还可以使人在实践活动中消除错觉的不利影响，避免事故的发生。例如，在军事上，利用伪装来造成敌人的错觉。在体育比赛中，利用运动错觉使对方做出错觉的判断，取得胜利。

 # 第四节　知觉的特性

知觉的特性又称为知觉的基本特性、知觉的规律，一般来说主要有4种：选择性、整体性、理解性和恒常性。

一、知觉的选择性

知觉的选择性是指当面对众多的客体时，知觉系统会自动地将刺激分为对象和背景，并把知觉对象优先从背景中区分出来。人在知觉客观世界时，作用于我们感官的信息是大量的，但由于人的信息通道的局限性，总是有选择地把少数事物作为知觉的对象，而将其他事物作为知觉的背景。

人对于知觉对象和背景的反映的清晰程度是不同的。人对知觉对象的反映清晰鲜明，而对背景的反映则比较模糊。例如，在课堂上，教师的板书和讲课的声音成为学生的知觉对象，学生看得明白，听得清楚，而此时教室内外的其他景物与声音，就成为知觉的背景，它们形象模糊，听不清楚。因此，知觉的选择过程就是从背景中区分出对象并使对象得以清晰反映的过程。

知觉的对象从背景中分离，与选择性注意有关。当注意指向某种事物时，原来的知觉对象就成为背景，原来的背景就成为知觉的对象。当注意从一事物转移到另一事物上时，原来的知觉对象就成为背景，原来的背景就成为知觉的对象。因此，知觉的对象与背景是可以相互转换的。图4-10中的（a）、（b）、（c）就是知觉对象与背景相互转换的例子。在一种情况下，某一事物是对象，其余事物是背景。在另一种情况下，原背景中的事物转换成对象，而原来的对象则转换成背景。对象和背景的转换是有条件的：（1）客观事物发生了变化；（2）知觉者的经验、目的、兴趣等。

从知觉的背景中区分出对象，一般依存于下述主客观两方面的条件。

1.客观方面的特点

（1）差别律：对象与背景之间差别越大，对象从背景中区分出来就越容易。例如，"万绿丛中一点红"，红就易于被区分出来。教师在批改学生作业时，一般都用红笔最明显；黑板报上的重点部分都是用彩色粉笔来书写，最易被选择出来。相反，军事上的伪装、昆虫的保护色，都使对象和背景差别变小，则不易被人发现。

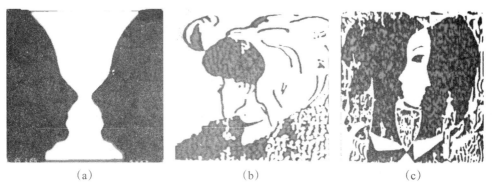

（a）　　　　　　　　（b）　　　　　　　　（c）

图 4-10　知觉的选择性

（2）活动律：运动或变化的对象，易于被区分出来。例如，夜空中的流星，城市中闪烁变化的霓虹灯，就易于引起人的知觉。

（3）组合律：在空间上和时间上接近的东西，容易组合在一起被知觉。在视觉刺激中，距离接近或形态相似的刺激容易组合成为知觉的对象。如图 4-11 中（a）体现了邻近的原则，（b）体现了相似的原则。另外，在视觉刺激中，如图 4-11 中图形对称（c）、良好连续（d）、封闭（e）、共同命运（f）等，也易从背景中区分出来被知觉。

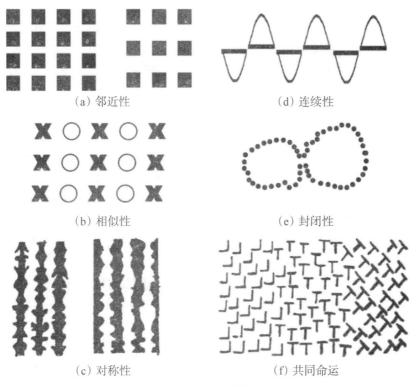

（a）邻近性　　　　　　　　（d）连续性

（b）相似性　　　　　　　　（e）封闭性

（c）对称性　　　　　　　　（f）共同命运

图 4-11　组合律

（4）刺激物的绝对强度。阈限范围内越强烈的刺激，越容易被选择知觉。

（5）刺激物的新颖性、奇特性，也容易引起学生优先知觉。

在听觉中，言语刺激在时间上的接近是分辩对象的重要条件。如果讲话时句子中停顿的时间过长，会破坏对整个句子的知觉，我们听口吃人讲话时会有这种经验。

2. 知觉者的特点

在知觉者方面，下述因素将会影响知觉的选择。

（1）个体已有知识经验的丰富程度。有专业经验的人，易于从背景中区分出某些对象。一个有经验的警察能够从犯罪现场中找到罪犯脚印和指纹。

（2）个人的需要、兴趣、爱好、定势等。个体的需要与兴趣影响他的知觉选择。一个人一旦有了学习的需要，对学习感兴趣，那么他对与学习有关的事物也优先知觉。

（3）个人有情绪状态。一个人处于良好的情绪状态时，更容易知觉到美好的事物；人的情绪不好，更易为不如意的事情烦心。

（4）知觉有无目的和任务。符合知觉目的的刺激，有利于完成知觉任务的事物最先被选择。

二、知觉的整体性

人在知觉时，并不是孤立地反映知觉对象的个别方面与属性，而是反映事物的整体和关系，这就是知觉的整体性。因此，知觉的整体性是指人根据自己的知识经验把直接作用于感官的客观事物的多种属性整合为统一整体的过程。知觉的整体性既有助于人的知觉能力与速度的提高，也可能妨碍和干扰部分与细节特征的反映。

在知觉过程中，人之所以能把具有不同属性和部分的事物知觉成一个整体，是由于事物本身的各种属性和部分是有机地结合在一起的复合刺激物。不论在什么情况下，各种属性和部分总是以统一的整体出现，因此，人的知觉也总是对事物整体反映。另外，人的知觉系统也具有将事物的个别属性、个别部分组合成整体的能力。

知觉的整体性往往取决于下面4种因素。

（1）知觉对象的特点，如邻近、相似、封闭、连续等因素。

（2）知觉对象各部分之间的结构关系。知觉的整体性也反映了事物的部分对于整体的依赖关系。人对事物个别成分（或部分）的知觉依赖于对事物整体的知觉，部分在整体中才具有确定的含义。一位心理学家让被试描述一个人的照片。告诉一组被试说，照片上的人是位科学家，告诉另一组被试说是一个罪犯。结果，前一组描述说："深邃的目光象征着他思想的深刻，高耸的额头代表了他在科学的道路上无坚不摧的意志。"后一组则描述说："深邃的目光反映了他的阴险狡诈，高耸的额头代表了他死不悔改的决心。"可见，对于整体印象不同，对人的部分知觉也不同。物体各部分的关系以及个体对关系的反映是整体知觉的基础。格式塔心理的关系原则说事物的各个部分的相互关系也影响知觉的整体性，同样一些部分如果处于不同的关系当中就会成为不同的知觉整体。同样一段音符如改变它们的先后顺序、音程和音的长度就会组成不同的曲调，然而，如果音符间关系不变仅改变音强，人们仍可将它们视为相同的知觉整体。知觉整体性与知觉对象的特性及其各个部分之间的结构成分有着密切关系，知觉对图形的组织原则可归纳为邻近性、相似性、对称性、良好连续性、封闭性和线条方向。因此，教师在板书、绘制教学挂图时，要注意拉开距离或用不同形状和颜色表示不同的对象。

（3）对象各组成部分的强度关系。知觉对象虽然作为一个统一的、整体的复合刺激物所起作用，但是其强度大的组成部分具有重要的意义，它往往决定着对知觉对象的整体认识。也就是说引起知觉的事物总是作为一个统一的整体而发生作用，但它的各个部分、各种特性在知觉中起的作用却不同，强的部分的作用要大于弱的部分，它们决定着知觉对象的特点。例如人的面部特征是我们感知人体外貌的强的刺激部分，只要认得人的面部特征，不管他的发型、服饰等如何变化，只要面部没有变化，就不会认错人。社会知觉中的刻板印象与晕轮效应也是对这一规律的很好的说明。

（4）知觉的整体性主要依赖于知觉者本身的主观状态，其中最主要的是知识与经验。当知觉对象提供的信息不足时，知觉者总是以过去的知识经验来补充当前的知觉。例如，对于没使用显微镜观察细胞的知识经验的人来讲，在显示微镜下很难看到细胞组织的结构成分。

我们就可以运用知觉整体性的规律于生活实践中。在教学过程中，我们可以使学生知觉的对象成为强的部分，使学生能更清晰地反映事物的整体。同时，也可以突出那些在整体中是弱的但却是重要的部分，防止强的部分的掩蔽作用。

三、知觉的理解性

知觉的理解性是指人以知识经验为基础对感知的事物加工处理，并用语词加以概括赋予说明的加工过程。也就是说知觉的理解性主要是已有知识经验和语言对知觉的影响。人在知觉过程中，不仅反映事物的整体形象，而且以已有的知识经验为根据，对知觉对象作出某种解释、理解，使它具有一定的意义，并用词来标志它。当人们第一次看到图 4-12 时，人们不是消极地感知这些黑白斑点，而是力求认识这些斑点的意义，对它作出合理的解释。他们会问自己："这是一片雪地吗？""这里有一只动物。""它是一只狗吗？""是的，它是一只狗。"可见，语言的指导能使人对知觉对象的理解更迅速、更完整。

图 4-12 隐匿图形（资料来源：Goldstein，1980）

理解是正确知觉的条件，在知觉中具有重要作用。在知觉一个事物的时候，与这个事物有关的知识经验越丰富，对该事物的知觉就越完善，对它的认识就越深刻。对于贝多芬的交响乐，有音乐修养的人和无音乐修养的人感受就不一样。知觉理解性还能提高知觉的速度。例如，用速示器在 1/10 秒的时间内呈现单词。如单词是被试不熟悉的，被试只能看到 2~3 个单词，如是常见单词，则可以看到 4~6 个，如果单词组成句子，一眼就能看到 8 个以上。

研究表明，下列因素影响人的知觉理解性。

图 4-13　不完整图形
（资料来源：Dember，1979）

1. 言语的指导作用

在环境复杂、对象的外部标志不明显的情况下，言语可以唤起人们的经验，帮助人们理解。例如，在图 4-13 中，人们开始看到的只是一些黑色斑点。但只要告诉你"这是人骑马"，便唤起了你的过去经验，补充了知觉内容中不完整之处，使你认出图形。

2. 个人的生活经历

不同生活经历的人具有不同的知识经验，因此对同一事物会有不同的理解。例如，同是一棵松树，诗人、植物学家和木匠所知觉到的特点就很不一样：诗人知觉到了松树的"高风亮节"，"岁寒，然后知松柏之后凋也"；植物学家则根据他的知识经验将之称为"常绿乔木"；木匠则根据他的经验将它称为一种"木材"。

3. 社会文化

人们对事物的知觉往往受社会文化的影响。在基督教国家里，那里的人们对 13 的知觉与我们不同，13 是个忌讳的数字。中国人喜欢吃狗肉，而欧洲国家的人是绝不会这样做的。

4. 价值观

一个人的价值观影响他对事物的知觉。心理学家勒温（K. Lewin）曾做过这样实验：以小学生为被试，让他们观看许多直径大小不同的圆纸片，然后画下来；再将圆纸片中夹以各种硬币，令学生画下来。实验结果是，小学生大多将硬币画得比实际大小要大，价值高的硬币画得更大。

5. 情境的影响

知觉具有情境性。同样的伤情，打了胜仗，痛苦似乎轻些；打了败仗，痛苦似乎重些。吉庆时，多喝些酒，即使醉了，人们也不会怪罪。

6. 实践活动的任务

知觉服从于当前活动的任务。当面临任务时，人们对知觉对象的理解就深刻些。战前指挥员的战斗布置，战士们会很容易明确；考试前的教师辅导，学生听起来会觉得格外清晰。

7. 对知觉对象的态度

人如果对知觉对象持积极态度，就会对知觉对象深刻理解。达尔文从小对生物学感兴趣，成为他献身于生物学的动力。培根也说过："知识是一种快乐，而好奇是知识的萌芽。"

8. 心向

心向是人对知觉事物的预期，它影响人的知觉理解性。在日常生活中，痴情的人会将所爱人的正常举动看成是有情的表示；偷窃的人总怕别人发现，稍有风吹草动就会惶恐不安。

理解对于知觉的功能还表现在：（1）理解帮助对象从背景中分离出来，从而使我们的知觉更清晰、更准确。（2）理解有助于人们整体地知觉事物。对于自己理解和熟悉的东西，人们容易当成一个整体来感知。（3）理解还能产生知觉期待和预测。

知觉的理解性对人的知觉既有积极的影响，又有消极的影响。教师在从事教学活动时，一方面要联系学生已有的，增进知觉的理解性，提高教学的效果；另一方面也要注意已有的知识经验对当前知觉活动所产生的消极定势作用。

四、知觉的恒常性

知觉的客观条件在一定范围内发生改变时，客观事物本身不变，人对客观事物的知觉映象仍相对不变，这就是知觉的恒常性。知觉的恒常性在视知觉中表现得尤为显著，存在以下几种知觉的恒常性。

（一）形状恒常性

当人从不同角度观察同一物体时，虽然物体在网膜上的投影发生了很大改变，但我们仍把客观事物知觉成同一形状。图 4-14 是一扇从关闭到开着的大门，就是形状恒常性的例子。

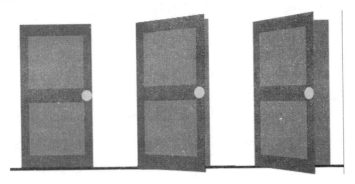

图 4-14　形状恒常性（资源来源：Atkinson，1983）

（二）大小恒常性

人对物体大小的知觉映象并不随距离的改变而发生变化。一个人站在我们面前或 10 米远处，他在我们视网膜上的映象发生了很大变化，但我们总是把他看成同样高矮。

（三）亮度恒常性

当照明条件改变时，人对物体相对明度的知觉保持不变。白纸在日光下反射的光亮是在月光下的 80 万倍，但无论在日光下还是在月光下，人们总把白纸知觉成白色的。

（四）颜色恒常性

在不同的照明条件下，人对颜色的知觉保持相对稳定。不论在晴天、阴天、雨天，还是早晨、中午、傍晚，人们总将五星红旗看成是鲜红色的，将树叶看成是鲜绿色的。

知觉恒常性受各种因素的影响，其中视觉线索有重要的作用。所谓视觉线索是指环境中的各种参照物给人们提供了物体距离、方位和照明条件的信息。人们在实际生活中，建立了大小和距离、形状与观察角度、明度与物体表面反射系数的联系。当客观条件改变时，人们利用生活中已建立的这种联系，能够保持对客观世界较稳定的知觉。

知觉恒常性在人类生活实践中具有极其重要意义。它能使人在变化的条件下，按照事物的本来面目去反映事物，从而能更有效地行动。如果人的知觉随知觉条件的改变而改变，那么，要想获得任何确定的知识都是不可能的。

五、感知规律在教学中的运用

（一）遵循感知规律，开展直观教学

在教学上，为了给学生提供感性材料，所采用基本的直观形式有实物直观、模象直观和言语直观。

1. 实物直观

这是通过演示、实验、实物、标本、参观、访问、考察等对实际事物进行感知，使学生获得关于事物属性的感性知识。实物直观可以直接形成有关事物的表象与观念，因而觉得真切。它也易于激发学生的求知欲，提高学生的学习的兴趣，调动学生学习的积极性。实物直观的缺点在于事物的内部联系、本质特征不易被揭示，所以教师必须采用提示等方法以突出对象的本质要素。

2. 模象直观

这是对实际事物的各种模拟形象的感知，各种图片、图表、模型、幻灯片以及教学电视、电影等的观察和演示都属于模象直观。它可以人为地排除与当前教学无关的因素，突出对象的一些重要特性，因而有助于学生形成有关事物的一般表象。它可以根据教学目的任务的要求对于实物进行放大、缩小，变动为静，变静为动，使学生能清晰地感知平时难以观察到的事物，这样就扩大了学生的感知范围。另外，教师在使用模象直观时，要注意与语言密切配合，以弥补其不足。

3. 言语直观

言语直观是教师通过形象化的言语描述，使学生在头脑中形成有关事物的表象，从而获得感性知识。这种提供感性材料的方式是在以讲授为主的课堂中最常用的方法。它的优点是不受时间、地点和设备条件的限制，可以广泛使用。但是言语直观所引起的表象，往往不如实物直观和模象直观那样鲜明、完整、稳定。因此，为了使学生获得正确、生动、深刻的感性材料，必须将三种直观形式结合起来。

4. 怎样正确使用直观

（1）直观形象与言语的正确结合

三种直观形式必须相互配合使用，才能收到良好的效果。言语与实物、模象直观结合有三种方式：①言语在形象前，主要起动员与提示的作用；②言语与形象交叉或同时进行，言语主要起引导观察、补充说明重点与难点的作用；③言语在形象的后面，主要起总结概括或强化的作用。

（2）制作和使用教具时刺激的强度适当，不应太强或太弱

视觉刺激中距离上接近或形态相似的部分，听觉刺激中时距接近的各部分，都比较容易成为一组知觉的对象。因此，教学中的板书、绘制挂图，要注意拉开距离或用不同形状和颜色表示不同的对象；老师讲课语调要抑扬顿挫，不能平铺直叙。

（3）教具同周围的背景应有一定的差异

通过颜色、形状、声音强度等方面的不同，使教学对象易于被学生感知。

（4）尽量多采用活动性的教具

通过活动性教具如视频、动画使教学内容容易为学生所感知、所理解。

此外，运用直观教具目的要明确，呈现时机适当，距离得当。利用变式分化概念，区分本质与非本质特性。

（二）学生观察力的发展与培养

1. 什么是观察与观察力

观察是指人的一种有目的、有计划、持久的知觉活动，是知觉的高级形式。观察在开始前，需要提出目的，制定计划；在观察过程中，自始至终伴随着思维和语言的活动；观察后还要对观察的结果进行归档整理，所以观察又叫思维的知觉。

观察力是指人迅速、敏锐地发现事物细节和特征等方面的知觉能力。观察力是智力结构的重要组成部分，是学生学习活动中不可缺少的能力。

2. 观察品质

（1）观察的目的性

观察的目的性表现为个体在观察前能否清楚地意识到观察的目的与任务，在观察过程中能否排除干扰、有始有终地完成观察任务。观察目的性强的人能主动、独立地提出观察任务，并能克服困难，持久专注地完成观察任务。观察目的性弱的人意识模糊，容易受到刺激物特点和个人兴趣、情绪的支配，游离于观察的过程之外。

（2）观察的精确性

观察精确性强的人能细致而全面地观察客体，能发现事物间的细微差别。而观察精确性弱的人则观察粗疏、笼统，容易遗漏对象的细节特征，对存在细微差别的事物往往知觉不到。

（3）观察的全面性

观察的全面性取决于观察是否有序以及是否使用多种感官。观察有序的人观察系统性强，能捕捉到事物的全部信息，表达也有条理。而观察无序的人观察凌乱，容易遗漏事物的重要细节，表达也很混乱。只用视觉器官进行观察的人，只能获得关于事物在形状、颜色、大小等方面的属性；而善用各种感官进行观察的人，则能获得事物的各种属性，获得事物的整体认识。

（4）观察的深刻性

观察肤浅的人往往只注意到事物外在的联系和表面特征。观察深刻的人却能透过现象看本质，发现事物内在的联系。

3. 学生观察力的发展

（1）小学生观察力的发展

①观察的目的性较差。②观察缺乏精确性。③观察缺乏顺序性。低年级小学生观察事物凌乱、不系统。中、高年级小学生观察的顺序性有较大发展，一般能系统地观察，能从头到尾边看边说，而且在表述前往往能先想一想再表述，即把观察到的材料进行加工，使观察到的内容更加系统化。④观察缺乏深刻性。

（2）中学生观察力的发展

①具有明确的目的性。中学生观察力的发展经历了由被动地接受家长或教师的任务进行观察，逐渐发展为自觉自动地制订观察计划，进行有意识的观察。②持久性明显发展。③精确性提高。概括性增强。随着思维水平的提高，中学生观察力的概括性逐渐增强，他们能够

在观察中发现事物的异同，找出事物的规律及其与其他事物的内在联系。

4. 学生观察力的培养

在学校教育教学中，培养学生的观察力可以从以下几个方面入手。

（1）引导学生明确观察的目的与任务，是良好观察的重要条件。已有的知识经验会直接影响观察的效果，无论是课外还是课内观察，引导学生复习或预习有关的知识都是有必要的。

（2）充分的准备、周密的计划、提出观察的具体方法，是引导学生完成观察的重要条件。否则，缺乏计划性，实际观察中会手忙脚乱，顾此失彼，遗漏重点。只有理解了的东西才能更好地感知，没有相应的知识准备，即使有了明确的目的，不知如何着手去观察。尤其是一个完全陌生的事物，既不会引起学生强烈的兴趣，也不会引起学生稳定的注意和积极的思维。

（3）在实际观察中应加强对学生的个别指导，有针对性地培养学生良好的观察习惯。在观察活动中，每个学生的知识经验、个性特点、心理品质不同，观察的效果也不一样。因此，教师要有针对性地对学生进行个别指导。①加强观察方向的引导。在观察活动中，教师要用语言引导儿童观察的方向，使他们掌握观察的顺序。②充分利用多种感官，提高其观察的全面性、精确性。观察的目的在于从实践中获得感性经验。要使感性经验丰富、全面，就要动用各种感官全面获取信息。③勤于思考，观察时要细致耐心，学会运用比较。教师要积极引导学生根据观察的目的、任务，对观察到的个别事物，多进行分析、比较、综合，以发现事物间的异同或事物的发展规律，从而提高他们观察的辨别力。④指导学生观察时要尽可能地运用言语。言语具有概括性。学生的观察活动有言语加入，能更好地对事物进行分析和概括，同时通过言语活动，还可以把观察的结果保存起来，纳入已有的知识系统之中。因此，教师应注意指导学生在观察时要出声或无声地叙述观察到的事物。出声叙述有助于学生相互交流，相互学习，取长补短；而无声叙述则可以促进学生内部言语的发展，培养他们独立观察的习惯。一般来说，在对学生进行训练时，最好先让他们从有声叙述开始，逐步养成无声叙述的习惯。

（4）引导学生学会记录整理观察结果，在分析综合的基础上，写出观察报告、日记或作文。

（5）引导学生开展讨论、交流观察成果，不断提高学生的观察能力，培养良好的观察品质。

（6）培养学生的观察兴趣与优良的性格特征，如学习的坚韧性、独立性等。

（三）学生感知觉的发展

1. 小学生感知觉的发展

心理学研究表明，小学阶段的儿童的视觉、听觉、运动觉等各种感觉继续不断发展。在视觉方面，小学生的颜色能力有了较大的发展，6岁以后出现了明显的性别差异。视觉的调节能力有了较大的发展，10岁时达到最高的调节水平。如果6岁时，音调的辨别能力为1的话，那么7岁的儿童为1.4，8岁为1.6，9岁为2.6；儿童运动觉的精巧性在8~14岁时，可以提高50%。

小学生知觉发展的特点表现在：（1）知觉的有意性、目的性明显发展；（2）知觉的分析与综合水平提高；（3）知觉的策略性逐渐提高；（4）空间知觉与时间知觉的能力有了较好发展。方位知觉以上下、前后为先，左右方位知觉发展较缓慢。儿童左右知觉发展分为三个阶段：① 5~7 岁是固定的直观的左右水平阶段，只能分辨自己的左右；② 7~9 岁是具体掌握左右水平的阶段；③ 9~11 岁是灵活掌握左右方位水平的阶段。儿童的时间知觉比空间知觉发展缓慢。小学生最容易掌握的是小时，其次是日和周。与小学生日常生活关系密切的时间概念比较容易被掌握。

如果小学低年级儿童观察一幅水彩画，他们很可能只看到这幅画上的一只色彩斑斓的蝴蝶，而高年级刚会注意蝴蝶翅膀的形状和花纹；低年级观察时往往忽略细节，区分 b 和 d 、p 和 q、大与太等相似字词时出现较大的困难。

2. 中学生感知觉的发展

中学生的视觉、听觉、运动觉等迅速发展。中学生的视觉感受性不断提高，表现在对颜色和色度的精确性明确提高。研究表明初中生比小学生的彩色能力提高 60%，同时其视敏度也达到或超过成人的水平。其他感觉如音调的感受性以及运动觉和平衡觉也不断发展。

中学生的知觉的有意性、精确性、概括性也在不断提高。在空间知觉上表现出更大的抽象性，在时间知觉上出现更精确性地理解较短的时间单位，也开始理解较大的时间单位，但精确性还不高。初中生开始出现逻辑知觉。这是和逻辑思维密切联系的，即在知觉过程中，能够把一般原理、规则和个别事物联系起来。

 【信息栏】4-4：阈下知觉

阈下知觉

阈下知觉是指呈现的刺激很微弱或时间很短，我们即使没意识到，它仍能影响我们的行为。一般说来，阈下意味着在阈限以下，没有意识到的标准是人们报告说没看到。阈下知觉对人的行为的影响很大还是很小呢？

1. 阈下知觉不起作用

有人认为阈下信息能控制人的购买习惯。例如，一个电影院的老板可能在电影播放的中间插入一帧画面"吃泡泡糖"，观众并未意识到这一信息，他们可能蜂拥至柜台购买泡泡糖。（Pratkanis，1992）

也有人认为是某些包含不良信息的摇滚音乐，录制在歌曲里，听者无意识地知觉到这些不良的建议信息并依照行动。到目前为止，没有人听了翻转的声音会有能力区分它，这样的信息也对人的行为没有任何影响（Vokey & Read，1985）。因此，即使音乐中含有翻转声音，我们也没有证据表明这些信息起作用了。

第三种未得到证实的观点是含有微弱的、听不到的阈下录音带能改善人的记忆、戒烟、减肥、提高自尊等等。在一项研究中，心理学家请 200 名志愿者听流行乐队的演奏带。尽管，他们有意地将记忆带标上自尊带，把自尊带标上记忆带。听了一个月以后，发现多数听过提高自尊带的人报告他们的自尊改善了，听了改善记忆带的人他们的记忆改善了。录音带的实际内容并没有造成相应的结果；而是人们的期待产生了相应的变化。（Greenward，Spangenberg，Partkanis& Eskanazi，1991）

2. 阈下知觉能起作用

阈下信息的确能发生作用，尽管在多数情况下它们的作用是短暂的和微妙的。在一项研究中，人们看到在屏幕上呈现三十分之一秒的幸福的、中性的或生气的面孔，然后是一个中性的面孔。在这样的条件下，没有人报告说看到了幸福或生气的面孔，甚至让他们去猜，人们的表现未超过随机的概率。然而当他看到一个高兴的面孔时，他们轻微地简单地活动他们的面部肌肉倾向于微笑，在看到一个生气面孔后，绷紧他们的肌肉倾向于皱眉的方向。（Dimberg，Thunberg& Elmehed，2000）

 【信息栏】4-5：模式识别

模式识别

模式识别是人类的一项基本智能。随着20世纪40年代计算机的出现以及50年代人工智能的兴起，人们当然也希望能用计算机来代替或扩展人类的部分脑力劳动。（计算机）模式识别在20世纪60年代初迅速发展并成为一门新学科。

模式识别研究主要集中在两方面，一是研究生物体（包括人）是如何感知对象的，属于认识科学的范畴，二是在给定的任务下，如何用计算机实现模式识别的理论和方法。前者是生理学家、心理学家、生物学家和神经生理学家的研究内容，后者是数学家、信息学专家和计算机科学工作者近几十年来的研究成果。

当代认知心理学家提出了模板匹配理论、原型匹配理论、特征匹配理论以及结构优势描述理论。模板匹配理论认为模式识别就是刺激信息与脑中某个或某些模板产生最佳匹配的过程。原型匹配理论认为模式识别是人脑中的原型与外部刺激或事物的匹配过程。特征匹配理论认为通过对刺激信息特征的分析，然后与其存储在人脑中的模式相比较后，决定与哪个模式进行匹配的过程。模式识别成分理论认为模式识别就是找出基本形状和它们之间存在的空间关系，而模式中的凹陷与凸出，是模式识别过程中最重要的信息。

【反思与探究】

1. 什么是感觉？感觉在人类的生活和工作中有什么意义？
2. 试分析感觉阈限与感受性的相互关系。
3. 举例说明感觉的特性有哪些？
4. 什么是知觉？它与感觉的联系是怎样的？
5. 什么是错觉？认识错觉有什么意义？
6. 举例说明知觉的特性。
7. 影响时间知觉的因素有哪些？
8. 影响运动知觉的因素有哪些？

【第四章资源链接】

1. 艾森克，基恩．认知心理学[M]．高定国，等，译．上海：华东师范大学出版社，1989. 知觉是普通心理学最基本内容。Eysenck 和 Keane 撰著的《认知心理学》一直是认知心理学领域学生和教师首选的教材之一。该书介绍了视知觉与注意、视知觉的基本过程、物体识别等视知觉理论，此部分的内容可以拓宽传统的感知觉方面的知识。

2. http：//www.jyxl.net/jpkc2/

这是四川教育学院的认知心理学精品课的网站。它比较全面介绍该课程的理论。其中知觉部分介绍了知觉领域中的一些重要的研究和存在的问题，感觉信息是如何被组织与解释的。

3. http：//baike.soso.com/v108364.htm

这是 SOSO 百科的网页。它比较全面地介绍了有关感觉的知识，例如感觉心理学定义 、感觉分类 、感觉功能评定 、胎儿具有的感觉功能 、感觉统合失调与心理障碍 、感觉统合能力的简单观察法等，对丰富学生的感知觉知识有一定的启发性。

第五章

记 忆

【内容提要】

人们对感知过的事物并不随着客观事物作用的停止而消失，而会在大脑中留下不同程度的印象，这就是记忆。本章主要介绍记忆的基本概念及分类，结合记忆系统分析记忆信息的编码、贮存和提取，介绍遗忘的进程规律，分析遗忘的原因以及减少和避免遗忘的方法。

【学习目标】

1. 掌握记忆的概念。
2. 了解记忆的分类。
3. 掌握感觉（瞬时）记忆、短时记忆和长时记忆的基本特点。
4. 掌握影响识记的因素，理解识记材料的组织加工方式。
5. 掌握遗忘规律及原因。
6. 掌握减少和避免遗忘的方法。

谁都向往有良好的记忆力。我们不止一次为别人的良好记忆力而惊羡，也不止一次地为自己有时记忆力不好、丢三落四而烦恼，为有时回忆不出某种知识而着急，为有时不能认出过去熟悉的朋友而难堪，这些都与记忆有关。记忆使人的心理活动具有连续性，是人们学习、工作和生活的基本技能。如果没有记忆，对我们来说，一切事物永远都是新的，学过的知识、动作都需从无知开始重新学起，做过的一切事情都需重新从零做起，而有了记忆，一个人的前后经验就能联系起来，使人的过去、现在和未来连接为一个整体，使我们每天都能够很好地生活、学习和工作。因此，我们无法否认记忆的重要性。

第一节 记忆概述

一、记忆的概念

我们经历过的事物，如见过的人或物、听过的声音、嗅过的气味、品尝过的味道、触摸过的东西、思考过的问题、体验过的情绪和情感等，都会在头脑中留下痕迹，并在一定条件下呈现出来，这些都是记忆现象。

传统心理学认为，记忆是过去经历过的事物在人脑中的反映，包括识记、保持、再认和回忆三个环节。记忆从人反复感知一定的客观事物，借以形成较巩固联系的识记过程开始，经过保持过程进一步巩固已形成的联系。识记和保持的内容在一定条件下可以恢复，这就是再认或回忆。

20 世纪 50 年代以后，随着信息科学的发展与计算机技术的应用，更多的心理学家开始用信息加工的观点来解释记忆过程。从信息加工观点来看，记忆就是人脑对所输入的信息进行编码、贮存和提取的过程。这里信息的输入和编码就相当于识记这一环节，贮存相当于保持的环节，提取就是对信息的再认或回忆。

 【信息栏】5-1：天才的非凡记忆力

天才的非凡记忆力

法国历史上最著名的军事家拿破仑具有超常的记忆力。据说他能记住每一个士兵的面孔和姓名，能将 18 世纪军事家所重视的所有军事理论全部熟记在心。他常常在大战正酣之际，不用查看地图仅凭记忆就能果断地发布命令，从而改变两军的命运，使他的大军纵横驰骋。所以，他的名言"没有记忆的脑袋，等于没有警卫的要塞"流传至今。

仅上过 4 个月小学，后来成为美国总统的林肯也有着惊人的记忆力和渊博的知识，他的成功与记忆力突出有很大的关系。英国首相丘吉尔曾记忆 18 万至 20 万单词，是英美人士中记忆单词最多的一位。美国钢铁大王卡耐基也因为有极强的记忆力而获得成功，在他的《成功之路》丛书里有专门的介绍。

我国文学巨匠茅盾先生不仅熟读唐诗宋词，能够张口即来，而且还可随时向人们背诵 120 回的古典名著《红楼梦》。茅盾先生辉煌的成就与他出色的记忆力是分不开的。

周恩来总理也具有惊人的记忆力，张闻天曾说："周总理的记忆力就像一台电子计算机。只要会见一次，他就完全把你记住了。"周恩来总理也常因为准确的记忆力引起人们的惊叹，使他周旋于国际政治舞台得心应手，非凡的记忆力是他取得了巨大成功的一个重要因素。

资料来源：刘敏.记忆大法 [M].北京：中央民族大学出版社，2003.

二、记忆类型

(一) 外显记忆与内隐记忆

按记忆的意识参与程度，记忆可以分为外显记忆和内隐记忆。

1. 外显记忆

外显记忆（explicit memory）是指当个体需要有意识地或主动地收集某些经验用以完成当前任务时所表现出的记忆。外显记忆能随意地提取记忆信息，能对记忆的信息进行较准确的语言描述。例如，自由回忆、线索回忆以及再认等，都要求人们参照具体的情境将所记忆的内容有意识地、明确无误地提取出来，因而它们所涉及的只是被试明确地意识到的，并能够直接提取的信息，用这类方法所测得的记忆即为外显记忆。

2. 内隐记忆

内隐记忆（implicit memory）是指在不需要意识或有意回忆的情况下，个体的经验自动对当前任务产生影响而表现出来的记忆。个体在内隐记忆时，没有意识到信息提取这个环节，也没有意识到所提取的信息内容是什么，而只是通过完成某项任务才能证实他保持有某种信息。正因为如此，对这类记忆进行测量研究时，不要求被试有意识地去回忆所识记的内容，而是要求被试去完成某项操作任务，被试在完成任务的过程中不知不觉地反映出他曾识记过的内容的保持状况。如果人们在完成某种任务时受到了先前学习中所获得的信息的影响，或者说由于先前的学习而使完成这些任务更加容易了，就可以认为内隐记忆在起作用。

（二）陈述性记忆与程序性记忆

通常，我们会把知识分为陈述性知识与程序性知识，基于此，记忆也可相应分为陈述性记忆与程序性记忆。

1. 陈述性记忆

陈述性记忆（declarative memory）是指对有关事实和事件的记忆，包括各种特定的事实，如姓名、面孔、单词、日期和观点，等等。陈述性记忆通过词和符号来表达，可以通过语言传授而一次性获得，是一般人都具备的。

2. 程序性记忆

程序性记忆（procedual memory）是对习得的行为和技能的记忆，如骑车、写字、拼图、操作工具，等等。这些记忆通过动作来表达，往往需要通过多次尝试才能逐渐获得，在利用这些记忆时往往不需要意识的参与。

（三）形象记忆、语词逻辑记忆、情绪记忆、运动记忆

根据记忆内容的不同，可把记忆分为以下几种。

1. 形象记忆

形象记忆是以感知过的事物的具体形象为内容的记忆，具有鲜明的直观性。形象记忆可以是视觉的、听觉的、嗅觉的、味觉的、触觉的。如我们见到过的人或物、看到过的画面、听过的音乐、嗅过的气味、尝过的滋味、触摸过的物体等的记忆都属于形象记忆。正常人的视觉记忆和听觉记忆通常发展得较好，在生活中起主要作用。但由于职业训练等方面原因，调味师、研磨师、按摩师在嗅觉、味觉、触觉方面的形象记忆得到了高度的发展。作家、画家、音乐家、表演艺术家等都有惊人的形象记忆，他们平时所储存的典型形象素材，成为他们构思、创作和表演的基础。形象记忆与人的形象思维密切联系，它是在实践活动中，随着形象思维的发展而发展的。人类的记忆都是先从形象记忆开始，人感知过的事物，只有经过形象记忆才会成为人的直接经验。

2. 语词逻辑记忆

语词逻辑记忆，又叫语义记忆，是指对各种有组织的知识的记忆，是以语词所概括的逻辑思维结果为内容的记忆，包括字词、概念、定理、公式、推理、思想观点、科学规则等。这些内容都是通过严密的逻辑思维过程所形成，又与语词密不可分。它具有高度的概括性、理解性、逻辑性和抽象性，还具有一定的形式化特点。语义记忆的信息是以意义为参照的，不受特定的时间地点限制，也不易受外界因素的干扰。人类只有凭借语义记忆才能把思维的结果保存下来，并获得间接知识。语义记忆与人的抽象思维有密切联系，随抽象思维的发展而发展。

图 5-1 2008 年 8 月 8 日晚上，在第 29 届北京奥运会开幕式上，姚明作为旗手带领中国代表团入场，你还记得这一情景吗？

3. 情绪记忆

情绪记忆是以体验过的情绪或情感为内容的记忆。引起情绪、情感的事件虽然已经过去，但深刻的体验和感受却保留在记忆中。在一定条件下，这种情绪、情感又会重新被体验到，这就是情绪记忆。例如，一个人就要与久别的朋友重逢，此刻他沉浸在幸福的回忆中，昔日愉快、欢乐的情绪和情感油然而生。情绪记忆是人们精神健康的重要条件，也是人的道德感、理智感和美感发展的心理基础。

4. 运动记忆

图 5-2 2008 年 8 月 13 日，中国女子体操队在获得北京奥运会女子体操团体决赛冠军后，激动地拥抱在一起，留下感人一幕。

运动记忆是以人们操作过的运动状态或动作形象为内容的记忆，又叫动作记忆。运动记忆与其他类型记忆相比，易保持和恢复，不易遗忘。如学会打篮球之后，即便多年不打，也不会忘记。人的生活、学习、劳动离不开运动记忆，各种生活技能的形成和发展都要依靠运动记忆。

实际上，在日常生活中，上述四种记忆是互相联系着的，例如教师在传授知识过程中，既要求学生有语词逻辑记忆，又要有形象记忆，不只是讲授理论，还在情绪上感染学生，有些课程还要在做实验、操作仪器过程中使他们形成一些运动记忆，这样的教学效果要好得多。

三、记忆过程

（一）记忆过程：编码、储存、提取

从信息加工的观点看，记忆是包括信息编码、储存、提取的三个基本操作过程。

信息编码（encoding）是人们获得个体经验的过程，或者说是对外界信息进行形式转化的过程。在整个记忆系统中，编码有不同的层次或水平，而且是以不同的形式存在着的。信息编码又是一个开展的过程，它包括对外界信息进行反复的感知、思考、体验和操作。新的信息必须与人的已有的知识结构形成联系，并且汇入旧的知识结构中，才能获得和巩固。每当我们学习新知识时，不论是一幅图像，还是一个概念，往往都会有意识地使之和已有的知识建立联系，将其置于已有的知识结构中，其实这个过程就是编码的过程。但是，在某些情况下，当事物与人们的需要、兴趣、情感有密切联系时，尽管只有一次经历，人们也能牢固地记住它。如一个对花样滑冰感兴趣的人，当看到申雪/赵宏博、庞清/佟健在温哥华冬奥会上以惊心动魄的精彩表演获得金、银牌的时候，对此都会留下深刻的印象，甚至终生难忘。

图5-3 在一个大型图书馆里，如果图书都没有编码，那么，要想查找到自己想要的书，将是很困难的。记忆的提取过程与此有相似之处。

储存（storage）是把感知过的事物、体验过的情感、做过的动作、思考过的问题等，以一定的形式保存在人们的头脑中，以备需要时提取应用的过程。知识的储存可以是事物的图像，也可以是一系列概念或命题。储存是信息编码和提取的中间环节，它在记忆中有着重要的作用，没有信息的储存就没有记忆。

提取（retrieval）是指在需要时将储存在记忆中的信息取出以供应用的过程，是记忆过程的最后一个阶段，记忆的好坏是通过信息的提取表现出来的。

（二）记忆流程

按照现代信息加工的观点，记忆是一个结构性的信息加工系统。所谓结构性是指记忆在内容、特征和组织上有明显的差异。记忆结构由三个不同的子系统构成：感觉（瞬时）记忆、短时记忆、长时记忆。这些子系统虽然在信息的保持时间和容量方面存在差别，但它们处在记忆系统的不同加工阶段，因此，相互之间有着十分密切的联系。如图5-4所示，信息首先进入感觉记忆，其中，只有那些引起个体注意的感觉信息才会进入短时记忆，在短时记忆中贮存的信息经过加工再储存到长时记忆中，而这些保存在长时记忆中的信息在需要时又会被提取到短时记忆中。

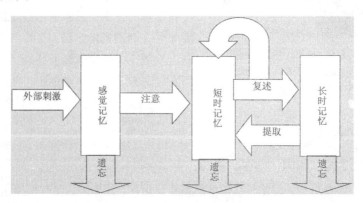

图5-4 记忆的信息加工模型

四、检测记忆的方法

1. 回忆法

回忆法是指原来识记的材料不在面前，让被试把它们默写出来或复述出来，保持量的计算是以正确回忆项目的百分数为指标，计算公式如下。

保持量 = 正确回忆的项目量 / 原来识记的项目量 ×100%

倘若识记不是以全部记住为标准，那么计算回忆的成绩时，应以识记时所达到的标准为基础。

2. 再认法

再认法是把识记过的材料和没有识记过的材料混在一起（新旧项目的数量相等），然后向被试一一呈现，由被试报告每个项目是否识记过，计算公式如下。

保持量 =（认对数 – 认错数）/ 呈现材料的总数 ×100%

3. 再学法（或节省法）

当被试不再能把原来熟记的材料完全无误地回忆出来时，就要求被试把原来识记过的材料重学或再记，直至达到原来学会的标准。然后根据初学和再学所用的次数或时间来计算保持量，即以再学比初学所节省的次数或时间来计算保持量，计算公式如下。

保持量 =（初学的次数或时间 - 再学的次数或时间）/ 初学的次数或时间 ×100%

4. 重构法（或重建法）

该法是要求被试再现学习过的刺激次序。给被试呈现按一定顺序排列的若干刺激，呈现后把这些刺激打乱，然后呈现在被试面前，让他们按原来次序重建，重构的成绩主要是以做对的顺序数记分。

第二节　感觉记忆

走在繁华的大街上，你会看到各种各样的面孔，会听到各种各样的声音，但是，你会发现，这些面孔和声音绝大多数很快就会被遗忘。这是一个与感觉记忆有关的现象。

一、什么是感觉记忆

感觉记忆（sensory memory）也叫瞬时记忆或感觉登记，是指外界刺激以极短的时间一次呈现后，一定数量的信息在感觉通道内迅速被登记并保留一瞬间的记忆。它是人类记忆信息加工的第一阶段。进入感觉器官的信息，完全按输入的原样，首先被登记在感觉记忆中。

各种感官通道都存在对相应刺激的感觉登记，即感觉记忆。但人们研究较多的是图像记忆和声像记忆。

（一）图像记忆

图像记忆又叫视觉登记或图像储存，是最常见的一种感觉记忆。当作用于视觉器官的图像刺激迅速移去后，图像随即在视觉通道内被登记，并保持一瞬间，这类记忆叫作图像记忆。例如，你看一个物体，然后闭上眼睛，你会发现，该物体的视像在大约半秒钟内依然保持着，

这就是图像记忆现象。图像记忆中所储存的信息大于被提取利用的信息，信息保持的时间很短，约0.25~1秒，超过1秒后，信息如果未得到注意，会由强变弱并自动消失。图像记忆受到干扰或擦拭作用后，信息很快丧失而且不可恢复。

图像记忆为大脑从输入的信息中选取必要的信息提供了时间，没有图像记忆就无法进行模式识别，不能认知视觉刺激的意义。图像记忆常被当作感觉记忆的典型。

（二）声像记忆

声像记忆又叫听觉登记，指听觉系统对刺激信息的瞬间保持。声像记忆的保持时间大约为2秒，比图像记忆保持的时间稍长，但比图像记忆的容量小，这可能与声音刺激呈现的方式及相对较慢的速度有关，归根结底，可能与听觉系统的加工方式和特性有关。

声像记忆与人的生活、学习和工作有密切关系，如果没有声像记忆，人们就无法辨别各种声音信号，也无法听懂语言。因为人说话总是一个音一个音地发出，如果不能把听到的每一个音暂时登记下来形成声像，也就不能把一串声音连贯起来，也就不能理解它的意义。

二、感觉记忆特点

感觉记忆是按感觉信息原有的形式来储存的，它们是外界刺激的真实的模写或复本；尽管感觉记忆的保持时间很短暂，但它却为进一步加工信息提供了材料和时间。其特点主要有以下几方面。

（一）具有鲜明的形象性

感觉记忆中的信息是未经任何心理加工的，以感觉痕迹的形式被登记下来，完全按刺激的物理特征编码，并按感知的顺序被登记，因此具有鲜明的形象性。各种感觉的后象就是这种感觉记忆的不同表现。

（二）信息保持时间极短

外界信息在感觉记忆中的保持是很短暂的，图像记忆保持的时间约0.25~1秒，声像记忆虽超过1秒，但也不长于4秒，说明信息消失的速度很快，这一特点对信息加工来说极为重要。因为外界信息处于迅速变化状态，感官内登记的信息若不尽快被选用或抹掉，就会同新输入的信息混杂，从而丧失对最初信息的识别。可见信息的瞬间登记和急速消失是使感觉记忆保持高度效能的条件。虽然信息在感觉记忆阶段停留的时间极短，但足以使人的认知系统对它们进行各项操作和加工。

（三）记忆容量较大

各种感觉记忆中，信息的储存量都大于可被利用的信息量，几乎进入感官的所有信息都能被登记。记忆容量的大小由感受器的解剖生理特点所决定，一般认为图像记忆的容量为9~20个项目。

（四）感觉记忆痕迹容易衰退

感觉记忆中的信息都是未经心理加工的信息，是尚未受到意义分析的信息，被登记的信息只有受到特别注意或模式识别，才能转入短时记忆，并在那里赋予它意义，否则就会很快衰退而消失。

感觉记忆为大脑提供了对输入的信息进行选取和识别的时间，这种记忆好比是整个记忆系统的"接待室"，从感官输入的所有信息都要在这里登记并接受处理。

第三节 短时记忆

我们很多人可能有这样的经验，从电话号码簿上查出一个电话号码，复述几次甚至只一次，可以立即准确地拨出这个电话，但是，过一会儿后，等再需要这个电话号码时，我们却记不起这个电话号码了。这是一个与短时记忆有关的现象。

一、什么是短时记忆

短时记忆（short-term memory）是指信息在一次呈现后，保持时间在1分钟之内的记忆。就其功能来说，短时记忆与感觉记忆不同，感觉记忆中的信息是不被意识并且也是未被加工的，而短时记忆是操作性的、是正在工作的、活动着的记忆。人们短时记忆某事物，是为了对该事物进行某种操作，操作过后即行遗忘；如果有长期保持的必要，就需在这一系统内进行加工编码，然后才能被储存在长时记忆中。

日常生活中，人离不开短时记忆，打字员从看稿到打字，翻译人员从听到译，学生上课从听到记笔记，都是靠短时记忆的功能进行操作的。

二、短时记忆特点

（一）信息保持时间很短

短时记忆的信息是瞬时记忆的信息受到注意而储存在大脑中的，所以短时记忆的保持时间比瞬时记忆稍长，但最多不超过1分钟。例如，前面提到的查到电话号码，可以紧接着准确地拨号码，但打完电话，就不记得号码了，就属于短时记忆。

1959年美国学者彼得森夫妇（Peterson and Peterson）做了有关的实验。实验表明，在无复述条件下，信息在短时记忆中保持的时间很短，约5~20秒，最长不超过1分钟。信息得不到复述，将迅速遗忘。

（二）记忆容量有限

和感觉记忆相比，短时记忆的容量是有限的，短时记忆的广度为7±2个组块。

短时记忆的容量可以通过测定记忆广度（memory span）来获得，记忆广度是指信息在呈现一次后，被试能回忆出的最大数量。实验表明，人的记忆容量一般为7±2个组块。研究还发现，记忆广度与识记材料的性质及人们对材料的编码加工程度有关。我国学者测定的短时记忆广度是：无关联的汉字一次能记住6个，十进位数字是7个，线条排列是5个。若识记的材料是有意义、有联系的，又为人们所熟悉，那么记忆广度还可增加。

1956年美国心理学家G.米勒，发表了一篇题为"神奇数7加减2：我们加工信息的能力的某种限制"的论文，文中明确提出短时记忆的容量为7±2个组块。他从信息加工的观点出发认为，倘若人在主观上对材料加以组织、再编码，记忆的容量还可以扩大。他提出了组块（chunk）概念，所谓组块是指将若干较小单位联合成熟悉的、较大的单位的信息加工，也指

这样组成的单位。他认为短时记忆容量不是以信息论中所采用的比特（bit）为单位，而是以组块为单位。一个块可以是一个数字、一个字母，也可以是一个单词、词组，还可以是一个短语，总之，是一个有一定的可变度的客体，它所包含的信息可多可少，通常受主体原有知识经验的影响。组块化过程可从两方面进行：一是把时间和空间非常接近的单个项目组合起来，使之成为一个较大的块；二是利用一定的知识经验把单个项目组成有意义的块。要想扩大短时记忆的容量，就必须对材料进行加工和组块。

（三）信息可被意识到

信息在感觉通道内是被自动地登记下来的，内容不易为人们所意识，只有对感觉信息给以格外地注意或识别，并赋予一定意义时，才能被意识到，此时信息已转入短时记忆，处在人们当前的意识中。

（四）信息通过复述可转入长时记忆系统

短时记忆中的信息保持的时间既短又易受干扰，只要插入新的识记活动，阻止复述，信息很快会消失，而且不能恢复。如果通过内部言语形式默默地复述，可以使即将消失的微弱信息重新被强化，变得清晰、稳定，再经精细复述可转入长时记忆中加以保持。那些未经复述的信息或超容量的信息则随时间的流逝而自然衰退被遗忘。可见，复述是使短时记忆的信息转入长时记忆的关键。

有人认为短时记忆是感觉记忆与长时记忆之间的缓冲器。信息进入长时记忆需要一定的时间，在未进入之前，被感觉登记下来的部分信息先在短时记忆中储存，然后通过复述再转入长时记忆系统。

三、短时记忆的编码、提取

（一）以听觉编码为主

信息以什么形式保持下来，涉及编码的问题。编码就是对信息进行转换，使之适合于记忆存储，经过编码所产生的具体信息形式称为代码（code）。20世纪60年代以来，大量实验证实，短时记忆主要是采用言语听觉编码，少量的是视觉或语义编码。

（二）信息提取的检索

短时记忆中的信息由于正处在我们当前的意识中，为了工作或操作的需要可以立即被提取出来。这使人感到，短时记忆信息提取的机制似乎很简单，后来的研究表明，事实并非如此。从短时记忆中提取信息时究竟是同步平行检索，还是逐项依次检索，1970年斯腾伯格做了如下的实验。

斯腾伯格（S. Sternberg）向被试的视觉呈现不同系列的数字，数字系列长度都在记忆容量范围之内，然后随机地再呈现一个数字。被试的任务是判定这个数是否是刚才识记过的。被试的反应不用口，而是用按电钮，要求被试尽快作出准确回答，实验记录被试从检验项目出现到作出回答之间的反应时，以此为指标。每次实验所识记的项目和检验的项目都要更换，而且识记项目的数目多少不等，检验项目中的数字有一半是识记项目中出现的数，一半是在识记项目中没出现的。实验结果是，提取信息的时间随项目的增加而增长，呈线性关系。所以，斯腾伯格认为，短时记忆对信息的提取是按顺序系列检索，而不是平行同步检索。但后来的研究表明，顺序系列检索和平行同步检索都是短时记忆中信息提取的途径。

四、工作记忆

工作记忆是一种对信息进行暂时性的加工和储存的能量有限的记忆系统。工作记忆这一概念最早是由 Baddeley 和 Hitch 于 1974 年在分析短时记忆的基础上提出的，随后 Baddeley 将其进一步完善。

一般认为，工作记忆也是指短时记忆，但它强调短时记忆与当前人们从事的工作的联系。由于工作进行的需要，短时记忆的内容不断变化并表现出一定的系统性。短时记忆随时间而形成的一个连续系统也就是工作记忆或叫作活动记忆。

工作记忆也可以被理解为一个临时的心理"工作平台"，在这个工作平台上，人们对信息进行操作处理和组装，以帮助我们理解语言、进行决策以及解决问题。可以将工作记忆理解为对必要成分的短时的、特殊的聚焦，是人们在完成认知任务的过程中将信息暂时储存的系统。

大量研究表明，工作记忆对于语言理解、学习、推理、思维等认知任务的完成起着关键作用。比如你计算 18×25 时，你会把中间结果 90 和 36 放在工作记忆中，然后在那里把它们加起来，或者当你想象某一特定活动过程的影响时，你想象出的情节就处于工作记忆中。Baddeley 从实验心理学和神经心理学角度以大量实验论证了工作记忆的存在，并提出了工作记忆的认知结构模型，认为工作记忆包括：中央执行系统、视觉空间模板和语音环。其中，中央执行系统起到控制作用，它保证大脑将注意集中在相关信息及加工过程上，而对无关信息进行抑制，负责在复杂任务中的各个不同过程间进行转换，对工作记忆中的内容进行监控等。语音环用于储存与复述言语信息，在获得言语词汇中起到重要的作用。视觉空间模版则对视觉图像信息进行操作，负责视觉信息的保持和控制。

第四节　长时记忆

请回忆一下，你现在还能记住小学期间哪些同学的名字？小学期间学过的古诗词还能背出几首？为什么会记住一些同学的名字而忘记另外一些同学的名字？为什么有的古诗词能背出来，而有的却背不出来？这些问题与长时记忆有关。

一、什么是长时记忆

长时记忆（long-term memory）是相对于感觉记忆和短时记忆而言的，一般是指信息储存时间在一分钟以上，甚至可以保持终生的记忆。

长时记忆将现在的信息保持下来供将来使用，或将过去储存的信息提取出来用于现在，它把人的活动的过去、现在和未来联系起来。它的信息主要来自对短时记忆内容的复述，也有一些内容是一次性印入的，特别是那些激动人心，引起强烈情绪体验的内容可直接进入长时记忆系统被储存起来。总之，长时记忆储存着我们关于世界的一切知识，为我们的一切活动提供必要的知识基础。

二、长时记忆特点

与感觉记忆和短时记忆比较起来，长时记忆有以下几个特点。

（一）记忆容量无限

长时记忆是一个真正的信息库，记忆容量似乎没有限度，它可以储存一个人关于世界的一切知识，为他的所有活动提供必要的知识基础。人们从来不觉得过去记得太多，现在一点也记不进去。长时记忆的容量究竟有多大，至今尚无定论，总之，它有巨大的容量。

（二）信息保持时间长

长时记忆中的信息保持时间在 1 分钟以上，甚至数年乃至终生，是一种长久性的存储。

三、长时记忆的编码

（一）识记

识记是长时记忆习得信息的主要方式。只有对外界信息的感知或反复感知、思考、体验和操作，进行充分的和有一定深度的心理加工，信息才能在人脑中长时间地保持下来。

1. 无意识记与有意识记

依据主体有无明确的识记意图和目的，是否付出意志的努力，识记分为无意识记和有意识记。无意识记是一种事先没有预定目的，也无须经过意志努力的识记，又叫不随意识记。有意识记也叫随意识记，是指有预定目的，运用一定策略和方法，经过特殊的努力而进行的识记。

一个人童年时的往事，虽然当时并没有有目的地付出意志努力去识记，但却能够被识记下来，待到了中年甚至老年时，还历历在目，这主要是无意识记的结果。但是，人们掌握系统的科学知识和技能，主要依靠的是有意识记，在学习、工作中，有意识记占据主导地位。

2. 机械识记与意义识记

根据识记材料的特点和识记时是否以理解为基础，可以把识记分为机械识记和意义识记。

机械识记是指对没有意义的材料或在对事物还没有理解的情况下，仅仅依据事物的外部联系，采用机械重复的方式进行的识记。例如，记人名、地名、电话号码、商品型号、历史年代等等，材料本身没有什么内在联系，只能按外在的时空顺序进行强记。有些材料本身虽然也有一定意义，但限于学习者的知识经验水平还难于理解其意义，在这种情况下也只得采用机械识记。

意义识记是指在对识记对象理解的基础上，依据事物的内在联系，并运用已有的知识经验对识记材料经智力加工所进行的识记。意义识记的先决条件是理解。只有领会材料本身的意义，并把它与已有的知识经验联系起来，纳入已有的知识系统，才能把它保留在记忆中。

意义识记与机械识记的性质有所不同，但二者不是对立和排斥的，而是相互依存、相互补充的。意义识记要靠机械识记的补充，以达到对材料识记得精确和熟记的程度；机械识记也需要意义识记的帮助和指导，为了更有效地识记那些缺乏内在联系的材料，可以人为地赋予这类材料一定的联系，使之意义化，以便增强识记效果。

【信息栏】5-2：谐音记忆

谐音记忆

有许多学习材料很难记忆，在它们之间不易找出有意义的联系，例如，历史年代、统计数字等等。如果对这些学习材料利用谐音加某种外部联系，这样就便于储存，易于回忆。

据说，一天，有位老师要上山与山顶寺庙里的和尚对饮，临走时，布置学生背圆周率，要求他们背到小数点后 22 位：3.1415926535897932384626。大多数同学背不出来，十分苦恼。但有一个学生很聪明地把老师上山喝酒的事结合圆周率数字的谐音编了一句顺口溜："山巅一寺一壶酒，尔乐苦煞吾，把酒吃，酒杀尔，杀不死，乐而乐"。待老师喝酒回来，学生个个背得滚瓜烂熟。

利用谐音法还可以帮助记忆某些历史年代，不少人觉得记忆历史年代是件很苦恼的事，不容易记住，而且还容易混淆。但是，要学好历史，又必须记住历史年代。于是，许多聪明人利用谐音法来帮助记忆历史年代。例如，甲午战争爆发于 1894，用它的谐音："一把揪死"，就非常容易记住。

资料来源：http://baike.baidu.com/view/749811.htm

（二）对识记材料的组织加工

在识记一件具体事物时，我们一般会使用表象和语义的双重编码。例如，一只猫，我们既可以凭借它的具体形象来记住它，又可以用抽象、概括的意义来描述它——"属于哺乳动物，面呈圆形，脚有利爪，行动敏捷，会捉老鼠"。前者是表象编码，后者是语义编码。人们记一件具体事物时，除了记起它的视觉图像外，总是从中汲取其意义。不过识记那些抽象的概念、思想，就很难用表象编码去表征它，如"道德""真理"等，只能用语义编码。

在识记多个材料或系列材料时，人往往会对新材料进行进一步的组织加工。其组织加工形式主要有以下几种。

1. 按语义归类的组织加工

当识记一系列概念时，人们常常不是按它呈现的顺序去记忆，而是先进行语义归类，把同一类概念倾向于群集回忆。在自由回忆的实验中可看出这种加工倾向，例如，把 24 对联系紧密的单词（如医生与教师，桌子与椅子，马与羊等）拆开变成 48 个单词，按随机方式混合向被试一个个地呈现，允许他们自由回忆。结果发现，被试仍倾向于把语义联系紧密的单词归到一起进行再现。尽管桌子和椅子两个词之间间隔很多单词，但回忆时仍把它们组织到一起。单词之间语义联系越紧密，正确回忆的可能性越高。这说明知识系统性对信息的组织加工起着重要作用。

2. 以自然语言为媒介的组织加工

这种组织加工方式是指把要记的材料同长时记忆中已有的自然语言的某些成分（如词义、字形、音韵等）相联系以提高记忆的效率。例如，在学习"小狗—香烟"时，把它说成"小狗吃香烟"，就很容易记住。甚至更为复杂的材料或一串单词，如果把它们编成有韵律的顺口溜或一个故事来记，也很有助于记忆。我国传统的节气歌、乘法口诀、珠算口诀等都是以自然语言为媒介来帮助记忆的。

【信息栏】5-3：歌谣口诀记忆

歌谣口诀记忆

对于一些难以记忆的学习材料，我们可以编成韵律化的歌谣口诀来记忆。如在中学化学学习中，为了掌握物质的溶解性，将主要的碱盐的溶解性编成以下口诀："钾钠铵硝全能溶，盐酸除开银亚汞，硫酸不溶有钡铅，溶碱钾钠钡钙铵。"即一切钾盐、钠盐、铵盐、硝酸盐全溶于水；在盐酸盐中，除氯化银、氯化汞不溶于水，其余都可溶；硫酸盐中，除硫酸钡、硫酸铅外，其余都溶于水；碱类物质中，可溶的有氢氧化钾、氢氧化钠、氢氧化钡、一水合铵，微溶的是氢氧化钙，其余碱都不溶。

再如，有人把中国历史年代编为："唐尧虞舜夏商周，春秋战国乱悠悠。秦汉三国晋统一，南朝北朝是对头。隋唐五代又十国，宋元明清帝王休。"用朗朗上口的文字很容易就把中国所有朝代记住了。

除了运用歌谣方法之外，还有一种利用首字连词法将内容缩略成类似口诀的语句来记忆的方法。如《辛丑条约》内容为：要清政府赔款；禁止人民反抗；允许外国在中国驻兵；划分租界，建领事馆。这四条内容可缩略成"前（钱）、进（禁）、宾（兵）、馆"来记忆。

资料来源：http://www.doc88.com/p-99999000785.html

3. 以视觉表象为中介的组织加工

以视觉表象为中介的组织加工是指把要记的材料同视觉表象联系起来记忆，视觉表象越清晰，记忆效果越好。在一个实验（Bower & Clark，1969）中，向被试呈现 10 个无关联单词词表，要求实验组想出表象并编成故事来记（例如，在学习"桌子、电灯、烟灰盒、青蛙……"这一词表时，有些被试编成这样的故事："厨房里有张桌子，桌子上放着电灯，还有烟灰缸，青蛙在电灯和烟灰缸之间跳来跳去……"）。而控制组则按规定孤立地识记。隔了一段时间进行回忆，结果发现，实验组能平均回忆出 93% 的单词，而控制组只能平均回忆出 13%，差异十分显著。

识记一种材料，一般并不只限于用一种组织加工方式，而往往是兼用多种方式。但无论用什么样的方式，都应贯穿两个基本原则：一是学习者对识记的积极主动性；二是把新信息同熟悉的已编码的信息联系起来，从而便于记忆。

（三）影响识记效果的因素

识记是获得知识、积累经验的必由之路，要提高记忆效率，首先要有良好的识记。识记受许多因素的影响，其中主要有以下几个。

1. 识记的目的

识记的目的会影响识记的效果。由于目的不同，学习者在识记材料时的组织也不同，如果识记目的是要求回忆的精确性，那么学习者就会在心里默默地复习单个句子和词，如果目的是要求连贯地回忆材料，那么就会去建立意义联系，理解材料的逻辑性。

2. 识记的态度

识记者对识记材料的需要、兴趣等，对识记的效果也有一定的影响。研究表明，在人们的生活中不占主要地位的、引不起人们兴趣的、不符合一个人需要的事情，容易被忽略，容易被遗忘，而人们需要的、感兴趣的、具有情绪作用的事物，容易激发起学习者的识记动机，积极地参与识记活动，识记效果会大为提高，遗忘得也较慢。另外，经过人们的努力、积极加以组织的材料遗忘得较少，而单纯地重述材料，识记的效果较差，遗忘得也较多。

3. 材料特征

识记的材料按性质不同可分为许多类别，如直观的材料（实物，模型、图片等）和抽象的材料，对直观材料的识记一般优于对抽象材料的识记。

材料难度不同，识记效果也不同。识记容易的材料一般开始时进展较快，后来逐步缓慢，而识记难度较大的材料，常是开始时进展较慢，后来逐步加快。

材料的数量对识记效果的影响很大。一般地，要达到同样识记水平，材料越多，平均所用的时间就越多。索柯洛夫的实验证明：识记12个无意义音节要达到背诵的程度，平均一个音节需要14秒；识记24个音节时，平均一个音节需要29秒；而识记36个音节时，平均一个音节需要42秒。

上述结果是识记课文词句所用的时间，如果识记课文内容或论文，识记时间就依内容逻辑结构、学习者经验等条件而定，不只依存于课文的字数。

4. 加工深度

对识记材料的加工程度会直接影响识记的效果。在一个实验中，给被试一系列成对的句子，每一对句子都和一种语法规则相符合，要求被试指出每对句子的语法规则，按照这一规则自己造一个句子。实验中并没有给予识记任何句子的指示，但在第二天要他回忆主试给的句子和自己造的句子，结果是自己造的句子的识记效果比主试所提出的句子高3倍。可见，对信息进行深加工，可以使信息在人的头脑中留下更深刻的印象，使识记效果得到提高。

5. 理解程度

理解是识记的必要条件，意义识记优于机械识记。理解就是把新知识与过去已经掌握的知识和经验建立联系，以便于知识的系统化，因此，在识记过程中，理解的识记比不理解的识记效果要好，而且识记效果随理解的加深而提高。为了理解所要识记的材料，应该先对材料进行分析，然后以自己的语言把它们概括而确切地叙述出来。

6. 识记方法

识记有三种方法：整体识记法、部分识记法和综合识记法。整体识记方法是将识记材料整篇阅读，直至成诵为止；部分识记法是先将识记材料分段阅读、背诵，再合成整篇背诵；综合识记法是将整体和局部相结合，即先进行整体识记再进行部分识记，最后再进行整体识记，直到成诵为止。在一个实验中，让被试分别采用上述三种方法识记同一首诗篇，结果表明，最合理的是综合识记法，而最不合理的是部分识记法。运用部分识记法由于不了解整体的内容，因此对各个部分只是互相孤立地来识记，这就会导致对所熟记的内容迅速遗忘。综合识记比较有效，是因为利用了材料的内容，从而使得在相互联系中对各部分的理解与识记变得较容易。不过，这三种方法的优劣并不是对所有的材料都是一样的。一般说来，如果材料较短且具有密切的意义联系，可用整体识记；如果材料本身没有多少意义联系，可用部分识记；如果材料有意义联系，但既长又难，则采用综合识记效果较好。

四、长时记忆的储存

（一）保持的含义

保持是指已经识记过的信息在头脑中存储和巩固的过程。保持不仅是记忆的重要标志，而且也是回忆和再认的重要条件。

（二）保持的动态变化

经过编码加工之后，储存在头脑中的信息不是一成不变的，而是一个潜在的动态过程，随着时间的推移以及后来经验的影响，在质和量上均会发生变化。

在量的变化方面有两种倾向：一种是记忆回涨现象，即记忆的恢复现象。当你看着一张老照片，一边看，一边浮想联翩，许多似乎已经忘记的往事一件件地涌入你的脑海，这是记忆恢复现象。另一种倾向是，识记的保持量随时间的推移而日趋减少，有一部分回忆不起来，这种现象就是遗忘。

储存在头脑中的信息在质的方面也会发生变化，其变化显示出以下特点。

（1）记忆的内容比原来识记的内容更简略、更概括，一些不太重要的细节趋于消失，而主要内容及显著特征被保持，譬如我们看过一部长篇小说，过一段时间后，往往只能回忆起其主要情节和内容，更多的细节往往会被忽略。

（2）保持的内容比原识记的内容更详细、更具体、更完整、更合理。英国心理学家巴特莱特在一个实验中，让许多被试阅读一篇"魔鬼的战争"的故事，过了一段时间，让他们复述，结果发现，经常阅读鬼怪故事的被试在回忆中增添了许多关于鬼的内容和细节，而受到逻辑学训练的被试在回忆中则大量删去鬼的描述，使故事变得更合乎逻辑。

（3）使原识记内容中的某些特点更加突出、夸张或歪曲，变得更生动、离奇、更具有特色。巴特莱特（Bartlett，1932）在另一个实验中，让被试看一个图，隔半小时后要他凭回忆画出来，然后把他所画的给第二个被试看，隔半小时后要求第二个被试凭记忆把图画出，依次做下去，直到第 18 个被试。从第一个被试识记的枭鸟，经过 18 个的记忆改造，最后变成了一只猫的形象，这样大的差距说明信息在头脑中的储存不是静态，而是会发生变化的，甚至会被歪曲。

五、长时记忆的提取

（一）含义

提取属于信息的输出过程。长时记忆信息的提取有两种不同水平的形式，即再认和回忆。这两种形式对信息的提取都需要一定的线索，采取一定的策略，选择一定的中介。

1. 再认

再认是指经历过的事物再度出现，有熟悉之感并能被识别和确认的过程。例如，你以前见过一个人，但你忘记了他长得是什么样子，后来偶然相见，你却又能认出他，就是再认。人在识别某一对象时，一方面要对它进行知觉分析，同时还要从长时记忆储存的信息中提取有关的信息与之对照比较，经过多层次的连续检验，最后才能完成确认。当再认发生困难时，就要努力寻找各种有关的线索，力图恢复过去已经建立的联系。可见，再认也不是一个简单的过程，它包含有知觉、回忆、联想、比较、验证等一系列的认知活动。

再认的速度和准确性主要取决于两个条件。一是取决于对原有事物或材料识记的巩固程度和精确程度。如果原有事物或材料很清晰、准确地被保持，当再次出现时，就容易再认；如果保持不巩固或出现泛化现象，再认就困难。如，"斌、赋"两个字很相似，识记时如果没有精确将它们加以区别，时间久了，极易发生混淆，很容易认错。二是取决于当前呈现的事物或材料同过去识记过的事物或材料的类似程度。如果当前呈现的事物或材料与过去识记过的事物或材料相比变化不大，就容易再认；如果发生了很大的变化，就难以再认。

2. 回忆

回忆是指过去经验的事物不在面前，可以重新回想起来。学过的字或单词、背过的唐诗、见过的人、经历的情景等等，在需要的时候可以准确无误地写出来，或背诵出来，或再现出来，就属于回忆。

一般来说，再认比回忆更容易。一个人对同一信息如果能回忆出来，那么一定也能够把它再认出来，但是，能够再认出来的信息却不一定能回忆出来。我们学过的汉字或外语单词，有的我们写不出来，但在文章中遇到的时候，可以把它识别出来，就属于这种情况。

（二）提取方式

提取中的搜寻有两种方式，一种是直接搜寻，另一种是联想搜寻。

无论再认还是回忆，若不依赖任何中介和提示线索，直接把有关信息从长时记忆库中提取出来，这种提取称为直接搜寻。在这个过程中，对信息的检索几乎是自动化的，甚至没有意识到这一程序。例如，当你的一位朋友在电视屏幕上一出现，你能立刻把他再认出来，这是通过直接搜寻达到再认的，这种再认又称为直接再认。若问你今年暑假同谁结伴旅游，你会说出张三、李四等一些人的名字，这种回忆称为直接回忆，它也属于直接搜寻。

有时我们的再认和回忆需要一些提示线索或中介性的联想才能实现，有人称此为联想搜寻。例如，回忆自己的书存放的位置，可能很难立刻回忆出来，往往要借助日记、工作计划或其他一些中介物确定回忆方向，逐渐缩小回忆的范围，此外还要提出一些假设，对假设要逐一验证，排除无效的回忆线索，凭借联想搜寻新的线索，直至完成回忆任务，提取出必要的信息，这种回忆称为间接回忆。直接回忆与间接回忆不是绝对对立的，在一定条件下可以相互转化。本来可直接回忆的内容，由于荒疏、印象淡漠，再回忆时要凭借联想搜寻，进行追忆。反之，间接回忆的内容由于联系的巩固和熟练，回忆时可不加思索迅速在头脑中重现。联想在回忆中起着重要的作用。

回忆常常以联想搜寻的形式进行。常见的联想包括接近联想、相似联想、对比联想、关系联想等。在识记时，有意识地在事物之间多建立联系，形成各种联想，有助于回忆，联想越丰富，回忆越容易。

 【信息栏】5-4：联想与记忆的关系

联想与记忆的关系

布鲁诺·弗斯特等在分析联想在记忆中的作用时，曾对联想强调四点。

1. 记忆是通过联想进行的。我们只有把新概念和已知的东西联系在一起才能记住它。

2. 问题不是我们有没有联想，而是我们的联想是有意识的还是无意识的。

3. 联想可以通过理性也可以通过想象来实现，就大多数人来说，想象性联想比逻辑推理联想要强得多。

4. 联想，不管是理性的还是想象性的，都可以通过训练来培养。

资料来源：布鲁诺·弗斯特. 记忆术 [M]. 立君，译. 南昌：江西人民出版社，2001.

第五节　遗忘

遗忘是人的正常的生理和心理现象。人通常都希望过目不忘，然而，由于各种原因，遗忘总是难以避免的。对于那些不必要的、应淘汰的信息的遗忘，是有积极意义的，但对必须保持的信息的遗忘，则是消极的。因此，应分析遗忘的原因，研究遗忘的规律，找出克服遗忘的办法。

一、遗忘的含义及规律

（一）遗忘含义

遗忘是指对识记过的内容既不能回忆也不能再认或发生错误的回忆和再认。遗忘是保持的对立面，保持的丧失就意味着遗忘的出现。用信息加工的观点来说，遗忘就是信息提取失败或提取出现错误。

根据遗忘的程度和性质的不同，可分为部分遗忘与完全遗忘，暂时遗忘与永久遗忘。如果识记过的内容在头脑中留下了大部分，只是其中一部分不能回忆或再认，属于部分遗忘。如果全部回忆不起来，则属于完全遗忘。若已转入长时记忆的内容一时不能被提取，但在适宜条件下还可恢复，属于暂时遗忘。例如，提笔忘字；熟人相见叫不出对方的名字；话到嘴边说不出来（称为舌尖现象）；考试时，回忆不出有关的知识，一出考场立刻想起来了等，都属于暂时遗忘。若识记过的内容，不经重新学习，记忆绝不可能再行恢复，属于永久遗忘。

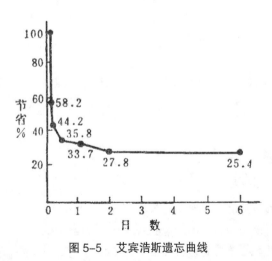

图 5-5　艾宾浩斯遗忘曲线

（二）遗忘进程规律

德国心理学家艾宾浩斯（H. Ebbinghaus，1850—1909）最早对长时记忆和遗忘进行了系统研究。为了消除新学习的材料与记忆中已有知识的可能联系，他创造了无意义音节，即一种有两个辅音和一个元音组成的字母串，如TAJ、YIC、HUZ、CEX、GAW等。为了测量遗忘，他还设计了节省法，即再学法。实验中他以自己做被试，在识记材料后，每隔一段时间重新学习，以重学时所节省的时间和次数为指标，测量遗忘的进程。他将实验结果（见表5-2）绘制成一条曲线，这就是心理学上著名的艾宾浩斯遗忘曲线（见图5-5）。该曲线反映了遗忘变量和时间变量的关系，揭示了遗忘的规律：遗忘的进程是不均衡的，遗忘的进程是先快后慢。在识记后的最初阶段遗忘速度很快，以后逐渐缓慢，到了相当时间，几乎不再遗忘。

表5-2　不同时间间隔的保持成绩

时间间隔	重学时节省诵读时间的百分数	遗忘的百分数
20 分钟	58.2	41.8
1 小时	44.2	55.8
8 小时	35.8	64.2
1 日	33.7	66.3
2 日	27.8	72.2
6 日	25.4	74.6
31 日	21.1	78.9

艾宾浩斯遗忘曲线是通过无意义音节研究总结出来的，那么我们识记过的任何材料是不是两天以后都会忘记70%？我们在日常学习、工作、生活中识记的常常是有意义的材料，而有意义的材料不像无意义音节那么容易很快被忘记。

二、遗忘的原因

对于遗忘原因的解释，主要有以下几种不同的理论。

（一）痕迹消退说

这种学说认为，遗忘是记忆痕迹得不到强化而逐渐减弱，以致最后消退的结果。消退即痕迹变弱，发生泛化，使回忆不确切或不完整。这种说法易为大多数人所接受。因为一些物理的或化学的痕迹也是随着时间的推移而消退的。但这一说法不易被实验证明。尽管如此，人们还是确信它是导致遗忘的一个重要原因，因为任何事物都有发生、发展乃至衰亡的过程。

（二）干扰说

这种学说假定，遗忘是因为在学习与回忆之间受到其他刺激的干扰所致。一旦干扰被排除，记忆就能恢复，而记忆痕迹自身并不会发生任何变化。这种学说获得了关于前摄抑制和倒摄抑制的实验的支持。

前摄抑制是指先学习的材料对识记和回忆后学习的材料的干扰作用。安德华德（Underhood）的实验证实了这种现象的存在。他要求两组被试学习字表，实验组被试在学习前进行了大量的类似的学习，而控制组则无。结果表明，控制组被试记住了所学字表的70%，而实验组则只记住了所学字表的25%。很明显，造成这种差异的原因在于实验组被试受到了前摄抑制的影响。

倒摄抑制是指后学习的材料对保持和回忆先学习的材料的干扰作用。穆勒（Muller）和皮尔扎克（G. Pilzecker）首先进行了倒摄抑制方面的研究。结果发现，被试在识记无意义音节后，中间休息5分钟，可以回忆起56%的音节，但如果中间插入其他活动，则只能回忆起28%的音节。这表明，中间插入的其他活动对保持和回忆前面所学音节产生了干扰作用。

在日常学习中，前摄抑制和倒摄抑制的影响也很明显。如学习一篇课文，一般是开头和结尾易被记住，而中间易遗忘，就是因为中间部分受到前摄抑制和倒摄抑制的双重影响。我们常常在清晨和睡前学习效果较好，其原因也在于此。这种现象就是所谓的"系列位置效应"。由此可以看出，干扰是造成遗忘的一个重要原因。

（三）提取失败理论

我们都有这样的经验：不能回忆起某件事，但又知道这件事是知道的。有时我们明明知道某人的姓名或某个字，可是就是想不起来，事后却能忆起；有时我们明明知道试题的答案，但一时就是想不起来，事后正确的答案不加思索便油然而生。这种明明知道某件事，但就是不能回忆出来的现象就是前面提到的"舌尖现象"。这种情况说明，遗忘只是暂时的，就像把物品放错了地方怎么也找不到一样。从信息加工的观点来看，遗忘是一时难以提取出欲求的信息。一旦有了正确的线索经过搜寻，那么所要的信息就能被提取出来。

（四）压抑说

奥地利心理学家弗洛伊德在给病人施行催眠术时发现，许多人能回忆起早年生活中的许多琐事，而这些事情平时是回忆不起来的。于是，他认为，这些经验之所以不能回忆，是因为回忆它们将体验到痛苦、忧虑和不愉快，因而被无意识的动机所压抑。尽管支持这种理论的材料主要来自临床实验，但它仍有一定的积极意义，因为干扰说和消退说都不考虑个体的需要、欲望、动机等在记忆中的作用。而需要、动机在记忆中的作用则是不可忽视的。正是在这一点上，压抑说是有意义和值得重视的。

三、遗忘的克服

有记有忘，这是必然规律。要减少和避免遗忘，必须采用相应的方法。

（一）做好信息编码

现代认知心理学认为，人们获得的信息在头脑中是按照某种方式组织的。如果出现遗忘，则往往是检索困难造成的，即提取的线索不清和知识网络组织不好。因此，要增进记忆效果，应该在学习过程中积极地进行信息编码。

学习中的信息编码，就是学生按自己熟悉的或习惯的方式来组织信息。多重编码是一种重要的认知编码形式，它有助于记忆。学生学习时主要是以语义进行编码的，通过理解新信息的意义使其归入已有的认知结构中，从而使所获得的信息保持得更长久。除了语义编码之外，还有视觉编码、听觉编码，甚至动作编码。综合运用这些编码系统，可为以后提取信息提供更多的线索。例如，在语言的学习中，对于单词或词汇的记忆，只有同时掌握其音、形、义，才能提高记忆效果。如能再给这些单词或词汇增加相应的"动码"，即通过大量的书写练习形成动作习惯，就能为以后检索提供更多的线索，使学生可以按照动码的指引顺利地写出词语来。

（二）提高加工水平

对信息进行深加工，就可以使信息在人的头脑中留下更深刻的印象，使保持效果得到提高，而且在提取这些信息时也可获得较为深刻的线索，从而有助于回忆。

深加工是指通过关注记忆材料的细节，或者赋予意义并与有关观念形成联想等，来对新材料进行多个方面感知的方法。最常见的深加工策略是精细阐述。所谓精细阐述，就是为了更好地记住学习的材料而使新材料的意义得到充实。总的要求是设法将两个或多个分离的信息联结起来，按一定的关系构成局部概念和命题网络。例如，一个中学生在记忆陈胜、吴广在公元前 209 年领导农民起义这个历史年代时，他想象陈胜、吴广两人，领（谐音"零"）导 900 农民起义，"两人领九百人"这个观念与"209"建立了联系，这个历史年代便牢牢记住了。在意义学习中，我们对材料进行分段、总结段意、类比，记笔记时对所学的内容进行补充，回答提问，找出新信息与学过知识之间的联系，增加例证，补充某些细节等，也都属于这种策略。

使用精细阐述策略的深加工之所以容易记住材料，是因为精细阐述的加工好比在两个孤立的信息之间架设了"桥梁"，把它们联系在一起，其中的一个成为回忆另一个的线索。

【信息栏】5-5：毛泽东的"四多"读书法

毛泽东的"四多"读书法

毛泽东可谓是终身学习、酷爱读书的典范，他一生读书之多、之广、之深、之活，无人能出其右。毛泽东不止一次对身边的工作人员说，记忆的最好方法就是坚持"四多"，即多读、多写、多想、多问。"四多记忆法"其实也是毛泽东的"读书法"。任何人，只要按照"四多"的方法去做，无论是读书还是对知识的记忆都会有大的进步。

所谓多读，就是除"博览群书"外，还要对重要的书或文章多读几遍。毛泽东读《饮冰室文集》、韩愈的古文和唐宋诗词时，都是读到能背出来。他爱读诗，能背诵大量古诗。他也爱抄写诗词，直到晚年还既练字又写诗。

多写，就是在课堂听讲后及时写讲堂录，课后自修时写读书录。毛泽东在湖南省立第一师范学校时写了不少课堂笔记、读书札记、读报摘记等，还有选抄全篇文章的选抄本，摘录精要的摘录本……经过多年的积累，这种笔记本共有几大网篮，其中大部分被烧掉，而难得保存下来的一本课堂笔记——《讲堂录》，有近两万字，是他读师范头一年记的国文教员袁忠谦和杨昌济的讲课内容，其中不乏毛泽东自己的议论、评点。看书时，他还常写眉批。一本《伦理学原理》，全书不过 10 万多字，他在书的眉头却写了 12000 多字的批语。

多想，就是在读书的过程中，哪些观点是正确的，哪些观点是错误的，都要心中明白。在批语中，毛泽东都有比较简单的表示赞成、反对、怀疑的话，有很多地方，他都是根据历代学者的不同学说，加以综合、比较，然后再提出自己的见解。

多问，就是在读书时遇到不懂的地方，及时请教。在湖南第一师范学校学习时，毛泽东同志除了在校自修，找本校教员问学外，还常到长沙城里向人请教。

资料来源：改编自《关于书的书——读书方法》（经济日报出版社，1997 年）、柯云路著《天才少年的十二把金钥匙》（春风文艺出版社，2011 年，第 97 页）和陈晋著《文人毛泽东》（上海人民出版社，1997 年）等。

【信息栏】5-6：读书笔记造就钱钟书惊人记忆力

读书笔记造就钱钟书惊人记忆力

许多人说，钱钟书记忆力特强，过目不忘，国外的学者甚至说钱钟书具有"照相机式"的记忆力。他本人却并不以为自己有那么"神"。他只是好读书，肯下功夫，不仅读，还做笔记；不仅读一遍两遍，还会读三遍四遍，笔记上不断地添补。所以他读的书虽然很多，却不易遗忘。

他做笔记的习惯是在牛津大学图书馆（Bodleian——他译为饱蠹楼）读书时养成的。因为饱蠹楼的图书向例不外借。到那里去读书，只准携带笔记本和铅笔，书上不准留下任何痕迹，只能边读边记。钱钟书深谙"书非借不能读也"的道理，有书就赶紧读，读完总做笔记。他爱买书，新书的来源也很多，不过多数的书是从各图书馆借的。

做笔记很费时间。他做一遍笔记的时间，约莫是读这本书的一倍。他说，一本书，第二遍再读，总会发现读第一遍时会有很多疏忽。最精彩的句子，要读几遍之后才发现。

钱钟书每天总爱翻阅一两册中文或外文笔记，常把精彩的片段读给夫人杨绛听。

他这些笔记，都附带自己的议论，亦常常前后参考、互相引证。

不论古今中外，从博雅精深的历代经典名著，到通俗的小说院本，以至村谣俚语，他都互相参考引证，融会贯通，而心有所得，但这点"心得"还待写成文章，才能成为他的著作。

钱钟书的博闻强记，在杨绛先生看来，一方面是他的天才的表现，另一方面是靠他的用功与勤奋。

资料来源：钱钟书.钱钟书手稿集[M].北京：商务印书馆，2011.

（三）适量过度学习

过度学习是指所学材料达到刚刚成诵以后所追加的学习。适量的过度学习和复习有利于加深记忆痕迹，阻止遗忘的进程。一般来说，过度学习量以控制在50%左右为佳。

（四）多种感官协同记忆

接受信息的感官有视觉、听觉、动觉、触觉等等，多种感官协同参与记忆比依靠单一感官进行记忆的效果要好得多。正如《学记》所提到的："学无当于五官，五官不得不治。"就是说，学习和记忆如果不能动员五官参与活动，那就学不好，也记不住。宋代学者朱熹强调读书要"三到"，即"心到、眼到、口到。心不在此，则眼不看仔细，心眼既不专一，却只漫浪诵读，决不能记，记亦不能久也。"多种感官协同参与记忆在掌握各种语言学习中效果尤为显著。因为不论哪一种语言，学习目标都是为了听、说、读、写，这四种能力恰恰涉及信息输入和输出的四种不同的感官通道，因此，在学习语文、外语等课程时，最好让多种感官都参与到学习中来。

【信息栏】5-7：读书要"三到"

读书要"三到"

朱熹

　　凡读书……须要读得字字响亮，不可误一字，不可少一字，不可多一字，不可倒一字，不可牵强暗记，只是要多诵数遍，自然上口，久远不忘。古人云，"读书百遍，其义自见"。谓读得熟，则不待解说，自晓其义也。余尝谓，读书有三到，谓心到，眼到，口到。心不在此，则眼不看仔细，心眼既不专一，却只漫浪诵读，决不能记，记亦不能久也。三到之中，心到最急。心既到矣，眼口岂不到乎？

　　资料来源：http://so.gushiwen.org/authors/authorvsw_ae228ff17e71A1.aspx

（五）合理复习

　　我们学过的知识，如果不经过复习，是不可能永久、完全保持在记忆中的。克服遗忘最好的办法就是加强复习。

1. 及时复习

　　遗忘的规律是先快后慢，遗忘最严重的时刻是在识记之后的最初一段时间，因此，复习须在遗忘尚未大规模开始前进行，以阻止通常在学习后立即发生的急速遗忘。新学过的材料在头脑中建立的联系还不巩固，痕迹很容易自然衰退，及时复习可以使即将消失的、微弱的痕迹重新得到强化，变得清晰，并在头脑中进一步巩固。教师在教授新知识后应及时地通过课堂练习、复习性提问、布置家庭作业等，让学生所学知识得到及时复习。

2. 复习多样化

　　复习并不意味着单纯地、机械地重复所学的材料，复习方法的单调既容易使人感到枯燥乏味，又容易使人产生厌倦、疲劳现象。而多样化的复习，可使人产生新颖感，容易激发智力活动，易于在所要复习的材料与已有知识之间建立新的联系，从而更牢固、更灵活地掌握知识。

3. 合理分配复习时间

　　复习的效果不是单纯地决定于复习的次数，复习具有累积效果，刚学过的知识不但要及时复习，而且还应适当地增加复习的时间。随着记忆巩固程度的提高，复习的次数和时间可逐渐减少，间隔时间也可以逐渐加长。连续地进行的复习称为集中复习，而有一定时间间隔的复习称为分散复习。一般来说，分散复习的效果优于集中复习。当然合理分配复习时间要视复习材料的特点而定。数量少、难度小的材料应当集中复习；数量多，难度大的材料可以分散复习；属于思考式的材料，宜集中复习。

4. 恰当安排复习内容

　　复习内容的恰当安排也是影响复习效果的重要因素。首先，复习内容要适量，过多地布置家庭作业或进行大量的课堂练习，盲目地增多复习量，往往得不偿失。因为内容越多，造成遗忘的可能性越大，越难达到对内容的牢固保持，且会影响身体健康。其次，要防止复习内容间的相互干扰，尤其是不要把类似的易混淆的内容安排在一起复习。再次，对内容的中间部分多加强复习。

5. 反复阅读与试图回忆相结合

复习时，可以通过一遍一遍的反复阅读来进行，也可以通过在阅读过程中结合试图回忆来进行。实验研究表明，反复阅读与试图回忆相结合，比单纯通过反复阅读来进行复习效果更好。采用反复阅读与试图回忆相结合，不但能及时看到成绩，增强信心，提高学习者的积极性，而且能及时发现问题和错误，予以纠正，使复习更具针对性。所以，在组织学生复习时，应指导学生多试图回忆，将反复阅读和试图回忆相结合。

【反思与探究】

1. 什么是记忆、感觉（瞬时）记忆、短时记忆、长时记忆？

2. 记忆是如何分类的？

3. 感觉（瞬时）记忆、短时记忆和长时记忆分别有哪些基本特点？

4. 哪些因素影响识记效果？

5. 遗忘规律是什么？遗忘的原因是什么？

6. 如何减少和避免遗忘？

【第五章资源链接】

1. 布鲁诺·弗斯特. 记忆术 [M]. 立君，译. 南昌：江西人民出版社，2001.

记忆是一切知识的基础，对于如何用各种方法提高自己的记忆力，弗斯特博士的《记忆术》为我们提供了指南。该书会教给你许多记忆的诀窍，让你学起来容易，用起来有趣。这些诀窍不仅对你的学业会有所帮助，而且对于你日后的工作、生活也会大有裨益。

2. http：//www.jiyiw.cn/ 记忆网

该网站设有中小学记忆、建工记忆、会计记忆、医学记忆、学科记忆、记忆力提高、英语记忆、小语种记忆、记忆法论坛、记忆百科等栏目。通过该网站可以了解记忆知识，学习记忆方法，提高记忆能力。

3.http：//www.chinamemory.net/ 中国记忆网

该网站设有学习视频、学习文章、记忆游戏、电子书籍、记忆论坛等栏目。经常登录该网站可以了解记忆知识，学习记忆方法，提高记忆能力。

第六章

思　　维

【内容提要】

本章首先介绍思维的概念、过程、分类以及发展阶段；其次阐述思维的形式——概念、判断和推理；接着探讨了问题解决及其影响因素；最后对表象和想象的含义和作用做了详细介绍。

【学习目标】

1. 掌握思维的含义、分类及发展阶段。

2. 了解思维的特征、过程和形式。

3. 能够联系实际说明问题解决过程中采用的主要策略及影响因素。

4. 掌握表象和想象的含义和作用。

在漫长的历史进程中，人类不仅繁衍生息，而且创造了高度的物质文明和辉煌灿烂的精神文明，不愧为"万物之灵"。那么，这个"灵"究竟表现在哪里？一言以蔽之，"灵"在能思维。在地球上，经常、深入地进行思维的物种只有人类。恩格斯曾经说过，思维是地球上最美丽的花朵。既然它如此美丽，那么现在我们就来鉴赏一下吧！

 ## 第一节　思维概述

思维让人类成为智能生物，更加深刻地认知和改造世界。思维包含不同的过程，具有多种类型。在人的不同发展阶段，呈现出不同特点。

一、思维的概念及特征

什么是思维？我们先来看一个数列 1、3、6、8、16、____、____。

我们能看到数字（即感知），能记起是什么数字（即记忆），当需要我们根据其内在规律再

往后填写两位数时，这就需要思维了。

思维是人脑借助于言语、表象或动作而实现的，对客观事物的概括和间接的反映。概括性和间接性是思维的主要特征。

（一）概括性

思维的概括性是指在大量感性材料的基础上，把一类事物的共同的本质特征和规律抽取出来，加以概括。思维的概括性表现在两个方面。

1. 思维所反映的是一类事物的本质属性或共同特征

通过感知，我们只能看到诸如毛笔、钢笔、圆珠笔，大笔、小笔，各种色彩的笔等，而通过思维，我们就能把所有笔的本质属性概括出来，即"笔是写字的工具"，这样就概括了世界上的各式各样的笔。

2. 思维所反映的是事物之间的规律性的联系

例如，数列 1、3、6、8、16，找出其内在规律为奇数项加 2 等于后面相邻的偶数项，偶数项乘以 2 等于后面相邻的奇数项；在发现月亮出现光圈和刮风、墙基变得潮湿和下雨之间有规律性联系，可以得出"月晕而风，础润而雨"的概括。

概括在思维中具有重要作用，它使人的认识活动摆脱了具体事物的局限性和对事物的直接依赖关系。这不仅扩大了人们认识的范围，也加深了人们对客观事物的认识和了解。所以概括水平在一定程度上，表现了一个人的思维水平。

概括是人们形成概念的前提，所有科学概念、定理、法则，都是思维概括性的结果。

（二）间接性

思维的间接性是指人借助于已有的知识经验或一定媒介来认识事物。例如，医生虽然不能直接看到病毒对人体的侵袭，但是根据对病人的各项检查结果和已有经验，就能诊断病情。间接的认识可使人们超越感官的局限去认识事物，揭露事物的本质和规律。例如，虽然人听不到超声波和次声波，但借助于一定的仪器却可以认识它们。间接的认识还使人的认识能力突破了时空限制。人们既可以了解遥远的过去，如考古学家根据原始部落的遗址以及发掘出来的遗物、化石等，推知原始人的生产、生活情况；人们也可以预见未来，如气象工作者根据已有的气象资料，就能够预知今后的天气变化。由此可见，思维认识的领域比感知觉认识的领域更广阔、更深入。

正因为思维的概括性和间接性特点，所以人成了"万物之灵"。

二、思维的过程

思维过程即思维操作。思维之所以能够反映事物的本质和规律，是由于它能对进入头脑中的各种有用信息进行分析与综合、比较、抽象和概括及具体化与系统化，这就是思维的过程，同时也是思维的方法。

（一）分析与综合

分析是指在头脑中把事物的整体分解为各个部分或各个属性。如把一篇文章分解为段落、句子和词；综合是在头脑中把事物的各个部分、各个特征、各种属性结合起来，了解它们之间的联系，形成一个整体。例如，把文章的各个段落综合起来，就能把握全文的中心思想。

分析和综合的统一，首先表现在它们是相互依存的。没有分析，认识不能深入，对整体的认识只能是空空洞洞的。只有分析而没有综合，认识可能囿于枝节之见而不能掌握事物的整体。一种有效的分析是将一个整体的几个部分或几个事物联系起来进行分析，这种分析叫作通过综合的分析。例如，如何用6根火柴构成每条边都等于1根火柴长度的4个等边三角形？这个问题不能在平面上解决，而只能以立体方式来解决，即构成一个三角锥体。解决这个问题的关键是思考时将问题的条件和要求联系起来分析：在平面上要构成每条边都等于1根火柴长度的4个等边三角形，就需要12根火柴；因而无法在平面上解决；如果把一根火柴当两根用，使1根火柴作为两个等边三角形的一条公共边，构成一个三角锥体，问题也就解决了。这种分析以问题的条件和要求的联系作为分析标准，从而看出了一根火柴可当两根使用。

（二）比较

比较是把各种事物和现象加以对比，确定它们的相同点、不同点及其关系。比较是以分析为前提的，只有在思想上把不同对象的各个部分或特征区别开来，才能进行比较。同时，比较还要确定它们之间的关系，所以比较又是一个综合的过程。

没有比较就没有辨别，所以，黑格尔认为能看出异中之同，或同中之异，是比较高水平的重要标志。

比较有横向和纵向两种形式。横向比较指对同时存在并有相似之处的事物进行比较，它有利于对事物的辨别。纵向比较指对同一事物在不同时期的状况进行比较，它有利于了解事物的发展变化。这两种比较常常结合使用。例如，要想了解一个国家的经济发展状况，可以将这个国家现时的经济发展状况和其他国家作横向比较，也可以将这个国家现时的经济发展状况同它在历史上的状况作纵向比较，这样就会得出比较全面的认识。

（三）抽象与概括

抽象是在思想上抽出各种事物与现象的共同特征与本质属性，舍弃其个别特征和属性的思维过程。概括是在思想上把抽象出来的本质属性、特征加以综合并推广到同类事物中去的思维过程。

例如，我们对各种鸟进行比较后，抽取出它们的"有羽毛""是动物"这些共同属性，并把它与其他属性如颜色、形状等区分开来，这就是抽象。同时，我们把这些共同属性综合起来，并推广到同类事物中去，从而认识到"鸟是有羽毛的动物"，这就是概括。

（四）具体化与系统化

具体化是将抽象概括出来的一般知识运用到具体对象上去的思维过程。列举具体事例说明所学理论，运用理论知识去解决具体问题都属于具体化。

系统化是在头脑中，把各事物归入到一定的系统中，使之彼此之间发生一定联系的思维过程。系统化的方法主要有：分类、编写提纲和绘制图表等。通过系统化，可使人的知识结构更加严谨，层次更加分明，成为"成块"的知识，达到对知识的融会贯通，显著提高学生的学习效果。

学校心理学

三、思维的种类

思维可以从不同角度进行分类。

（一）根据思维活动凭借物的不同分类

1. 直观动作思维

又称实践思维，这是以实际动作为支柱来解决问题的思维过程。如半导体收音机不响了，维修工就需要打开它的匣子，用电表检查，看看是否电池已经用完了，电池还有电，再检查线路是否接触不良，三极管是否出毛病了……最后找出了收音机不响的原因，把它修好。这种通过实际操作来解决直观的具体问题的思维过程，就是直观动作思维。修理工人、工程师等更多地运用这种思维。

2. 具体形象思维

这是人们利用头脑中的具体形象为支柱来解决问题的思维过程。例如，我们要去某个地方，事先会在头脑中呈现各种可能的道路，然后运用头脑中的形象进行分析、比较，最后选择一条最便捷的线路。再如，在未动手重新布置房间前，我们想象着电视机应摆在哪里，写字台应摆在哪里，书柜应摆在哪里，墙壁的某处应张贴什么画等，在思想上考虑着如何布置室内摆设的蓝图。这个任务的解决就是运用形象思维。文学家、艺术家、设计师经常用形象思考，通过形象来表达自己的思想和情感。

3. 抽象逻辑思维

是运用概念进行判断、推理，以求得合乎规律的结论的思维过程。概念是这类思维的支柱。概念是人类反映事物本质属性的思维形式，因而它是人类思维的典型形式，学生学习科学文化知识、学者运用理论知识解决问题都离不开这种思维。例如，当我们思考"什么是感知""什么是思维""感知与思维有什么关系"等理论问题时，就是用概念进行判断推理的思维。这种思维是借助于语词、符号来思考的，因而也称之为语词逻辑思维。哲学家、数学家经常运用这种思维来解决在实践中遇到的问题。

在个体智慧的发展过程中，儿童先有直观动作思维，而后才有具体形象思维，一般到青年期之后，才能具有较发达的语词逻辑思维，所以儿童的这三种思维有水平高低之分。而对于成人来说，上述三种思维往往是互相联系、互相渗透的。只单独地使用一种思维来解决问题是极为罕见的。例如，司机用实际操作检查马达出故障的原因时，必然与马达正常运转时的形象相对照，同时还运用已有的知识经验（如汽车运行的原理）进行逻辑推论。只有这样才能找出马达出故障的原因。因而成人中哪一种思维占优势并不表明思维发展水平上的差异。作家、诗人、艺术家、设计师主要运用的是形象思维，但他们的思维发展水平并不亚于主要运用抽象概念和理论知识的哲学家和数学家。

（二）根据思维活动进程中是否遵循严密的逻辑规律推导分类

1. 直觉思维

直觉思维是人们在面临新问题、新事物和新现象时，能迅速理解并做出判断的思维活动，它是一种直接领悟式的思维活动。例如，瓦特看到沸腾时水蒸气掀动壶盖而发明了蒸汽机；鲁班被带刺的草划破手指而发明了锯等，都是直觉思维的典型例证。从某种程度上来看，直觉思维是逻辑思维的凝聚或简缩，它具有敏捷性、直接性、简缩性、突然性等特点。

2. 分析思维

即逻辑思维，它遵循严密的逻辑规律，对概念进行分析，逐步推演，最后得出符合科学逻辑的结论。如学生通过多步的推理来解答一个数学问题，或教师检查学生的作文是否条理清楚等。

（三）根据思维活动探索答案的方向分类

1. 辐合思维

辐合思维是指人们把问题所提供的各种信息聚合起来得出一个正确的答案（或一个最优的解决方案）的思维形式。又称求同思维或聚合式思维。只有当问题存在着一个正确的答案或一个最优的解决方案时，才会有辐合思维。

2. 发散思维

发散思维是指人们从不同角度、不同途径去设想、探求多种答案，最终力图使问题获得完满解决的思维方式，又称求异思维或辐射思维。只有存在着几种解决方案，或即令有一个正确的答案但没有人知道，或不是人们都同意这是最好的答案，在这样的情况下才会有发散思维。在发散思维活动中，我们根据问题所提供的信息，探索着好几个可能的答案，同时又很难肯定其中哪一个答案是"最正确的"。

在解决问题过程中既需要辐合思维又需要发散思维。例如，当我们分析火灾发生的原因时产生许多联想，作出种种假设，这是发散思维；通过调查检验，并一一放弃这些假设，最后找到唯一正确的答案，这又是辐合思维了。

【信息栏】6-1：发散思维水平的评判

发散思维水平的评判

吉尔福特（Guilford，1967）认为，发散思维具有三个特点：（1）流畅性（fluency）：指智力活动灵活顺畅，反应迅速，创意丰富，能在短时间内生发出数量较多的观念。流畅性是较低层次的发散特征，表现为发散的"个数"指标。（2）变通性或灵活性（flexibility）：指思考方式变化多端，思维产品的种类不拘一格，能举一反三，触类旁通，随机应变，思维不受定势束缚，能够产生多种新观点。变通性是较高层次的发散特征，表现为发散的"类别"指标。（3）独创性（originality）：指对问题提出超乎寻常、新颖、独特的见解，以前所未有的新观点、新角度去反映事物。它最能代表发散思维的本质，是最高层次的发散特征，表现为发散的"新异""独到"的指标。例如，要求学生在3分钟内列出红砖的可能用途。甲回答：盖房、建仓库、建教室、筑墙、砌烟囱、盖庙、铺路、垒灶。甲的流畅性得8分，因为列出了8种用途；变通性只得1分，因为仅涉及一个类别——建筑材料；独特性得零分，没有特别之处，8种用途人人都知道。这说明甲的发散思维水平较低（9分）。乙回答：做门槛、压纸、打狗、搭书架、钉钉子、磨红粉、做球门。乙的流畅性得7分，因为列出了7种用途；变通性得4分，因为用途有四个类别：材料、工具、武器、颜料；独创性得1分，因为"磨红粉"做颜料是新异的、独到的。共得12分，乙的发散思维水平比甲高。

资料来源：张积家. 普通心理学 [M]. 广州：广东高等教育出版社，2004.

（四）根据思维活动的结果分类

1. 常规性思维

人们运用已获得的知识经验，按现成的方案和程序解决问题的思维方式，称为常规性思维。如学生运用已学会的长方形的面积公式来求某一长方形的面积。这种思维的创造性水平低，对现有的知识不需要进行明显的改组，也没有创造出新的思维成果。因而常规性思维也称之为再造性思维。

2. 创造性思维

创造性思维是重新组织已有的知识经验，提出新的方案或程序，并创造出新的思维成果的思维方式。创造性思维是人类思维的高级形式。它是人类多种思维形式（形象思维与抽象思维、直觉思维与分析思维、集中思维与发散思维）的综合表现，其中发散思维的特征比较突出。吉尔福特（Guilford，1967）用发散思维的流畅性、变通性和独创性的好坏来衡量创造性的高低（信息栏 6-1）。因而，一般认为，创造性思维具有流畅性、变通性和独创性三个特征。托伦斯（Torrance，1969）承袭了吉尔福特的观点，又增加了一个特性，即精密性（elaboration）。他认为，创造性思维必须善于考虑事物的详尽细节，惯于深思熟虑、缜密分析，直至臻于完美周全的境地。

四、思维的发展

个体从出生直至成年的过程中，其思维的形式和水平不断发生着深刻的变化。儿童的思维并非是成人思维的初级形式，成人的思维也并非是儿童思维的简单累积。瑞士儿童心理学家皮亚杰（Jean Piaget）认为，随着成熟，儿童的思维会依照一定的序列经历不同的阶段，每个阶段有其主要的行为模式，标志着这一阶段的行为特征。

（一）感知运动阶段（出生~2、3 岁）——个体思维的萌芽

在这一阶段中，儿童的思维活动只限于感知运动，主要是通过探索感知觉与运动之间的关系来获得动作经验，并在这些活动中形成一些低级的动作图式，以此来适应外部环境和进一步探索外界环境。其中，手的抓取和嘴的吸吮是儿童探索周围世界的主要手段。这个阶段的认知发展主要体现为：从反射行为向信号功能过渡；从对事物的被动反应发展到主动的探索；从认识自己的身体到探索外界事物；逐渐获得客体永久性，即当某一客体从儿童视野中消失时，儿童知道该客体还是存在的。

【信息栏】6-2：客体永久性实验

客体永久性实验

在客体永久性实验中，研究者先给婴儿呈现一个玩具，当婴儿正对这个玩具感兴趣时，用纸板或帷幕把玩具挡住。如果婴儿没有建立客体永久性，那么当玩具被遮挡住时，儿童就不再关心这个玩具了，如图 6-1。年龄稍大已建立客体永久性的儿童则不同，当处于类似的实验情景时，儿童能够爬过遮挡用的帷幕，寻找他所感兴趣的玩具，如图 6-2。但感知运动的认知还没有运算性质，因为儿童的活动还没有内化，还不能在头脑中表征外界的环境。

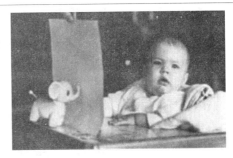

图 6-1 客体永久性实验情景 I

图 6-2 客体永久性实验情景 II

（二）前运算思维阶段（2、3 岁 ~6、7 岁）——表象或形象思维

运算是指内部化的智力或操作。儿童在感知运动阶段获得的感觉运动行为模式，在这个阶段已经内化为表象或形象模式，具有了符号功能，特别是由于语言的出现和发展，促使儿童日益频繁地用表象符号来代替外界事物，重现外部活动，这就产生了表象或形象思维。这一阶段儿童的思维具有如下特点：（1）具体形象性：儿童是凭借表象来进行思维的，依靠这种思维，他们可以进行各种象征性活动或游戏，延缓性模仿以及绘画活动等。（2）不可逆性：本阶段儿童的思维具有只能前推、不能后退的不可逆性，这一方面表现为儿童思维的自我中心性，也就是只能从自我的角度去解释世界，不能协调自己和别人的想法；另一方面表现为儿童尚未获得物体守恒的概念，守恒是指物体事物不论其形态如何变化，其物质量是恒定不变的；第三方面表现为泛灵论，儿童还不能很好地把自己与外部世界区分开来，认为外界的一切事物都是有生命的。（3）刻板性：指儿童把注意力集中在问题的某一方面时，就不能同时把注意力转移到另一方面。

【信息栏】6-3：三山实验

三山实验

皮亚杰设计了"三山实验"来证明儿童思维的自我中心倾向性。在三山实验中，把大小不同、特征不同的三座山的模型放在桌子中央，四周各放一把椅子。然后带着幼儿围绕着三座山的模型散步，使幼儿可以从不同的角度观察这三座山的模型。散步之后，让幼儿坐在其中的一把椅子上，并将一个布娃娃分别放在其他的椅子上，从不同位置观看这三座山的模型，如图6-3所示。然后问幼儿："娃娃看到了什么？"结果发现幼儿不能给出正确回答。

图6-3 皮亚杰的"三山实验"场景

（三）具体运算思维阶段（6、7岁~11、12岁）——初步的逻辑思维

这一阶段儿童的认知结构已发生了重组和改善，思维有一定的弹性，思维可以逆转，儿童已经获得了长度、体积、重量和面积等的守恒，能凭借具体事物或从具体事物中获得的表象进行逻辑思维和群集运算。但这一阶段之所以叫具体运算阶段，一是因为儿童的思维仍然需要具体事物的支持，儿童还不能进行抽象思维。有些问题在具体事物帮助下可以顺利解决，但在纯粹口头叙述的情况下，儿童就会感到困难。二是因为这个阶段儿童进行的运算还是零散的，不能组成一个完整的系统。此外，本阶段的儿童也能理解原则和规则，但在实际生活中只能刻板地遵守规则，不敢改变。

（四）形式运算思维阶段（11、12岁~14、15岁）——抽象逻辑思维

这一阶段儿童的思维经过不断同化、顺应、平衡，逐步出现和成人思维接近的、达到成熟的形式运算思维。所谓形式运算是指儿童的思维已经超越了对具体的可感知的事物的依赖，在头脑中将形式从内容中解脱出来，可以离开具体事物，根据假设来进行逻辑推演的思维。本阶段儿童的思维是以命题形式进行的，并能发现命题之间的关系；能够根据逻辑推理、归纳或演绎的方式来解决问题；能理解符号的意义，能做一定的概括，其思维发展水平已接近成人的水平。本阶段儿童不再刻板地恪守规则，并且常常由于规则与事实的不符而违反规则或违抗家长或教师。因此，在这一阶段，教师和家长对儿童不宜采用过多的命令和强制性教育，而应鼓励和指导他们自己做决定，同时对他们考虑不全面的地方提出建议和改进。

皮亚杰认为，在经过上述这四个连续发展的阶段后，儿童的思维就基本达到成熟水平并相对稳定地保持在这一水平上。但后来的研究表明，个体的思维在成年期会表现出一些新的特点，辩证的、相对的和实用性思维成为重要的思维形式。

第二节 思维的形式

思维的主要形式有概念、判断和推理。

一、概念

（一）概念的含义

思维是反映事物本质属性与共同特征的认知过程，其反映结果是借助于概念这种形式反映出来的，因此概念是反映事物本质属性与共同特征的思维形式。而概念又是用一定的词来记载和标志的。

例如，"鸟"的概念就概括了各种鸟共有的本质特征——有羽毛，而不涉及毛色、大小、能否飞翔等非本质特征。

因为概念反映事物的本质特征，而本质特征是决定事物的性质，并决定这一事物区别于其他事物的特征。因此掌握了概念，就能把握事物的本质特征，认识就能超越知觉的局限，透过事物的表面，认识事物的性质。

概念是思维活动的基本形式。由概念可以组成判断，用判断可以进行推理，从而形成科学原理、法则，使人能够正确认识世界、改造世界。

（二）概念的内涵和外延

每一个概念都包括内涵与外延两个方面。内涵是指概念的质，即概念所反映的事物的本质特征。外延是指概念的范围，即具有该概念本质特征的一切事物。概念的内涵与外延之间成反比关系，内涵越少，外延越大；内涵越多，外延越小。例如，"生物"这个概念的内涵是有生命，它的外延包括一切生命物种，如鸟兽鱼虫、花草树木、微生物等；而"脊椎动物"这个概念的内涵是有生命和脊椎，它的外延只包括一切有脊椎的动物，如鱼、蛇、兔、狼、虎、豹等。

（三）概念的种类

概念可以从不同的角度进行分类。

1. 具体概念和抽象概念

根据概念所包含的属性的抽象与概括程度，概念可分为具体概念和抽象概念。按事物的指认属性形成的概念称为具体概念。按事物的内在、本质属性形成的概念称为抽象概念。例如，给幼儿呈现香蕉、苹果、球、口琴等物品，要求他们进行分类。如果他们将苹果、球归为一类，这说明他们是根据事物的形状（圆形和长形）分类的，由此形成的概念是具体概念。如果他们将香蕉与苹果归为一类，说明他们是根据事物的内在特征进行分类的，由此形成的概念是抽象概念。

2. 合取概念、析取概念和关系概念

根据概念反映事物属性的数量及它们的相互关系，可分为合取概念、析取概念和关系概念。合取概念是根据一类事物中单个或多个相同属性形成的概念。这些属性在概念中必须同时存在，缺一不可，如"毛笔"这个概念必须具有两个属性，即"用毛制作的"和"写字的工具"。如果只有前一属性，可以是牙刷，如果只有后一种属性，可以是钢笔和圆珠笔。合取概念是最为普遍的一种概念，如鸟类、水果、动物等都属于这种概念。

析取概念是根据不同的标准，结合单个或多个属性所形成的概念。例如，"好学生"这个概念可以结合各种属性，如"学习努力、成绩好""热爱集体、关心他人、有礼貌"等。一个

学生同时具有这些属性固然是好学生，只有其中的两三种属性也是好学生，所以"好学生"是一个析取概念。

关系概念是指根据事物之间的相互关系形成的概念，如高低、上下、左右、大小等。

3. 自然概念和人工概念

根据概念形成的自然性，概念可分为自然概念和人工概念。自然概念是指在人类历史发展过程中自然形成的概念。自然概念的内涵和外延是由事物自身的特征决定的，如在自然科学中，声、光、狗、猫等概念；在社会科学中，国家、民主、文化等概念都属于自然概念。自然概念是随着人类社会的发展，逐渐形成发展起来的，因而其形成过程非常漫长、复杂，无法用实验进行研究，为此，心理学工作者设计了人工概念，试图用实验的方法模拟概念的形成过程，来探讨概念形成的条件和影响概念变化的因素。人工概念虽然带有很大的人为性质，但实验条件可以严格控制，其研究成果对分析自然概念的形成过程具有重要的参考价值。所以，在20世纪50年代之后，在概念形成的研究中，人工概念占了主导地位。

(四) 概念的结构

概念帮助人们对所感知到的客体、事件和人物等复杂现象进行分类和组织。基于过去的经验，人们可以依靠概念对初次遇到的新异刺激进行辨别和确认。同时，概念也会影响人们的行为。例如，当一只陌生的动物出现在眼前时，如果你借助头脑中的概念把它划分为一只新品种的狗，那么你可能会上前伸手抚摸；但是，如果把它划分为一只狼，你的反应会迥然不同。概念是如何实现这些功能的呢？这涉及概念结构的问题。下面介绍有关概念结构的几种理论。

1. 层次网络模型

在层次网络模型中，概念是以节点的形式存储在概念网络中的，每个概念具有一定的特征，这些特征实际上也是概念。各类属概念按照逻辑的上下级关系组织在一起，概念间通过连线表示它们的类属关系，这些彼此具有类属关系的概念组成一个概念网络。在网络中，层次越高的概念，其抽象概括的水平也越高。

每个概念的特征实行分级存储，即在每一层概念的节点上，只存储该概念的独有特征，而同层各概念共有的特征，存储在上一层的概念节点上。

层次网络模型简洁地说明了概念间的相互关系。但是，它所概括的概念间的关系类型较少，因此对说明概念间的关系还有其不足的一面。许多实验证实，这种概念结构不一定具有心理的现实性。

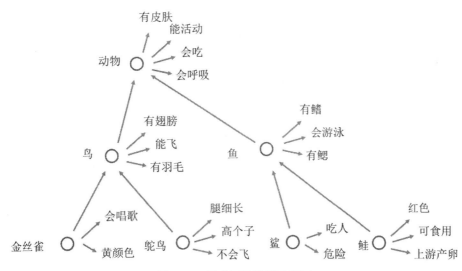

图 6-4 层次网络模型示意图

2. 特征表理论

特征表理论把概念的语义特征分解为定义性特征和特异性特征。定义性特征是定义一个概念所必须具备的特征，它相当于概念的本质特征；特异性特征是具有描述功能的特征，它相当于概念的非本质特征。特征表理论认为，概念的结构由概念的定义性特征和整合这些特征的规则构成。这些规则也称为概念规则，它包括肯定、否定、合取、析取、条件等。概念的定义性特征和规则相互结合就构成了各种不同性质的概念。

特征表理论重视概念规则在概念结构中的作用，其优点在于可以很好地解释人工概念的研究。但目前还难以解释某些自然概念，因为某些自然概念的定义性特征是非常难以确定的。

3. 原型理论

原型理论认为概念主要是以原型来表征的。所谓原型是指范畴中最能代表该范畴的典型成员。从概念结构来讲，原型理论认为，概念是由原型加上与原型特征相似的成员来组成的。例如，"鸟"这一范畴的原型可能是"麻雀"，而"鸽子""鸵鸟"等成员与"麻雀"都有一定的相似性特征，这样以原型为核心，加上与之具有相似性的成员就组成了"鸟"的概念范畴。

原型理论较好地解释了自然概念的组成因素，但是并不是所有的范畴都有原型。因此原型理论关于概念结构的观点只适用于部分概念。

4. 样例理论

样例理论认为范畴并非以某一典型成员对其进行表征。相反，人们从过往的经验中所形成的范畴表征非常模糊。范畴中的所有概念都是范畴的基础，而非仅仅基于某一典型成员。这些概念被称为样例。样例理论认为，人们通常把某些概念看作范畴的原型，例如，"麻雀"作为"鸟"的原型，其原因在于原型是人们最常接触的概念而已。

（五）概念的掌握

概念的掌握又叫概念获得，是个体在发展过程中，获得和运用人类已经积累起来的、现成的经验的过程。即是把人类现有的概念转化为个体概念的过程。

1. 概念掌握的途径

在个体发展过程中，概念的掌握主要通过两条途径。

（1）人们在日常生活中形成的概念，这被称为日常概念或前科学概念。它有时是正确的，有时则不够全面，甚至是错误的。例如，人们经常运用"动物""道德""桌子"等概念，却不一定知道其科学定义。

（2）通过课堂教学（也包括个人自学），即在课堂教学过程中形成的概念。如定义、定理等，这类概念一般属于科学概念。

日常概念受个人经验的限制，常有错误和曲解，概念的内涵有时忽略了本质属性，而包括了非本质属性。例如，有些小学生认为鸟是"会飞的动物"，因而把蝴蝶、蜜蜂都看成是鸟，而不同意鸭、鹅也是鸟。只是随着儿童知识范围的扩大，主要是在教学的影响下，日常概念才会逐步提高到科学概念水平。

2. 教学条件下对概念掌握的影响因素

通过教学活动可以使学生迅速形成和掌握人类已经积累起来的现成的概念，但学生掌握概念要受到多种因素的影响，因此，教师在帮助学生掌握概念时应注意以下问题。

（1）合理利用日常概念

日常概念对学生掌握科学概念既有积极作用，也有消极影响。当它与科学概念相一致时，它对科学概念的掌握起积极作用，教师在教学中应注意引导学生合理地利用日常概念来强化科学概念的理解。当学生头脑中的日常概念与科学概念不一致时，日常概念会对科学概念的掌握起消极的或干扰作用。例如"垂直"，在日常概念中总是下垂，是由上而下的。所以，当学生在几何课中接受"自线外一点向直线作垂线"时，就只能理解点在上方、线在下方的情况，而认为点在下方作垂线是不可能的。要克服这种消极影响，必须专门组织新的经验，或演示直观材料，或让学生回忆过去的感性经验，克服过去经验的消极作用。

（2）提供充足的感性材料

科学概念是以语言的形式来揭示事物的本质特点的，对学生来讲，它既抽象又难记。如果概念的学习缺乏一定的感性材料或经验的支持，容易使学生死记硬背定义，而未能真正掌握其内涵。感性材料是概念形成的基础，教师提供的感性材料越丰富、越全面，学生概念的形成就越准确。因此，教师要注意运用直观教具（模型、标本、录像、生动的语言）、实际操作、参观访问等形式，向学生提供丰富的必要的感性材料。如，有位老师在讲解"含苞未放""含苞欲放""绽放""盛开"几个概念时，组织学生到校园花圃观看五彩缤纷、千姿百态的牡丹，仔细比较牡丹开放时的不同状态，并在此基础上按其开放的顺序分别用上这几个概念。

（3）运用变式帮助学生掌握概念的本质

概念是对事物的本质特征的概括，而事物的本质特点和非本质特点是交融在一起的，学生往往容易把非本质特征当作本质特点，因此，教学中应想办法加以区分，变式就是一个比较好的方法。

在实际运用变式的过程中，变式有以下两种含义。

变式主要是指要从各个方面交替变更所提供材料的形式，使非本质属性得到变化，而突出同类事物的本质特征或共同规律。例如，讲"哺乳动物"时，不仅要讲陆地上的狮子、老虎，而且要讲水中的鲸鱼、空中飞行的蝙蝠，这样才能排除陆上、空中和水中的非本质特征，从而突出这些动物都是胎生、用肺呼吸的本质属性。

"变式"的另一种含义是指突出事物的某些非本质特征，从而显示概念的内涵发生了变化。利用这种变式的方法是改变事物的本质特征，但突出表现该事物所具有的某些明显的非本质特征（这些非本质特点通常容易被学生误为本质特点），说明某事物虽然具有与原概念相同的表现形态或形式（非本质特点），但由于其本质特征不同了，它就不是原概念所指的事物。例如，在讲"鸟是有羽毛的动物"这个概念时，列举会飞的蝙蝠、蝴蝶、蜜蜂等动物，说明由于本质特征"有羽毛"变了，虽然具有"会飞"的特征，并不属于鸟类。这种"变式"的利用，既可以加深对于"鸟"的本质特征的理解，又避免了扩大概念外延的错误。

（4）运用比较加强概念的理解

在学生学习过程中，普遍存在对相似概念和类似原理之间的混淆现象。因此教师应积极引导学生对近似的概念进行比较，找出它们之间的不同点，学生就容易掌握概念的本质特征。如对"增加了"与"增加到"等进行比较。

（5）引导学生给概念下定义

下定义是用简明、准确的语言表达概念的内涵。通过下定义可以固定概念，使学生理解概念的本质。在教学中下定义要适合学生的接受能力与知识水平。关于具体概念，其定义可以在演示直观材料时提出，也可以在唤起相应的表象时提出。抽象的概念要有广泛的感性经验才能掌握，学生只能逐渐加以理解，因而这种概念形成的初期，不能提出定义，最好等学生积累了足够的知识经验后提出定义。例如，只有当学生了解了各种数（整数、分数和小数等）后，给数下定义，学生才能掌握数的概念。

（6）帮助学生形成概念体系，并运用于实践

任何概念都与其他概念既有联系又有区别，学生只有掌握了概念之间的关系、不同概念之间的异同，才能形成概念体系，才能更准确地把握概念的本质。学生形成概念后，只有在实践中才能加深对概念的理解，检验概念掌握的程度。这时，教师可采用举例说明、做习题、做实验以及解决日常生活、社会领域中的问题等形式，引导学生将概念运用于实践。

二、判断与推理

（一）判断

判断是对客观事物作肯定或否定回答的一种思维方式。它是在概念的基础上进行的，体现了概念之间的关系。如"铁是金属，铁不是液体"，通过肯定与否定两个判断，说明了铁的性质，揭示了"铁"和"金属"两个概念之间的关系。

判断是思维的形式之一，思维过程借助于判断进行，思维结果以判断的形式表现出来。

（二）推理

推理是从一个或几个相互联系的已知的判断出发推出另一个合乎逻辑的新判断的思维形式。

在推理中，我们把由其出发进行推理的已知判断叫作前提，把由已知判断所推出的新判断叫做结论。推理的种类很多，主要有演绎推理和归纳推理。类比推理作为归纳推理的一种特殊形式也经常被应用。

演绎推理是从一般性知识的前提推出特殊性知识的结论的推理，在本质上属于问题解决的范围。例如，对于"铁受热会膨胀吗"这一问题，人们根据"一切金属受热都会膨胀"的原理，得出"铁是金属，铁受热也会膨胀"的结论。再如，所有的哺乳动物是胎生的，老虎是哺乳动物，所以老虎是胎生的。

演绎推理有线性推理（关系推理）、条件推理（主题推理）和三段论推理三种。其中，最主要形式就是三段论推理。它由大前提、小前提和结论三部分组成。如"一切金属受热都会膨胀"这是大前提，"铁是金属"是小前提。对这两个前提进行推论，得出"铁受热也会膨胀"的结论。

演绎推理的前提反映的是一般性的知识，蕴涵着结论的知识，所以其结论所断定的知识范围不会超出前提所断定的知识范围，其前提与结论之间的联系具有必然性。

归纳推理是从特殊性知识的前提归纳出一般性知识的结论的推理，在本质上属于概念的形成。可以说，所有概念、法则等的形成都要采用归纳推理。如由于某一种草无意中治好了某一种病，第二次，第三次，……都治好了这一种病，于是人们就把这几次经验积累起来，做出结论说，"这种草能治好某一种病"。这样，一次次个别经验的认识就上升到对这种草能治某一种病的一般性认识了，这就是归纳推理。归纳推理的结论一般超出了前提所断定的范围，其前提与结论之间的联系具有或然性。也就是说，前提和结论并没有逻辑上的必然性，由前提至结论需要经由思维的跳跃。

类比推理是归纳推理的一种特殊形式，它是根据两个或两类对象有部分属性相同，从而推出它们的其他属性也相同的推理。如声和光有不少属性相同——直线传播，有反射、折射和干扰等现象，由此推出：既然声有波动性质，光也有波动性质。这就是类比推理。

类比推理在科学研究中具有很大作用，科学家常根据类比推理得出重要结论。如把经过动物实验有效的药物应用到治疗人的疾病，便是依据的类比推理。

 # 第三节　问题解决

在日常生活中，人们会遇到各种各样的问题，解决这些问题都需要思维的直接参与。思维总是与解决问题联系在一起的，人们是为解决问题而思维的，思维总是指向解决问题，这既发生在理解知识、掌握知识的过程中，更出现在运用知识的活动中。因此，问题解决被看作是思维活动的一个最普遍的形式。

从教育方面来看，解决问题是20世纪80年代以来国际数学教育界提出的一个重要概念。解决问题的思想和实践，影响了近20年的数学教育的进程。国际数学教育界提出了"解决问题要成为今后国际数学教育的核心"。不仅如此，解决问题已成为近年来教育的主题。有的国家和地区提出"解决问题必须处于学校教育的中心"，等等，所有这些也引起了我国教育界的高度重视，现在，新的小学数学课程标准也对此给予特别的提倡，取消了"应用题"部分，而以"问题解决"代之。

一、问题解决的定义

问题解决是由一定的情景引起的，按照一定的目标，应用各种认知活动、技能等，经过一系列的思维操作，使问题得以解决的过程。即，一个人在一定的问题情景中，产生了某种问题，但已有的知识经验和条件，又不能提供现成的答案时，他就需要进行一系列的思维操作，最后解决了问题。所以，并非所有的思维活动都是问题解决的思维活动。一般认为，问题解决的思维活动必须具备以下3个条件。

一是开始面临的情景，即给定条件，也被称为问题的起始状态；二是问题的目标状态，即所要达到的目标；三是找到答案必须经历的思维活动。总的来说，问题好比是初始状态的迷宫，而问题解决则是找到迷宫的路径，能从初始状态走到目标状态就是问题解决。例如，证明几何题就是一个典型的问题解决的过程。几何题中的已知条件是起始状态，求证结果构成了问题解决的目标状态，而要证明结果，必须应用已知的条件进行一系列的认知操作。操作成功，问题得以解决。

二、影响问题解决的因素

问题发现之后，是否能顺利解决，有赖于许多因素，我们了解一下这些影响因素将有助于了解某些问题迟迟不能解决的原因，从而创造有关条件去解决问题。

（一）采用的策略

1. 算法（穷尽搜索法）

算法策略就是在问题空间中随机搜索所有可能的解决问题的方法，直至选择一种有效的方法解决问题，即穷尽一切可能。采用算法策略的优点是如果问题确实有解，那么从逻辑上说，这种方法必定能够保证问题的解决。但是采用这种策略在解决某些问题时需要大量的尝试，特别是如果正确的解题方法是最后一个的时候，因此费时费力，当问题复杂、问题空间很大时，人们很难依靠这种策略来解决问题。

2. 启发法

启发法是人根据一定的经验，挑选看上去更加有效的或挑选逻辑上合理的步骤在问题空间内进行较少的搜索，以达到问题解决的一种方法。启发法不能完全保证问题解决的成功，但用这种方法解决问题较省时省力。而且，总的来说，这种方法的成功率高于穷尽搜索法，因而平时多用这种方法。具体方法有以下几种。

（1）手段—目的分析

所谓手段—目的分析就是将需要达到的问题的目标状态分成若干子目标，通过实现一系列的子目标最终达到总目标。它的基本步骤是：

①比较问题的初始状态和目标状态，提出第一个子问题，即如何缩小两者的差距；②找出缩小差距的办法和操作；③如果手段可行，则问题顺利解决；如果手段实施条件不成熟，则手段变成第二个子目标，于是回到①开始新一轮的分析：找出完成第二个子目标的办法和操作；④如此循环进展，直至问题解决。纽威尔和西蒙举了一个简单例子说明这种方法。早晨父亲要送孩子去幼儿园（问题）。先比较初始状态（孩子在家里）和目标状态（到幼儿园），提出第一个子问题：两者的差距在哪里？如何缩小？差距为家到幼儿园的距离，汽车可用来

缩小距离，于是汽车就是第一个子目标。可是汽车没电池了，于是提出第二个子问题：如何创造条件？这样，新电池成了第二个子目标。家里没有，需去修理铺（第三个子目标）；修理铺怎么会知道我的需要呢？取得联系成为第四个子目标。怎样联系？这样，打电话就成为第五个子目标。

手段—目的分析法适用于解决计算题、代数题、逻辑问题等等。其运作原理是缩小当前状态与目标状态之间的差异而逐步前进的策略。比如下象棋总是努力把棋子向前推进，因为这有更多的机会吃掉对方棋子和"将军"。在解决问题时，以直接靠近目标状态的方式来缩小它与初始状态之间的差异虽然常是管用的，但有时人们为了实现最终目标，不得不采取迂回方式，暂时扩大初始状态与目标状态的差异，以利于问题解决。

（2）逆向搜索（反推法）

逆向搜索是指从问题的目标状态开始搜索，直至找到通往初始状态的通路。这种策略不同于手段—目的分析，两者的搜索方向相反，适用范围也有差异。当从初始状态出发有多种途径能够到达目标状态时，手段—目的分析较好，而当从初始状态出发可以引出许多途径却只有很少途径能够到达目标状态时，则采用逆向搜索较有效。它对解决某些领域的问题特别有用，比如用之于数学证明题。

（3）类比法

美国的"原子弹之父"、物理学家奥本海默认为，类比法的运作特点是拿某个问题（例题）的结构来指导当前问题的解决，而这里所谓的"指导"，是指要善于把解决例题的步骤转换成当前问题的解决步骤。下面我们看一个例子。

当前问题：某人的胃里长了个肿瘤，由于种种原因，不能手术切除，故而采用放射治疗。可是，足以摧毁肿瘤的放射剂量也破坏健康的组织，而不会破坏健康组织的放射剂量也杀不死肿瘤。

问：有何妙法，即使放射的剂量足以杀死肿瘤，又不破坏健康的组织？

这是邓克尔（Dunker，1945）提出的一道难题，不易解决。可是季克（Cick，1980）等人对被试讲一个故事作例题，结果问题很快解决了。

例题：一个暴君住在一个要塞里统治着一个小国。要塞筑在该国的中心，周围有农田和村庄，还有很多道路通向全国。一名起义将军决定攻打要塞，他的兵力足以打赢。于是，将军把部队集结在一个路口上，准备发起猛烈攻击。可是就在此时，将军得知暴君早已在每条道路下埋了地雷，而且埋得很巧妙：小股人马走在上面地雷不爆炸，所以暴君可以派兵走出要塞去收税，也能把工人叫进要塞来干活。但是，当大部队通过这些道路时，地雷就会爆炸，这不但导致全军覆没，还会毁掉村庄和农田。暴君因此以为他的要塞固若金汤。可是将军心生一计，他把大军分成许多小队，分散在各个路口上，一声令下，同时出击。由于每条道路上都是小部队在行动，因此地雷不爆炸，而当各路人马冲到要塞前，又自然地汇成了一支大军，一举攻下了要塞。

季克的故事为解决邓克尔的难题提供了良好的类比结构。比如，要塞＝肿瘤，周围的村庄和农田＝胃的健康组织，大军＝大剂量放射治疗，地雷爆炸＝把肿瘤和健康组织一起摧毁。更重要的结构性提示是：把大军的一路进攻改为小部队分路出击＝把一个大剂量放射转换成对胃作多方位的小剂量放射；地雷不爆炸＝每个方位的小剂量放射不损伤健康组织；最后，兵临城下时的大军汇集＝多方位的小剂量放射对肿瘤累积成大剂量放射。基于这样的类比，就可以提出"多方位小剂量放射"的治疗构想。至于具体的安排，既可以是多台放射仪同时照射，也可以是一台放射仪作以胃为中心的水平旋转照射。

显然，类比法的运作最后落实为"对应"。对应不起来，是启而不发；能够对应起来，就会有所启发，表现出思维的灵活。但是对应也可能走向"死对"，如邯郸学步，似东施效颦，这反是思维僵固的表现，是不利于问题解决的。

（二）知识经验

在日常生活中，各个领域都有自己的专家，如数学家、医学专家、象棋大师等，这些专家较之于专业知识较少的人，解决相应的问题要容易得多。

由于专家储存有大量的知识以及把这些知识运用与各种不同情况的丰富经验，因而他能熟练地解决本领域所遇到的各种问题，新手冥思苦想要解决的问题，专家只要检查一下储存的解法就能解决问题。

（三）问题表征的方式

问题表征是指问题在头脑中存在和表现的形式。如果问题表征恰当，对问题有清晰、准确的理解，那么，复杂的问题也会迎刃而解。

例如，有这样一个问题，已知一个圆的半径是 2 厘米，问圆的外切正方形的面积有多大。见图 6-5，a、b 两图用不同方式画出圆的半径，由于在 a 图中很难看出圆的半径与正方形的关系，因此，问题较难解决。而在 b 图中，人们很容易把圆的半径看成正方形的一部分，因而问题较易解决。

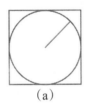 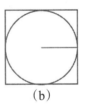

（a） （b）

图 6-5 问题表征方式不同对问题解决的影响

（四）定势

定势（又称心向）是指先前形成的一定的心理操作模式，使问题解决带有一定的倾向性。通俗地说，一个人对同类问题多次用相同的思维方法，而获得成功的解决，以后对于相似的问题，就不做新的探讨，而倾向于机械地作出习惯反应。它使人以固定的方式去进行认知，这种倾向性在不变的环境中有助于问题的解决，但在变化的情景中会妨碍问题的解决。

陆钦斯（Luchins，1942）通过著名的量水实验说明了定势对问题解决的消极影响。该实验要求被试计算同类性质的一组算术题，即用不等量的小桶量出定量的水（见表 6-1）。

表中 A、B、C 各栏代表水桶容量，D 栏代表所求的水量（单位以加仑计）。实验以大学生为被试，实验组 79 人，控制组 57 人，两组所做的题数不同，每题半分钟。实验组从第 1 题一直做到第 8 题。控制组则只做 6、7、8 题。这样设计的目的是探讨经由同样方法解决 1 至 5 题之后，是否会产生一种定势，影响运用简捷方法解决 6、7、8 题。因为 1 至 8 题均可采用 D=B-A-2C 的公式计算，但 6、7、8 题却有更简捷的方法。结果，实验组在解 1~8 题时，大多采用 B-A-2C 的方法计算，只有 17% 的人不受影响。而控制组做 6、7、8 题时，则都采用了简便方法。这表明，实验组被试受定势影响严重，而控制组则不受影响。

表 6-1　定势对问题解决的影响

课题序列	容器的容量			要求量出的容量
	A	B	C	
1	21	127	3	100
2	14	163	25	99
3	18	43	10	5
4	9	42	6	21
5	20	59	4	31
6	23	49	3	20
7	15	39	3	18
8	28	59	3	25

（五）功能固着

功能固着指人们把某种功能赋予某种物体的倾向，即人们在解决问题时只看到某种事物的通常功能，而看不到它的其他可能的功能。例如，盒子是装东西的，笔是写字的等等。在解决问题的过程中，人们能否改变事物固有的功能以适应新的问题情景的需要，常常成为解决问题的关键。如钥匙可做剪刀、硬币可导电、衣服可扑火。它可以理解成定势的一种特殊形式。

（六）动机

人们对活动的态度和兴趣，都会影响到问题解决的效率。例如，动机强度不同，作业的效率就不同。研究表明：在一定限度内，动机强度和解决问题的效率成正比，动机太强或太弱都会降低问题解决的效率。动机太强使人的心情过于紧张，不易发现解决问题的重要因素；动机太弱则容易被无关因素吸引，无法专注于问题。动机强度适当时，人们心态稳定，思维灵活，全神贯注，有利于较好地解决问题。

（七）情绪

情绪对问题解决有一定的影响，紧张、惶恐、烦躁、压抑等消极的情绪会阻碍问题解决的速度，而乐观、平静、积极的情绪将有助于问题的解决。如学生考试时，由于情绪过分紧张，会使其思路阻碍，有时甚至面对容易的问题而束手无策。如果学生能以积极的情绪迎接考试，就将有利于思考，打开思路，使问题得以解决。

（八）人际关系

人处在一个复杂的社会中，解决问题不仅受个人心理因素的影响，也要受到人们之间相互关系的影响。例如，人在解决问题时，往往要求与周围的人方式一致，这种现象称从众现象。团体内的相互协作和相互帮助，是使问题得以迅速解决的积极因素；相反，互不信任、人际关系紧张则会妨碍问题的解决。

第四节 表象与想象

想象与思维有着密切的联系，而想象又是以已有表象为基础的。

一、表象

(一) 什么是表象

表象又称意象，指曾经感知过的事物不在面前时，在人们头脑中出现的事物的形象。任何事物都有其固有的样子，它是客观存在的，这些客观事物的形象经我们大脑的感知，就会或多或少地保留了下来，并在某个时候又在头脑中活跃起来，这就是表象。

在"去年今日此门中，人面桃花相映红"诗句中，"人面桃花相映红"是鲜明的视觉表象。在《列子·汤问》中，著名歌女韩娥歌唱后，"其余音绕梁三日不绝"，说的是美妙的歌声给人留下了鲜明的听觉表象。人的思维活动不仅借助概念进行，有时也借助表象进行。

(二) 表象的特征

1. 直观性

表象是以感知过的客观事物形象为基础的，而感知具有直接性的特点。所以，表象在很大的程度上近似于相应的客观事物。

法国心理学家耶舒首先发现，在儿童中可能发生一种"遗觉象"，11~12 岁时最明显，青年期就衰退了。给儿童看一幅内容复杂的图片，30 秒后挪走，让其看灰色的屏幕，一般人只能记起大概，而有的人则可以像照相机一样拍摄下来，在原处"看见"一幅清晰的图片，就好像图片还在眼前一样。一些儿童的遗觉表象能保持半分钟。他们在背诵课文时，就像是看着课文朗读一样，准确无误。遗觉表象多是视觉性的，但一些研究也发现了听觉的、嗅觉的以及触觉遗觉表象。

2. 概括性

表象可能是人们多次知觉的结果，它不表征事物的个别特征，而是表征事物的大体轮廓和主要特征，因此表象具有抽象性。例如，"大象"的表象，可能只是长鼻子、大耳朵、深灰色的毛皮、庞大的身体等主要的外部特征。这些特征代表了"大象"的一般的、概括的形象，而不包含大象的某些个别特征。可见，表象是关于某个事物或某类事物的概括形象。

3. 可操作性

由于表象是知觉的类似物，因此人们可以在头脑中对表象进行操作，这种操作就像人们通过外部动作控制和操作客观事物一样。库泊等人的"心理旋转"实验表明，人们在日常生活中也经常会借助表象进行形象思维，形象思维的支柱就是人们已经形成的各种表象。

(三) 表象的作用

表象不是知觉的副产品，它在人的心理生活中具有重要作用。

1. 表象是知识的重要表征形式

人类的许多知识以表象形式在头脑中储存，表象是人类表征知识的重要形式之一。

2.表象是感性认识和理性认识的过渡阶段

表象的直观性和概括性决定了表象在人的心理生活中的重要地位。由于表象具有直观性，所以与知觉相似；表象具有概括性，又与思维联系密切。但表象既不是知觉也不是思维，而是介于二者之间的中间环节，是感性认识和理性认识的过渡阶段。如小学生的计算必须借助表象才能从实物运算阶段上升到心算阶段。

3.表象促进问题解决

表象能促进人们对问题的解决。例如，小学低年级学生在解决数的运算问题时，很大程度上要有表象参与；中学生在解决几何问题时，需要表象支持；作家写作时，需要利用人物形象来思考；建筑师在设计图纸时，需要利用建筑物的形象来思考。

表象在推理时也有重要作用。例如，给被试两个命题：汤姆比迪克高些，哈里比汤姆高些，要求被试说出谁最高，谁最矮。这时被试头脑中就可能出现不同高度的圆柱体，并用它们代表汤姆、迪克和哈里。根据对表象的比较，被试直接说出了答案。

二、想象

（一）什么是想象

想象是在头脑中对已有表象进行加工改造形成新形象的过程。它是一种高级的认识活动。例如，人们看小说时可根据作者的描述在头脑中产生各种情景和人物形象，作家可根据生活经验塑造出新的人物典型，这些都是想象的结果。

想象具有形象性和新颖性的特点。想象必须以有关的记忆表象为基础，因此具有形象性，但它不是记忆表象的简单再现，在想象过程中，表象得到进一步的加工和组合，创造出新的形象，所以它又有新颖性的特点。想象出来的新形象可以是没有直接感知过的事物形象，也可以是世界上还不存在的形象。例如，鬼神的形象、上帝的样子、外星人的形态等，但其来源还是已有的表象。例如，基督教的上帝和欧洲人相像；佛祖的形象与尼泊尔人和印度人相像；中国的玉皇大帝和汉族人相像。想象的形象在现实生活中都能找到原型。

【信息栏】6-4：谁更富有想象力

谁更富有想象力

传说，古代一个画家教三个弟子，最后以"深山藏古寺"命题作画来考核他们。第一位学生画的是四面高山，悬崖峭壁，其间有座完整的寺院；第二位学生画了峰峦起伏，松柏挺立，并有古寺一角；第三位学生既不画山，也不画寺，只画了数小节石阶和一条小溪边一个挑水的和尚。你猜，这三位学生中，谁的画被评为佳作呢？你知道为什么吗？

这个故事的结果是第三个学生的画被评为佳作。因为第三个学生的创作想象独特而深刻。画面与"深山藏古寺"的命题相符，古寺"藏"而不画，给人留下想象的空间，妙处是使每位看画的人，从那数小节石阶和挑水的和尚，对深山古寺充满各种各样的联想，把人的"想象"都调动起来了，充分发挥了"藏的含义"，故留给人的印象是非常深刻的。可见这位学生作画的想象力是多么丰富。

（二）想象的作用

想象在人们的生活实践中具有非常重要的作用。列宁曾高度评价想象在科学创造中的作用，认为想象"是极其可贵的品质"，指出：有人认为，只有诗人才需要想象，这是没有理由的，这是愚蠢的偏见！甚至数学也是需要想象的，没有它就不可能发现微积分。

1. 想象具有预见的作用

想象具有预见的作用，它能预见活动的结果，指导人们活动的方向。例如，未来社会是什么样子？人们可以用想象进行超前认知。还在资本主义处于自由竞争时期，马克思就对资本主义之后的社会进行了想象。在未来学研究中，想象具有重要地位。科学家进行科学实验时，需要对实验过程和结果进行超前想象，这种想象对实验过程和实验结果的解释都有重要的指导作用。在日常生活中，人在活动之前，总要想象活动的结果。"居安思危""未雨绸缪"都离不开想象。

2. 想象是创造活动不可缺少的因素

创造是生产新颖的、首创的、具有积极的社会价值的产品的活动。想象在人们的各种创造活动中起着十分重要的作用，特别是在科学创造、技术发明和文学艺术创作中占有重要地位。爱因斯坦曾说："在我的思维结构中，书面或口头的文字似乎不起任何作用。作为思想元素的心理的东西是一些记号和有一定明晰程度的表象，它们可以由我随意地再生和组合。这种组合活动似乎是创造性思维的主要形式，这些元素就我来说是视觉的，有时也是动觉的。通用的文字或其他记号只有在第二阶段才能很费劲地找出来，此时上述的联想活动已经充分建立，而且可以随意地再生出来……想象力比知识更重要，因为知识是有限的，而想象力概括着世界上的一切，推动着进步，并且是知识的源泉。"

3. 想象具有补充知识经验的作用

在实际生活中，有许多事情，人是无法直接感知的。例如，光的速度是 30 万千米／秒，某些粒子的生命只有 1/10 万秒，宇宙空间的情况，远古的事件，人都无法亲身去感知。但想象具有补充知识经验的作用，当对象信息不足或很难直接感知对象时，想象可以弥补对对象认知的不足，在头脑中想象出事物的形象。

4. 想象具有替代作用

当人们的某些需要不能实际得到满足时，可通过想象方式得到满足，如"望梅止渴"和"画饼充饥"。但是，想象的代替功能不可过分使用。人的需要毕竟要通过实际地得到所需要的事物或活动才能真正满足，如过多地通过想象得到虚假的"满足"，人就会越来越脱离现实，并形成自欺欺人的不良人格特征。

5. 对机体有调节作用

想象对机体的生理活动也有调节作用，它能改变人体外周部分的机能活动过程。生物反馈的研究表明，想象对人的机体有调节控制作用。例如，让一个人想象他的右手放在火炉边，左手放在冰块上，这时会发现他的右手温度会升高，而左手温度会下降；让他想象自己跟着汽车奔跑，心跳就会加快；想象安静地躺在床上，心跳就会减慢。

（三）想象的综合过程

想象是从已有形象中分析出元素，按照新的构思重新结合、创造出新的形象。想象是对形象的分析综合过程，想象的综合过程有以下几种形式。

1. 粘合

粘合是把客观事物中从未结合过的属性、特征、部分在头脑中结合在一起形成新的形象。通过这种综合活动，人们创造了许多童话、神话中的形象，如美人鱼、孙悟空、猪八戒、斯芬克斯等。在科学技术的创造发明中也有运用这种综合方式的。如坦克就是"矛"与"盾"的粘合，保温杯就是"杯子"和"暖瓶"的粘合，水陆两用坦克是"舰船"与"坦克"的粘合。粘合手法在农业育种中有重要作用，骡子、狮虎、狼狗、杂交玉米、杂交水稻都是粘合的产物。

2. 夸张

夸张又称为强调。这是通过改变客观事物的正常特点，或者突出某些特征在头脑中形成新的形象。夸张有两种变式：一是扩大，如人们创造的三头六臂的哪吒、千手佛、九头鸟等形象，就是利用扩大的方式创造的。李白的诗句"燕山雪花大如席""白发三千丈"都是扩大式的夸张。一是缩小，如民间故事中的"枣仁孩"，漫话"三毛流浪记"中的"三毛"，李白的诗句"黄河如丝天际来"，都是通过缩小的方式所形成的形象。

3. 典型化

典型化是根据一类事物的共同特征创造新形象的过程，它是文学、艺术创作的重要方式。如鲁迅笔下的阿Q就体现了旧时代中国国民性的共同弱点。高尔基说，假若一个作家能从20~50个以至从几百个小店铺老板、官吏、工人中，把每个人身上最具有代表性的阶级特点、习惯、嗜好、姿势、信仰和谈吐等等抽取出来，再把它们综合在小店铺老板、官吏、工人身上，那么这个作家就能用这个手法创造出典型来。

4. 联想

由一个事物想到另一个事物，也可以创造新的形象。想象联想不同于记忆联想，它的活动方向服从于创作时占优势的情绪、思想和意图，它往往会打破日常联想的习惯，引发出新形象。如由"修理机器"想到"修理地球"，由饮茶联想到品味人生等。

5. 拟人化

即把人类的特性加在外界事物上，使之人格化，从而形成新的形象。如童话、神话和现代卡通片中的许多形象就是通过拟人化的方法创造出来的。例如，在中国古代有"雷公""风婆"和"龙王"的形象，在西方，有圣诞老人的形象，在现代卡通片中，有"米老鼠"和"唐老鸭"的形象等。

(四) 想象的种类

根据想象活动是否具有目的性，可以把想象分为无意想象和有意想象。

1. 无意想象

无意想象是一种没有预定目的，不自觉产生的想象。如看到天上的白云，我们不由自主地想象成一堆棉花、一群绵羊等。精神病患者的幻觉、由药物（如吸服大麻、迷幻药）导致的幻觉也属无意想象。人们在睡眠时做的梦也是一种漫无目的、不由自主的想象，梦境中的内容是已有表象的奇特的结合。

2. 有意想象

有意想象是按一定目的，自觉进行的想象。如学生在学习过程中为学习某种知识而进行的想象，大多属于有意想象。

根据想象的新颖程度和形成方式的不同，可分为再造想象和创造想象。

1. 再造想象

再造想象是根据言语的描述或图样的示意，在头脑中形成与之相符合或相仿的新形象的过程。例如，没有领略过北方冬日的人们，通过诵读《沁园春·雪》，可在头脑中形成北国冬天寒冰封山、大雪纷飞的壮美景色；又如，建筑工人在建造楼房之前，可在头脑中按照图纸想象出建筑物的结构。

2. 创造想象

创造想象是根据一定的目的任务，不依据现成的描述而独立地创造出新意象的过程。文学家的新作品、设计师的新设计以及科学家的新发明，都是创造想象的产物。与再造想象相比，创造想象具有独创性和新颖性的特点。

幻想是指想未来，并与个人愿望相联系的想象。它是创造想象的特殊形式，如各种神话中的形象都属于幻想。与一般的创造想象比，幻想具有两个特点。第一，幻想带有向往的性质，幻想中所创造的形象总是和个人的愿望相联系。例如，少年儿童幻想成为一名宇航员，驾驶飞船遨游太空，而一般创造想象中则不一定体现作者的愿望。例如，作家创作的反面人物的形象。第二，幻想不与当前的创造活动直接联系，而是指向未来的活动，但它又常常是创造性活动的准备阶段。

幻想分空想和理想两种。空想是一种不以客观规律为依据，甚至违背事物发展的客观进程，因而是没有实现可能的想象。当人们依据事物发展的客观规律来想象未来时，因而是具有实现的可能性的想象这就是理想。积极的理想能激发人向往未来，激励人的意志，推动人去克服困难，实现自己的愿望。无数事例告诉我们，昔日的幻想在今天已成为事实。从飞天的神话到今天的超音速飞机，从嫦娥奔月的神话到登月行动、航天飞机和空间站，从千里眼到天文望远镜，从顺风耳到通信卫星，幻想推动着人们积极地生活和工作，不断发明新事物，提升人的能力，使人类的明天变得更美好，所以我们应培养学生的积极的理想。

【信息栏】6-5：茅以升"桥之梦"

茅以升"桥之梦"

少年时代的茅以升一次因发烧未去文德桥看龙舟，可就在那次，文德桥被挤塌，不少人被淹死了。茅以升马上想到，长大后一定给大家造又牢固又美观的大桥，让大家放心地在上面看龙舟比赛。从此，他就迷上了各种各样的桥，平时见到有关桥的文字或插图，都收集起来，最终他考取了清华学堂的留美官费研究生，并毫不犹豫地选择了桥梁专业。毕业后，经过极其艰苦的努力，他终于在1937年9月建成了令国人骄傲、使外国人信服的钱塘江大桥。这是我国自建的一座铁路公路两用双层桥，茅以升的少年壮志终于实现了。

茅以升以其远大的理想为学习和工作的动力，通过对未来的想象，激起对美好事物的向往，从而积极努力投入到创造性学习和工作中。可见人的愿望和理想是多么重要。

【反思与探究】

1. 举例说明思维的特征与作用。

2. 简述思维的过程与分类。

3. 简述思维的发展阶段。

4. 概念和推理的概念及种类有哪些？

5. 概念结构的主要理论有哪些？

6. 试析表象的特征及其在认知过程中的作用。

7. 想象的功能及种类是什么？

8. 老师帮助学生掌握概念时应注意哪些问题？

9. 举例说明问题解决过程中采用的主要策略及影响因素。

【第六章资源链接】

1. 彭聃龄. 普通心理学 [M]. 3 版. 北京：北京师范大学出版社，2004.

思维是人类认知的高级阶段，它主要表现在概念形成和问题解决的活动中。本书全面介绍了概念形成的最新研究和问题解决的脑机制及策略。阅读本书可以使读者深层了解人是如何掌握事物的本质和规律的。

2. 张积家. 普通心理学 [M]. 广州：广东高等教育出版社，2004.

创造是一个民族的灵魂。本书详细地介绍了创造性的概念、心理结构、影响因素及培养方法，阅读本书可以使读者了解创造性的结构，掌握提高创造性的方法。

3. 袁军. 心理学概论 [M]. 南宁：广西教育出版社，2001.

本书最大特点有两个，一是它的通俗性，二是它的不雷同性。全书深入浅出，却又不落俗套，以自己独到的见解和语言，阐述心理学的原理。阅读本书可以使读者真正理解和喜欢心理学。思维这一章请重点阅读"解决问题的一般方法"部分。

第七章
情绪、压力与健康

【内容提要】

情绪和情感是人对事物的态度体验及相应的机体反应。本章介绍了有关情绪的基本内容、情绪理论、情绪与压力和健康的关系等内容。通过本章的学习，可以了解个体的快乐与悲伤、愤怒与恐惧、忧郁与焦虑等情绪变化的奥秘；了解情绪对个体的生理和心理机能造成的压力会产生什么样的后果；掌握缓解压力的方法，从而减少甚至消除压力给个体身心健康带来的不良影响。

【学习目标】

1. 了解人类最基本的情绪、情感。
2. 理解情绪的含义、维度。
3. 理解情绪与情感的区别。
4. 掌握压力对个体身心健康的影响及压力缓解方法。

"人非草木，孰能无情？"这是人对于情绪情感普遍性的感叹，人在社会生产生活中，在不断认识和改造客观世界的过程中，所产生的喜怒哀乐正是情绪情感的具体表现形式。"人的情感实际上是一种心理上的疾病，人永远应该受理智的约束，而不应当一任情感的宣泄。""一个人一旦有了情感，就会妨碍自己的行为和判断力。"这是十九世纪德国哲学家康德对情绪情感的描述。为什么人的一生要充满喜怒哀乐，又为什么我们要在理智与情感中进行抉择？在本章中让我们了解自己的情绪，把握自己的情绪！

第一节　情绪概述

一、情绪的含义

　　情绪是指个体对事物的态度体验以及相应的机体反应。心理学家把心理过程划分为三个方面，这三个方面包括认识过程、情绪过程和意志过程。情绪过程是伴随着认识活动和意志行动而出现的，它是对以上两个过程得出的结论做出主观判断的过程，它最突出的特点是带有鲜明的突出的主观色彩。例如，"看到玫瑰花"是认识过程，有些人表达出"喜欢玫瑰花"或者"厌恶玫瑰花"，这一过程则称为情绪过程。

　　客观事物对情绪的激发作用是以需要为中介的。凡是能够满足人的需要或符合人的愿望、观点的客观事物，就会使个体产生愉快、喜爱等肯定的情绪体验。例如，干渴时看到溪水会感到愉快。凡是不符合人的需要或违背人的愿望的事物，就会产生烦闷、厌恶等否定的情绪体验。例如，失去亲人会引起悲痛。

二、情绪的维度和两极性

　　每个人都有情绪表达，我们常发现面对同样的问题，不同的人表达的方式存在差异。例如，同样面对金榜题名，有人表现得如范进中举，高兴的痴迷心窍，发了疯；有些人则表现得淡定自若。之所以产生这样的不同是因为两人在情绪强度上是不同的。我们把这种情绪所固有的特征称为情绪的维度，主要指情绪的动力性、激动性、强度和紧张度等方面。这些特征的变化又具有两极性，每个特征都存在两种对立的状态。

　　情绪的动力性有增力和减力两极。一般来讲，需要得到满足时产生的积极情绪是增力的，可提高人的活力；需要得不到满足时产生的消极情绪是减力的，会降低人的活动能力。

　　情绪的激动性有激动与平静两极。激动是一种强烈的、外显的情绪状态，如激怒、狂喜、极度恐惧等，它是由一些重要的事件引起的，如得知北京获得了2008年奥运会的举办权时，全场观众热血沸腾，喜极而泣。平静是一种平稳安静的情绪状态，它是人们正常生活、学习和工作时的基本情绪状态，也是基本的工作条件。

　　情绪的强度有强、弱两极，如从愉快到狂喜，从微愠到狂怒。在情绪的强弱之间还有各种不同的强度，如在微愠到狂怒之间还有愤怒、大怒和暴怒等。情绪强度的大小取决于情绪事件对个体意义的大小。

　　情绪还有紧张和轻松两极。人们情绪的紧张程度决定于面对情境的紧迫性，个体心理的准备状态以及应变能力。如果情境比较复杂，个体心理准备不足而且应变能力比较差，人们往往容易紧张，甚至不知所措。如果情境不太紧急，个体心理准备比较充分，应变能力比较强，个体就不会紧张，而会觉得比较轻松自如。

三、情绪的基本种类

（一）恐惧

　　恐惧是有机体企图摆脱、逃避某种情景而又无能为力的情绪体验。人类的大多数恐惧情绪是后天获得的，其本质表现是生物体生理组织剧烈收缩，组织密度急剧增大，能量急剧释放。恐惧时肾上腺素大量释放，机体进入应急状态，心跳加快、血压上升、呼吸加深加快；肌肉（尤其是下肢）供血量增大，以供逃跑或抵抗；瞳孔扩大以接收更多光线；大脑释放多巴胺类物质，精神高度集中，以供个体迅速判断形势。如果威胁继续存在，个体的活动减少，目光凝视含有危险的事物，随着危险的不断增加，可发展为难以控制的惊慌状态，严重者出现激动不安、哭、笑、思维和行为失去控制，甚至休克。恐惧作为消极的情绪对人类生活会产生不良的影响。

（二）愤怒

愤怒是指当愿望不能实现或为达到目的的行动受到挫折时引起的一种紧张而不愉快的情绪。愤怒可能引发幻觉，如幻听、幻视，医学上也写有内分泌失调等等。它常被看作是一种原始的情绪，在动物身上是与求生、争夺食物和求偶等行为相联系的。愤怒时往往会做出发泄的行为，严重者更会失去理智。愤怒在人的成长过程中出现较早，出生 3 个月的婴儿就有愤怒的表现。例如，约束婴儿的身体活动，强制婴儿睡觉等，均可引起他的愤怒，表现形式有哭、手足舞动等。在成人身上，愤怒依赖于人已形成的道德准则，常属于道德感的范畴。愤怒的强度从轻微不满、怒、激愤到大怒，其强度和表现与人的修养有密切关系。

（三）快乐

快乐是指欢愉需要得到满足后，紧张解除时的情绪体验。18 世纪思想家杰里米·本瑟姆说，最好的社会是人民最快乐的社会，最好的政策是带来最大快乐的政策。因为快乐是一种积极的情绪，也是一种内心资源，快乐的情绪能激发人的斗志，唤起人的热情，激起人的聪明才智和创新能力。研究表明，影响快乐的因素有很多，主要包括生存状况、亲情状况、精神追求、民族性格、年龄和个性特征等六个方面。

1. 生存状况

生存状况是个体是否拥有较多快乐的基础之一，包括工作、健康、经济等诸多因素。浙江财经学院陈惠雄教授认为，健康状况包括健康的身体和健康的个性。有关调查显示，个性健康存在问题的人口数达到 10%，这些个体往往是增加别人痛苦的同时增加自己的痛苦。经济状况能够保证我们基本的物质需要，而相对经济地位则反映相对生活水平，对个体的幸福心理感受有重要影响，但并非绝对影响，如图 7-1 所示，颜色越深表示快乐指数越高，快乐感较强；颜色越浅则表示快乐指数越低，快乐感较弱。

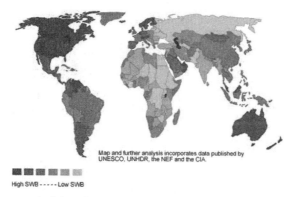

图 7-1　全球主观幸福感（subjective well-being，SWB）调查
〔资料来源：Sherri Fisher. 金钱换取快乐的秘密 .Positive Psychology News Daily，2008（5）.〕

调查显示，北欧诸国既有较高的收入也有较高的快乐，其次是英、美、澳、加、新西兰、爱尔兰 6 个英语国家和巴西、智利等拉美国家。收入很高的德国、以色列、新加坡与收入极低的印度、孟加拉国及许多收入更低的非洲国家，还有收入中等的希腊、南斯拉夫、波兰、泰国、埃及等中东国家的快乐水平同为中等。快乐水平最低的国家包括：收入极高的日本、收入不错的韩国、收入较低的中国以及收入水平很高的位于西南欧的一些国家。

2. 亲情状况

健康和亲情是影响人们快乐的两个非常重要的因素，在国外这两个因素可能占影响人们快乐因素的 48%。陈惠雄教授在浙江省的快乐调查中发现，健康和亲情占到 51.6% 的比例。马歇尔讲过："即使他是穷人，也能在亲情、宗教方面找到无上快乐的源泉。"因此亲情状况对人们的快乐影响是巨大的。

3. 精神追求

大家都有这样的体验，当专注于某件事时，往往伴有一种愉快感。这种专注可以是某种长期的事业追求，也可能只是短期专心于某一娱乐。人们专注于某项活动会刺激人体内特有的一种荷尔蒙的分泌，而使人处于一种愉悦状态。因此，关注并购买了某种可心的物品，都会给人带来莫大的快乐，这也是女性乐于逛街的深层原因。西方的多项社会调查表明，信仰与快乐关系密切，常去教堂的人比较快乐，没有信仰的人较不快乐。

4. 民族性格

快乐研究专家美国伊利诺伊大学心理学家蒂纳（Ee Diener）认为，快乐是拉丁文化的特征，智利、巴西等国有高比例的快乐人群；与此同时，日本人却与他们的财富增长相反，有更多的忧郁。美国的一项快乐调查也显示，亚裔美国人比欧洲裔美国人更容易跃入快乐的底线。

5. 年龄

这是一个大家容易忽视的因素，其实年龄与快乐呈"U"型关系。儿童有较多的快乐，有研究表明，婴儿每天平均会笑 400 次，成年后这个数字降至每天仅 15 次，之后随着年龄的增长而减少，一般 30~40 岁时为最低点。"年轻多忧，中年多愁"的原因与该阶段面临人生的重大选择与调适有关，即要过工作、婚姻、家庭关，由此会衍生出诸多的犹疑、痛择、悔悟、抗争等等，所以备感压力。随着人过了不惑之年，有了自认的定型或"认命"，快乐又会慢慢地多起来。

6. 个性特征

人的个性是遗传、教育、社会环境等多种因素影响的结果，其与个体的快乐水平也有重要关系。国外研究快乐和幸福的专家发现，十年前感觉比较快乐的人十年后仍然感觉很快乐，个性的差异可能对快乐的影响很大。快乐个体的性格特质具有积极社交、设定可达成的目标并努力去实现和注意消除自己观念里的忧虑和挫折感等特征。培养好的个性特征能够使个体获得更多的快乐。

（四）悲伤

悲伤是与所热爱的对象的失去以及珍惜的东西的消失相联系的情绪体验，常伴有哭泣、焦虑、失眠和冷漠的心理反应。通常认为悲伤、哭泣是一种消极的情绪，但悲伤的紧张度要小于很多其他的消极情绪。纽约大学沃克·福特发现，悲伤带来的负面情绪是平衡精神健康的重要环节，是人天生的自我保护功能，可见有时悲伤对健康是有益的。研究还发现，悲伤时最适合搞人际关系，因为悲伤让人不再傲慢，变得谦逊。但强烈持久的悲伤情绪会阻止很多正常机能的运转，因而应尽力避免，但是很多时候我们很难摆脱这些不利因素的影响。

美国科学家提出了可以通过运动、转换思维方式和扩大社交的方法来摆脱悲伤和情绪低落。此外，哭泣也是消除悲伤、缓解情绪压力的一种好的方法。美国生化学家佛瑞做过一个实验，他让志愿者观看情感电影，将因感动而流的泪水滴进试管。几天后，又用切洋葱的办法让同一群人流下眼泪滴进试管。结果显示，因悲伤而流的"情绪眼泪"和被洋葱刺激出的"化学眼泪"成分大不相同。前者蕴含着儿茶酚胺，而后者却没有。儿茶酚胺是大脑在情绪压力下释放出的化学物质，过多的儿茶酚胺会引发心脑血管疾病，严重时会导致心肌梗死。佛瑞认为，哭泣是人体排"毒"的重要方式。哭泣后，情绪强度可减低40%，而那些不爱哭泣的人，身体健康很容易受到影响、某些疾病容易恶化，如结肠炎、胃溃疡等疾病。美国心理学家弗雷认为，女子的寿命之所以比男子长，主要是因为她们比较爱哭。

四、情绪的基本状态

（一）心境

心境是一种微弱、平静而持久的情绪状态，对人的影响往往保持时间较长。工作成败、生活条件、健康状况等会对心境产生不同程度的影响。心境具有弥散性和长期性的特点。心境的弥散性是指个体具有某种心境时，这种心境表现出的态度体验会朝向周围的一切事物，如"感时花溅泪，恨别鸟惊心"。心境的长期性是指心境产生后要在相当长的时间内主导人的情绪表现。心境中的喜悦、悲伤、生气、害怕要维持一段较长的时间，有时甚至成为人一生的主导心境，例如著名词人李清照的词中所流露出的悲伤几乎是永恒的。

心境对人们的生活、工作和健康都有很大的影响。积极良好的心境可以提高学习和工作的绩效，帮助人们克服困难，保持身心健康；消极不良的心境则会使人意志消沉，悲观绝望，无法正常工作和交往，甚至导致一些身心疾病。所以，保持一种积极健康、乐观向上的心境对每个人都有重要意义。

（二）激情

激情是一种强烈的、爆发式的、时间短暂的情绪状态，如狂喜、暴怒、绝望、恐惧。激情的发生会降低自我控制的能力，改变人的整个态度，使人产生异乎寻常的行动。处在激情状态之下，人的认识活动受到了限制，不能清醒地意识到自己行动的意义与后果，在激情消失之后往往会对自己的行为后悔不已。因此要注意对消极激情的控制。

常采用的控制方法有以下几种。一是自我提醒。易激动个体或者是由于生来神经系统的兴奋与抑制过程不平衡，兴奋过程占优势，或者是由于缺乏控制激情的教育和训练。易爆发激情个体应时常自我提醒，学会有意识地控制激情，如林则徐悬挂"制怒"条幅进行自我警戒。二是冷却处理。当激情产生后，不要急于解决引发激情的问题，采取冷静的态度，将问题暂时搁置以后处理。如同学间发生争执，不要急于争论是非，等待双方冷静后解决。三是脱离引发激情的环境。当争执发生时，立即主动地（或被动地）离开争执现场，以利于双方冷静，避免激情继续高涨而引发更强烈的冲突。四是以超脱或幽默的态度对待引发激情的人

和事。清代书画家郑板桥，曾以"难得糊涂"相标榜，以超脱的态度对待个人利害之争。

（三）应激

应激又称为应激反应，是在出乎意料的紧迫与危险情况下引起的高度紧张的情绪状态。应激的最直接表现是精神紧张。适当的应激可提高机体的适应能力，但过强的应激（包括良性应激和劣性应激）使得适应机制失效时导致机体的功能障碍。与应激相关的疾病有消化道溃疡、原发性高血压、冠心病、心律失常，应激时还会出现自身免疫病和免疫抑制。

心理学上，应激具有其积极的意义。生活中遭遇突发事件时，紧急的情景刺激有机体，促使其激活水平很快改变，引起情绪的高度应激化。在危险的境遇下独立地采取果断的决定，在瞬息变化的情况下做出迅速的反应，这些都是应激状态。应激可能使人的活动变得积极，思想变得清晰明确。人的个性特征在应激反应中起决定作用，迅速的判断力、意志的自觉性和果断性、坚毅的精神、类似的行为经验，都是积极应激反应不可缺少的条件。

（四）挫折

挫折是指人们在有目的的活动中遇到无法克服或自以为无法克服的障碍或干扰时，需要或动机不能得到满足而产生的消极反应。挫折产生的原因是多方面的，包括自然、社会、生理和心理等因素的影响。遭受严重挫折时，个体在生理上表现为血压升高和心跳加快，易诱发心血管疾病，胃酸分泌减少会导致胃溃疡、胃穿孔等疾病；在情绪上表现为抑郁、消极、愤懑，易导致心理疾病。个体体验到挫折后，在情绪和行为上的表现往往是以综合的形式出现。常见的反应有以下几类。

1. 攻击

攻击是个体受到挫折以后产生的强烈的侵犯和对抗的情绪反应，是情绪反应中最常见的一种表现形式。攻击有直接攻击和转向攻击两种。直接攻击是个体受挫后，把愤怒情绪指向对其构成挫折的人或物，多以动作、表情、言语、文字等形式表现出来。一般对自己的容貌、才能、权力及其他方面较为自信者，易将愤怒情绪向外发泄采取直接攻击行为。转向攻击是个体将挫折引起的愤怒和不满情绪转向发泄到自我或与挫折来源不相关的其他人或物上的行为。

2. 焦虑

焦虑是个体对自己或自己所关心的人在心理、生理、社会等方面受到威胁时激起的一种不愉快的情绪反应，是一种隐隐约约有害的预感。这种消极情绪由紧张不安、急躁、忧虑、抑郁等交织在一起，能使人陷入茫然无措的痛苦状态中。适度的焦虑水平可以激发个体潜力，提高个体随机应变的能力，比如考试前适度的焦虑可提高复习效率，但焦虑过度或持续时间较久则会导致神经状态失调，影响个体的正常生活。

3. 退化

个体行为的发展原本是有一定规律的，即随着年龄的增长逐渐成熟起来。当个体遭受挫折时表现出与自己的年龄和身份不相称的幼稚行为，这种成熟倒退现象就是退化。例如，某位老年妇女钱包被偷后，坐在地上号啕大哭。

4. 固执

固执是指个体在受到挫折后，采取刻板的方式盲目重复某种无效行为，尽管情况已经变化，这种行为并无任何结果，但是刻板式的反应仍在继续进行。

5. 冷漠

冷漠是当个体遭受挫折后，所表现出来的对于挫折情境漠不关心的情绪反应。这是一种复杂的行为表现方式。冷漠行为的发生同个体过去的经验密切相关。如果个体每遇挫折后采用攻击方式就能够克服困境，那他以后就会继续采用攻击的方式；反之若因采用攻击而招致更大的挫折，那他就会采用相反的方式，即逃避或以冷漠的态度来对待挫折。

6. 逃避

逃避是个体不敢面对自己预感的挫折情境而逃避到比较安全的环境中去的行为。主要类型有逃向另一个现实、逃向幻想世界和逃向生理疾病。

个体在遭遇挫折以后可进行自我心理调节，通过自我力量应对挫折。当个体受到挫折后，应冷静客观地分析自己的目标、方法、阻力和助力，找出造成挫折的真实原因，对挫折做出符合实际的准确归因。目标水平的高低和确定的标准是否合适是挫折感的一个关键成因。确定适度的抱负水平是避免挫折、获得自信的一个重要条件。学习运用心理防御方式使个体的内在心理减轻不安，恢复情绪稳定，达到心理平衡。最后要学会改善挫折情境，加强意志力的锻炼，不断进行自我激励，把挫折对自己的打击当成自我磨炼的机会。

五、情绪与情感

（一）情绪与情感的联系与区别

情绪和情感虽然不尽相同，但却是不可分割的，在日常用语中二者也可以相互替换。情绪是情感的基础和外部表现，情感是情绪的深化和本质内容。情感在多次情绪体验的基础上形成并通过情绪表现出来。二者的区别是为了学术讨论方便所作的一种理论上的划分。

情绪是与有机体生理需要是否得到满足相关联的体验，侧重于生理的反应和外部表现。情绪出现较早。例如，婴儿一生下来，就有哭、笑等情绪表现，而且多与食物、水、温暖、困倦等生理性需要相关。情感是与有机体社会需要是否得到满足相关联的体验，侧重于心理的反应。情感出现较晚，是在幼儿时期，随着心智的成熟和社会认知的发展而产生的，多与求知、交往、艺术陶冶、人生追求等社会性需要有关。

情绪具有情境性和暂时性的特征，情感则具有深刻性和稳定性的特征。情绪常由身旁的事物所引起，又常随着场合的改变和人、事的转换而变化。所以，情绪表现常会喜怒无常，较难持久。情感则是在多次情绪体验的基础上形成的稳定的态度体验，如对一个人的爱和尊敬，可能是一生不变的。因此，情感特征常被作为人的个性和道德品质评价的重要方面。

情绪具有冲动性和明显的外部表现，情感则比较内隐。人在情绪左右下常常不能自控，高兴时手舞足蹈，郁闷时垂头丧气，愤怒时又暴跳如雷。情感更多的是内心的体验，深沉而久远，不轻易流露出来。

（二）情感的种类

1. 道德感

道德感是根据一定的道德标准，对自身和他人的思想、意图和行为进行评价时所产生的体验。如果个体的言行符合道德标准，就会产生自豪感、幸福感、欣慰感等肯定的体验；反

之，则产生羞愧、不安等否定的体验。如果个体认为他人的言行符合道德标准，就会产生赞赏、爱慕、敬佩等肯定的体验；反之，则产生反感、厌恶、憎恨等否定的体验。道德感是品德结构的重要成分，它对行为有巨大的推动、控制和调节作用，可以使个体保持良好的行为，并制止行为的过失。

道德感具有社会性、历史性的特点。有的道德感是全人类共有的，如母爱、爱国、救死扶伤等。有的道德感则因历史时代的变更和民族的差异而有所变化。例如，封建社会的爱情观尊重的是"父母之命和媒妁之言"，自由的爱情与爱慕是为人不齿的。读过《红楼梦》一书的人都能清晰地记得，贾母对黛玉爱慕宝玉之情的评价是"如果她这样想，那我是错疼了她"。

2. 理智感

理智感是个体在智力活动中，对认识活动成就进行评价时所产生的情感体验。它是与人的好奇心、求知欲、探求和热爱真理的需要相联系的。理智感的表现多种多样，它体现出个体对自己在智力活动过程和结果的态度。例如，发现问题时的好奇、疑虑；得不到答案时的苦闷、焦虑；得到答案时的喜悦、自豪等。理智感是个体追求真理、探求知识的直接动力，是一种深刻的认识上的需求。

3. 美感

美感是根据一定的审美标准鉴赏或评价事物时所产生的情感体验。美感包括自然美感、社会美感和艺术美感三类。人对辽阔的大海、险峻的山峰、清幽的山林等自然景观产生的美感属于自然美感；对勇敢、善良、坦诚等人类美好行为产生的美感属于社会美感；对绘画、音乐、戏剧所产生的美感属于艺术美感。

人类对美感的评价有其共性，如人们普遍认可仙鹤、熊猫的形象是美好的；认为鳄鱼、蛇的形象是丑恶的。此外，美感又具有社会性和个体性的特点。例如，封建社会以女人小脚为美；有的人认为行为艺术很美，有的人则认为毫无美感。

六、情绪的功能

当人们意识到客观事物能够满足人们的某种需要时，就会产生积极的内心体验，而当人们意识到客观事物不能满足人们的某种需要时，就会产生消极的内心体验。无论是积极或消极的内心体验都会导致其后采取接近或回避的行为，所以人们的需要是通过积极或消极的内心体验来支配行为的，这种内心体验就是情绪所扮演的角色。它先于个体的行为发生，并直接导致个体的趋避行为，有人称之为第一心理力量，其作用具体表现为以下 4 个方面。

动机功能　情绪能够激励人的活动，提高人的活动效率，积极的情绪对行为有促进作用；消极的情绪对行为有抑制作用。

信号功能　情绪是人们社会交往中的一种心理表现形式，情绪的外部表现是表情，表情具有信号传递作用，属于一种非言语性交际。人们可以凭借一定的表情来传递情感信息和思想愿望。

适应功能　情绪能够使个体针对不同的刺激事件产生灵活自如的适应性反应，并调节或保持个体与环境间的关系。情绪之所以具有灵活性的特征，是因为情绪的机能不仅可以来源于个体全部的先天机能，而且还来源于学习及认知活动。许多种情绪都具有调控群体间互动的功能。譬如，羞怯感可以加强个体与社会习俗的一致性；当个体对他人造成伤害时，内疚感可激发其社会公平行为的重建。

组织功能 情绪是一个独立的心理过程，有自己的发生机制，并对其他心理活动具有组织作用，集中表现为积极情绪的协调作用和消极情绪的破坏、瓦解作用。一般而言，中等强度的愉快情绪有利于提高认知活动的效果，而消极情绪如恐惧、痛苦等会对作业效果产生负面影响。情绪的组织功能还表现在人的行为上。当人们处在积极、乐观的情绪状态时，更容易注意事物美好的一面，行为也比较开放，愿意接纳外界的事物；当人们处在消极的情绪状态时，则容易失望、悲观，放弃自己的愿望，甚至产生攻击行为。

七、情绪的生理机制

（一）情绪状态下的生理变化

1. 呼吸系统的变化

情绪发生时，有机体呼吸的频率、深浅、快慢、均匀程度等都会发生相应的变化，这些变化可以通过呼吸记器以曲线形式记录下来。通过分析呼吸曲线的频率、振幅和波形，可以推断出某种情绪状态的存在。例如，高兴时呼吸深度不大，频率略快于寻常，整个呼吸曲线基本上较有规律；悲伤时呼吸频率很慢，每次呼吸之间的间歇时间较长；处在积极思索状态时，呼吸频率稍慢、均匀，反映了集中思索时的特点；惊恐状态中，呼吸频率变得非常快，但有间歇、停顿的迹象，振幅变化没有规律，反映出恐惊时的战栗状态；而处在愤怒情绪时，呼吸频率也大大增加，呼吸深度异乎寻常地增大。

2. 循环系统的变化

在某些情绪状态下，心血管系统会发生一系列变化，如心率加快、血管舒张和收缩、血压升高、血糖水平增加等。例如，人在惊慌和恐惧时，血压升高、心跳加快；悲伤时，血液循环减弱和变慢，活动能力也会降低。循环系统的变化可以通过血管容积描记器、心动电流描记器、心电图等仪器记录下来，作为分析情绪状态的客观指标。

3. 皮肤电的变化

皮肤表面存在着微弱的电量，在情绪发生变化时，由于皮肤血管的舒张和收缩以及汗腺分泌的变化，而引起皮肤导电率的变化。皮肤电反应和情绪变化的关系密切，当人们吃惊、忧郁、恐惧、困惑或紧张时，皮肤电反应最为显著。当人们在等待一些责任重大的活动时，皮肤电阻通常会降低。一般来说，情绪状态会提高皮肤导电率水平以及改变导电率反应的频率。利用皮肤电描记器可以记录情绪状态下的皮肤电反应并绘制出曲线。

4. 脑电的变化

健康人的脑电图主要具有两种基本波形：清醒状态的 α 波（频率为 8~14 次 / 秒，振幅为 20~100μv）和熟睡状态下的低频率高振幅的 δ 波（频率为 3 次 / 秒，振幅为 50μv）。研究证明，在人紧张和忧虑时，α 波消失，振幅减低，波动增加，出现低幅快波的 β 波（频率为 14~30 次 / 秒，振幅为 5~20μv）。

（二）情绪的脑机制

现代生理学的研究日益强调中枢神经系统对情绪的作用。情绪体验的特点在很大程度上

学校心理学

取决于下丘脑、边缘系统和脑干网状结构的功能。大脑皮层则直接控制着情绪和情感的意义评价。

1. 情绪与下丘脑

下丘脑在情绪过程中起着非常显著的作用。心理学家奥尔兹（J. Olds）做了一项关于老鼠自我刺激的实验。在老鼠的下丘脑埋上电极，当老鼠按动作为开关的杠杆，电路接通，埋有电极的脑部位就会受到微弱的电刺激。经过一段时间的学习，老鼠学会了通过按压杠杆来控制电流刺激。当把电极埋入老鼠下丘脑的前部和腹内核等处，老鼠会不停地按压杠杆，以追求快乐的自我刺激。老鼠每小时按压杠杆达5000次，能持续按20小时，直到筋疲力尽为止。因而，下丘脑的这一部分被称为"快乐中枢"。美国的扎克布森和汤尔可逊把"自我刺激"的方法首先运用于人类。当使用电极刺激病人的下丘脑的有关部位时，病人就会面带微笑，表现出高兴的样子。

2. 情绪与边缘系统

边缘系统具有调节情绪活动的功能。边缘系统的杏仁核与情绪的关系极为密切。美国神经学家斯维特（W. Sweet）和马斯克（V. Mask）根据神经科的病理检查和癫痫病发作史等资料，认为杏仁核的病变会导致病人的愤怒行为。病人托马斯暴怒异常，当他驾驶车子时发现有车从他前面穿过，他就会加速赶上去碰撞或辱骂驾驶员；在家中则经常把妻子推撞在墙上。后来在他的两侧杏仁核的中部做了毁坏性损伤，手术后病人不再发怒。

3. 情绪与大脑皮层

对情绪刺激的认知是在大脑皮层相应区域产生的，然后将冲动传给下丘脑和边缘系统，导致植物性神经系统的生理反应并产生某种特殊类型的情绪唤醒；同时对于自己的唤醒状态的感受体验也在大脑皮层上产生了。言语的情绪色彩是为右半球控制的。罗斯（Ross）发现，和左半球言语中枢相对称的右半球相应区域受损的病人能够理智地说话，但其言语缺乏情绪色彩；右脑皮层前部受损的病人没有面部和言语表情，但却能理解他人的表情；相反，右脑皮质后部受损的病人能表达情绪但不能识别他人的表情。这两部分受损的病人既不能表达情绪也不能识别情绪。

第二节　情绪表达

"情动于中而形于外"，人在情感活动中，身体会发生一些相应的反应和变化，例如，高兴时喜形于色，吃惊时目瞪口呆，生气时暴跳如雷。这种情绪表现简称为表情，是情绪在有机体身上的外显行为，它是表达情感状态的身体各部分的动作变化模式。表情是人际交往的一种形式，是表达思想、传递信息的重要手段，也是了解情绪、情感体验的客观指标。人生来具有体验感情和表现相应情绪的能力，这种能力是在种族进化过程中形成的固有模式。例如，婴儿饥饿时会啼哭来表达自己对食物的需要，感到身体不适时会哭闹，感到舒服时会微笑。婴儿正是依靠情绪体验与情绪外显行为的一致性而生存下来。随着婴儿的成长到了成年，他的情感体验和情绪外显行为的固有联系变得复杂化。总的来说，人类的表情可以分为面部表情、身段表情和言语表情三种。

一、面部表情

面部表情是指通过面部肌肉变化表现出的各种情绪状态，它是情绪表达最重要的方式。看过福克斯出品的连续剧《别对我撒谎》(lie to me) 后，很多人会对那套出神入化的表情测谎技术心生向往，其背后的理论支持包括面部活动编码系统，这套系统将人的面部分解为 32 个特定的活动单元，这些单元短暂的活动可以产生情绪表达，如愤怒、厌恶、满足、恐惧、惊讶、快乐和悲伤等，如图 7-2 所示。

人类学家雷·博威斯特指出我们能够做出并辨认的面部表情大概有 25 万种。美国心理学家艾克曼证实了达尔文关于人类表达愤怒、厌恶、满足、恐惧、惊讶、快乐和悲伤的表情是与生俱来的，是跨文化，跨领域，全球皆准的观点。无论哪种语言与文化，这 7 种基本情绪引发的面部肌肉变化大致是一样的。而且，情绪的表达是下意识的，基本上难以抑制或隐瞒。例如当我们撒谎时，强烈情绪引发的微表情会快速从我们面部飞掠而过，我们根本来不及阻止它们。对撒谎的人来说比较幸运的是，有 99% 的人看不到这些表达内心痛苦的转瞬即逝的信号，在参与艾克曼的实验的 15000 人中，仅有 50 人能在没接受培训的情况下看出。

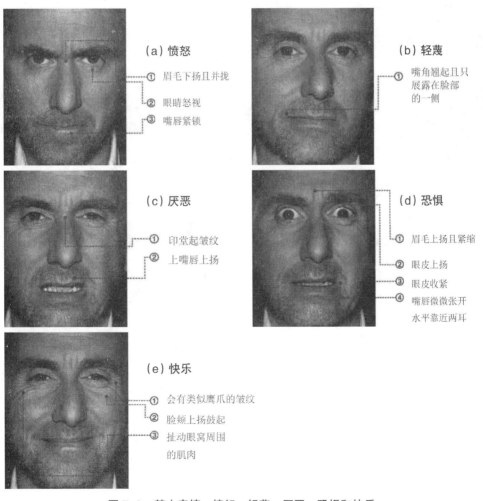

图 7-2　基本表情：愤怒、轻蔑、厌恶、恐惧和快乐
（资料来源：《别对我撒谎》(lie to me) 剧照截图）

表情的识别受年龄、职业、民族文化等众多因素的影响。研究表明，小学生对于面部表情的判断准确率要明显地高于对身段表情的判断率。对于轻蔑、惊奇等表情，儿童难以识别，对成人而言则容易得多。从事心理工作的人对于表情的识别往往比较容易。面部表情的识别，人类有着共同的倾向性，同时对某些表情的识别又存在着跨文化的差异。例如，在日本微笑表示歉意，在中国则表示高兴或赞许。

二、身段表情

身段表情是指通过体态、姿势表现出的情绪和情感。在一次面对面的交流中，言语所传递的信息量在总信息量中所占的份额还不到35%，剩下的超过65%的信息都是通过非言语交流方式，即肢体语言完成的。例如，亲密的人往往有更多的身体接触，如牵手、挎着胳膊等。手势表情是人们经常使用的身段表情之一，通常和言语一起使用来表达情绪。手势表情完全是后天习得，因此它存在个体差异和民族或团体差异。如图7-3所示是美国人常使用的几种手势。

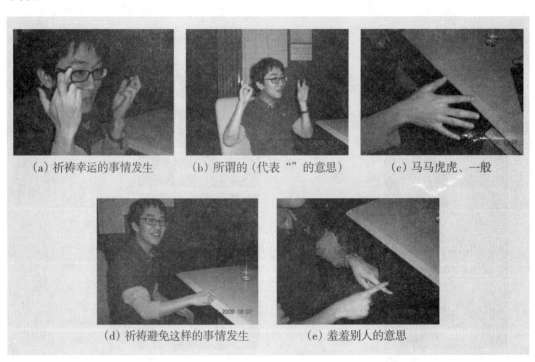

（a）祈祷幸运的事情发生　　（b）所谓的（代表""的意思）　　（c）马马虎虎、一般

（d）祈祷避免这样的事情发生　　（e）羞羞别人的意思

图7-3　几种美国人常用的手势表情

《身体语言密码》一书中提到人在撒谎时的几种身段表情，包括用手遮住嘴巴、触摸鼻子、摩擦眼睛、抓挠耳朵、拉拽衣领、抓挠脖子、手指放在嘴唇之间等。如图7-4所示，无论是美国总统还是电影明星，这些身段表情是通用的。美国的神经学者深入研究了比尔·克林顿就莱温斯基性丑闻事件向陪审团陈述的证词，他们发现克林顿说真话时很少触摸自己的鼻子，而撒谎时，他的眉头就会在谎言出口之前不经意地微微一皱，而且每四分钟触摸一次鼻子，在陈述证词期间触摸鼻子的总数达到26次之多。

(a) 用手遮住嘴巴　　　　　(b) 触摸鼻子　　　　　(c) 摩擦眼睛

(d) 抓挠耳朵　　　　　(e) 拉拽衣领　　　　　(f) 抓挠脖子

(g) 手指放在嘴唇之间

图 7-4　撒谎时常见的身段表情

下意识地用手遮住嘴巴，表示撒谎者试图抑制自己说出那些谎话。有时是用几个手指或紧握的拳头遮着嘴，有的人会假装咳嗽来掩饰自己遮住嘴巴的手势。触摸鼻子的手势一般是用手在鼻子的下沿很快地摩擦几下，有时甚至只是略微轻触。美国芝加哥的嗅觉与味觉治疗与研究基金会的科学家发现，撒谎时，儿茶酚胺释放引起鼻腔内部细胞肿胀。此外，撒谎使血压增高也会导致鼻子膨胀，引发鼻腔的神经末梢传送出刺痒的感觉，于是人们只能摩擦鼻子止痒。摩擦眼睛的手势是企图阻止眼睛目睹欺骗、怀疑，或是避免面对那个正在遭受欺骗的人。抓挠耳朵也意味着当事人正处在焦虑的状态中。抓挠脖子的手势是用食指抓挠脖子侧面位于耳垂下方的那块区域，每次做这个手势，食指通常会抓挠 5 次。撒谎会使敏感的面部与颈部神经组织产生刺痒的感觉，于是人们不得不通过摩擦或者抓挠的动作消除这种不适。将手指放在嘴唇之间的手势，与婴孩时代吸吮母亲的乳头有着密切的关系，是潜意识里对母亲怀抱里的安全感的渴望。人们常常在感受到压力的情况下做出这个手势。

三、言语表情

言语表情是指人通过说话的语音、语调、节奏、速度等所表达的情绪和情感。例如，悲哀时语调低沉、节奏缓慢；高兴时语调高昂、节奏轻快。同一句话也可以用语调和语气的不同来表示疑问、肯定、生气和惊讶等不同的情绪。

人的心理活动是复杂而细微的，情绪的表现也是如此，表情所传递的信息有时并非是主体内在体验和思想的真实反映。现实生活中，有的人会"强颜欢笑""装模作样"来表达虚假的意图。因此，在识别情绪时，需要综合考虑他人的面部表情、身段表情和言语表情。

【信息栏】7-1：测谎仪

测谎仪

被人欺骗应该是人们在人际中最想避免的事情了，但除了训练有素的联邦特工，常人很难精通察觉谎言的技巧。当然我们可以运用多道生理记录仪记录伴随情绪的生理变化以判断是否存在说谎。多道生理记录仪俗称测谎仪，实质上是一种"情绪检测器"，测量与情绪状态相联系的某些生理指标。它用于测谎是因为人在说谎时往往感到内疚和焦虑，从而导致心率、血压、呼吸和皮电反应等的变化，因而推断可以用测谎仪进行检测。

操作测谎仪的标准程序是：先在被试放松时做一个记录，这些记录作为计算随后反应的基线，然后，测验者提出一系列经过仔细措辞、要求用"是"或"否"来回答的问题。鉴定性问题（也称相关问题）分散在中性问题（也称无关问题）之中。为了使测量回到常态，问题与问题之间通常有1分钟的时间间隔。在司法心理学中运用测谎仪的假设是，由于犯罪的被试对鉴定性问题的生理性反应增强从而被揭露出来。图7-5是测谎仪上显示的呼吸、汗腺及心跳记录曲线随问题性质变化的情形。

测谎仪的运用是有争议的，原因有二：一是说谎不一定伴随着独特的容易区分开来的生理反应；皮电反应和其他生理反应变化并不必然地意味着说谎。各种情绪之间的生理唤醒在很大程度上是相同的。测谎仪不能区分焦虑、激怒和内疚所引起的相似的生理反应。因此，测谎的错误率大约为三分之一。相关的问题也可能使诚实的人紧张不安，例如，一个无辜的人担心受牵连也会出现这些生理变化，这种测验也容易将无辜的人定为有罪。二是被测者（如罪犯）可能通过把所有问题都和犯罪事实联系起来，以此来搅乱"基线"，使得调查者找不到比较的标准，不能区分出由犯罪说谎所引起的情绪反应。

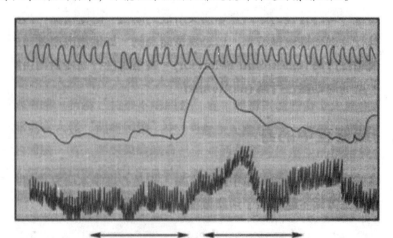

图7-5　测谎仪记录图

由于许多条件会引起生理唤醒，特别是皮电反应的变化，因此测谎仪的运用必须慎重。一个更有效的方法是用犯罪情节的知识来测试，即测试犯罪嫌疑人在回答只有警察和其本人知道的犯罪细节时的生理反应。比如，钱财被偷盗，测谎专家就以贵重财物的名称、钱的数额来测试嫌疑人的情绪反应。如果这种具体的探查足够多，一个无辜的人就不会被错误指控。尽管有90%以上的心理学家认为测谎能被罪犯和间谍顺利通过，但仍有很多学者认为用犯罪情节的知识进行测试是科学而合理的。

第三节　情绪理论

一、詹姆斯—郎奇的情绪理论

美国著名心理学家威廉·詹姆斯（W. James，1842—1910）于1884年提出了情绪变化是人对自身身体变化的感知的理论。次年丹麦的生理学家卡尔·郎奇（C. Lange）提出了基本相同的情绪理论，人们统称为詹姆斯—郎奇情绪学说。詹姆斯和郎奇都强调情绪与机体变化的关系，强调植物性神经系统在情绪发生中的作用，所以被称作情绪的外周理论。

詹姆斯认为，人的头脑不会像胃分泌胃液、胆分泌胆汁一样分泌出情绪，因而花费时间去研究人脑产生情绪的生理机制是徒劳的。他认为，情绪就是人对自己身体变化的感知觉，当人的身体对外部事物的刺激做出反应的同时，这种反应会引起人对身体变化的感觉，也就是情绪。他举例说："我们因为哭，所以才伤心；因为动手打，所以才生气；因为发抖，所以才怕"。在詹姆斯看来，情绪就是对外周机体变化的觉知。

詹姆斯—郎奇的情绪理论引起了一系列的实验研究，研究的结果证实，人的情绪的确与机体内外部的生理变化有着十分密切的关系。但是，如果把人的情绪的产生原因完全归结于这一方面，则与客观事实是不相符的。人的情绪的产生是一个极其复杂的过程，它既有人脑的参与，又有机体的作用和外部环境的影响等等。该情绪理论的意义在于它将紧紧束缚着人们的旧的传统研究方式打破了，开始注意情绪与人的身体变化之间的紧密联系，这一理论线索主导了近一个世纪的情绪心理研究。

二、坎农—巴德的情绪理论

美国心理学家坎农（Cannon，1927）对詹姆斯—郎奇的情绪理论提出了如下质疑：（1）机体的生理变化在发生上相对缓慢，不足以说明情绪迅速发生、瞬息变化的事实。（2）同样的内脏器官活动可以在极不相同的情绪状态中发生，因此，根据生理变化难以分辨各种不同的情绪。（3）切断动物内脏器官与中枢神经系统的联系，情绪反应并不完全消失。（4）用药物人为引起与某种情绪联系的身体变化，并不产生真正的情绪体验。根据这些事实，坎农认为，情绪并非外周变化的必然结果，情绪的中心在中枢神经系统的丘脑。

由外界刺激引起感觉器官的神经冲动，通过内导神经，传至丘脑；再由丘脑同时向上向下发出神经冲动，向上传至大脑，产生情绪的主观体验，向下传至交感神经，引起机体的生

理变化，如血压增高、心跳加速、瞳孔放大、内分泌增多和肌肉紧张等，使个体生理上进入应激准备状态。例如，某人遇到一只熊，由视觉感官引起的冲动，经由内导神经传至丘脑处，在此更换神经元后，同时发出两种冲动：一是经体感神经系统和植物神经系统达到骨骼肌及内脏，引起生理应激准备状态；二是传至大脑，使某人意识到熊的出现。这时某人的大脑中可能有两种意识活动：其一认为熊是驯养的动物，并不可怕。因此人脑将神经冲动传至丘脑，并转而控制植物神经系统的活动，使应激生理状态受到压抑，恢复平衡；其二，认为熊是可怕的动物，会伤害人，大脑对丘脑抑制解除，使植物神经系统活跃起来，加强身体的应激生理反应，并采取行动尽快逃避，于是产生了恐惧，随着逃跑时生理变化的加剧，恐惧情绪体验也加强了。因此，情绪体验和生理变化是同时发生的，他们都受丘脑的控制。

三、阿诺德的情绪理论

美国心理学家阿诺德在 20 世纪 50 年代提出了情绪的评定—兴奋学说。这种理论认为，刺激情景并不直接决定情绪的性质，从刺激出现到情绪的产生，要经过对刺激的估量和评价，情绪产生的基本过程是刺激情景—评估—情绪（见图 7-6）。同一刺激情景，由于对它的评估不同，就会产生不同的情绪反应。评价依赖于记忆和期待，新的事件或情境会诱发关于过去经验的情感的记忆。这些记忆和当前情境导致对未来的期待，想象将要发生的事件与我们的利害关系。评估的结果可能是对个体"有利""有害"或"无关"。如果是"有利"就会引起肯定的情绪体验，并企图接近刺激物；如果是"有害"，就会引起否定的情绪体验，并企图躲避刺激物；如果是"无关"，个体就予以忽视（Arnold，1950）。

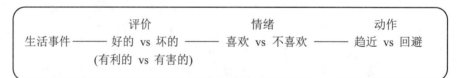

图 7-6　情绪产生的基本过程

（资料来源：Reeve，J. & Reeve，J.（2001）. Understanding motivation and emotion. New York：Wiley）

四、斯凯特—辛格的情绪理论

美国心理学家斯凯特（S. Schachter）和辛格（J. E. Singer）提出的情绪归因论认为，特定情绪的产生需要具备两个不可或缺的因素：第一，个体必须体验到高度的生理唤醒，如心率加快、呼吸急促等；第二，个体必须对生理状态的变化进行认知性的唤醒。这就是斯凯特著名的情绪两因素理论（见图 7-7）。

情绪状态是认知过程（期望）、生理状态和环境因素在大脑皮层中整合的结果。环境中的刺激因素，通过感受器向大脑皮层输入外界信息；生理因素通过内部器官、骨骼肌的活动，向大脑输入生理状态变化的信息；认知过程是对过去经验的回忆和对当前情景的评估，来自这三方面的信息经过大脑皮层的整合作用，才产生了某种情绪体验。斯凯特的研究为情绪的认知理论提供了最早的实验依据，对认知理论的发展起到了一定的推动作用。

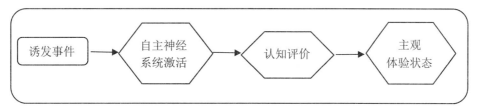

图 7-7　斯凯特和辛格的两因素模型
（资料来源：Fox, E.（2008）. Emotion Science cognition and neuroscientific approaches to understanding human emotions. Palgrave Macmillan.）

五、拉扎勒斯的情绪理论

美国心理学家拉扎勒斯（R. S. Lazarus, 1970）的"认知—评价理论"认为情绪是人与环境相互作用的产物，在情绪活动中，人们不仅接受环境中的刺激事件对自己的影响，同时要调节自己对于刺激的反应。情绪活动必须有认知活动的指导，只有这样，人们才能了解环境中刺激事件的意义，做出适当的、有价值的动作组合，即动作反应。因此，情绪是个体对环境事件知觉到有害或有益的反应。在情绪活动中，人们需要不断地评价刺激事件与自身的关系：包括初评价、次评价和再评价。初评价是指人确认刺激事件与自己是否有利害关系，以及这种关系的程度。次评价是指人对自己反应行为的调节和控制，它主要涉及人们能否控制刺激事件，以及控制的程度。再评价是指人对自己的情绪和行为反应的有效性和适宜性的评价，实际上是一种反馈性行为。如果再评价结果表明行为是无效的或不适宜的，人们就会调整自己对刺激事件的次评，甚至初评，并相应地调整自己的情绪和行为反应。

该理论强调个体对自己与环境关系的认知评价、理性认识对情绪产生的作用，有助于人们从认知、行为、生理等多个角度综合探讨情绪。

六、伊扎德的情绪理论

美国心理学家伊扎德（Izard）提出了"情绪动机—分化理论"，该理论以情绪为核心，以人格结构为基础，论述情绪的性质与功能。伊扎德认为，情绪是人格系统的组成部分，而人格是由体内平衡系统、内驱力系统、情绪系统、知觉系统、认知系统和动作系统等六个子系统组成。情绪具有动力性，是人格系统的核心动力。情绪包含着神经生理、神经肌肉的表情行为、情感体验等三个子系统，它们相互作用、联结，并与情绪系统以外的认知、行为等人格子系统建立联系，实现情绪与其他系统的相互作用。关于情绪的激活与调节，伊扎德提出了四个基本过程：生物遗传—神经内分泌激活过程、感觉反馈激活过程、情感激活过程和认知激活过程（见图 7-8）。在论述情感体验在情绪激活和调节过程中的作用时，伊扎德认为一种情绪可以引起另一种情绪。例如，极度悲伤会引起愤怒，极度疲劳会引起痛苦，疲劳与痛苦结合可能引起愤怒。认知是情绪产生的一个重要因

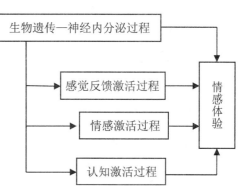

图 7-8　情绪激活和调节的多系统模型
（资料来源：Izard, 1993.）

素，但认知不等于情绪，也不是产生情绪的唯一原因，而只是参与情绪激活与调节过程。

该理论是当前最完满、最杰出的论述之一，既继承了情绪有生物成分和进化价值的观点，又重视社会文化环境、个体经验和人格结构等对情绪的制约作用，它强调情绪受主体认知功能的调节，是一种较全面的理论，有着广泛的发展前景。

第四节　压力与情绪

现代生活中的人无时无刻不处于压力之中，尽管我们大家都知道压力的存在，压力使我们很多人处于一种不愉快的情绪中，有些人甚至能够分析出压力的来源，那么如何面对压力影响情绪之后产生的身心后果，如何去解决压力问题将是本节中所要讨论的问题。

一、压力概述

(一) 压力概念

压力概念由加拿大心理学家汉斯·薛利（Hans Selye）于1936年提出。他认为压力是表现出某种特殊症状的一种状态，这种状态是由生理系统中因对刺激的反应所引发的非特定性变化所组成的。压力是个体在面对具有威胁性的情境中，无法消除威胁脱离困境时的一种被压迫的感受；这种感受经常因某些生活事件而持续存在，演变成为个体的生活压力。

个体情绪经验产生必须存在引起知觉的刺激情景和个体对刺激的认知两个条件，二者兼备时产生情绪经验，并采取适当反应行动，这是暂时性的某一情绪经验，在日常生活中我们经常看到。例如，个体在遇到交通危险时及时逃离，一段时间后恐惧情绪状态随个人脱离困境而再度恢复平静。但生活中我们也经常见到当个体感知危险却无力摆脱的情况，长期处于威胁性刺激情境下的个体，由刺激情景引起的情绪状态一直不能恢复平静。具有威胁性刺激的情境在个体的生活中长期存在，这种生活实践随时使个体在心理上感到很大的压力。这就是我们常说的生活压力，如个体无法胜任工作所产生的压力。

简单来说，应激反应展示了一幅人类自主的极度活跃的画面。如图7-9所示，人的身心为了应付濒临的危险，都处于"红色警戒"中，然而这种活跃性不会持续很久，一旦危险解除，生理会恢复到一种平衡的状态，此时对身体是无害的。但是当存在持续的危险又无力摆脱时，短时的应激开始转变为长期的压力，它对身体的破坏性就不可小觑了。

(二) 压力的来源

心理压力的产生原因是复杂的，我们将这些具有威胁性或伤害性并因此带来压力感受的事件或环境称为压力源。生活中的压力源可能存在于人们自身，也可能存在于环境中。有研究证明，人类最主要的压力源是人，人际关系是造成压力的最主要来源。心理学家在研究中把造成压力的各种生活事件进行分析并提出了四种类型的压力源。

1. 瞬间反应： 当面对可能的威胁时，身体迅速为力量和速度提供资源

大脑： 压力使人体的疼痛器官迟钝，以起到保护作用，思考和记忆增强。

眼睛： 瞳孔变大，视野清晰。

肺： 吸入更多的氧气。

肝： 作为肝糖储存下来的糖分可以转变为葡萄糖，为人体提供能量。

心脏： 血液输送更多的氧气和葡萄糖作为动力，心跳加快和血压升高。

肾上腺： 骨髓秘密储存应激反应的肾上腺素。

脾： 产生更多的血红细胞，允许血液携带更多的氧气到肌肉中。

毛发： 体毛倒立，膨胀的毛发让动物看起来更大和更危险。

肠： 消化停止，给肌肉贡献更多的能量。

肌肉： 肌肉紧张，准备搏斗或逃跑。

2. 延迟反应： 非战即逃反应的几分钟后，身体开始改变，达到平衡和补充自己

大脑： 海马体是记忆和学习的中心，在压力的过程中会活跃起来。

免疫系统： 抗击感染能力减弱，可能为了增加可用的能量。

肝： 作为脂肪储备的能量转变为可用的燃料。

肾上腺： 肾的皮层储藏控制新陈代谢和免疫的皮质醇。如果时间太长，是有毒的。

3. 慢性反应： 如果刺激过于频繁，这种反应会毒害免疫系统、心脏及大脑。

大脑： 考的素会毒害脑细胞，可能会破坏人的认知能力。疲劳、愤怒和沮丧增多。

免疫系统： 对抗击病毒的细胞的重复抑制最终会减弱对传染病的抵抗力。

肠： 血流的减缓使黏液内层受到溃疡的攻击。

循环系统： 血压和心跳的提高会破坏血管的弹性。

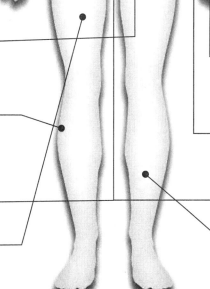

图 7-9　压力应激图

1. 躯体性压力源

躯体性压力源是指通过对个体的躯体直接发生刺激作用而造成身心紧张状态的刺激物，包括物理的、化学的、生物的刺激物。过高或过低的温度、微生物、变质食物、酸碱刺激等，这一类刺激是引起生理压力的主要原因。例如，个体长期经受病痛折磨所形成的压力。心理学家霍尔姆斯和瑞希编制的生活改变与压力感量表，如表 7-1 所示，列出了 43 种大部分人都可能经历的生活事件。

每一项生活事件引起生活变化的程度或达到社会再适应所需努力的大小，称为生活变化单位（LCU），以此反映心理应激的强度。霍尔姆斯对经历了不同事件的人进行多年的追踪观察，认为生活事件与 10 年内的重大健康变化有关。如果在一年中，LCU 超过 200 单位，则发生疾病的概率增高，如果 LCU 超过 300 单位，第二年生病的可能性达 70%。

表 7-1 生活改变与压力感量表

	生活事件	LCU		生活事件	LCU
1	配偶去世	100	23	子女离家	29
2	离婚	73	24	吃官司	29
3	分居	65	25	个人杰出的成就	28
4	入狱	63	26	配偶开始或停止工作	26
5	亲密的家人去世	63	27	入学或者失学	26
6	自己受伤或生病	53	28	生活水平的改变	25
7	结婚	50	29	个人习惯上的修正	24
8	被老板解雇	47	30	和上司相处不好	23
9	婚姻的调和	45	31	工作时数或条件的改变	20
10	退休	45	32	搬家	20
11	家人健康的转变	44	33	转校	19
12	怀孕	40	34	娱乐的转变	19
13	性功能障碍	39	35	教堂活动的改变	19
14	新生儿诞生	39	36	社交活动的改变	18
15	工作变动	39	37	贷款（少于 1 万美元）	17
16	经济状况的改变	38	38	睡眠习惯的改变	16
17	好友去世	37	39	家庭联欢时人数的改变	15
18	从事不同性质的工作	36	40	饮食习惯的改变	15
19	与配偶吵架的次数改变	35	41	假期	13
20	贷款超过 1 万美元	31	42	圣诞节	12
21	丧失贷款抵押品赎取权	30	43	轻微犯法	11
22	工作职责的转变	29			

2. 心理性压力源

心理性压力源是指来自个体头脑中的紧张性信息，心理性压力源与其他类型压力源的显著不同之处在于它直接来自于人们的头脑中，反映了心理方面的困难。生活中的压力事件处处可见，不同的个体有不同的认识，区别常常源于人们内心对压力的认知。常见的心理性压力源有心理冲突与挫折、不切实际的期望、不祥的预感以及与工作责任有关的压力和紧张等。

3. 社会性压力源

社会性压力源主要指造成个体生活方式上的变化，并要求个体对其做出调整和适应的情境与事件。社会性压力源包括个体生活中的变化，也包括社会生活中的重要事件。个人生活的改变常常会给人带来压力。例如，表 7-1 所示的生活改变与压力感量表中，由 400 位不同职业、阶层、身份、年龄的人对这些事件产生的压力大小打分，发现其中 24 个项目直接与家庭内部人际关系的变化有关。

4. 文化性压力源

文化性压力源中最常见的是文化性迁移，即从一种语言环境或文化背景进入到另一种语言环境或文化背景中，使个体面临全新的生活环境、陌生的风俗习惯和不同的生活方式，从而产生压力。若不改变原来的习惯，适应新的变化，常常会出现不良的心理反应。例如，出国留学或移民，如果缺乏对环境改变所应有的心理准备，没有一定的外语水平，在异域文化背景下就难以适应，无法交流。例如，在中国文化中龙是吉祥之物，而在西方文化中龙则代表着邪恶，如图 7-10 所示。

(a) 中国文化中的龙图腾　　　　　　　(b) 西方文化中的龙图

图 7-10 不同文化中的龙图

二、压力对健康的影响

压力是现代社会人们最普遍的心理和情绪上的体验。人体对应激的调节作用是有限的，因应激而失衡的机体内环境长期得不到恢复，或持续受到应激性刺激，则可能转为病理改变，进而导致身心疾病。

(一) 压力对身体健康的影响

很多研究表明，心理因素的刺激，总是伴随着相应的情绪变化而引起或影响疾病的发生与发展。医学心理学研究证实当人体处于应激状态时，血压升高，血液中的游离脂肪酸含量增加，可通过肝脏转化为甘油三酯，沉积在动脉壁上，形成动脉粥样硬化斑。另外，由于交感神经兴奋性增强，使血糖也升高，会加速动脉硬化和诱发心血管疾病。长期处于心理应激状态还会使人体免疫力降低，引发多种疾患，诸如哮喘、冠心病、情绪障碍、糖尿病、头痛和偏头痛等。

1. 压力与心脏病

心脏病是心脏疾病的总称，具有高发病率、高死亡率、突发性和反复性等特点，已成为人类健康的杀手。据《欧洲心血管杂志》报道，英国研究人员针对一万多名英国公务员历经 12 年时间的 7 次调研结果发现，工作压力引发的生理变化对于患心脏病所起的作用，比以往

所认为的更加直接。那些在前两次调查中被确认为工作压力沉重的公务员心理长期受压，他们患心脏病的几率比正常人高 68%。这些受访者中，50 岁以下的人士压力与患病风险的关联最强。

个体在巨大的压力或情绪波动时，下丘脑垂体会分泌一种儿茶酚胺类物质，这种激素会迅速引起血管收缩，使血压升高，心跳加快，耗氧增加，从而引发心脏病。该激素分泌过多，心脏的收缩力过强，可能造成心脏破裂。日本有一种少见的心肌病与此有关，当然，健康人因为情绪激动而心碎丧命的几率并不高。另一方面，大脑和心脏之间存在反馈回路，大脑的学习、情绪及记忆等区域与心脏的跳动密切相关，精神压力会导致大脑调节心脏的功能失去平衡，进而增加了患者患上心脏病猝死的几率。最近几年我国"心脏病"的年轻化趋势增强，调查数据显示包括大中小学生的年轻人患上"心脏神经功能失调"，尤其是年轻中层领导"心脏病"发病率成倍增加。这些病人基本可以排除器质性心脏病可能，症状基本是由学习、工作所引发的压力造成，经过心理疏导及一些对症治疗，绝大多数人的"心脏病"症状消失。

2. 压力与癌症

癌症的形成和产生有多种多样的原因，现今压力已成为导致现代人不健康、亚健康和寿命减短的重要原因，也是导致癌症病变的重要凶手。医学研究发现，精神上的压力会干扰免疫系统的正常机能，降低防御外来病毒及自身体内细胞癌变的敏感度。压力下，肾上腺素水平急剧增加，压力或抑郁情绪持续存在，肾上腺素水平也会一直保持高位。研究小组报告说，他们在实验室中以前列腺癌和乳腺癌癌细胞为对象进行分析，结果发现当癌细胞暴露于肾上腺素环境中时，一种能导致细胞凋亡的蛋白质 BAD 变得失去活性，不能正常履行杀死癌细胞的职能。

压力与癌症有关的观点首先源自十九世纪几项动物实验研究。1999 年以色列精神病学家本艾里亚胡等人发现，如果强迫小鼠游泳、对其进行手术和让其社交受挫等都会导致小鼠的自然杀伤细胞的活性降低。而该细胞可以杀死癌细胞并阻止癌细胞的转移。这些压力加在小鼠身上只要一两天就会起作用，并且这些压力可导致小鼠某种类型的肿瘤增长 2~5 倍，同时还可以促进肿瘤的转移。

最能体现压力与癌症关系的是乳腺癌。女性患乳腺癌的研究表明，在确诊癌症之前的几年那些经历了生活压力事件，如生活创伤、丧偶等的女性中，这种疾病有较高的发病率。那些容易对压力作出强烈反应的癌症患者应该学会控制情绪、缓解压力，以增强癌症治疗的效果。此外，保持愉快的心情、态度积极乐观的病人，治愈后癌症复发的机会较低；而癌症愈后短时间内即复发的病人，大多数人有长期性的压力存在。因此，要想远离癌症的侵袭，一个好的方法就是要保持乐观的心情，多摄入对身心有益的营养食品。

（二）压力对心理健康的影响

除了身体上的疾病外，承受压力的人还经历着痛苦的心理过程。压力阻碍正常的人际沟通、人际交往，引起情感困惑，干扰人的思维过程和注意力集中，导致抑郁症等心理疾病。美国疾病控制和预防中心最新公布的一项调查结果显示，随着生活压力的不断增加，美国人因精神紧张而罹患抑郁症或其他精神疾病的数量剧增。调查数据显示，接受调查的 120 万人中，有近 10% 的人表示，因为生活压力大，他们每月至少有 14 天生活在高度紧张之中，并因此而患上多种精神问题，如心情抑郁、情绪焦躁和失眠等。我国目前的形势也不容乐观，越来越多的调查结果显示，受压力影响产生心理问题的人群呈增长趋势。

三、应对压力

压力的确给个体生活带来了不可估量的消极影响，例如在欧共体，每年大约有 1000 万人因工作压力而引发种种疾病；在挪威，治疗因压力引发的种种疾病耗费了 10% 的国民生产总值；在英国，因为压力而丧失 1.8 亿个工作日。面对压力带来的消极影响应采取积极的应对策略进行舒缓。

研究证明，个体对环境的压力具有相当大的抗拒力与适应力。如果在抗拒阶段不增加其他压力，或在衰竭阶段出现之前将压力减低或停止，个体的命运就可能转危为安，甚至经过一次压力的挑战或考验，很可能增强了对以后同类压力的适应能力。当个体在适应压力的过程中增加另一压力，将使其适应能力大减，提前陷入衰竭阶段，也就是我们在生活中经常见到的"屋漏偏逢连阴雨，行船又遇顶头风"。

（一）提高自我意识能力

自我意识是个体对自己身心状态及对自己同客观世界的关系的意识。它包括三个层次，即对自己及其状态的认识，对自己肢体活动状态的认识，对自己思维、情感、意志等心理活动的认识。自我意识不仅是人脑对主体自身的意识与反映，而且由于人的发展离不开周围环境，特别是人与人之间关系的制约和影响，所以自我意识也反映人与周围现实之间的关系。自我意识是认识外界客观事物的条件，对客观环境的了解有利于个体做出正确的判断。而且其对自我教育也有推动作用，它是改造自身主观因素的途径，使人能不断地自我监督、自我修养、自我完善。

（二）控制情绪

不同个体对压力的承受能力是不同的，部分个体对压力具有易感性，部分个体则能有效地应对压力。很多压力是个体自身的认知方式所造成的，在面对压力时，暴怒、抑郁、焦虑和失去信心是最常见的反应，所有这些反应都是个体对外界刺激所做出的情感反应。著名心理学家艾利斯认为，你不能控制事件本身，却能控制对事件的情绪反应。常使用的情绪控制方法有以下几种。

1. 注意力调控法

事物本身有好有坏，情绪往往取决于注意力对准了事物的哪一面，对准好的一面令人欢欣，对准坏的一面令人沮丧。要想控制注意力，最好的方法便是借助于提问题，你提出什么样的问题，脑子便会寻找有关的答案。如果你提出的问题是：这个人为什么这么讨厌？你的注意力便会寻找讨厌的理由，也不管这个人是不是真的讨厌。相反，若是问这个人怎么这么好？这时你的注意力就会寻找好的理由。因此，改变我们情绪最有效且最简单的一种方法，就是改变我们的注意力。

2. 情绪宣泄法

情绪宣泄法是指当人处于较激烈的情绪状态时，采取直接或间接的方式表达其情绪体验与反应。简单来说，就是当情绪体验处于激烈状态时，选择适当的场合，该哭就哭，该笑就

笑，合理地宣泄激烈的情绪。如向亲朋好友倾诉，关上房门大声谈唱，参加体育活动释放多余的能量等。坦率地表达内心强烈的情绪，可以使宣泄者的心理压力得以减轻，心情会平静、舒畅，与情绪体验同步产生的生理反应也能较快地恢复正常。

3. 放松训练法

放松训练法主要是个体用自己的意志调节机体的机能，通过有机体的主动放松增强对其生理和心理活动的控制，达到降低唤醒水平，调整情绪的目的。放松训练可使肌肉放松、呼吸深沉、思想入静、杂念全无，最后达到调节情绪的效果。练习者首先要使自己心神安静下来，坐卧姿势舒适，然后想象自己已置身于一个十分优美的环境之中。按照深吸气、长呼气等呼吸要点和方式来调理气息，配合呼吸，伴随着一定部位肌肉的运动和放松，最后达到全身肌肉的放松。

4. 数颜色法

美国心理学家费尔德提出了一种有效控制情绪的方法，它是运用生理反应控制情绪的方法。个体发怒时，肾上腺素的分泌使肌肉拉紧，血流速度加快，生理上做好了"攻击"的准备，这时随着愤怒情绪的升高，注意力就转移到了内心的感觉上，理性思考能力减少，某些生理功能也暂时被削弱。通过运用"数颜色法"，个体强迫自己恢复缜密的思维能力，使大脑恢复理性思考。具体做法是，环顾周围的环境，心中自言自语那是一面白色的墙壁，那是一张棕色的桌子，那是一把深色的椅子……一直数到十二种颜色，大约数三十秒。

5. 环境调节法

外界环境作用于人的大脑会导致情绪变化，远离不利环境，把自己融入美丽的自然风光中，让优美的环境冲淡郁闷的心情。

（三）长期规划与短期计划

长期面对紧张压力的工作生活，总会产生各种短期的压力和长期的压力，总是会处于各式各样的担心和焦虑，那就需要个体能够确切地知道自己的人生目标是什么，并做出长期的规划与短期计划，有条不紊地处理每天的各项事务，在压力产生之前消之于无形。

规划设计是最重要的。规划中的工作或者生活目标的选择要准确，考虑自身的能力状况谨慎选择，过高的、过低的目标选择都不利于压力的缓解。规划一旦确定，将规划分为小的步骤并列出。例如，每天把六个最重要的事情列出来，集中精力完成，如果没能完成，把剩下的列入下一天的安排，并在第二天优先完成。如果规划清晰，能在健康、社会关系、内部工作与业务之间找到平衡点，并每天持续前进，就可以最大限度地发挥自己的才能，还能减弱或消除生活和工作带来的各类压力。

（四）运动释放压力

体育运动能缓解压力，让人保持良性的、平和的心态。体育运动可以使身体发热、血液循环加快、血管扩张，能使工作和劳动所带来的神经紧张、脑力疲乏、情绪紊乱得到积极的调节。同时在与周围同伴的配合和对手的拼搏中产生美妙的快感，使参加运动者产生自尊、自信、自豪，从而消除忧虑，舒畅心境；另一方面体育运动能使身体产生一种腓肽的激素，这种激素能愉悦神经，调节心理，让人感觉到高兴和满足，使压力远离个体，所以腓肽激素也被称为"快乐因子"。最适合缓解压力的运动形式有慢跑、游泳、瑜伽和太极运动。如果压力来源于工作，那么参加一些以集体配合为主的运动，如篮球、排球、毽球等，通过这些运动在集体协作、默契配合中享受愉悦、快乐、幸福，使忧烦的心绪得以排解。

（五）健康饮食

明智地选择食物有助于缓解压力的影响。在预期的压力到来前，或者压力高涨之后的时间里应限制咖啡因、盐以及酒精的摄取量；在承受压力期间，应尽量避免使用过于油腻、热量过高的食物。要补充富含 B 族维生素的食物，B 族维生素是缓解压力的天然的解毒剂。要补充富含钙、镁的食物，如奶制品、豆制品和种子类食物等。补充一些富含 Omega-3 脂肪酸多的食物，如深海鱼类有减缓疲劳的作用。多吃碱性食物，如新鲜蔬菜和水果，可以平衡体内酸碱值，缓解疲劳、减轻压力。

【反思与探究】

1. "情绪化"常被认为是不可捉摸的，难以控制的，现在你能够了解自己的情绪，并学会更好的处理方法了吗？

2. 最近几年我国"心脏病"的年轻化趋势增强，有哪些因素在起作用？你能想到哪些好的方法可以应对压力？

【第七章资源链接】

1. 孟昭兰 . 情绪心理学 [M]. 北京：北京大学出版社，2005.

本书是一部较为全面系统论述情绪心理的极有价值的综合性著作。它力图揭示人的快乐与悲伤、期望与失望以及爱恋与淡漠、愤怒与恐惧、忧郁与焦虑等情感变化的奥秘。并在书中介绍了世界上四十来位有代表性的情绪理论家的学说。

2. 叶素贞，曾振华 . 情绪管理与心理健康 [M]. 北京：北京大学出版社，2007.

本书以大学生最常遇到的情绪管理、自我塑造、环境适应、学习心理、人际交往、恋爱婚姻、性心理、网络调适以及挫折和压力的处理等十大问题为主线，以积极的应对策略和心理辅导为主要内容，为大学生和广大读者朋友们打开一扇通向光明的窗户。

3. 李虹 . 压力应对与大学生心理健康 [M]. 北京：北京师范大学出版社，2004.

本书在压力和心理健康的基本原理中，介绍了压力源、压力应对源、压力反应和压力测量，并介绍了心理健康的影响因素和心理治疗的理论及方法。在新的应对源与大学生心理健康关系中，介绍了生命愿景研究的切入点、结构特点和作用机制，以及大学生的压力与心理健康的关系。

第八章
动　机

【内容提要】

本章首先讲述动机的含义，动机类型，动机与需要的关系，马斯洛的需要层次理论；第二部分，讨论了动机理论；第三部分介绍了学习动机的含义，学习动机的相关研究，重点分析了在教学活动过程中，教师如何有效激发学生的学习动机；最后讨论意志行动的含义，以及如何培养学生良好的意志品质。

【学习目标】

1. 了解动机的含义。

2. 理解马斯洛的需要层次理论。

3. 掌握学习动机与工作效率之间的关系，掌握韦纳的成败归因理论，掌握激发学生学习动机的方法与策略。

4. 理解意志品质的内容，识记如何培养良好的意志品质。

清晨，当你站在路旁看着来去匆匆的人群，你可能会想，他们去往何处？去做什么？为了什么？在课间，一位同学夸你今天看上去很漂亮（帅气），其实自己今天只是一身普通的装束而已。你可能会想，他（她）为什么要这样夸我？在日常生活中，人们常常会问"他为什么这样做"，"他这样做是出于什么动机"，这其中就涉及"动机"这一概念。什么是动机，它与个体行为之间存在怎样的关系？

第一节　动机概述

一、动机的含义

在心理学上，动机是指由一种目标或对象所引导、激发和维持的个体活动的内在心理过程或内部动力（Pintrich & Schunk，1996）。即动机是一种内部心理过程，而不是心理活动的结果。对于这种内部过程，人们不能进行直接的观察，但是，可以通过任务选择、努力程度、对活动的坚持性和言语表达等外部行为间接地推断出来。通过任务选择我们可以判断个体行为动机的方向、对象或目标；通过努力程度和坚持性我们可以判断个体动机强度的大小。各种动机理论都认为，动机是构成人类大部分行为的基础（Weiner，1985）。

要理解这一概念，需要了解动机如下几个方面的意义：（1）动机是一种内部刺激，且是个体行为的直接原因。（2）动机为个体行为提供力量以达到其体内平衡。（3）动机为个体行为提出目标。（4）动机使个体明确其行为的意义。此外，动机还可以将责任感赋予行为，帮助解释个体在逆境中的意志行为。

动机与个体行为之间的关系是错综复杂的。它们并非是一对一的关系，同一种动机可以产生不同的行为。例如，个体有着为社会发展和人类进步而贡献自己力量的动机，那么他（她）的行为可以有许多种不同的表现，如刻苦学习，增长知识，不断参加社会实践活动，提高社会技能，或者是积极锻炼身体，增强体魄等。另一方面，个体的同一种行为也可以是由不同的动机所引起，例如，个体刻苦进行体育锻炼这一行为可能来自不同动机的驱使，可能是为了增强体质，可能是为了数月之后的运动会上取得好成绩，也可能是为了使体形变得更加匀称等等。

二、动机的类型

按照动机的性质来分，人类的动机可分为生理性动机和社会性动机两大类。生理性动机是以生物学需要为基础，推动有机体为了满足生理需要而活动。例如，饥、渴、缺氧、疼痛、母性、睡眠等动机，这些都是生理性动机。生理性动机是以满足某种生物学需要为基础，当这种生理的需要得到满足时，生理性动机便趋于下降。另外一个方面，由于人类是一种社会性的实体，人类的许多活动都会受到社会生活的影响。例如，同样是饥饿和进食，饥饿动机驱使有机体活动以满足饥饿需要，有人"不为五斗米而折腰"，有人却会有其他的表现，这反映出人类行为的复杂多样性。仅仅用生物需要和生理性动机的满足来说明人类的行为，是不全面的。人有时会为某种信仰或追求而放弃优越、舒适的生活，宁愿去挨饿、受苦。简单来说，除了以生物需要为基础的生理性动机以外，随着个体的成长，将出现新的动机，如劳动动机、社交动机、成就动机、兴趣和认识动机等，这些动机是以人的社会需要为基础，称为社会性动机。社会性动机是以人的社会文化需要为基础，满足社会化需要的动机。常见的社会性动机包括成就动机、社会交往动机、劳动动机、兴趣和认识动机等。

✉️ **【信息栏】8-1：肥胖产生的原因**

肥胖产生的原因

谈到饥饿动机与进食行为，人们常常会想到进食过量与肥胖。在现代社会，肥胖逐渐成为人们关注的一件事情。肥胖症是指身体上脂肪过多致使体重远超过应有标准的反常现象。肥胖不仅给个人带来行动不便，影响自尊、自信，更严重的是，它是高血糖、心脏病的主要成因，危害人类健康。

为什么有的人会患上肥胖症？吃得过多只是表面原因，实际上造成肥胖的原因多而复杂。下面从心理学的角度讨论肥胖的两个原因——情绪和诱因。

许多人都体验到食欲与情绪有关，但根据心理学家的研究发现，一般人通常是焦虑时食欲降低，食量减少；而肥胖者在焦虑时，反而食量大增（Mckenna，1972）。心理学家甚至发现，肥胖者不仅焦虑时吃得更多，而且在其他任何情绪激活状态下都会增进食欲。以肥胖者和正常体重者为两组被试，让他们先后用四段时间分别看四部电影：悲剧片、滑稽片、性感片、旅游片，在每段影片观赏之后品尝各种不同品牌的饼干，且尽量取用。结果发现，肥胖者看过前三部情绪性影片之后，所吃饼干的数量远超过正常体重者，而正常体重者的饼干食用量同影片的性质之间没有什么关系（White，1977）。一般人情绪好时才胃口大开，而肥胖者在焦虑时食用量也会大增。导致这一反常行为的原因之一，是个体在婴儿时期常因多种原因（饥饿、尿床、太冷、太热、身体疼痛等）啼哭，而有的父母缺乏育婴知识，以为啼哭就是饥饿。于是只要啼哭，父母就立即喂奶，结果婴儿形成进食与解除痛苦之间的条件反射。另一个原因是，当个体口中咀嚼时，脸部的肌肉紧张度会减轻，情绪的紧张感也随之降低，久而久之，凡是遇到焦虑情境就以吃东西的方式来适应。所谓"借酒消愁"，就是一种与之相似的适应方式。

沙赫特和格罗斯（Schachter & Gross，1977）以正常体重者和肥胖者为被试做了一个实验。这些被试的正常吃饭时间都是在下午6：00左右。让他们参与短暂且与食物无关的活动，5：05结束。此后让被试单独过半个小时，5：35时实验者回来，口里吃着饼干顺手将一大盒饼干留下，让被试随便吃。但在一个实验中，把房间的时钟控制为其速度的一半，即实验者回来时时钟只有5：20；而另一实验中让时钟走得比正常快两倍，即实验者回来时时钟表明的是6：05。结果发现，如果时钟显示的时间是6：05（晚餐时间），肥胖者组所食用的饼干量，比正常体重者组多出一倍。实验表明，肥胖者对食物剥夺的内部生理影响不那么灵敏，但对当时外部环境中有关的食物线索却很敏感。是时钟（而不是他们的胃）向肥胖的被试报告了"吃饭的时间"。也就是说，肥胖者比正常体重者更易受到外在诱因的影响。

当然，造成肥胖的原因远远不止这些，生理遗传作用、暴饮暴食高热量的食品、服用某些药物等也是肥胖的原因；此外，现代人由于生产方式的改变，交通工具日趋发达，吃得比较好，而又运动得比较少，身体新陈代谢过低，过多的热量不容易被消耗，也是导致肥胖的重要原因。

资料来源：张春兴. 现代心理学 [M]. 上海：上海人民出版社，1994.

三、动机与需要

动机与需要之间是密切联系的，需要是动机产生的基础，动机是在需要的基础上产生的。当某种需要没有得到满足时，它就会推动人们去寻找满足需要的对象，从而产生活动的动机。

（一）需要的含义

需要是有机体内部的某种缺乏或不平衡状态，它表现出有机体的生存和发展对于客观条件的依赖性，是有机体活动的积极性源泉。苏联心理学家波果斯洛夫斯基等指出，需要是被人感受到的一定的生活和发展条件的必要性，需要反映有机体内部环境或外部生活条件的稳定的要求，需要是人的思想活动的基本动力。

需要是由个体对某种客观事物的要求引起的。这种要求可能来自有机体的内部，也可能来自个体周围的环境。需要是有机体活动的积极性源泉，是人进行活动的基本动力。人的各种活动，从饥饿进食、口渴饮水，到物质资料的生产、文艺作品的创作、科学技术的发明与创作，都是在需要推动下进行的。

人类的需要和动物的需要有着本质的区别。人类需要的对象和满足需要的方式，受具体的社会历史条件的制约，具有社会性。人的需要的内容以及满足需要的手段也和动物不同，由于人有意识，人的需要会受到意识的调节与控制。

（二）需要的种类

人的需要是多种多样的。按照不同的标准可以对它们进行不同的分类，例如，按起源可分为自然需要和社会文化需要；按指向的对象可分为物质需要和精神需要。

1. 自然需要和社会文化需要

自然需要与维持个体的生存与种族繁衍相联系，是一种本能的需要。如人对空气、水分、食物、睡眠等的需要。自然需要又称为生物性需要或生理性需要，它是人和动物都具有的一类需要。但是人与动物在满足自然需要的对象和方式上存在本质的差异。动物依靠自然界现成的天然物质来满足需要。人类则不同，因为人生活在社会中，其自然需要不仅可以通过自然界的物体得到满足，而且可以通过使用社会的产品得到满足。人的自然需要还受社会文化需要的调节。

社会文化需要与个体的社会生活相联系，是后天习得的需要。例如，劳动的需要、交往的需要、成就的需要、社会认可的需要、求知的需要等。这些需要反映了人类社会的要求，对维系人类社会生活、推动社会进步有重要的作用。

2. 物质需要与精神需要

物质需要指向社会的物质产品，并以占有这些产品而获得满足。例如，对衣、食、住、行有关的物品的需要，对劳动工具、文化用品、科研仪器等的需要。

精神需要指向社会的精神产品，例如，对文艺作品的需要，欣赏美的需要，交往的需要，道德需要和创造需要等。这些需要是以内有某些精神产品而得到满足的。精神需要是人类所特有的需要。在劳动过程中所形成的交往需要是人类最早形成的精神需要。

（三）需要层次理论

需要层次理论由美国著名的人本主义心理学家马斯洛提出，他认为人的需要由生理需要、安全需要、归属和爱的需要、尊重的需要、自我实现的需要五个层面构成。这五个层次的需要的主要内容如下。

生理的需要（physiological need）。它包括人对食物、水分、空气、睡眠、性的需要等。生理需要是人类的基本需要，它其中的大部分需要是人类生存所必需的，如果缺乏的话，将会产生比较强的驱力作用。马斯洛认为，在一切需要之中生理需要是最优先产生的，而且是有限度的，当需要被满足时，它就不再作为行为的动力而存在。这时人类可以从生理需要的支配下解脱出来，产生其他"更高级"的需要。

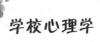

安全需要（safety need）。它表现为人们要求稳定、安全、受到保护、有秩序、能免除恐惧和焦虑等。如人们希望得到一份较安定的职业，愿意参加各种保险，这些都表现了他们的安全需要。婴幼儿由于无力应付环境中的不安全因素的威胁，他们的安全需要就显得尤为强烈。在安定良好的社会里，一般健康而正常的成年人，其安全需要基本上能够得到满足，但在动乱社会里，安全的需要就显得比较突出。

归属和爱的需要（belongingness and love need）。它主要表现为一个人要求与其他人建立感情的联系或关系，希望参加某个群体，成为他们其中的一员。每个人都不希望自己过孤独的生活，都希望能够结交朋友，渴望从父母、亲人那里得到关怀，愿意与朋友、同学、同事建立友谊，相互信赖。同时人们也渴望爱情和追求爱情，爱的需要包括接受爱的需要与给予爱的需要。

尊重的需要（esteem need）。它包括自尊和受到别人的尊重。尊重的需要一方面表现为自己对自己的认可，自尊、自重、自爱；另一方面表现为人们希望得到他人的关心与重视，希望自己的工作得到社会的肯定与认可，要求有名誉、威望和地位等。尊重的需要得到满足会使人相信自己的力量和价值，使他（她）在生活中变得更有能力，更富有创造性。相反，会使人感到没有受到重视，感到自卑，没有足够的信心去处理面临的问题。作为一个社会人，都有自尊、自重、自信的需要，希望他人尊重自己的人格，希望自己的能力和才华得到他人公正的承认和赞赏，要求在团体中确立自己的地位。

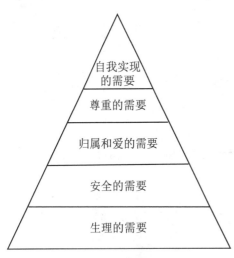

图 8-1　人类需要的层次
（资料来源：Maslow，1968.）

自我实现的需要（self-actualization need）。人们追求实现自己的能力或潜能，并使之完善。人们都有充分实现自身潜能的需要，希望自己越来越成为自己所期望的人物，完成那些与自身能力相称的工作。事实上，在人生道路上，自我实现的形式是不一样的，一个从事航天事业工作的男人与做炊事工作的男人、一位带孩子的妇女与开卡车的妇女，他们工作性质会略有不同，但是他们都有机会去完善自己的能力，满足自我实现的需要。

马斯洛认为，人的需要是由以下五个等级构成的，如图 8-1 所示。

根据马斯洛的需要层次理论，我们可以从下面几个方面理解。

（1）人的需要是有层次的。马斯洛认为上述五种基本需要是逐级上升的，先满足生理需要，再满足安全的需要，归属和爱的需要，尊重的需要，最后满足自我实现的需要。需要的层次越低，它的力量越强，潜力越大。随着需要层次的上升，需要的力量相应减弱。在高级需要出现之前，必须先满足低级需要。只有在低级需要得到满足或部分得到满足以后，高级需要才有可能出现。马斯洛指出，并不是只有低一级需要得到百分之百的满足后才会出现高级的需要，有时低级需要得到部分满足之后，就会出现高一级的需要。

（2）高级需要与低级需要之间的关系。低级需要直接关系到个体的生存，因而也叫缺失需要（deficiency need）。当这种需要得不到满足时，将直接危及个体的生命。高级需要不是维持个体生存所绝对必需的，因此，这种需要的满足可以稍做延迟。但是，高级需要也不是与人的健康成长毫无关系，满足这种需要能使人健康、向上、精力旺盛。在这个意义上，高级需要也叫生长需要（growth need）。高级需要比低级需要复杂，因此满足高级需要具备较好的外部条件，如社会条件、经济条件和政治条件等。

（3）低级需要与高级需要的顺序并非是完全固定的。一般情况下，只有先满足低级需要，然后才出现高级需要，高级需要的满足是以低级需要为基础的。但是，马斯洛也指出，在生活中也会出现一些"例外"，有些人在低级需要没有满足的情况下，受到一些因素的影响，便出现了高级的需要。例如，在人类历史上，许多人为了实现理想和事业胜利而不惜牺牲一切，对于他们来讲，首先考虑的不是自己的生理需要和安全需要。此外，有些个体对需要的追求也表现出一些不同，有人对自尊的需要超过了对爱的需要和归属需要。他们只有在感到非常自信并觉得有价值时，才会追求爱与归属的需要。

马斯洛的理论也存在一些不足之处，例如，马斯洛认为人类的基本需要是先天的、与生俱来的，这就混淆了生物性需要与社会性需要；另一方面，马斯洛关于自我实现者的研究多采用定性分析的方法，缺乏定量分析，科学性上受到限制。不管存在这样或那样的问题，马斯洛的需要层次理论仍然不失为一种较完整的需要理论，而且在心理学及其邻近学科中已广泛流传，产生了巨大的影响。

马斯洛的需要层次理论在心理学以及许多其他学科领域都有着广泛的应用。马斯洛的需要层次理论系统地探讨了需要的实质、结构以及发生发展的规律。这不仅对建立科学的需要理论具有一定的积极意义，而且在指导工作实践过程中也产生了重要的影响。

第二节　动机的理论

要了解动机与行为之间的关系，了解促使人类动机产生的原因，我们需要首先了解关于动机的一些理论。心理学家对动机产生的原因做了大量的研究，提出了多种理论。

一、本能理论

19世纪中期，生物学家和比较心理学家对动物的行为进行了大量的研究，他们从低等动物身上发现了许多复杂的非习得行为模式，例如，黄蜂无须教育也无须洞察自身活动的性质，就能建造复杂的格式蜂窝；候鸟不需要向导，就能够迁移几千英里。这种生物有机体的天赋的行为倾向，就是本能。本能倾向对有机体的生存至关重要，它以适当的途径确定行为方向，并为行为提供能量。在心理学领域，开展本能研究的代表人物主要有詹姆斯、麦独孤、弗洛伊德等。

美国心理学家詹姆斯提出，人的行为依赖于本能的指引，人除了具有与动物一样的生物本能外，还具有社会本能，如爱、社交、同情、诚实等（James，1890）。弗洛伊德认为本能不具备有意识的目的，也没有预先确定的方向。本能冲动是为满足躯体需要而存在的，它产生一种紧张状态（或心理能量），驱使人采取行动，通过消除紧张来获得满足。

到 20 世纪 20 年代，本能理论逐渐陷入困境。运用本能理论来解释人类的所有行为，是行不通的。首先，将本能行为定义为非习得行为，而非习得行为又被"解释"为本能行为，这就陷入了循环论证。此外，本能理论过分强调固定的先天行为机制，而实际上许多行为是可以通过后天学习来加以改造。尤其是人的心理，既是生物进化的产物，也是文化和社会演变的结果，只讲本能是片面的。

二、驱力理论

本能理论在解释人类行为时遇到了困难，20 世纪 20 年代，伍德沃斯（S. Woodworth）提出了行为因果机制的驱力这一概念，以代替本能的概念。根据伍德沃斯的理论，驱力是指个体由生理需要（如食物的需要、性的需要、逃避痛苦的需要）所引起的一种紧张状态，它能激发或驱动个体行为以满足需要，消除紧张，从而恢复机体的平衡状态。

后来，赫尔（C. L. Hull）提出了驱力减少理论，其主要观点为，有机体的需要会激起一种强烈的生理唤醒状态，这就是驱力。驱力是一种动机结构，它供给机体力量或能量，使需要得到满足，进而减少驱力。赫尔的理论适用于解释生物的机能，如吃、喝、睡眠等。剥夺食物会产生饿（驱力），它推动个体寻找食物和产生吃的行为，进而使驱力减少。随后，赫尔又提出，人类的行为主要是由习惯来支配的，而不是由生物驱力支配的。他强调经验和学习在驱力形成中的作用，认为学习对有机体适应环境有重要意义。驱力为行为提供能量，而习惯决定着行为的方向。赫尔还认为存在两种驱力：由内部生物需要引发的驱力叫原始驱力，无须习得；通过学习而获得的驱力叫获得性驱力。

但是，驱力减少理论也不能解释所有的问题。例如，什么力量激发了过量的强制性的进食行为？为什么一个人可以通宵达旦地工作？为什么政治家在监狱里可以绝食数日？我们知道在这些行为中，人的驱力不是减少，而是增加了。针对这些驱力减少理论不能够解释的现象与行为，有人提出了其他动机理论。

三、唤醒理论

依照驱力减少理论，所有的行为都旨在消除紧张，但是人类某些追求刺激和冒险的行为，例如，游乐园中的各种惊险游戏、社会上的一些竞技比赛等，恰恰是为了唤起紧张而不是消除紧张，驱力减少理论在解释这些行为时遇到了困难。

针对人类的这种行为，赫布（Hebb，1949）和柏林（Berlyne，1960）等人提出了唤醒理论。唤醒理论认为，人们总是被唤醒，并维持着生理激活的一种最佳水平，不是太高，也不是太低。对唤醒水平的偏好是决定个体行为的一个因素。一般来讲，个体偏好中等强度的刺激水平，因为它能引起最佳的唤醒水平，而对于过低或过高的刺激，个体是不喜欢的。

四、诱因理论

前面提到，驱力理论强调个体的活动来自内在的动力。驱力理论忽略了环境在引发个体行为上的作用。针对这种缺陷，有人提出了诱因概念。诱因指能满足个体需要的刺激物，它具有激发或诱使个体朝向目标的作用。

诱因在唤起和激发个体行为中起着重要的作用。例如，诱人的美食激发人的进食欲望；漂亮的时装引起人的购买欲；挑战性的任务激发人的成就需要等等。凡是符合人们需要的、对人们具有吸引力的刺激都可能成为诱因。诱因可以是物质的，如食物、服装等，它也可以是复杂的事件和社会情境，如获得社会名誉、地位等。诱因可以分为积极诱因和消极诱因，前者指有吸引力的刺激物；后者指个体回避的刺激物。

五、耶克斯—多德森定律

心理学研究表明，动机与工作效率之间存在着密切的关系。人们倾向于认为，学习动机强度越高，求胜心越强，其学习效率就会变得越高，反之，若是学习动机水平很低，对工作持漠然的态度，其学习效率就越低，事实并非如此。当学习动机过强时，个体往往处于高度的紧张状态，其注意和知觉的范围往往变得过于狭窄，反而限制了正常学习活动的进行，使学习效率降低。例如在考试过程中，有的学生的求胜动机非常强烈，很想取得好成绩，这种过高的动机水平，有可能令他（她）产生焦虑与紧张，干扰记忆和思维活动的顺利进行，出现考试"怯场"现象。

研究表明，学习动机强度与工作效率之间的关系不是一种单纯的线性关系，而是呈一种倒 U 形的曲线关系。一般情况下，中等强度的动机最有利于学习任务的完成。换句话说，学习动机不足或过分强烈，都会使学习效率下降。另外，有学者指出，学习效率不仅仅受动机水平的影响，它们二者之间的关系还因为学习任务难度的不同而有所不同，即各种不同难度的学习任务都存在一个最佳的动机水平，如图8-2所示。

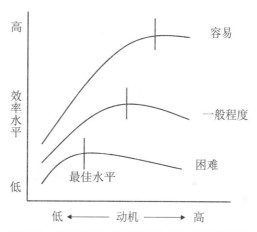

图 8-2　动机强度、任务难度与工作效率的关系

从图中，我们可以看到各种活动都存在一个最佳的动机水平。动机不足或过分强烈，都会使学习效率下降。研究还发现，动机的最佳水平随学习任务性质的不同而不同。在比较容易的任务中，学习效率随动机的提高而上升；随着任务难度的增加，动机的最佳水平有逐渐下降的趋势，也就是说，在难度较小的任务中，较高的动机水平有利于任务的完成，在难度较大的任务中，较低的动机水平有利于任务的完成。这就是著名的耶克斯—多德森定律（Yerkes—Dodson Law）。

六、成就动机理论

成就动机，是指个体努力追求卓越，以期达到更高目标的内在动力和心理倾向[1]。McClelland指出，成就动机强的人对学习和工作都非常积极，能够控制自己不受环境影响，并且能善于利用时间。

成就动机作为一种社会性动机，与学习动机之间存在密切的联系。激发学生的学习需要，提高学生的追求成功的愿望，是提高学生学习动机的一种重要的方式手段。从某种意义上说，提高学生的成就动机，是提高学生学习动机水平的一种重要的表现形式。

---

[1] 林崇德，杨治良，黄希庭.心理学大辞典 [M].上海：上海教育出版社，2003.

　　成就动机来自人的成就需要。默里（H. Murray）最早（1938年）提出和描述了成就需要这一概念，它是指人们克服障碍、完成艰巨任务、达到较高目标的需要。成就需要的强度因人而异，它影响着人们追求成就的倾向和对自己工作成绩的评价。麦克里兰和阿特金森等人对成就动机进行了系统的实验研究。麦克里兰主要关注的是成就动机的社会起源及其所产生的质的社会结果，他着重探讨在特定的社会背景下的群体成员是如何在其社会文化影响下，通过社会化过程塑造成就动机，并试图论证社会成员总体成就动机水平与该社会的经济、科学发展之间的关系。阿特金森的成就动机理论认为动机水平依赖于一个人对目的的评价以及达到目的可能性的估计。Atkinson和Brich认为，成就动机在意识上表现为对立的心理作用：其一是追求成功，即追求成功和由成功而带来的积极情感，表现为趋向目标的行动；其二为害怕失败，即避免失败和由失败而带来的消极情感，常表现设法逃避成就活动，避免预料到的失败结果。70年代后，人们对成就动机的研究进入了一个新的阶段，主要从认知理论出发，开始探讨个人成就的归因过程，其中比较有代表性的是韦纳的动机归因理论。

　　除了理论研究之外，我国学者对中学生与大学生的成就动机进行了一系列的调查研究。叶仁敏等（1992）研究显示，男女（大学生或高中生）的成就动机相比较，在追求成功的动机与避免失败的动机上都没有明显的差异；不同学历相比较，大学生的成就动机量表得分优于高中生，大学生的追求成功的动机高于中学生，避免失败的动机低于中学生。张春妹等（2001）对238名大学生和研究生的成就动机水平进行调查，他们追求成功的动机都显著高于避免失败的动机。但是，随着时间的推移，社会环境的变化，以及样本群体的不同，其成就动机水平也会有所不同。

【信息栏】8-2：一位盲童的作文

一位盲童的作文

　　这是一个真实的事件，它可以激发我们很多的思考。

　　有个叫布罗迪的英国教师，在整理阁楼上的旧物时，发现了一沓练习册，是皮特金幼儿园B（2）班31位孩子的春季作文，题目是《未来我是……》

　　他本以为这些东西早就荡然无存了，没想到，它们竟安然地躺在自己家里，并且一躺就是50年。

　　布罗迪随手翻了几本，很快便被孩子们千奇百怪的自我设计给迷住了。比如，有个叫彼得的小家伙说自己是未来的海军大臣，因为有一次他在海里游泳，喝了3升海水都没被淹死；还有一个说，自己将来必定是法国总统，因为他能背出25个法国主要城市的名字；最让人称奇的是一个叫戴维的盲童，他认为，将来他肯定是英国的内阁大臣，因为在英国还没有一个盲人进入过内阁。总之，30个孩子都在作文中描绘了自己的未来。

　　布罗迪读着这些作文，突然有一种冲动何不把这些本子重新发到同学们手中，让他们看看现在的自己是否实现了50年前的梦想。当地一家报纸得知他的这一想法后，为他刊登了一则启事。没几天，书信便向布罗迪飞来。其中有商人、学者及政府官员，更多的是没有身份的人。他们都表示，很想知道自己儿时的梦想，并且很想得到那本作文本，布罗迪按地址一一给他们寄去。

一年后，布罗迪手里仅剩下戴维的作文本没人索要。

就在布罗迪准备把这个本子送给一家私人收藏馆时，他收到了内阁教育大臣布伦克特的一封信。信中说，那个叫戴维的就是我，感谢您还为我们保存着儿时的梦想。不过我已不需要那个本子了，因为从那时起，我的梦想就一直在我的脑子里，从未放弃过。50 年过去了，可以说我已经实现了那个梦想。今天，我还想通过这封信告诉其他的 30 位同学，只要不让年轻时美丽的梦想随岁月飘逝，成功总有一天会出现在你面前。

这位盲童，就是后来的英国教育大臣戴维·布伦克特，双目失明的他多次成为英国人心目中的传奇。梦想的力量促使他克服重重困难，最终实现了自己的理想。

资料来源：http://www.1010jiajiao.com/timu_page_126753

七、归因理论

归因是人们对自己或他人活动及其结果的原因所做的解释和评价。在学习活动过程中，学生会体验到不同的成功与失败，在面对这些问题时，他们还会不断寻找这些成功与失败的原因，这就是对成就行为的归因过程。

归因理论是学习动机理论中的一种有代表性的理论。早期的归因理论由美国心理学家海德（Heider）提出，海德认为，当人们在工作和学习中体验到成功或失败时，会寻找成功或失败的原因。

韦纳（1974）把人们对行为成败原因的分析归纳为六个因素，分别为能力高低、努力水平、任务难易、运气（机遇）好坏、身心状态、外部环境。同时，韦纳又将这六个因素归结为三个维度，即内部与外部、稳定性、可控性。成败归因的三个维度和六个因素结合起来构成了成败归因模式，如表 8-2 所示。

表 8-2　韦纳的成败归因理论模式

	成败归因维度					
	内部与外部		稳定性		可控性	
	内部	外部	稳定	不稳定	可控	不可控
能力	√		√			√
努力水平	√			√	√	
任务难度		√	√			√
运气		√		√		√
身心状态	√			√		√
外部环境		√		√		√

韦纳认为，人的个性差异和成败的经验会影响他们的归因方式，同时，个人对自己上一次成就行为的归因将会影响到他对下一次成就行为的期望、情绪和努力程度等。韦纳（1986）研究还发现，归因会使人出现情绪反应。如果把成就行为归结为内部原因，在成功时会感到满意和自豪，在失败时会感到内疚和羞愧。但是，如果把成就行为归结为外部原因，不论成

功还是失败都不会产生太突然的情绪反应。

在教育与教学活动中，教师需要正确引导学生对自己学习结果的成败进行归因。一般来说，当学生体验到学习失败时，教师引导学生不要将失败的原因归因为自己的"能力水平低"，而应该更多地归因于自己的努力程度不够，或者归因为外部环境等因素；如果学生体验到学习成功，可以将成功归因于自己努力程度高（内部因素，可控），也可以归因于自己的能力水平较高（内部因素，稳定），这样学生可以体验到更多的成就感，增强他们学习的自信心。

八、成就目标理论

20世纪80年代，德韦克（Dweek，1988）等人将成就目标引入动机研究领域，并且使之成为90年代学习动机研究的一个热点。Elloit和Dweck（2005）认为，成就目标的核心是胜任能力，是成就情境中与胜任能力有关的认知表征。Pintrich（2000）认为，成就目标是个体追求成就任务的理由和目的的认知表征，它"反映了个体对成就任务的一种取向，是一个有关目的、胜任、成功、能力、努力、错误和标准的有组织的信念系统。"

Pintrich（2000）认为，成就目标行为可以划分为四种，分别为掌握趋近目标、掌握回避目标、成绩趋近目标和成绩回避目标。

成就目标理论是认知因素引入学习动机研究之后产生的概念，它的提出，从概念角度揭示了学习动机的认知特点。成就目标定向作为一种非智力因素，在学生的学习活动中起着引导、控制、调节等作用。它会对学生的学业成就产生一定的影响。

第三节　意志

意志是人类特有的心理现象，是人的意识能动性的集中表现。意志是有意识地支配、调节行为，通过克服困难，以实现预定目的的心理过程。意志具有引发行为的动机作用，但比一般动机更具有选择性和坚持性。意志通过行为表现出来，受意志支配的行为称为意志行为，本节将介绍意志行动的基本阶段、意志行动中的动机斗争、意志品质及其培养等问题。

一、意志行动的基本阶段

一般情况下，意志行动可以分为两个主要阶段：采取决定阶段和执行决定阶段。

（一）采取决定阶段

这一阶段是意志行动的准备阶段，主要包括权衡行动的动机、确定行动的目标、选择行动的方法并做出行动的决定等环节。

人类的意志行动是由一定的动机引起的，但由动机过渡到行动的过程是不同的。在简单的意志行动中，动机是单一的、明确的，因此，一般情况下不存在明显的动机的斗争。但是，当行为由多种不同的动机驱使，并且动机之间相互矛盾时，便会产生动机冲突。此时，就需要对各种动机权衡轻重，评定其社会价值，解除意志的内部障碍，保证意志行动的顺利进行。就动机斗争的内容来说，它分为原则性动机斗争和非原则性动机斗争。

采取决定阶段的第二环节是确立行为目标，意志行动是一种有目标的活动。人们首先确定某种目标，并以这种目标来调节行为，这是意志行动的前提。确定了行为目标之后，个体就需要根据主客观的具体条件，选择行动的方法，制定行为计划。这时，意志行动的准备阶段就已经结束，它将过渡到实际的行动阶段。

（二）执行决定阶段

执行决定是意志行动的重要环节，是意志行动的完成阶段，它是将前一阶段已作出的决定付诸实现。如果在意志活动过程中决而不行，便是意志薄弱的表现。同时，意志行动的这一阶段已从"头脑中的行动"过渡到实际行动，它需要克服更多的内外困难，因而更能体现出人的意志。

在执行决定的过程中必然会碰到种种困难与挫折，这就要求一个人能够对客观情况作出全面的分析，具有广阔的思维，更要求个人努力克服消极情绪，保持冷静的头脑，理智地支配自己的行动，以顽强的毅力克服所面临的困难，矢志不移地执行决定。但是，执行决定并不意味着机械刻板地行动，有时经过实践活动的检验要求人们必须放弃原来的决定，果断地采取新决定、选择新方法，以符合当前的实际情况。坚定性和灵活性相结合，才能更有效地完成意志行动。

二、意志行动中的动机冲突

（一）动机冲突

由于在意志行动中人们常常具有两个以上的目标，而这种目标不可能同时实现，因而促使了意志行动中的目标冲突或动机斗争。例如，填报大学志愿时报了理科就不能报文科，如果一个人既喜爱文科又想报理科，冲突就出现了。冲突可能由于理智的原因引起，也可能由于情绪的原因引起。但是，一旦冲突出现，就总伴随着某种情绪状态，如紧张、焦躁、烦恼、心神不定等。当问题特别重要，而可供选择的各种方案又都具有充分的理由时，这种特殊的冲突状态就会更深刻、更持久。

（二）动机冲突的类型

人行动背后的动机往往复杂多样，而且不同的动机往往同时存在，于是就容易导致动机之间的矛盾冲突。意志行动中的动机斗争主要分为以下四种形式。

1. 接近—接近型冲突

它又称为双趋冲突，是指两种或两种以上目标同时吸引着个体，而个体只能选择其中一种时所产生的内心冲突。孟子曰："鱼，吾所欲也；熊掌亦吾所欲也；二者不可得兼，舍鱼而取熊掌也。生，吾所欲也；义亦吾所欲也；二者不可得兼，舍生取义也。"对这种接近—接近型冲突，解决的方法是放弃一个目标，或者同时放弃这两个目标而追求另一折中目标。

2. 回避—回避型冲突

它又称为双避冲突，是指两种或两种以上目标都是个体想要回避的，而又只能回避其中一种时，所产生的内心冲突。这实际上是一种"左右为难""进退维谷"式的冲突。例如，某人得了虫牙，疼痛难忍，但是他迟迟不肯就医，因为他知道让牙科大夫治疗虫牙是一件痛苦的事情。在这种情况下，他或者接受由虫牙带来的苦痛，或者接受牙医的治疗。由此引起的冲突就属于回避—回避型冲突。

3. 接近—回避型冲突

它又称为趋避冲突，是指一个人一方面要接近某个目标，同时又想回避这个目标时所产生的内心冲突。例如，某学生想参加体育竞赛，因为它能够激励自己锻炼身体，但是从心理上又回避竞赛，因为他（她）又害怕竞赛过程中高手云集，担心自己失败后受到他人的讥笑，此时便会产生内心冲突。再如旅游是件很有吸引力的活动，但因耗费时间、精力、财物等又不愿去。这些都属于接近—回避型冲突。

4. 多重接近—回避型冲突

它又称为多重趋避冲突，是指一个人面对两个或两个以上的目标，每种目标都具有吸引和排斥作用，而不能简单地选择一种目标，回避另一种目标，必须进行多重的选择而引起的内心冲突。例如，当一个人看到某大型企业招聘员工时，可能引起接近—回避型冲突。他（她）想到去大型企业工作有许多好处，比如工资收入多、福利条件好等，但到新单位工作，就要花很长时间面对新的人际关系和新的工作环境。如果留在原单位工作，工作和生活环境早已习惯，也比较安定，但工资和福利条件就会相对较差。由于对各种利弊、得失的考虑，产生了多重接近—回避型冲突。解决这种冲突要求人们对各种可能性进行深入的思考，因而要花费较长的时间。

三、意志品质

意志行动在不同的人身上有不同的表现，有些人能独立地作出决定，有些人则相反，容易受他人暗示；有些人表现果断，有些人则优柔寡断。如果这些行动特点在一个人的行动中具有明确性和稳定性，那就成为个人特有的意志品质。意志的基本品质主要有四种：目的性、果断性、坚韧性、自制性。

（一）意志的目的性

意志的目的性是指人在行动中有明确的目的，能认识到行动的社会意义，使自己的行动服从于社会要求的品质。目的性贯穿于整个意志行动的始终，也是产生坚强意志的精神支柱。目的性品质不仅表现在对行动目的的合理性和社会意义的自觉认识上，也表现在坚决实现目的的自觉态度和自觉行动上。

与目的性品质相反的是受暗示性和独断性。受暗示性表现为缺乏主见，行动易受影响、发生动摇，"人云亦云，人行亦行"。独断性则表现为盲目地做决定并一意孤行，对别人的意见无论正确与否都一概加以拒绝。二者都表现为缺乏理智和缺乏明确的目的。

（二）意志的果断性

意志的果断性是指一种明辨是非，迅速而合理地采取决定并实现所做决定的品质。具备果断性品质的人能全面而深刻地考虑行动的目的以及达到目的的计划和方法，虽然他（她）也会有复杂的、剧烈的内心冲突，但在动机斗争时，没有多余的疑虑，在需要行动时能当机立断，但在不需要立即行动或者是在情况有所变化时，又能立即停止或改变已经执行的决定。

与果断性品质相反的是优柔寡断和冒失。前者表现为在采取和执行决定时总是前怕狼后怕虎，顾虑重重，不断地修改和推翻决定，甚至"议而不决，决而不行"。这种人尽管考虑得很多，却长期处于动摇不决中，所以往往一事无成。冒失的人则是缺乏深思熟虑，不顾后果草率从事。这种人的决断尽管是迅速的，却是缺乏根据的，甚至是凭一时的冲动，所以也往往失败。

（三）意志的坚韧性

意志的坚韧性是指能够坚持行动的目的，并能在行动中长期保持充沛的精力和毅力的品质。具有坚韧性意志品质的人，一方面善于克服和抵制不符合行动目的的主客观诱因的干扰，做到目标专一，始终不渝，直到实现目的；另一方面能在行动中做到锲而不舍，百折不挠，勇于克服各种困难。坚韧性是人的一项重要的意志品质，有成就的人都具有不屈不挠地向既定目标前进的坚韧的意志品质。

与坚韧性品质相反的是顽固性和动摇性。前者表现为在计划行不通时仍不能正视现实，我行我素、固执己见。后者则是见异思迁、虎头蛇尾，一遇困难就动摇妥协，不能有始有终。动摇和顽固虽然表现形式不同，其实质都是不能正确对待行动中的困难，都属于消极的意志品质。

（四）意志的自制性

自制性是指能够自觉、灵活地控制自己的情绪，约束自己的动作和言语的品质。具有自制性意志品质的人，一方面善于控制自己去执行所采取的决定，并且他们一般情况下具有较强的组织性和纪律性；另一方面善于控制自己的情绪和冲动，表现出较强的忍耐性。其主要特征是情绪稳定、注意力高度集中、记忆力强和思维敏捷。

与自制性品质相反的是任性，即放纵自己、毫无约束、感情用事。表现在对自己的动作和言语约束较差，易受外界的引诱和干扰而不能律己，这些都是意志薄弱的表现。

意志的各种品质并不是彼此孤立，而是密切联系着的，其中以目的性为核心、前提，其他品质相互渗透影响。

四、良好意志品质的培养

人的意志品质不是生而具有的，也不是永恒不变的。作为一名教师，可以从以下几个方面入手，引导学生培养良好的意志品质。

（一）加强学生的世界观、人生观和价值观教育

加强学生的世界观、人生观和价值观教育是培养学生良好意志品质的一个重要方面。只有在形成正确的世界观、人生观和价值观的基础上，学生才能够更好地将个人的理想和价值追求同国家、社会、集体的利益联系起来，才能够将远大目标转化成苦干精神和奋斗的动力。

（二）培养学生行为的目的性，减少其行动的盲目性

意志行动是为了实现预定的目的行动。意志品质目的性教育，就是要求学生既要明确行为的目的性，也要认识到行动的社会价值。引导学生把远期目的和近期目的有机地结合起来，既要看到近期目的是为了实现远大目标的一个具体步骤，也能够注意到远期目的的社会意义，减少行动的盲目性。

（三）培养学生的自我控制和自我调节能力

培养学生的自我控制和自我调节能力，就是引导学生有意识地依据某一行为规范进行活

动，对自身行为、情绪和需求等的主动调节与控制的过程。提高学生的自我控制和自我调节能力，对于提高他们的意志品质具有重要的意义。Tangney等人（2004）通过调查研究后发现，具有良好自我控制的大学生，往往表现出良好的社会适应、良好的人际关系和较高的学业成就。

（四）组织实践活动，让学生取得意志锻炼的直接经验

良好意志品质的培养是与学生的实践活动紧密结合在一起的。苏联教育家马卡连柯就曾经说过：不应当捏塑一个人，而应当锻炼出一个人，这就是说，先要好好烧红，然后再用锤子去锤……在学校教育过程中，日常的学习、劳动和课外活动，都需要付出一定的意志努力，才能取得一些成绩，这些活动恰好是锻炼学生良好意志品质的机会，教师需要引导学生通过参加这些实践活动，取得意志锻炼的直接经验，不断优化自身的意志品质。

（五）引导学生进行意志品质的自我锻炼

培养学生的意志品质，既要重视学校教育的作用，同时也应重视激发学生的自主性。随着大学生自我意识的发展，作为教师应该着重激发学生在培养自身良好意志品质方面的主观能动性，引导学生在社会实践中加强自我锻炼，勇于面对困难，在艰巨任务面前长期保持充沛的精力和毅力，坚持不懈，不断培养自身意志品质的坚韧性。

总之，良好意志品质的培养是一个长期的过程，教师在教育与教学过程中，需要因材施教，有目的和有意识地引导学生培养良好的意志品质。

【反思与探究】

1. 选择题：在归因训练中，老师要求学生尽量尝试"努力归因"，以增强他们的自信心，因为在韦纳的成败归因理论中，努力属于（　　）因素。（国家教师资格考试（中学）2016年真题）

　　A.内部的，不稳定的，可控的　　　　B.内部的，不稳定的，不可控的

　　C.内部的，稳定的，可控的　　　　　D.内部的，稳定的，不可控的

2. 简答题：简述马斯洛的需要层次理论。

3. 辨析题：学习动机是学生进行学习活动的内部动力，学习动机越强，学习效率越好。（国家教师资格考试（中学）2015年真题）

4. 材料分析题：中学生晓雯是一个品学兼优的学生，老师与同学都很喜欢她。但她要进行选择与决策时，总是拿不定主意，处于矛盾中。例如，有同学建议晓雯竞选班长，她也有此想法，但又担心班级事务繁多影响自己的学习；学校举行数学竞赛，她渴望参加，但又担心无法完成老师交给她的创建班级环境规划的任务。日常生活中，晓雯也常常为参加集体活动还是温习功课拿不定主意；在专业选择问题上，她既想成为一名音乐家，又想成为一名心理学家。（国家教师资格考试（中学）2016年真题）

（1）请运用动机冲突相关知识分析晓雯的问题。

（2）假如你是晓雯的班主任教师，你如何帮助她？

【第八章资源链接】

1. Richard J. Gerrig，Philip G. Zimbardo. 心理学与生活 [M]. 王垒，王甦，等，译 . 北京：人民邮电出版社，2003.

《心理学与生活》（Psychology and Life）是美国许多大学里推荐使用的经典教材，该书的作者津巴多博士（曾任美国心理学会主席）是斯坦福大学心理系的著名教授。在书的第十二章第二节和第四节，分别介绍了饥饿动机和成就动机的相关研究。

2. 刘大文，杨广学 . 心理学 [M]. 沈阳：辽宁人民出版社，1998.

在本书的第三节中，作者详细介绍了意志行动的特征，意志品质的不同方面，以及如何培养学生良好的意志品质。

3. 时蓉华 . 新编社会心理学概论 [M]. 上海：东方出版中心，1998.

时蓉华是我国著名的社会心理学家，曾任教于华东师范大学。在本书第二节中，作者介绍了马斯洛的生平，需要层次理论产生的历史背景、需要层次理论的内容。

第九章 智 力

【内容提要】

在讨论了智力概念和智力理论的基础上；分析了智力的发展变化特点，以及影响智力高低的因素；介绍了智力测量的知识及常用的智力测验；最后探讨了智力开发和创造力培养。

【学习目标】

1. 理解智力的概念和智力发展的一般趋势。
2. 了解智力的理论和常用的智力测验。
3. 识记智力的影响因素及智力差异的表现。
4. 对学生智力的开发能够应用到教学实践中。

从 2006 年 3 月开始，辽宁省实验中学高三学生王夏娃陆续接到麻省理工学院、宾夕法尼亚大学等 9 所美国大学寄来的录取通知书。最终她选择了倾慕已久的麻省理工学院，并得到全额奖学金。同时被 9 所美国大学录取，这似乎是一个"神话"。王夏娃到底有什么特殊之处，能引起这些美国大学的关注呢？她的智力为什么高，她的能力为什么强？与之相反的是，还有一些人智力非常落后，例如，10 多岁了还不会写自己的名字，基本的生活自理可能都有困难，他们智力落后的原因是什么？能否对他们进行科学的测验从而达到早期发现呢？

第一节 智力概述

一、智力的概念

对"智力"这个词，人们都很熟悉，几乎每个人都知道它指的是什么，都懂得这个词语所表达的含义。但要真正回答"智力是什么"，在科学的概念上对智力作出精确、严谨的定义，却是复杂而困难的。许多心理学家致力于智力的研究，但对智力的概念，心理学界至今尚未取得一致的意见。概括来看，心理学界对智力主要有以下几种解释。

1. 智力是抽象思维的能力

有些心理学家认为，智力是一种抽象思维能力。例如，美国心理学家推孟认为，"智力是个体在解决问题时运用语言和记号等的抽象思维能力，且其智力水平的高低与能进行抽象思考的能力的高低成正比关系。"[①]

2. 智力是适应新环境的能力

有些心理学家认为智力是个体适应环境的前提条件，是对新环境的适应能力。例如，德国心理学家斯腾认为智力就是有机体对新环境充分适应的能力。

3. 智力是学习的潜能

有些心理学家认为智力就是学习能力，学习成绩代表智力水平。美国哈佛大学教育心理学家迪尔伯恩认为智力是个体容易且迅速地学习事物的能力。

4. 智力是智力测验所测的能力

有些心理学家认为，智力就是智力测验所测的能力。这是一种操作性的定义，它并没有对智力的内涵作出明确的规定。例如，波林认为，智力就是通过智力测验而测得的东西。

5. 智力是完成多种活动所必需的各种能力的有机结合

有些心理学家认为智力是多种能力的有机结合。心理学家布朗认为，智力是学习、保持知识、推理和应付新情境的能力。盖奇和柏林尔认为，智力是个人的抽象思维能力、学习能力和解决问题能力的总称。

基于上述对智力的理解，我国较多的心理学家认为：智力是观察力、记忆力、想象力和思维力等各种认知能力的有机结合，其中抽象逻辑思维能力是其核心。这一定义说明，智力属于认知能力的范畴，但它不是个体认知能力的某一组成部分，而是各种认知能力的有机结合而形成的一种综合能力。

二、智力与能力、知识

(一) 智力与能力

能力属于个性心理特征，是指个体顺利完成某种活动所必须具备的心理特征。人要顺利地、成功地完成一种活动，总要有一定心理和行为方面的条件作保证，保证完成活动所需要的这种基本条件就属于能力。例如，一个教师要完成教学活动，就需要一些基本能力作保证，如流畅的口头表达能力、严密的逻辑思维能力和教学组织能力等。如果一个人不具备这些能力，就不能胜任教学工作。当然，要想完成任何一种复杂的活动，需要多种能力结合构成一个系统，单凭一种能力是不行的。例如，如果一个人只是口头表达能力强，而其他能力都很差，则这个人不能胜任教学工作，因为他可能由于不善于组织教学而无法传授好知识。同样，如果一个人逻辑思维能力很好，知识也很丰富，但口头表达能力很差，则他也不能胜任教学工作，因为他可能在教学上出现自己心里明白，但学生不明白的情况。

按照能力发挥作用的范围不同，可以将能力分为一般能力和特殊能力。一般能力就是智

---

① 朱德全 . 现代教育统计与测评技术 [M]. 重庆：西南师范大学出版社，1998：279.

力；特殊能力就是在某些专业或特殊职业活动中表现出来的能力。人要顺利地进行某种活动，必须既具有一般能力，又具有与某种活动相关的特殊能力。

（二）智力与知识

1. 智力与知识的区别

我们都知道，人的知识有多寡，智力水平也有高低。在日常生活中，有人常常认为个体的知识越多，其智力水平也必然越高。而事实上，知识和智力这两个概念是既有区别又有联系的。

（1）含义不同

我国心理学家皮连生认为，知识是个体通过与其环境相互作用后获得的信息及其组织被贮存于个体内，即为个体的知识。通过书籍或其他媒介贮存于个体外，即为人类的知识。由此可见，人们所掌握的知识是信息在头脑中的贮存，是认知活动的成果；而智力属于认知能力的范畴，是由个体的观察力、注意力、记忆力、想象力、思维能力有机结合而形成的一种综合能力。比如，在证明一道数学几何题的过程中，个体所用的定义、定理和公理等属于知识范畴；而在推证过程中思维的严密性与灵活性则属于智力范畴。

（2）发展变化趋势不同

相对而言，智力的发展要比知识的获得慢得多，且个体智力的发展随年龄的增长呈现出一种发展、停滞和衰退的变化趋势。但人的知识在一生中可以随年龄的增长而不断积累，呈现出不断上升的变化趋势。

（3）迁移程度不同

智力的迁移范围较广，个体智力的发展可以在所有的活动中产生影响作用；相对而言，知识迁移的范围较窄，它仅在相类似的活动中起作用。

2. 智力与知识的联系

（1）知识的掌握能推动和促进智力的发展

系统的知识是智力发展的必要条件，人们智力的发展离不开知识。知识和经验贫乏的人，其智力不可能发展得很好。同时，在知识掌握的过程中，心理活动尤其是思维活动参与的程度越大，个体所获得的各种知识单元按一定的排列组合方式，完备而有效地联结成一个系统，对智力发展就起着越重要的促进作用。因此，在教学中，一方面要重视知识传授的形式；另一方面要注意促进学生的知识结构不断趋于合理，使得陈述性知识丰富准确，程序性知识与心理活动充分结合，以提高智力活动效能。

（2）知识的掌握依赖于其智力的发展

人们掌握知识是以一定的智力水平为前提的，智力水平的高低影响着掌握知识的难易、深浅和巩固程度。

正因为知识与智力既有区别，又有联系，因此，教师在教学工作中，既不能只注重知识的传授而忽视学生智力的开发和培养，也不能脱离知识的学习去发展学生的智力；而应该在教学过程中，把两者有机地结合起来，让学生在掌握知识的基础上来发展其智力，在发展智力的要求下掌握知识。将智力的开发和培养寓于整个教学活动之中，重视知识传授的形式，促进学生的知识结构不断趋于合理、智力也不断获得发展。

三、智力的理论

智力是一个复杂的概念，具有复杂的结构。分析智力的结构，对于深入理解智力的本质，合理地设计测量智力的工具，科学地拟定智力培养计划，都有重要意义。自 20 世纪初，心理学家从各种不同的角度对人的智力结构提出假设，进行了广泛的研究，形成了不同的理论。

（一）智力的因素理论

1. 二因素说

在心理学史上，最早对智力结构进行探讨的是英国心理学家斯皮尔曼，他认为智力是由两种因素构成："一般因素"（G 因素）和"特殊因素"（S 因素）。G 因素是一切智力活动所共同具有的因素，是智力结构中的关键和基础。S 因素是保证人们完成各种特定活动所必需的，决定个体各种不同能力的因素。人完成任何一种活动都需要由 G 和 S 两种因素决定。所以，斯皮尔曼认为，每种智力都是由一定比例的一般因素和特殊因素共同决定的。

斯皮尔曼的二因素理论简单明了，对我们了解智力的结构有一定的启发价值，也为智力测验提供了理论基础。然而，这一理论的不足之处在于，早期斯皮尔曼强调一般因素和特殊因素的区别，将两者绝对对立起来，而没有看到它们之间的联系。

2. 群因素论

这一理论是由美国心理学家瑟斯顿提出的。瑟斯顿于 1938 年对 218 名大学生进行测验，然后应用因素分析的方法，提出了构成智力的七种因素，即词的理解力、空间知觉能力、语词运用能力、推理能力、计算能力、记忆能力和知觉速度，而且这七种因素之间是互相独立的。

（二）智力的结构理论

1. 智力的层次结构理论

1961 年英国心理学家阜南继承和发展了斯皮尔曼的二因素说，提出了智力的层次结构理论。他认为智力的结构是按层次排列的，智力的最高层次是一般因素（G）。第二层包括两个大因素群：言语和教育方面的因素（V：ED）及操作和机械方面的因素（K：E）。第三层是小因素群。在大因素下又分为言语、数量、教育、机械信息、空间能力和手工操作等 12 个小因素。第四层是特殊因素，即各种特殊能力。由此可见，阜南智力层次结构理论是对斯皮尔曼的二因素说的深化。

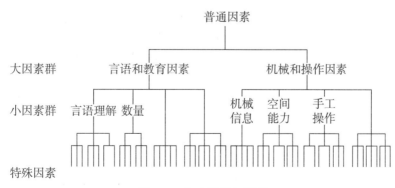

图 9-1 智力的层级模型

2. 智力的三维结构理论

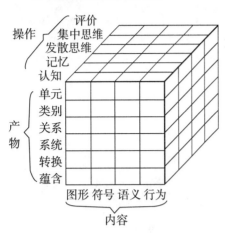

图9-2　智力的三维结构模型

美国心理学家吉尔福特于1959年提出了智力三维结构模型（见图9-2），他认为智力可区分为三个维度：操作、内容和产物。智力活动的第一个维度是操作，所谓操作是指智力活动的基本方式，它包括认知、记忆、发散思维、集中思维和评价。第二个维度是内容，即智力活动的对象和材料，它包括图形（通过感官看到的具体信息）、符号（数字或单词）、语义（言语含义或概念）和行为（与人交往的智力）。第三个维度是产物，即智力活动的结果。它又分为单元（一个单词、数字或概念）、类别（一系列有关的单元）、关系（单元与类别之间的关系）、系统（用逻辑方法组成的概念）、转换（对安排、组织或意义的修改）和蕴含（从已知的信息中观察某些结果）。由于智力的三个维度中含有多个因素，整个智力就是操作、内容和产物各个维度所属项目相乘的结果。所以，智力可区分为 $5 \times 4 \times 6 = 120$ 种。吉尔福特认为，这些不同的智力可运用不同的测验来检验。

（三）智力的信息加工理论

1. 智力三元理论

美国耶鲁大学的心理学家斯腾伯格于1984年提出了著名的智力三元理论。该理论认为智力由三个部分组成，即成分智力、经验智力和背景智力，这三部分智力在智力活动的信息加工中具有不同的作用。

成分智力是指人们在计划和执行某一任务时的心理机制，它包括三个层次不同的成分：元成分、操作成分和知识获得成分。经验智力涉及内部成分与外部世界的关系，它是在经验水平上考察智力在日常生活中的应用，特别是处理新情境时的能力和心理操作自动化的信息加工能力。背景智力是指智力各成分在适应当前环境，自我成长以及选择与个人生活有关的新情景等过程中的作用；它有三种形式：适应（个体通过发展有用的技能和行为使自己适应环境的能力）、选择（个体在环境中找到自己位置的能力）和塑造（个体在既不能很好地适应环境，也不能选择一个新环境的情形下，对环境的塑造）。

2. 多元智力理论

多元智力最初由美国哈佛大学心理学教授加德纳及其助手经过多年研究提出来的。他们认为，智力的内涵是多元的，由七种相对独立的成分所构成。这七种成分是：

（1）语言智力：主要是指听、说、读、写的能力，表现为个体能否顺利而有效地理解和利用语言。

（2）逻辑数学智力：主要包括数学和思维方面的能力，具体而言是指推理和运算的能力。

（3）音乐智力：指个体感受、欣赏和记忆节奏和旋律的能力以及改变、创作和表达音乐的能力。

（4）空间认知智力：主要是感受、辨别、记忆和改变物体空间关系并以此来表达情感与思想的能力。

（5）身体运动智力：指运用四肢和躯干的能力，即个体能较好地控制自己的身体并使之对事物作出恰当的身体反应；同时又善于利用身体语言表达自己的情感和思想。

（6）内省智力：指个体认识自己并选择自己生活方式的能力，其中主要是自我认知、自我反省的能力。

（7）人际智力：主要指与他人交流、交往且能和睦相处的能力。

该理论丰富了智力的概念，使人们破除了传统智商（intelligence quotient，缩写IQ）式的思维，特别是对于像"白痴天才"等一些特殊儿童的认识和教育具有重要意义。学校教育如果能从多元智力角度分析每位学生可能存在的智力因素，进行有的放矢的培养，将有助于激发学生的积极性，使其潜能得到充分发挥。

3.情绪智力理论

美国心理学家戈尔曼提出了情绪智力商数（简称EQ）的概念，将情绪智力界定为5个方面。

（1）自我认知能力：个体觉察并了解自己的感受、情绪和本能冲动的能力，以及感知自己对他人的影响。

（2）自我调控能力：自动调节控制冲动和心情，以及谨慎判断和三思而后行的能力。

（3）自我激励能力：不断激励自己努力的能力。

（4）认知他人情绪并产生同感的能力：有同情心，了解他人情绪以及适当影响他人情绪反应的能力。

（5）社会与人际关系处理能力：个体管理人际关系和建立人际网络的能力，也包含寻找共同点与建立亲善关系的能力。

情绪智力的提出，不但突破了传统智力只注重认知能力的局限，而且还可以预测个体的成就、预测个体的生活幸福和心理健康等。情绪智力强调可培养性，主要是后天学习的结果。

与智商相比，情商在成功的人生中似乎起着更重要的作用，它将直接影响人的工作、学习与生活的成功与否，但这并非就否定了智商的作用。实际上，在成功的主宰因素中，智商与情商缺一不可。智商是成功的根本，只有具备了较高的智力水平，才有机会敲开成功的大门；情商则能更好地推动人们获取成功。智商将成功的机会带到人们面前，情商会从多方位、多角度帮助人们抓住成功的机会。

 【信息栏】9-1：测定 EQ

测定 EQ

国外一位研究者曾对一组包括 503 名成年人和 229 名青少年的被试者做了一项多因素情绪智力的测试。该测试要求被试对一系列问题提出解决办法。被试的回答由专家和所有测验的完成者来评价。结果显示，所有被试的 EQ 和 IQ 的相关较低。这提示我们，EQ 所测试的是和传统 IQ 不同的能力。而且成年人的 EQ 得分高于青少年，说明 EQ 受到环境和经验的影响。此外，女性的情绪知觉明显优于男性。

第二节 智力的发展与影响因素

一、智力发展的一般趋势

在人的一生中，智力水平随个体年龄的增长而变化。从出生到 15 岁左右，智力的发展与年龄的增长几乎等速。之后则随着年龄的增长，智力的发展呈负加速变化，智力发展趋于缓和。一般在 18 岁到 25 岁之间，智力的发展达到高峰。在成人期，智力表现为一个较长时间的稳定保持期，可持续到 60 岁左右。进入老年阶段（60 岁以后），智力的发展表现出迅速下降，从而进入衰退期（见图 9-3）。

智力是由许多成分组成的，不同成分的发展轨迹也存在差异。最早开始发展的是知觉能力，而推理能力要在个体一岁以后才开始发展，知觉能力到 18 岁左右的时候已经基本发展到最高水平，而此时的单词流畅力依然有很大的发展空间（见图 9-4）。

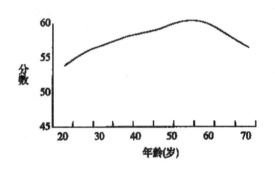

图 9-3 智力发展与年龄的关系

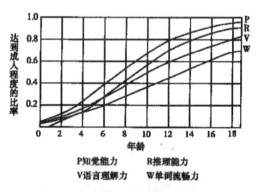

P知觉能力　　R推理能力
V语言理解力　W单词流畅力

图 9-4 智力不同成分的发展曲线

根据对人的智力毕生发展的研究，流体智力和晶体智力发展趋势不同（见图 9-5）。流体智力（fluid intelligence）是一个人生来就能进行智力活动的能力，即学习和解决问题的能力，它依赖于先天的禀赋。晶体智力（crystallized intelligence）则是一个人通过其液态智力所学到的并得到完善的能力，是通过学习语言和其他经验而发展起来的。

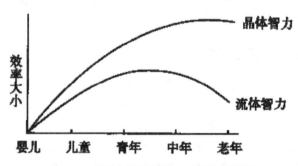

图 9-5 晶体智力和流体智力的发展曲线

二、智力的个别差异和团体差异

(一) 智力的个别差异

1. 发展水平的差异

研究表明，不同的人所能达到的智力的最高水平极其不同。人类的智力分布基本上呈两头小、中间大的分布形式（见表 9-1），有接近一半的人智商在 90 到 110 之间。

表 9-1 智商在人口中的分布

智商	级别	%
139 以上	非常优秀	1
120~139	优秀	11
110~119	中上	18
90~109	中等	46
80~89	中下	15
70~79	临界	6
70 以下	智力迟钝	3

【信息栏】9-2：智力对成就的影响

智力对成就的影响

一般来讲，智商上几分的差异并不能说明什么，但如果差异很大那可能就不一样了。很多研究表明，智商与学习成绩之间的相关系数是 0.5 左右，智商并不是影响学习成绩的唯一因素，学习动机、学习机会、学习方法和学习习惯等也会影响学习成绩。在 100 个人中，只有 2 个人能在智力测验中得分超过 130，因此这些人通常被称为"超常者"，得分超过 140 的不到总人口的 0.5%，他们被称为"天才"。儿童的高智商能预测今后的发展吗？智商并不能很好地预测后来的成功，然而超常的智商与后来杰出成就的相关确实比较高。当然，并不是所有的超常儿童在成年后都很出色，智商揭示的只是智力发展的潜能，高智商并不是获得成功的保证。研究表明，有的诺贝尔奖得主的智力只是在 120 左右，并没有人们想象得那么高，而且一些小时候被认为是常超的儿童在长大后成了罪犯、失业者或出现了社会适应不良。那么成功者与不成功者的差别在什么地方呢？绝大多数成功者的家长一般都受过良好教育而且重视自身的学习，他们鼓励孩子成为同样的人。超常者中取得成功的人有着高度的掌握知识的决心，他们追求知识、力求做得最好、能够坚持到底。无论成功与否，绝大多数成功者都有学习的恒心和动机。

2. 表现早晚的差异

人的智力发展过程有不同形态，有人早慧，也有人大器晚成。能力表现早晚的个体差异有三种模式。

一是稳定发展，这是大多数人的发展模式。

二是早慧，年龄很小时就表现出才华。如诗人李白"五岁诵六甲，七岁观百家"。奥地利音乐家莫扎特 5 岁开始作曲，8 岁时创作出交响乐，11 岁创作出歌剧。但也有在成人以后表现平平的，宋朝王安石的《伤仲永》里面提到的仲永就是大家都很熟悉的例子。

三是大器晚成，前期发展很慢，但后来居上，得到了高水平的发展。这样的例子也很多，比如著名画家齐白石锲而不舍，大器晚成，40 多岁成名，70 多岁他的画虾技能才达到顶峰。大科学家爱因斯坦三岁才开始说话，被认为是智力落后者，他第一次考大学没有被录取，第二次才勉强入学，但后来通过努力，终于创立了改变现代物理学发展的相对论。

3. 智力结构的差异

智力具有相当复杂的结构，而每个人智力的结构总是会存在或多或少的差别。例如，有的人记忆力好；有的人观察能力强；有的人擅长数字计算，但缺乏音乐才能；也有人很擅长体育运动，却在逻辑推理方面表现得无能为力。人们之间的能力差异多种多样，仅仅通过一个方面的差异来比较个体的能力水平并不可取。

 【信息栏】9-3：舟舟——走向世界的智障音乐指挥家

舟舟——走向世界的智障音乐指挥家

1978 年 4 月 1 日，舟舟出生在武汉市一个普通家庭，他的父亲是乐团的低音提手，母亲是一家机械厂的工人。他们给儿子起名胡一舟，乳名舟舟，希望他能在生活的大海中乘风破浪。始料不及的是，一个月后，舟舟突起重病，经医院检查，他患有第 21 对染色体综合征，这在医学上被认为是不可逆转的先天愚型患者，属于智力残疾。

10 多岁的他，只会从 1 数到 7。但是先天的愚钝并没有遏制舟舟对音乐的感悟，或许是从小总被爸爸带到乐团受熏陶的缘故，6 岁的他便被乐团首席第二小提琴手刁岩发现，从此刁岩成了舟舟的指挥老师。10 多年的音乐熏陶，舟舟能熟记 10 多部中外名曲的旋律，并能惟妙惟肖地模仿乐团指挥家的指挥动作。现在，他的智商仍只有 30 左右，但却是一名著名的指挥家，他的指挥才能征服了世界。

（二）智力的群体差异

1. 性别差异

智力的性别差异主要表现在一些特殊能力方面。几个主要的差异有：男性在空间能力上具有一定优势，这种优势的显示具有一定的年龄特征，其发展趋势表现为随年龄增长而差异加大；另外，女生在小学和初中阶段的数学能力优于男生，但青春期后，这种优势被男生所占有，并且一直把这种优势保持到老年；女性在言语能力上具有较大的优势，相比女性，有更多的男性被诊断为阅读障碍。

造成这种差异的原因，既有生理方面的因素，也有社会文化方面的因素。生理方面，男女两性大脑结构与功能上的差异是主要原因。社会文化方面，主要与男女两性在性别角色上存在很大差别有关。一般来说，社会对男性的期望更强调竞争性和任务定向，而对女性则更强调情感和表达。这种性别角色上的差异可能促使女性比男性更善于表达，而不是承受社会压力。

2. 种族差异和职业差异

除了在性别之间存在一定的智力差异之外，不同种族、职业之间也存在差别。大量的研究表明，美国黑人在智力测验上的平均得分比白人低，而犹太人和亚洲人或亚裔美国人在智力测验上的平均得分比白人高。在种族差异问题上，更多的证据表明，差异主要是由环境而不是遗传因素引起的，智力测验本身的文化不公平性也是造成存在差异的原因之一。对不同职业的团体进行研究发现，从事脑力劳动的人群比从事体力劳动的人群具有更高的 IQ，如技术人员、财会人员等具有较高的 IQ。

三、智力的影响因素

智力是由什么决定的呢？毫无疑问，影响智力的因素有很多。一般而言，一方面智力受个人先天的生物因素的影响，如来自父母及家族的遗传；另一方面智力也受个人后天因素的影响，这主要包括家庭的环境、结交的伙伴、学校教育、自身的努力等等。这些先天和后天的因素往往交织在一起，共同影响智力的发展过程与发展水平。

（一）遗传素质与营养状况

"智力是心理特质，它本身是不能遗传的，遗传对能力的影响主要表现在身体素质上。"[1]遗传是一种生物现象，通过遗传，传递了祖先的许多生物特性。遗传因素就是与生俱来的解剖生理特征，如机体的构造、形态、感官和神经系统的特征等。父母智力水平高，他们孩子的智力很可能会相对较高。其实这种观点在民间也是十分流行，比如，"虎父无犬子""龙生龙，凤生凤，老鼠生儿打地洞"，都用通俗的话语说明了智力受到遗传因素的影响。遗传素质是智力形成、发展的自然前提，它为智力发展提供了可能性，但它不能决定智力发展的高度。

另外，营养状况影响智力的发展已被许多生理学家及心理学家的研究所证实。研究发现，营养缺乏的妈妈的胎盘上的 DNA 含量远远低于一般人的平均值。而发育期间 DNA 增加的速度，往往直接关系到细胞数目的增加速度。儿童在胚胎期和出生后，身体和脑部处在迅速发育时期。脑的机能活动则依靠由血液输送的养料维持，母亲的乳汁和蛋白质含量高的食物能提高神经细胞的化学成分，从而保证脑细胞的化学成分的满足及其机能活动的需要，这些都将影响儿童智力的发展。

【信息栏】9-4：家庭谱系研究

家庭谱系研究

家庭谱系研究是英国科学家高尔顿于 1889 年出版的《遗传的天才》一书中首次提出来的。高尔顿选择了 977 位名人，考察他们的家谱，然后与普通人进行比较。高尔顿发现：在名人组中，父辈是名人的，子辈中名人也比较多；在普通人组中，父辈中没有名人，子辈中只出现了一个名人。

之后，出现了许多非常好的家谱研究。其中最为著名的是关于美国马丁家族的研究。马丁是美国独立战争时期的一位士兵，在战争期间，同一个低能的妇女结婚后生下一个低能儿；战争结束后，他又同一名正常的妇女结婚。这样就出现了一个父亲，不同母亲的两个家族。到 1912 年，两个家族分别有 480 人和 496 人。结果发现，马丁与低能妇女所生的后代中，每一代人中都有低能儿出现；马丁与正常妇女所生的后代中，没有出现一个低能儿。这些研究给我们的最为重要的启示就是应该进行优生优育。

---

[1] 黄希庭 . 心理学导论 [M]. 北京：人民教育出版社，1998：630.

（二）环境因素

1. 早期经验

智力发展的速度是不均衡的，在早期阶段所获得的经验，促使智力发展得最快。如果把17岁的智力水平视为100%，那么从出生到4岁就获得50%的智力，其余30%是4到8岁获得的，另外20%是8到17岁获得的。另外，许多人的研究也证实，婴幼儿的早期经验，对儿童心理的发展有很大的影响。一般来说，生动的和丰富的刺激有益于儿童感知能力的发展，与成人交往机会频繁则有利于儿童言语的发展；相反，机会太少则言语发展就缓慢。

2. 家庭因素

家庭对个体智力发展的影响是多方面的。例如，家长的职业和受教育程度不同，家庭经济状况不同，为其子女提供的教育条件有较大差别，这些与子女的智力有很大相关。另外，出生顺序、家庭大小、家庭氛围等都在一定程度上影响儿童的智力发展。

3. 学校教育

学校教育对儿童在智力测验上的成绩有显著的影响。最直接的证据是考察上学的儿童和不上学的儿童在智力测验分数上的差异。学校教育可以通过多种途径影响智力的发展，一种最明显的方式就是知识的传授。其他的技能如系统地解决问题的能力、抽象思维能力和分类能力等等也都与接受学校教育有关。

（三）个人的主观能动性

环境和教育的决定作用，不是机械和被动影响能力发展的，没有主观努力和个人的勤奋，要取得事业的成就和能力的发展是根本不可能的。一个人如果积极上进，勤奋肯干，有强烈的求知欲，其能力就会得到积极的发展。相反，如果放纵自己，饱食终日，无所事事，对正当的工作缺乏兴趣，其能力就不会得到很好的发展。世界上许多伟大的科学家和发明家，无论他们从事的领域有多么大的不同，他们获得成功的途径却是相同的，都经过了长期的刻苦努力、顽强地与困难作斗争的过程。没有勤奋的态度，没有顽强的意志，任何成就都不能取得，能力的发展也无从谈起。

 【信息栏】9-5：过早地让孩子入学利少弊多

过早地让孩子入学利少弊多

对于独生子女的教育问题，已受到广大家长们的关注。但是，也由于一些家长望子成才心切，误以为早期教育，早期开发智力，就是早入学早识字，上学越早，受教育越早，孩子的智力发展就越快。因而不顾自己孩子生长发育的实际情况和智力发展程度，硬是和那些超常儿童相比，总是千方百计地拉关系，走后门，让孩子提前入学。或者不惜代价地给孩子上学前班，提前识字。殊不知，这样的做法，会给孩子带来严重的恶果。

据有关心理学家们的研究，过早上学有三大弊端：1.由于孩子的心理和生理发育不成熟，很容易产生恐惧、忧虑和压抑的情绪；2.由于孩子的感知认识功能和适应能力差，他们在学习中，也相当容易失败和疲劳，并由此变得敏感、急躁，或者产生了心理变态；3.由于课堂纪律的束缚，死板的教学方法，易扼杀孩子的独创的天才和丰富的想象力，妨碍孩子智力的发展。

【信息栏】9-6：家庭和睦能提高儿童智商

家庭和睦能提高儿童智商

　　孩子将来能否成才，不仅与智力发展水平有关，还与其性格、意志有密切的关系。性格与意志属于心理因素的一部分，只有具有良好的心理因素，才能有坚强的意志与毅力；而良好的心理因素，又来自于良好的家庭环境。因此，可以这么说，和睦的家庭气氛，不但对大人的健康有益，而且也会有助于提高儿童的智商。

　　美国一位心理学家曾对4000名独生儿童做了调查：家庭气氛和睦、常有笑声的家庭的孩子，智商都比父母不和的家庭的孩子智商更高。因为家庭成员和睦相处，孩子可以在不受清规戒律束缚的环境中，毫无顾虑地提出自己的见解，对儿童思想的成熟、智力的发展、知识的巩固，有相当深远的影响。现代家庭独生子女缺少儿童伙伴，故与成人交往较多，如果家庭成员之间经常互相争吵自然会压抑孩子智力的发展。

　　有关研究人员提出，家庭气氛活跃，会使儿童性格开朗，求知欲旺盛，从而促使脑细胞发育。此外，家庭气氛宽松，就有充沛的精力来培养孩子的兴趣，对提高孩子语言能力和社会活动能力，起到早期教育的先导作用。

第三节　智力测验

　　智力的科学研究从一开始就和智力的测量紧密地联系在一起。早在2000多年以前，中国的先哲们就提出了许多测量人的智力以及其他心理特征的思想和方法。现代智力测验的出现只是近100多年的事。

一、智力测验概述

（一）智力测验的由来

　　用一定的工具或手段来测定人的智力水平，古已有之。孟子说："权，然后知轻重；度，然后知长短。物皆然，心为甚"，当时人们就认为用数量来权衡心理特征是理所当然的。北齐时的刘昼在《新论》中曾提及他设想的双手并用的分心实验："使左手画方，右手画圆，令一时俱成"，这可能是世界上最早的单项特殊能力测验。19世纪末，英国遗传学家高尔顿认为辨别力测验可以作为测量个人智力的方法，并设计出了高尔顿音笛和高尔顿棒（长度视觉辨别杆）分别用来测定听觉和视觉辨别力。他首先使用等级评定量表和问卷法作为测验的工具，试图通过人的感觉辨别力来评估智力的高低。

　　世界上第一个正式的智力测验是由法国心理学家比内和医生西蒙在1905年编制的，它的产生是为了分辨出不适合在一般学校学习的智力落后儿童，以对他们实施特殊教育。比内认为，对于获得学术成功来说，感觉辨别力不过是次要的低级因素，智力是由多种能力组成的，智力测验必须包含大量不同类别的测验项目。同时，他们也注意到，随着儿童年龄的增长，其智力也随之增长，年龄也是影响测验结果的一个关键因素。即使最聪明的3岁的孩子也不能与一个智力一般的9岁的孩子相提并论。为此，他们提出了"心理水平"概念，用来

刻画儿童达到的智力成就。这个概念后来被发展为"智力年龄"（mental age）分数。比内建议，如果一个儿童的心理年龄比他的实际年龄小两岁，那么，就可以认为他的智力落后。

1912年，德国心理学家斯腾注意到，随着儿童年龄的增长，根据比内的两岁标准划分出的智力落后儿童比例将逐年增高。他提出了一个表达儿童智力水平的新概念即智力商数，简称智商（intelligence quotient，缩写 IQ），它是通过将心理年龄和实际年龄之比乘以 100 而得到的。

（二）智力测验的相关概念

介绍智力测验前，首先了解一些相关的概念。

1. 测验的适用范围

每个测验都有一定的适用范围，有的适用于儿童，有的适用于成人，因此要选用与测验对象相匹配的测验工具。

2. 测验的标准化

一种测验只有经过标准化才是可靠的、能用的。测验要做到标准化，应具备下列条件：一是要有固定的实施方法、标准的指导语、标准的答案、统一的计分方法；二是要有常模，用来对被试的测验结果做出解释。

3. 信度

信度是表示测验量表（工具）的可靠程度，它以反复测验时能否提供相同的结果来说明。如果两次测验的一致程度比较高，说明测验具有很好的信度。

4. 效度

效度是测验准确地测出它所要测量的特性或功能的程度，也就是测验是否测量到了所要测量的东西。测验是否有效不是全或无的，仅是程度上的差别。

二、常用的智力测验

智力测验是测验的编制者根据自己对智力的理解和特定的智力理论来编制的，因此，不同的测验只是测量了编制者所定义的智力。下面我们将对目前在国内外最有影响的且在学校心理教育工作中常用的几种智力测验进行介绍。

（一）比内测验量表

系统采用测验方法来测量人的智力，是在 20 世纪初由法国心理学家比内和医生西蒙提出来的。1905 年，比内在西蒙的帮助下，编制了一个包括 30 个项目的正式测验，每个项目的难度逐渐上升。根据儿童通过项目的多少来评定他们智力的高低。这就是最早出现的一个量表：比内—西蒙智力量表。它是第一个标准化的心理测验量表，1911 年经修订，将量表的年龄适用范围扩展到成人。该智力量表虽已不为当代人所用，但是它的历史贡献却是不可磨灭的。目前，国内外使用的一些智力量表就是在其基础上修订、发展起来的，其中，最著名的是美国斯坦福大学推孟在 1916 年所做的修订版，即斯坦福—比内智力量表。

斯坦福—比内智力量表是一种年龄量表。它以年龄作为测量智力的标尺，规定某个年龄应该达到的某一智力水平，下面是量表的部分内容（见表 9-2）。该智力测验的项目是按年龄分组的，每个年龄组的测验都由 6 个项目组成，内容包括绘画、折叠、给单词下定义、判断词义、回忆故事、进行推理活动等许多方面；随着年龄的上升，项目的难度也逐渐增加。要测量人的智力，首先要计算出人的智力年龄，即受测者通过的测验项目所属的年龄。如果一个孩子只能通过 5 岁组的全部项目，而不能通过 6 岁组的项目，那么这个孩子的智龄为 5 岁；如果他不仅通过了 5 岁组的全部项目，而且通过了 6 岁组的四个项目、7 岁组的三个项目、8 岁组的两个项目，而 9 岁组的项目一个也没有通过，这个孩子的智龄就是 6 岁 6 个月（计算方法见表 9-3）。很明显，一个孩子的智龄越大，他的智力发展水平就越高。

用智龄和实际年龄的比率来代表智商，叫比率智商。比率智商有一个明显的缺点，人的实际年龄逐年在增加，而他的智力发展到一定阶段却可能稳定在一个水平上。这样，采用比率智商来表示人的智力水平，智商将逐渐下降，这和智力发展的实际情况不符。

表 9-2　斯坦福—比内智力量表题目举例

测验题目
5 岁组
画一张缺腿人的画。 在测验者表演后，将一张方纸叠两层，成一三角形。 给下列单词下定义：球、帽子、炉子。 ……
8 岁组
从一张标准词汇表上给 8 个单词下定义：橘子、稻草等。 尽可能回忆一个简单故事的内容。发现故事表述上的荒唐、不合理。 分辨以下单词：飞机与风筝；海洋与河流。 ……

表 9-3　智龄的计算

测验的水平	通过项目的数量	得分	
		年	月
基础水平 5 年	全部	5	0
6 年	4 项	0	8
7 年	3 项	0	6
8 年	2 项	0	4
9 年	0 项	0	0
总计		5	18
智龄计算		6 岁 6 个月	

（二）韦克斯勒测验

韦克斯勒智力测验是美国临床心理学家韦克斯勒于 20 世纪中期编制的三种智力量表的总称，是目前世界上使用最多的智力测量工具。它包括韦氏成人智力量表（简称 WAIS），测量 16 岁以上成人的智力；韦氏儿童智力量表（简称 WISC），用于 6 岁至 16 岁学龄儿童；韦氏幼儿智力量表（简称 WPPSI），测量 4 岁至 6 岁学龄前儿童的智力。

韦氏量表的一个重要特点是摒弃了心理年龄的概念，但保留了智商概念。它运用统计方

法，以儿童在同一个年龄团体中成绩所处的位置确定智商高低，用这种方法确定的智商又称离差智商。它的另一个显著特点是，不仅给出了一个人的智商总分，而且还给出了言语和操作两方面的分量表分。因此我们可以更加清晰地了解一个人的智力结构以及他在智力发展上的优势与弱点，从而对培养和补救提供了科学依据。

表 9–4 韦氏成人智力量表题目举例

测验名称		测验内容	测验实例
言语量表	常识	知识的广度	水蒸气是怎样来的？
	理解	实际知识和理解能力	为什么电线常用铝制成？
	心算	算术推理能力	粉刷一间房子 3 个人用 9 天，如果 3 天内要完成需要用多少人？
	两物相似	抽象概括能力	圆形和三角形有何相似？
	背数	注意力和机械记忆能力	按次序复述以下的数：1，3，7，5，4；倒数以下的数：5，8，2，4，9，6。
	词汇	语词知识	什么是"河马"？"类似"是什么意思？
操作量表	图像组合	处理部分与整体关系的能力	将小板拼成一个整体。如人手、半身像等。
	填图	视觉记忆及视觉的理解性	指出每张图缺少了什么，并说出名称。
	图片排序	对社会情景的理解能力	把三张以上的图片按正确顺序排列，并说出一个故事。
	积木拼图	视觉与分析模式能力	在看一种图案之后，用小木块拼成相同的样子。
	译码	学习和书写速度	学会将每个数字与不同的符号联系在一起，然后在每个数字的空格内填上正确的符号。

一个人的智力可以用他的测验分数与同一年龄的测验平均分数相比来表示。公式为：$IQ=100+15Z$，其中，$Z=(X-\bar{X})/SD$。

Z 代表标准分数，X 代表个体的测验分数，$\bar{X}$ 代表团体的平均分数，SD 代表团体分数的标准差。因此，只要知道了一个人的测验分数以及他所属团体平均分数和标准差，就可以很容易地计算出他的离差智商。由于离差智商是对个体的智商在其同龄人中的相对位置的度量，因而它不受个体年龄增长的影响。例如，一个孩子在测验中的得分高于平均数 3 个标准差，那么，不论他的年龄有多大，他的智商总是 145。

（三）瑞文推理测验

前面提到的两种测验都有一个共同的特点，它们在不同程度上依靠文字和数字来编制测验题目，这就存在一个问题，即文字和数字所陈述的都偏重于知识。如果测验的编制是以某一个文化环境下的人为依据，用于测定另一个文化下的个体，这可能是不公平的。因此，有些心理学家尝试编制文化公平测验，用以解决上述的问题。瑞文推理测验就是其中一个杰出的代表。

瑞文推理测验是一种非文字智力测验，它以图形作为智力测验的题目，借以排除学得知识的影响。瑞文推理测验主要通过图形的辨别、组合、系列关系等测量人的智力水平，以及人们解决问题的能力、观察力、思维能力、发现和利用自己所需的信息及适应社会生活的能力。它相对不受文化的影响，而决定于人们的天赋。年龄跨度 5~70 岁，既可用于个别测试，也可用于团体施测，是一种跨语言、跨文化的在国际上比较流行的量表。

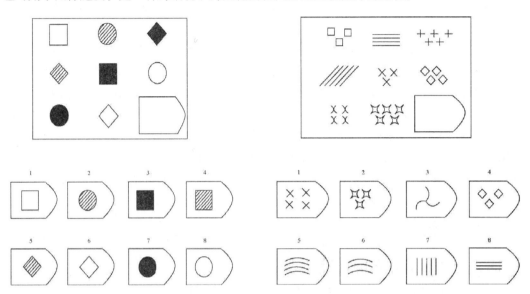

图 9-6 瑞文推理测验题目举例

三、智力测验的应用

目前，智力测验已经广泛应用于教育、企业、军队、政府等部门，尤其是在教育领域的应用是最多的。智力测验与整个教育事业的发展及人才培养具有密切关系，正确的评价学生的智力水平对于因材施教是非常重要的。智力测验在学校教育方面的应用主要体现在 3 个方面。

（一）选拔和安置

这方面的应用与基于智力进行的评价有关。可以借助于智力测验选拔一些智力发展较早的超常儿童，让他们及时进入接受高等教育的阶段，或进行各种形式的培养；还可以及时鉴别出一些智力落后的儿童，以利于对他们采取特殊教育方法，尽可能使其内在潜力发挥到最高水平。

（二）诊断

诊断功能是指通过测验弄清人与人之间的心理差异，并查明个人的心理特征。一个老师为了更好地安排教学活动，会考虑学生所具有的特点，应该知道学生的兴趣爱好和能力水平等等。如果一个智力测验表明两个学生具有同等的智力水平，都属于智能良好一类，这对教学可能不会有太大的帮助。但如果更进一步的结果表明，学生甲的言语能力优于计数能力，而学生乙正好相反，那么这一结果就为指导学生学习，进行因材施教提供了有价值的信息。

（三）评价

运用测验结果为一些学校的教学改革成果提供科学的鉴定与论证。例如，根据实验班学生平均智商分数的增加等信息为教改有效性提供数据资料的支持。

【信息栏】9-7：如何鉴别智力超常儿童

如何鉴别智力超常儿童

在智力测验上得分高是不是就是超常儿童，怎样判断自己的孩子是否超常？其实，智力超常儿童的早期表现并不是纯粹"脑力"方面的才能，智力超常可能表现为高智商，也可能表现为某种特殊的天赋或能力倾向。下列表现通常被认为是超常儿童的一些早期特征：具有寻求大孩子或成人认同的倾向、表现出对解释和问题解决的强烈爱好、非凡的记忆力、在艺术或数字技能方面有早慧天赋、3 岁之前就对书籍有极大兴趣并能够阅读、表现出对他人的善意与合作的态度。可以看到，这些特征已经超出了单纯的"学业"智力。事实上，每 20 个儿童中就有 19 个具有某种特殊"天赋"，这些天赋可能在脑力方面，也可能是艺术、技术、音乐、运动或其他方面。如果仅仅把超常定义为高智商，将会忽视对那些具有特殊才能儿童潜能的充分开发。家长和老师一定要注意对这些儿童的发现和保护，不能只是盯着考试成绩，也不能光看智力，避免这些孩子的天赋因为学习成绩差、标准化智力测验得分低而被埋没。

四、智力测验存在的问题

尽管智力测验对于智力理论和智力研究方法的发展有重要的贡献，但智力测验本身还存在一些问题，具体表现在以下几个方面。

首先，理论基础不统一。迄今为止还没有一种能广泛为心理学家所接受的统一标准，因此出现了不同的智力测验对心理能力结构不同的描述。每一种测验都是从不同角度、不同侧面来反映智力，因而其结论可能是片面的，甚至可能是错误的。

第二，智力测验所测的能力范围太小。有人指出一些智力测验类似于学业成绩测验和知识测验，后天接受的教育发挥了很大的作用，使得智力测验最终测到的往往是个体后天获得的知识技能和教育水平的差异，而不能测量个体的潜在能力。

第三，公平性的问题。智力测验存在文化差异，许多测试内容只是对特定群体适用。有些内容是个体从来没有经历过的，他们在测验上的得分可能要偏低一些。

第四，分数的可信性问题。智力测验的结果与现实生活中的表现有多大关系，是不是 IQ 越高，事业的成就越大？对于这些问题，智力研究目前尚未定论。

正因为智力测验存在许多问题，我们在应用智力测验时要有正确的态度和使用科学的方法。首先要正确看待测验结果。智力测验的结果只反映了能力的一部分，智力高低并不是决定个体能否成功的唯一因素，我们大部分人的智力水平都是差不多的；除了智力，后天的努力、环境等也会产生影响。其次要注意测验的科学性。只有采用科学的测验工具才能保证结果的可信和有效。但在实际测量中，经常有人把游戏性质的智力小测验当作工具，比如在网络、杂志、电视上常常见到的那些智力测验，由于缺乏科学性，实际上只是游戏而已，不能当真。同时，对待智力测验还要注意下列问题。

（1）如果使用不当，往往会给一个儿童贴上标签，这个标签将跟随他终身，而实际上人的智力是一个动态发展的过程。

（2）使用那种只给出单一智商值的测量可能不太恰当，因为人的智力有多种成分，单一的智商不能表明一个人许多方面的能力，这点在智力落后儿童身上更加明显，他们往往一个领域的能力很落后，但另一个领域的能力却很正常。

（3）有些智力测验有很大的文化偏见，如一些题目可能更有利于城市的孩子而不利于农村的孩子。

（4）许多因素会影响智力测验的结果，如健康状况、环境氛围、心理状态等，尤其是智力落后儿童，他们往往是听不懂指导语，而不是不会做这个项目。

【信息栏】9-8：聪明与愚蠢的文化差异性

聪明与愚蠢的文化差异性

当对一些物体进行分类时，怎样的分法才是聪明的呢？在智力测验中，一般认为按照衣着、容器、工具等来划分就是聪明的做法。但并不一定完全是这样，不同族群的人对此可能有不同的理解。利比亚的 Kpelle 部落的人就是根据功能对物体进行分类的，比如他们把马铃薯和小刀放在一起，被问到原因时，他们通常说这是聪明人的做法，而且西方人觉得合理、准确的分类方式在他们眼里只有非常愚蠢的人才那么做。再比如，加拿大北部的 Cree 人最重视在冻土中找到事物的视觉技能，南太平洋中的 Puluwatren 人最重视的是远洋航海技能。就这样，从一种文化到另一种文化，每种文化都把他们所重视的"智力"教给他们的孩子，怎样做是聪明的而非愚蠢的。这些趣事对智力测验的局限性提出了严重的挑战。鉴于此，心理学致力于编制"文化公平"的智力测验，一些人还强调有必要重新考虑智力的概念。

第四节　智力开发与创造力培养

一、创造力与智力的关系

创造力是人类区别于动物的最根本的特征和标志之一。研究创造力的重要意义和最终目的在于使人类创造性的发展从自发走向自觉，从而尽可能挖掘人类的创造能力，造福人类。判断一个人是否有创造力，可以从下面 3 个方面考虑。

（1）新颖性。新颖性是指人们的思维、技术或产品是前人所没有的，主要指不墨守成规、破旧布新。

（2）独特性。独特性是指人们的思维、技术或产品具有与众不同的性质，具有独创性的特征，主要指不同凡俗、别出心裁。

（3）有价值。有价值是指人们的思维、技术或产品对人们来说是有用的，能给人类或个人带来利益。这种价值不应只限于有社会价值，能否推动社会进步，同时还应包括能否体现个人的价值。

心理学的长期研究表明，创造力与智力是一种相对独立的，在一定条件下又有相关的非线性关系，可以归纳为以下四点。

（1）低智商不可能有高创造力。

（2）高智商可能有高创造力，也可能有低创造力。

（3）低创造力的智商水平可能高，也可能低。

（4）高创造必须有高智商。

二、学生智力的开发

智力的开发关系到民族的素质和国家的实力，现在的国际竞争，就是各国智力开发的竞争。智力受遗传素质的影响，但遗传素质只是为人的智力发展提供了可能性，要把这种可能性变为现实，主要靠后天环境，特别是教育的作用。智力开发，就是要选择优良的育人环境，把每个个体遗传素质所提供的可能性变成智力发展的现实性。教育对智力开发的作用，一方面通过特定的智力与非智力训练课程来实现，另一方面体现在日常的教学活动中。

（一）专门的智力开发训练

所谓专门的智力开发训练是指采用一定的程序，在较短的时间里对智力的某些方面或整体进行系统的有条理的训练，从而使个体的智力水平在较短时间里得以提高的开发模式。目前，理论界已有许多成型的训练模式。这些模式中既有从智力构成入手进行的智力训练，也有从非智力因素入手进行的训练。对智力本身进行的训练，是以智力的整体或智力的某些方面为训练对象而设计的。不过从智力的整体入手进行训练的效果，特别是长时效应并不尽如人意。于是又有人转向智力中特定成分的训练，其中对思维能力的训练占据了重要的位置。在对思维能力的训练方案中包括对问题解决能力的训练、归纳推理能力的训练、演绎推理能力的训练和思维品质的训练等。

【信息栏】9-9：早期干预对儿童智力的影响

早期干预对儿童智力的影响

早期干预是否能提高儿童的智力水平，是近年来人们颇为关注的问题。大多数人对此会给出肯定的回答。在不同的家庭环境中，父母对待儿童的方式差别很大。有的父母望子成龙，为儿童提供丰富的环境刺激，如让幼小的孩子参加各种学习班，而有的父母则让儿童自然发展。研究表明，早期干预的确能够提高儿童在智力测验上的分数，不过这种助长作用是有限的。

自60年代以来，儿童的早期干预研究层出不穷。大多数研究采用横断比较法，即将一组儿童随机地分成实验组和控制组，对实验组的儿童实施特定的教育方案，控制组作为对照不施加任何特殊的教育措施，以实验组和控制组的差异作为衡量干预对智力影响的指标。几乎所有依此方法得出的结果都表明，早期干预对儿童的智力发展有促进作用。然而，当使用另一种研究方法，即追踪比较法，考察早期干预的效果及持久性时，却得到了更为复杂的结果。美国的密尔沃基计划是一项大型的早期干预研究。在这个研究中，儿童的母亲为IQ在75分以上的黑人妇女，实验组儿童在6个月时接受特别干预，如教会母亲如何照顾孩子，每天在婴儿促进中心训练几个小时等，实验干预在儿童6岁时结束。在干预过程中，实验组和控制组每隔6个月接受斯坦福—比内测验和韦氏儿童智力测验，并在7、8、9、10、14岁时分别接受其他测验。研究结果表明，在6岁时，实验组儿童的平均智商为119，控制组为87。但这种差异随着时间的增长而减弱，在7岁时，两组的IQ分差为22

分；在 14 岁时为 10 分，实验组的平均 IQ 为 101，控制组为 91。也就是说，早期干预对儿童智力有明显的积极影响，但这种影响随年龄的增长而逐步减弱。

（二）在教学活动中开发智力

1. 加强知识和技能的学习

教育对智力的开发是以掌握知识、技能为中介的，通过专门的教学，不但可以使学生掌握一定的知识、技能，而且可以促进智力的发展。任何一门学科，都是训练人的智能的一套形式不同的体操。教师应该在讲授本学科知识、技能的同时，尽量启发学生思考，培养学生的各种能力。

2. 开展创造性的教学活动

通过创造性的教学活动，可以开发学生的智力，挖掘其智力潜能。这就需要教师对教学内容进行正确选择，对教学过程进行合理安排，对教学方法进行恰当运用。教师应采用启发式教学方法，帮助学生抓住关键，掌握规律，发现问题，提高独立思考能力，促进智力发展。

3. 开展丰富多彩的课外实践活动

健康、丰富的科技和课外活动是促进学生兴趣的养成和观察力、思维力、想象力发展的有效途径。根据学生的年龄特点，开展游戏、棋类、谜语、球类、航模等多种形式的活动，可以增长知识，开阔眼界；又可以增进思路敏捷、判断正确、反应灵活等智力品质。

4. 注意个别差异，进行因材施教

在同一个班级里，学生的个体差异是存在的，而且还可能很突出。教师如果对所有学生采用千篇一律的教学目标、教学内容和教学方法，那么，能力强、智力水平高的学生，就难以发挥他们的潜能；而对能力较低的学生，则可能因跟不上进度、达不到要求、屡遭失败而失去学习的信心；至于大多数中等学生，实际智力水平也是各不相同的，各有自己的特点。因此，教师要贯彻统一要求与个别教学相结合的原则，实行"抓两头，带中间"的因材施教方针。

三、学生创造力的培养

（一）创设有利于发挥创造力的环境

这里的环境不仅指学校环境，还包括家庭环境和社会环境。研究表明，家庭与学校的教育环境是影响学生创造力发展的重要因素。所谓有利于发挥创造力的环境，应该是一个能支持或高度容忍标新立异者和偏离常规者的环境，是一个让学生感到心理安全和心理自由的环境。在这样的环境中，老师或家长尊重学生与众不同的疑问和观念，并且向学生证明他们的问题和观念是有价值的，同时提供给学生大量的学习机会，不断地鼓励儿童思考、尝试、探索和发现，促使其认知功能和情感功能均得到充分的发挥，使其创造潜能得到最大限度的展现。

（二）注重培养学生的创造性人格

创造性与许多人格特征有着密切关系。因此，我们应该从小培养学生的创造性人格，特

别是独立性。家长和老师应该采取民主的教育方式，遵循尊重、鼓励、支持和适当的要求相结合的原则，通过各种活动，让学生充分享受独立活动、独立交往的自由，让学生学会自己的事情自己做。

1. 保护学生的好奇心

心理学研究表明，好奇心与创造力的发展是密切相关的。好奇心既是发明创造的源泉，又是创造性活动赖以进行的重要动力。因此，保护学生的好奇心，能促进他们对创造性活动拥有浓厚的兴趣，促进创造性活动的进行。

2. 培养学生的恒心和毅力

创造性活动要求个体能够忍受长期得不到反馈或回报的情况，这就需要恒心和毅力。只有持之以恒，才能得到最终满意的结果。教师应该有意识地让学生去完成一些有一定难度的、需要意志努力的任务，提高学生的恒心和毅力。

3. 解除怕犯错误的恐惧心理

学生往往因为怕犯错误而不敢去尝试，从而失去发展创造力的良机。因此，教师应该注意在传授知识的同时，解除他们怕犯错误的恐惧心理，鼓励学生大胆进行一些尝试和冒险。

（三）注重创造性思维的培养

创造力的核心是创造性思维，可以通过教学和训练，使学生掌握创造性思维的策略，以发展其创造力。但在传统教学中，教师讲授的和教材上的内容往往被学生认为是完全正确的，即使有不同的想法，也是改变自己求得与老师一致，思维严重被禁锢了。因此，教师应该让学生明白所讲授的内容并不总是正确或完善的，鼓励学生解放思想，活跃思维，积极地发现问题、提出质疑。

人的思维往往是从问题开始的，因此教师的提问可以促进学生的思维活动。发散性提问要求学生尽可能产生多而新的想法。其典型的形式是，"除此之外，还有哪些""还有什么新的见解""如果……会怎么样"，这类问题的重点是启发学生多方面、多角度进行思维操作，鼓励学生求新求异。

 【信息栏】9-10：发散性思维的训练

发散性思维的训练

根据吉尔福特的智力理论，发散性思维是创造力的重要成分，目前许多创造力的培养主要是通过发散性思维的训练来实现的。

1. 大脑激荡法

这一方法是由纽约广告公司的创始人之一奥斯本提出的。其目的是以集思广益的方式，在一定时间内采用极迅速的联想作用，大量产生各种主意。在教学中的基本做法是：教师先提出问题，然后鼓励儿童寻找尽可能多的答案，不必考虑该答案是否正确，教师也不作评论，一直到所有可能想到的答案都提出来为止。然后教师和学生才开始对这些想法进行评价、讨论和批判。最终产生一个创造性的答案。大脑激荡法是团体训练的方式，由于小组讨论比单独思考易发挥创造力，使得个体的才智能得以充分发挥，因而是一种十分有效的训练方法。

2. 类别变动法

这种方法是用来克服定势和功能固着的影响，它能提高思维的变通性。例如，给出"盒子"的概念，让学生首先想到它的一个特殊用途，如装水果，然后归纳为"容器类"，继而在"容器类"中，细想它尽可能有的特殊用途，如装鸡蛋、装纽扣、装衣服等。

3. 力行法

其具体方法是：（1）界定问题。在解决问题之前彻底理解所要解决的问题，弄清已知与未知；（2）开放头脑。考虑可能的解决办法，类似于大脑激荡法中的畅所欲言直至穷思竭虑；（3）确定最佳构想。从上一步的各种方法中选择最优的解决办法；（4）付诸实施。

【反思与探究】

1. 智力的本质是什么？

2. 智力能测量吗？智力测验存在哪些问题？

3. 智力对个体将来成就的预测作用有多大？

4. 智力发展的影响因素有哪些？

5. 如何根据学生的实际情况进行智力开发？

【第九章资源链接】

1. 戴海崎. 心理与教育测量学 [M]. 广州：暨南大学出版社，1999.

智力测验从产生到现在，人们围绕它的争议就一直不断。本书涉及有关智力测验的争议问题，以及应该如何看待智力测验。

2. 朱德全. 现代教育统计与测评技术 [M]. 重庆：西南师范大学出版社，2005.

如何来测量人的智力，是非常复杂的。本部分内容介绍了一个具体的智力测验，读者可以简单地测量自己的智力。该测验选自威廉·巴那德和居尔斯·列尔普德所著的《测测你自己》一书中的一套自我测验试题，主要是面向成年人的，对年满13岁者有效，测验时间为45分钟。

3. Lewis R. Aiken. 心理测量与评估 [M]. 张厚璨，等，译. 北京：北京师范大学出版社，2006.

创造性是什么？如何来测量？不同的学者有不同的理解。本部分内容首先介绍了创造性个体的特征，然后对创造性的测量进行了探讨，列举了一些具体的测验题目，比如后果测验、远程联想测验、非常规用途测验和词语联想测验等。

第十章

人 格

【内容提要】

人格是现实生活中个人心理特征和行为倾向的总和，具有稳定、统一、独特的属性。首先分析了人格的含义、基本特征、人格结构、影响人格形成的因素；其次，介绍了人格理论；最后探讨了人格测量的方法。

【学习目标】

1. 了解人格的基本含义。

2. 掌握人格的本质特征。

3. 了解人格的一般结构。

4. 熟悉影响人格形成的因素。

5. 通晓主要的人格理论。

6. 了解人格测量的一般方法。

第一节　人格概述

一、人格的含义

人格（personality）这一词源于拉丁文" Persona"，其意指面具、脸谱，面具随人物角色的不同而改变，体现了角色的特点和人物性格。就如同我国戏剧中脸谱一样。心理学沿用面具的含义，转译为人格。其中包含了两个意思：一是指一个人在人生舞台上所表现出来的种种言行，即人遵从社会文化习俗的要求而做出的反应。人格所具有的"外壳"，就像舞台上根据角色要求所戴的面具，表现出一个人外在的人格品质。二是指一个人由于某种原因不愿展现的人格成分，即面具后的真实自我，这是人格的内在特征。

人格是心理学中探索完整个体与个体差异的一个领域。到目前为止，由于心理学家各自的研究取向不同，因而对人格的看法有很大差异。综合各家的看法，可以将人格的概念界定为：人格是构成一个人的思想、情感及行为的特有模式，这个独特模式包含了一个人区别于他人的稳定而统一的心理品质。

人格是一个人相当稳定而不变的特质。这里的特质指的是一个人的思考、情绪或行为特点。而相当稳定指的是在不同情境以及不同的时候这个人的特质不会有太大的变化。譬如说，有一个人的特质是内向，那么他在不同的地方、不同的时候、对不同的人，大概都会有内向的表现，这时候我们会说内向是他人格的一部分。

二、人格的特征

人格是一个具有丰富内涵的概念，它反映了人格的多种本质特征。

（一）独特性

一个人的人格是遗传、环境、教育等因素的交互作用形成的。不同的遗传、教育和环境的影响，形成了人各自独特的心理特点。例如，有人外向，有人内向。独特性还体现在人格各种特征组合的不同风格。例如，在我们的周围，有人热情，有人冷淡；有人敏捷，有人迟缓；有人果断，有人犹豫；有人善良，有人恃强凌弱。人格结构中包含着人与人不同的且有独特色彩的差异性。

（二）稳定性

人格的稳定性是指那些经常表现出来的特点，偶然表现出的特征不能称之为人格。例如，一个学生平时对人谦让和善，但偶然表现出的一次大发雷霆，我们仍然认定其人格特征为性情温和而不是坏脾气。另外，一个人的某种人格特点一旦形成，就相对稳定下来了，要想改变它，是较为困难的事情。正如俗话说："江山易改，禀性难移"。这种稳定性还表现在，人格特征在不同时空下表现出一致性的特点。例如，一位性格内向的大学生，他不仅在陌生人面前缄默不语，在教师面前或参加活动中也沉默寡言，大学四年他一直如此，毕业几年后同学再次相见时，也不会有太大的变化。

（三）整体性

每个人的人格世界都不是由各种特征简单地堆积和组合起来的，而是如同宇宙世界般排列有序的一个系统结构，无论是看得见的人格还是看不见的人格，都会有规则地结合成一个有机的整体，具有内在的一致性，受自我意识的调控。

（四）功能性

人格是一个人生活的悲与喜、事业成功或失败的根源。人格决定一个人的生活方式，甚至有时会决定一个人的命运。有一位先哲曾说过："一个人的性格就是他的命运。"某人的言行人们通常会用人格来解释。面对挫折与失败，坚强者拼搏奋斗，而懦弱者则一蹶不振。悲痛可以使人化为力量，也可以使人沉湎于消沉。当人格正确发挥其功能时，表现为健康而有力，支配着一个人的生活与成败；当人格功能失调时，就会表现出软弱、无力、失控甚至变态。

三、人格的结构

人格是一个复杂的结构体系，它包括许多成分，其中主要包括气质、性格、自我调控等方面。

（一）气质

气质是表现在心理活动的强度（如情绪的强弱、意志努力的程度）、速度、稳定性（如直觉的速度、思维的灵活程度、注意集中时间的长短）和指向性（有的人倾向于外部事物，从外界获得新印象；有的人倾向于内部，经常体验自己的情绪，分析自己的思想和印象）等方面的一种稳定的心理特征，即人们平时所说的脾气、秉性。人的气质差异是先天形成的，受神经系统过程的特性所制约。孩子刚一落生时，气质差异是最先表现出来的差异，有的孩子爱哭闹、好动，有的孩子安静、平稳。气质仿佛使一个人的整个心理活动表现都具有个人特色。

气质是人的天性，无好坏之分。它只给人们的言行涂上某种色彩，但不能决定人的社会价值，也不直接具有社会道德评价含义。一个人的活泼与稳重不能决定他为人处世的方向，任何一种气质类型的人既可以成为品德高尚、有益于社会的人，也可以成为道德败坏、有害于社会的人。气质不能决定一个人的成就，任何气质的人只要经过自己的努力都能在不同领域中取得成就。

（二）性格

性格是一种与社会相关最密切的人格特征，在性格中包含有许多社会道德含义。性格表现了人们对现实和周围世界的态度，并表现在他的行为举止中。

性格主要体现在个人言行和对自己、对别人、对事物所采取的态度上。所谓态度，是个体对社会、对自己和他人的一种心理倾向，它包括对事物的评价、好恶和趋避等方面。态度还表现在人的行为方式中。例如，当国家和集体财产遭受损失时，有人不惜献出自己的生命奋起保卫；有人则退缩自保；有人甚至趁火打劫。这就是人们对同一事物的不同态度，这些不同的态度表现在人们的不同行为方式中，就构成了人的不同性格。

性格表现了一个人的品德，受个人的价值观、人生观、世界观的影响。如有的人大公无私，有的人自私自利，这些具有道德评价含义的人格差异，我们称之为性格差异。性格是在后天社会环境中逐渐形成的，是人的最核心的人格差异。性格有好坏之分，能最直接地反映出一个人的道德风貌。

性格与气质是在统一的人的生活实践中形成的，也是由统一的脑的活动实现的，二者有着互相渗透、彼此制约的复杂联系。从气质和性格各自不同的特点来讲，气质更多地体现神经系统基本特征的自然影响，因而在性格的形成过程中，气质影响着性格的动态方面，比较明显的是表现在性格的情绪性和表现的速度方面。例如，同样是勤劳的人，具有多血质气质的人则可能较多地表现出情绪饱满，精力充沛；而具有黏液质气质的人则可能表现为踏实肯干、细致操作。气质的这种动力特点给同样性格的特征添上独特的色彩。

（三）自我调控系统

自我调控系统是人格中的内控系统或自控系统，具有自我认知、自我体验、自我控制三个子系统，其作用是对人格的各种成分进行调控，保证人格的完整、统一与和谐。

1. 自我认知

自我认知是对自己的洞察和理解，包括自我观察和自我评价。自我观察是指对自己的感知、思想和意向等方面的觉察；自我评价是指对自己的想法、期望、行为及人格特征的判断与评估，这是自我调节的重要条件。如果一个人不能正确地认识自我，只看到自己的不足，觉得处处不如别人，就会产生自卑，丧失信心，做事畏缩不前。相反，如果一个人过高地估计自己，则会骄傲自大、盲目乐观，导致工作的失误。因此，恰当地认识自我，客观真实地评价自己，是自我调节和人格完善的重要前提。

2. 自我体验

自我体验是伴随自我认识而产生的内心体验，是自我意识在情感上的表现。如一个人对自己做积极的评价时，就会产生自尊感；做消极的评价时，会产生自卑感。自我体验可以使自我认识转化为信念，进而指导一个人的言行；自我体验还能伴随自我评价，激励适当的行为，抑制不适当的行为。如一个人在认识到自己不适当的行为后果时，会产生内疚、羞愧的情绪，进而制止这种行为的再次发生。

3. 自我控制

自我控制是自我意识在行为上的表现，是实现自我意识调节的最后环节。如一个学生意识到学习对自己发展的重要意义，会激发起努力学习的动机，在行为上表现出刻苦学习、不怕困难的精神。

第二节　人格理论

一、特质理论

西方人格心理学家主张从人格特质和人格类型来研究人格心理结构。所谓人格特质，是指表现一个人的行动中具有一贯倾向的心理特征；如果不作严格区分，也可以把人格特质称为性格特征。西方心理学中的人格特质理论，属于对性格静态结构进行定量分析的一种方法。人格的特质理论主要在美、英等国流行，其代表人物有奥尔波特（G. W. Allport）、卡特尔（R. B. Cattell）、艾森克（H. J. Eysenck）等人。

（一）奥尔波特的特质论

美国心理学家奥尔波特是最早提出人格特质理论的心理学家之一，他认为，人格由许多特质组成，特质是一种神经心理结构，除了能反应刺激而产生行为外，还能主动引发行为，使许多刺激在机能上等值，在反应上步调一致，即不同的刺激能导致相似的行为。例如，具有"谦和"这一特质的人，在访问朋友、遇见陌生人或同伴给予表扬等不同种类的刺激时，都能以举止文雅、克制顺从、热情迎合、不愿为人注意等相同的行为方式作出反应。

奥尔波特认为，人格包括两种特质：一种是共同特质，一种是个人特质。共同特质是属于同一文化形态下人们所具有的一般人格特征。个人特质为个人所特有的独特人格特征，它代表个人的行为倾向。奥尔波特为了说明个人特质是怎样影响和决定个人的行为，又把个人

特质区分为三个重叠交叉的层次：首要特质、中心特质和次要特质。首要特质是一个最典型、最有概括性的特质，如黛玉多愁善感的特质、葛朗台吝啬小气的特质。中心特质由几个彼此相关联的重要特质构成一个人的独特个性。如黛玉的清高、聪慧、孤僻、内向、抑郁、敏感等都属于她的中心特质。次要特质，它不是决定一个人行为倾向的主要特质，往往在特殊情况下才显示出来，是对事物的一种暂时性态度和反应。次要特质除了亲近他的人外，其他人很少知道。如一个人在外面很粗鲁、霸道，而在自己的母亲面前很顺从，这里的"顺从"就是他的次要特质。

（二）卡特尔的特质因素论

美国心理学家卡特尔认为，人格是一种倾向，它是与个体的外显和内隐行为联系在一起的。人格特质是人格结构的基本元素。他认为，特质是一种心理结构，它表现为相当持久和广泛的行为倾向，人格的整体结构由四个层次的特质构成。

第一层次包括：共同特质和个别特质。卡特尔赞同奥尔波特的观点，认为人类存在着所有社会成员共同具有的特质（共同特质）和个体特有的特质（个别特质）。共同特质，是指某一地区、某一集团中各成员所共有的特质（人格的共同性）。个别特质，是指每一个体所具有的特质（人格的差别性）。

第二层次分为：表面特质和根源特质。所谓表面特质，是一个人经常发生的，从外部可以直接观察到的行为。而根源特质是内隐的，是构成人格的基本特质，是制约着表面特质的潜在基础。卡特尔运用因素分析法，从众多的行为表面特质中分析出十六项根源特质。卡特尔人格因素量表所测量的十六种人格因素，见表 10-1。

表 10-1　卡特尔 16PF 根源特质

	人格因素	低分者特征	高分者特征
A	乐群性	缄默孤独	乐群外向
B	聪慧性	迟钝、学识浅薄	聪慧、富有才识
C	稳定性	情绪激动	情绪稳定
E	恃强性	谦虚顺从	好强固执
F	兴奋性	严肃审慎	轻松兴奋
G	有恒性	权宜敷衍	有恒、负责
H	敢为性	畏缩退怯	冒险、敢为
I	敏感性	理智、看重实际	敏感、感情用事
L	怀疑性	依赖、随和	怀疑、刚愎
M	幻想性	现实、合乎常规	幻想、狂放不羁
N	世故性	坦白、直率、天真	精明强干、世故
O	忧虑性	安详沉着、有自信心	忧虑抑郁、烦恼多端
Q1	激进性	保守、服从传统	自由、批评激进
Q2	独立性	依赖、随群附众	自立、当机立断

	人格因素	低分者特征	高分者特征
Q3	自律性	矛盾冲突、不拘小节	知己知彼、自律严谨
Q4	紧张性	心平气和	紧张困扰

（三）艾森克的"三因素模型"

埃克森依据因素分析方法提出了人格的三因素模型（three factor model）。这三个因素是：①外倾性（extraversion），它表现为内、外倾的差异；②神经质（neuroticism），它表现为情绪稳定性的差异；③精神质（psychoticism），它表现为孤独、冷酷、敌视、怪异等偏于负面的人格特征。艾森克依据这一模型编制了艾森克人格问卷（Eysenck personality questionnaire，EPQ），这个量表在人格评价中得到了广泛的应用。

（四）塔佩斯的"五因素模型"

塔佩斯运用词汇学的方法对卡特尔的特质变量进行了分析，发现了五个相对稳定的因素。以后许多学者进一步验证了"五种特质"的模型，形成了著名的大五因素模型（big five factor model）。这五个因素的特质如下。

外倾性（extraversion）：表现出热情、社交、果断、活跃、冒险、乐观等特质。

宜人性（agreeableness）：具有信任、直率、利他、依从、谦虚、移情等特质。

责任心（conscientiousness）：显示了胜任、公正、条理、尽职、成就、自律、谨慎、克制等特质。

神经质或情绪稳定性（neuroticism）：具有焦虑、敌对、压抑、自我意识、冲动、脆弱等特质。

开放性（openness）：具有想象、审美、情感丰富、求异、创造、智能等特质。

这五个特质的头一个字母构成了"OCEAN"一词，代表了"人格的海洋"。

（五）特里根的"七因素模型"

特里根用不同的选词原则，获得了七个因素，构成了七因素模型（seven factor model）。这七个因素是：正性情绪（positive emotionality）、负效价（negative valence）、正效价（positive valence）、负性情绪（negative emotionality）、可靠性（dependability）、宜人性（agreeableness）、因袭性（conventionality）。与"五因素模型"相比较，"七因素模型"增加了正效价（如优秀的）和负效价（如邪恶的）两个因素。人格特征量表是"大七人格模型"的有效测量工具。

现代人格理论在临床心理、健康心理、发展心理、职业心理、管理心理和工业心理等方面都显示了广泛的应用价值。如外倾性、神经质、随和性等均与心理健康有关；外倾性和开放性是职业心理与工业心理的两个重要因素；责任心与人事选拔有密切关系。同时研究者也发现高开放性和高责任心的青少年具有优秀的学习成绩，而低责任心和低宜人性的青少年有较多的违法行为。高外倾性、低宜人性、低责任心的青少年，常与外界发生冲突的行为问题；高神经质、低责任心的青少年则常表现出由内心冲突引起的问题。

二、类型理论

类型理论是 20 世纪三四十年代在德国产生的一种人格理论，主要用来描述一类人与另一类人的心理差异，即人格类型的差异。人格类型主要有三种，即单一类型理论、对立类型理论、多元类型理论。

（一）单一类型理论

这种理论认为，人格类型是依据一群人是否具有某一特殊人格来确定的。美国心理学家弗兰克·法利提出的 T 型人格，这是单一类型理论的代表。

弗兰克·法利提出的 T 型人格是一种好冒险、爱刺激的人格特征。依据冒险行为的性质（积极性质与消极性质），法利又将 T 型人格分为 T+ 型和 T– 型两种。当冒险行为朝向健康、积极、创造性和建设性的方向发展时，就是 T+ 型人格。有这种人格的人喜爱漂流、赛车等运动项目。当冒险行为具有破坏性质时，就是 T– 型人格。这种人通常具有酗酒、吸毒、暴力犯罪等反社会行为。在 T+ 型人格中，又可依据获得的特点进一步分为体格 T+ 型和智力 T+ 型。极限运动员代表了体格 T+ 型，这类运动员通过身体运动（如攀岩、登山等）来实现追求新奇、不断刷新纪录的动机。而一些科学家或思想家代表了智力 T+ 型，他们的冒险行为主要表现在科学技术的不断追求和探新上。

（二）对立类型理论

这种理论认为，人格类型包含了某一人格维度的两个相反的方向。

1. A—B 型人格

福利曼和罗斯曼对 A—B 型人格进行了描述，近年来，人们在研究人格和工作压力的关系时会经常使用这种人格类型。

A 型人格的主要特点是，性情急躁，缺乏耐性和持久性，他们的成就欲高，上进心强，有苦干精神，做事认真负责，有时间紧迫感，富有竞争意识，动作敏捷，说话快，生活常处于紧张状态；但办事匆忙，社会适应性差，属不安定型人格。具有这种人格特征的人易患冠心病。美国在 20 世纪 60 年代进行的一次纵向调查表明，在 257 位患者有冠心病的男性病人中，A 型人格的人数是 B 型人格人数的两倍多。

B 型人格的主要特点是，性情不温不火，举止稳当，对工作和生活的满足感强，喜欢慢步调的生活节奏。在需要审慎思考和耐心的工作中，B 型人格往往比 A 型好，他们属于较平凡之人。对冠心病患者的调查表明，B 型人格只占患者的三分之一。

2. 内—外向人格

瑞士著名人格心理学家荣格依据"心理倾向"来划分人格类型，最先提出了内—外向人格类型学说。荣格认为，当一个人的兴趣和关注点指向外部客体时，就是外向人格；而当一个人的兴趣和关注点指向主体时，就是内向人格。在荣格看来，每个人都是具有外向和内向这两种特征的，但其中一种可能占优势，因而可以确定一个人是内向，还是外向。外向人格的特点是，注重外部世界，情感表露在外，热情奔放，当机立断，独立果断，善于交往，行动快捷，有时轻率。内向人格的特点是，自我剖析，做事谨慎，深思熟虑，疑虑困惑，交往面窄，有时会产生环境适应困难。

荣格认为，人的心理活动有思维、感情、感觉和直觉这四种基本功能。结合两种心理倾向可以构成八种人格类型：①外向思维型，这种人尊重客观规律和伦理法则，不感情用事；②外向感情型，这种人对事物的评价往往感情用事，容易凭借主观臆断来衡量外界事物的价值；③外向感觉型，这种人以具体事物为出发点，容易凭借感觉来估计生活的价值，遇事不假思索，随波逐流，但善于应付现实；④外向直觉型，这种人以主观态度探求各种现象，不接受过去的经验教训，只憧憬未来，容易悲观失望；⑤内向思维型，这种人不关心外部价值，以主观观念决定自己的思想，感情冷淡，好独断，偏执，易被人误解；⑥内向感情型，这种人情绪稳定，不露声色；⑦内向感觉型，这种人不能深入到事物的内部，在自己与事物之间会加入自己的感觉；⑧内向直觉型，这种人不关心外部事物，脱离实际，爱幻想。

（三）多元类型理论

这种理论认为，人格类型是由集中不同质的人格特性构成的。

1. 气质类型学说

气质类型说源于古希腊医生希波克里特的体液说，他认为人体有四种液体：黏液、黄胆汁、黑胆汁、血液，这四种体液的配合比率不同，形成了四种不同类型的人。大约500年之后，罗马医生盖伦进一步确定了气质类型，提出人的四种气质类型是胆汁质、多血质、黏液质、抑郁质。

巴普洛夫用高级神经活动类型说解释气质的生理基础，见表10-2。他依据神经过程的基本特性，即兴奋过程和抑制过程的强度、平衡性和灵活性，划分了四种类型。兴奋过程和抑制过程的强度，是大脑皮层神经细胞工作能力和耐力的标志，强的神经系统能够承受强烈而持久的刺激。平衡性则是兴奋过程和抑制过程的相对力量，二者力量大体相同时是平衡，否则是不平衡。不平衡又可分为两种情况，一种是兴奋过程相对占优势，一种是抑制过程相对占优势。灵活性是兴奋过程和抑制过程相互转换的速度，能迅速转化时是灵活的，不能迅速转化则是不灵活的。

表 10-2 高级神经活动类型与气质类型表

高神经活动过程	高级神经活动类型	气质类型
强不平衡	不可遏制型	胆汁质
强平衡、灵活	活泼型	多血质
强平衡、不灵活	安静型	黏液质
弱	抑制型	抑郁质

现代的气质学说仍将气质分为四种典型的类型：①胆汁质，这种人情绪体验强烈、爆发迅猛、平息迅速，思维灵活但粗枝大叶，精力旺盛、争强好胜、勇敢果断，为人热情直率、朴实真诚、表里如一、生气勃勃、刚毅顽强；但这种人遇事常欠思考、鲁莽冒失、易感情用事、刚愎自用。②多血质，这种人情感丰富、不稳定且外露，思维敏捷但不求甚解，活泼好动、热情大方、善于交往但交情浅薄，行动敏捷、适应力强，他们的弱点是缺乏耐心和毅力，稳定性差，见异思迁。③黏液质，这种人情绪平稳、表情平淡，思维灵活性略差并且思考问题细致而周到，安静稳重、沉默寡言、喜欢沉思，自制力强、耐受力高、外柔内刚，交往适度交情深厚；但这种人的行为主动性较差，缺乏生气、行动迟缓。④抑郁质，这种人情绪体

验深刻、细腻持久、情绪抑郁、多愁善感、想象力丰富、不善交际、孤僻不合群、踏实稳重、自制力强；但他们的行为举止缓慢，软弱胆小，优柔寡断。

在现实生活中，单一气质的人并不多，绝大多数的人是四种气质互相混合、渗透、兼而有之的。

2. 性格类型说

德国心理学家斯普兰格依据人类社会文化生活的六种形态，将人划分为六种性格类型。不同的性格类型具有不同的价值观成分。这六种类型是：①经济型，这种人注重实效，其生活目的是为了追求利润和获得财富，如实业家等。②理论型，这种人表现出探究世界的兴趣，能客观而冷静的观察事物，力图把握事物的本质，尊重事物的合理性，重视科学探索，以追求真理为人生的目的，如思想家、科学家等。③审美型，这种人对现实生活不太关注，富于想象力，追求美感，以感受事物的美作为人生的价值，如艺术家等。④权力型，这种人倾向于权力意识和权力享受，支配性强，其全部的生活价值和最高的人生目标就在于满足自己的权力欲望，得到某种权力和地位。⑤社会型，这种人能关心他人，献身社会，助人为乐，以奉献社会为人生追求的最高目标。⑥宗教型，这种人信奉宗教，相信神的存在，把信仰视为人生的最高价值。

三、阶段理论

（一）弗洛伊德的人格发展理论

弗洛伊德的人格发展理论（前三个阶段称为前生殖阶段），弗洛伊德据此把人格发展划分为五个阶段，他认为这五个阶段的顺序是不变的。

第一阶段：口唇期（0~1岁）。

口唇区域为快感的中心。婴儿的活动大多以口唇为主，摄入、撕咬、含住、吐出和紧闭是五种主要的口腔活动模式。如果对一种原始模式产生固着作用，成年后就可能形成依赖（从事大量的口唇活动，沉溺于吃、喝、抽烟与接吻等）和攻击性（从事那些与撕咬行为相等同的活动，如挖苦、讽刺与仇视）的人格特征。

第二阶段：肛门期（1~3岁）。

肛门区域成为快感区。在这一阶段，儿童会接受排便训练，这是儿童第一次接触到外部纪律或权威，因此代表了本我与社会规范之间的冲突。一般地，如果排便训练过于严格，儿童会形成过度控制的行为习惯，如洁癖、吝啬和强迫的人格特征，也有可能造成儿童的反抗，从而形成过度铺张浪费、越轨的人格特征；如果排便训练过于随便，儿童在成年后容易形成肮脏、浪费、凶暴和不守秩序等人格特征。

第三阶段：性器期（3~6岁）。

生殖器成为快感的中心。这是人格发展的关键阶段。在这一阶段，儿童以异性父母作为自己性欲的对象，男孩对母亲产生爱恋，仇恨父亲，称为恋母情结或俄狄浦斯情结；女孩对父亲产生爱恋，仇恨母亲，称为恋父情结或克勒厄屈拉情结。儿童在仇恨同性父母的同时又害怕报复，最后压抑自己的性欲，停止对同性父母的敌视，逐渐接近、接纳、认同同性父母，并逐渐发展起同性父母的态度、价值观和行为模式。否则，儿童就可能演变成同性恋或异装癖、异性癖等性心理障碍。

弗洛伊德认为，前三个阶段是人格发展的最重要的阶段，为成年后的人格模式奠定了基础。他主张，人格的最初形成应是在 5 岁左右。

第四阶段：潜伏期（6 岁～青春期）。

这一阶段儿童已经进入学校接受正规教育，因此，将兴趣从家庭成员转向同伴，特别是同性同伴，倾向于避开异性同伴。

第五阶段：生殖期（青春期～成年）。

这一阶段是个体的性发育成熟期。个体开始试图与父母分离，建立自己的生活，逐渐发展出成年人的异性恋。

弗洛伊德认为，个体的人格发展要想在性、心理和社会各方面都达到成熟状态，即达到生殖期人格的理想水平是很难的，很少有人能达到。因为人格在发展过程中会遇到两种危机：一是固着，即不论在每个人格发展阶段满足过多或过少，都会使力比多停滞在那个阶段，从而使个体在成年后表现出该阶段的人格特征；二是倒退，即个体在人格发展过程中遇到挫折，从而从高级阶段返回到低级阶段，表现出低级阶段的人格。他认为固着和倒退是心理疾病产生的原因。

【信息栏】10-1：弗洛伊德古典精神分析

弗洛伊德古典精神分析

弗洛伊德（1856—1939）将人格结构分为三个层次：本我、自我和超我。

1. 本我

本我（id）位于人格结构的最底层，是由先天的本能、欲望所组成的能量系统，包括各种生理需要。本我具有很强的原始冲动力量，弗洛伊德称其为力比多（libido）。本我是无意识、非理性、非社会化和混乱无序的，它遵循快乐原则。

2. 自我

自我（ego）是从本我中逐渐分化出来的，位于人格结构的中间层。其作用主要是调节本我与超我之间的矛盾，它一方面调节着本我，一方面又受制于超我。它遵循现实原则，以合理的方式来满足本我的要求。

3. 超我

超我（superego）位于人格结构的最高层次，是道德化了的自我，由社会规范、伦理道德、价值观念内化而来，其形成是社会化的结果。超我遵循道德原则，它具有三个作用：一是抑制本我的冲动，二是对自我进行监控，三是追求完善的境界。

在人格结构里，本我、自我和超我三者相互交织在一起，构成人格的整体。它们各自代表了人格的某一方面，本我是生物本能我，自我是心理社会我，超我是追求完美我；当三者处于协调状态时，人格表现出一种健康状况；当三者互不相让，产生敌对关系时，就会产生心理疾病。

（二）埃里克森的社会性发展阶段理论

美国精神分析学家埃里克森认为，儿童人格的发展是一个逐渐形成的过程，必须经历一

系列顺序不变的阶段，每一阶段都有一个由生物学的成熟与社会文化环境、社会期望之间的冲突和矛盾所决定的发展危机。成功而合理地解决每个阶段的危机或冲突将使个体形成积极的人格特征和健全的人格。埃里克森认为，人格的发展贯穿于个体的一生。

整个发展过程分为八个阶段。

1. 学习信任的阶段（0~1.5 岁）：信任感对不信任感

本阶段的发展任务是发展对周围世界，尤其是对社会环境的基本态度，培养信任感。如果父母或者照料者给予婴儿适当的、稳定的与不间断的关切、照顾、哺育和抚摸，婴儿就会对父母产生一种信任感，认为这个世界是安全而可信赖的地方。这种对人、对环境的基本信任感是形成健康个性品质的基础，是以后各个时期发展的基础，尤其是青年时期发展同一性的基础。

2. 成为自主者的阶段（1.5~3 岁）：自主感与羞怯感

本阶段的发展任务是培养自主性。儿童初步尝试独立处理事情，如果父母允许幼儿去做他们力所能及的事，鼓励幼儿独立探索的欲望，幼儿就会逐渐认识到自己的能力，养成主动、自主的性格；反之，如果父母过分溺爱和保护或过分批评指责，就可能使儿童怀疑自己对自我和环境的控制能力，产生羞怯感。

3. 发展主动性的阶段（4~5 岁）：主动感对内疚感

本阶段的发展任务是培养主动性。由于身体活动能力和语言的发展，儿童可能把活动范围扩展到家庭之外。儿童喜欢尝试探索环境，承担并学习掌握新的任务。此时，如果父母或教师对儿童的建议给予适当鼓励或妥善处理，则儿童不仅发展了主动性，还能培养明辨是非的道德感；反之，如果父母对儿童的问题感到不耐烦或嘲笑儿童的活动，儿童就会产生内疚感。

4. 变得勤奋的阶段（6~11 岁）：勤奋感对自卑感

本阶段的发展任务是培养勤奋感。在这个时期，多数儿童已进入学校，第一次接受社会赋予他并期望他完成的任务。他们追求任务完成时获得的成就感及由此带来的长辈的认可和赞许。如果儿童在学习、游戏等活动中不断取得成就并受到承认的奖励，儿童将以成功、嘉奖为荣，养成乐观、进取和勤奋的性格；反之，如果由于学习方法不当或努力不够而多次遭受挫折或其成就受到漠视，儿童容易形成自卑感。本阶段影响儿童活动的主要因素已由父母转向同伴、学校和其他社会机构，教师在培养儿童勤奋感方面具有特殊作用。敏感、耐心、富于指导经验的教师有可能使有自卑感的学生重新获得勤奋感。

5. 建立个人同一性的阶段（12~18 岁）：自我同一性对角色混乱

本阶段的发展任务是培养自我同一性。自我同一性是指个体组织自己的动机、能力、信仰及活动经验而形成的有关自我的一致性形象。自我同一性的形成要求谨慎的选择和决策，尤其体现在职业定向、性别角色分化等方面。如果青少年不能整合这些方面及各种选择，或者根本无法在其中进行选择，就会导致角色混乱。

6. 承担社会义务的阶段（18~25 岁）：亲密感对孤独感

本阶段的发展任务是获得亲密感，培养爱的品质。只有具有牢固的自我同一性的青年人，才敢去冒与他人发生亲密关系的风险。因为与他人发生爱的关系，就是把自己的同一性与他人的同一性融合一体。这里有自我牺牲或损失，只有这样才能在恋爱中建立真正亲密无间的关系，从而获得亲密感，否则将产生孤独感。

7. 显示充实感的阶段（25~50 岁）：繁衍感对停滞感

本阶段的发展任务是获得繁衍感，培养关心的品质。当一个人顺利地度过了自我同一性时期，以后的岁月中将过上幸福充实的生活，他将生儿育女，关心后代的繁殖和养育。埃里克森认为，繁衍感有繁殖和培育两层含义，一个人即使没生孩子，只要能关心孩子、教育指导孩子也可以具有繁衍感。反之没有繁衍感的人，其人格贫乏和停滞，是一个自我关注的人，他们只考虑自己的需要和利益，不关心他人（包括儿童）的需要和利益。

8. 达到完善的阶段（50 岁以后）：自我完善感对失望感。

本阶段的发展任务是获得完善感，培养智慧、贤明的品质。

伴随着衰老过程，老年人的体力、心力和健康每况愈下，对此他们必须做出相应的调整和适应，所以被称为自我调整对绝望感的心理冲突。

当老年人回顾过去时，可能怀着充实的感情与世告别，也可能怀着绝望走向死亡。自我调整是一种接受自我、承认现实的感受；一种超脱的智慧之感。如果一个人的自我调整大于绝望，他将获得智慧的品质，埃里克森把它定义为：以超然的态度对待生活和死亡。老年人对死亡的态度直接影响下一代儿童时期信任感的形成。因此，第 8 阶段和第 1 阶段首尾相连，构成一个循环或生命的周期。

埃里克森认为，在每一个心理社会发展阶段中，解决了核心问题之后所产生的人格特质，都包括了积极与消极两方面的品质，如果各个阶段都保持向积极品质发展，就算完成了这阶段的任务，逐渐实现了健全的人格，否则就会产生心理社会危机，出现情绪障碍，形成不健全的人格。

第三节 人格的测量

一、人格测量概述

人格测量是心理测量的一种，它是指在标准化的条件下引发出被试的行动和内部心理变化的手段。人格测量是采用测量的方法对人格进行测验，测出一个人在一定情境下，经常表现出来的典型行为和人格特征等。由于心理测量的对象是人的心理现象，然而对人的心理能力、人格特征是无法直接测量的，人们只能通过测量心理活动的外显行为，一般只是通过对一个人对测验题目的反应来推断出他的心理特点。目前，已有百余种人格测量方法，本节主要介绍几种典型的、有代表性的人格测量方法。

二、人格测量方法

人格测量的主要方法有自陈量表法和投射测验法。

（一）自陈量表法

自陈量表法是让被试按自己的意见，对自己的人格特质进行评价的一种方法。自陈量表

通常也称为人格量表。

用自陈量表法编制的人格量表，在我国常见的有明尼苏达多项人格测验量表、爱德华个人兴趣量表、卡特尔系列人格特征量表和艾森克人格类型量表等。

1. 明尼苏达多项人格测验

明尼苏达多项人格测验量表（minnesota mulitiphasia personality inventory，MMPI）是目前著名的人格测验之一。此量表是由美国明尼苏达大学教授萨威和麦克金里编制的，改良版内容包括情绪反映、健康状况、社会态度、心身性症状、家庭婚姻问题等 26 类题目，可鉴别强迫症、偏执狂、精神分裂症、抑郁性精神病等。

明尼苏达多项人格测验包括 10 个临床量表。

（1）疑病（Hs）：题目来自表现出对自己身体功能异常关心的病人。如"我每周都胃疼好几次"。

（2）抑郁（D）：题目来自缺乏自信，对未来没有希望，处处感到不适的病人。如"我经常感到生活无趣而且没有意义"。

（3）癔症（Hy）：题目来自经常无意识运用身体或心理症状来回避困难的冲突和责任的神经症患者。如"我经常都能感觉到我的心脏跳得很厉害"。

（4）精神病态（Pd）：题目来自经常地和放肆地漠视社会习惯、情绪反应简单并且不能吸取教训的病人。如"我的行为和兴趣经常受到其他人的批评"。

（5）男子气或女子气（Mf）：题目来自有同性恋倾向的患者，表现敏感爱美，被动男性或女性化。他们可出现对同性的冲动而降低对异性的动机。如一个男子"我喜欢摆弄花朵"。

（6）妄想狂（Pa）：题目来自表现出异常猜疑、夸大或被害妄想的患者。如"有坏人想谋杀我"。

（7）精神衰弱（Pt）：题目来自表现出着迷、强迫、变态恐惧以及内疚、优柔寡断的神经症患者。如"我保存买的所有东西，即使今后一点用也没有"。

（8）精神分裂症（So）：题目来自表现出稀奇古怪的思想或行为以及经常退缩，经历过幻觉的患者。如"周围的事情对我来说都不是真实的"。

（9）轻躁狂（Ms）：题目来自具有情绪激动、过于兴奋和思想奔逸特征的患者。如"我经常无缘无故地感到特别高兴或特别悲伤"。

（10）社会内向（Si）：题目来自表现出胆怯、不关心人和靠不住的人。如"我的日常生活中充满了使我感兴趣的事情"。

另外还有下面 4 个效度量表，当然这不是指心理测验的效度，只是反映受测者掩饰、反应定势以及参加测验时的态度。

（1）说谎分数（L）：一组过分好的自我报告的题目，如"我对所有我遇到的人都微笑"。受测者若偏向选择讨人喜欢的报告，表明结果不可靠。

（2）效度分数（F）：题目为标准化团体经常不回答的题目。虽然都是些不讨人喜欢的行为，但并不与任何变态行为相联系。因此，若某人表现出部分或全部特征，则答案是靠不住的。高分数表示计分错误、反映是粗心、古怪回答或故意掩饰。

（3）校正分数（K）：该分数与 L、F 都有关，但更为巧妙，是测量受测者做测验时的态度的，高 K 值表示防御或总是企图伪装成"好人"；低 K 值表示过分坦率与自我批评，或者故意伪装成"坏人"，如"当别人批评我时，我会感到不高兴"。

（4）疑问分数（Q）：受测者认为不能回答的题数，即受测者未作答的题数，一般限制在10题以内。所有题目均采用是、否、不一定来回答，题目举例如下：

①我相信有人反对我。　　　　　　　是 [ ] 不一定 [ ] 否 [ ]

②我相当缺乏自信。　　　　　　　　是 [ ] 不一定 [ ] 否 [ ]

③每隔几夜我就会做噩梦。　　　　　是 [ ] 不一定 [ ] 否 [ ]

这个测验所重视的是被试的主观感受，而不是客观事实，又因为在编制量表时采用正常与异常两个对照组为样本，因此MMPI不仅可以作为临床上的诊断依据，而且也可以用来评定正常的人格，使人们对一个人的人格有个概略的了解。

2. 爱德华个人兴趣量表

爱德华个人兴趣量表（Edwards personal preference schedule，简称EPPS）是由美国心理学家爱德华（Edwards，1953）编制的，并以美国心理学家莫瑞（Murray，1938）所列举的人类15种需要为基础的。由此构成了15个分量表：成就需要（ach）、顺从需要（def）、秩序需要（ord）、表现需要（exh）、自主需要（aut）、亲和需要（aff）、自省需要（int）、求助需要（auc）、支配需要（dom）、谦卑需要（aba）、助人需要（nur）、沟通需要（cha）、坚毅需要（end）、性爱需要（het）、攻击需要（agg）。整个量表共有225个题目，每个题目通常包括两个"我"为开头的陈述句，用"强迫选择法"，要求被试从两者中按照自己的喜好选出其中的一个。

例如：① A. 我喜欢结交新朋友。

　　　　 B. 当我有难时，我希望朋友能帮助我。

　　　 ② A. 在长辈和上级面前，我会感到胆怯。

　　　　 B. 我喜欢用别人不太懂其意义的字词。

EPPS的主要功能是通过被试对题目的反应，评定他在15种需要上相对于一般人的强弱程度，然后绘制出人格剖面图。这样一个人的人格定位状况，便一目了然了。

自陈量表式人格测验的优点是题目数固定，题目内容具体而清楚，因此施测简单，记分方便。其缺点是因编制时缺乏客观效标，效度不易建立；而且测验内容多属于情绪、态度等方面的问题，每个人对同一问题常常会因时空的改变而选择不同的答案；另外，使用这种方法时，很难免会出现反应的偏向。例如，有些被试对问卷中提出的各种问题总是赞同的态度，这种反应偏向影响到对人格做出客观的评定。因此，其信度和效度都不如智力测验。

（二）人格的投射测量

投射测量是在测验时向被试提供一些无确定含义的刺激，让被试在不知不觉中，毫无限制地自由投射出自己内在的思想情感，然后确定其人格特征。

1. 罗夏墨迹测验

罗夏墨迹测验（Rorschach Ink Blot Test）是由瑞士精神医学家罗夏（H. Rorschach，1884—1922）于1921年设计的，共包括十张墨迹卡片，其中五张为彩色，另五张为黑白图形。施测时每次按顺序给被试呈现一张，同时问被试："你看到了什么？""这可能是什么东西？"或"这使你想到了什么？"等，允许被试自己转动图片从不同的角度去看。这种测验属于个别施测，每次只能施测一个。施测时主试一方面要记录被试的言语反应，同时还要注意被试

的情绪表现和伴随动作。

图 10-1　罗夏墨迹测验图之一

罗夏墨迹测验一般根据四个方面的内容计分，每个方面都有规定的符号和它们可能代表的意义。

（1）反应部位

反应部位指受测者所注意到的墨迹部分，是整体或局部。它有 5 种类别：①整体反应（W），受测者对墨迹的全部或几乎全部进行反应。W 分数过高可能表示受测者思维过分概括的倾向，或愿望过高。W 分数过低或没有，表示受测者缺乏综合能力。②普通局部反应（D），受测者对被墨迹图的空白、浓淡或色彩所隔开来的大部分进行反应。有较多数量 D 答案的受测者可能有良好的常识。③细微局部反应（d），受测者对墨迹图的空白、浓淡或色彩所分开来的部分进行反应。④特殊局部反应（Dd），受测者对墨迹的极小的或不同一般方式分割的一部分进行反应。Dd 分数过高的受测者可能刻板或不依习俗的思维。⑤空白反应（S），受测者对墨迹部分作为背景，将空白部分作为对象，对白色空间进行反应。

（2）反应因素

这是受测者反应的主要依据，即墨迹中的何种因素使受测者产生了特定的反应，墨迹的形状，还是颜色等。一般有 4 种因素：①形状反应（F），知觉由形状或者形式决定。根据形状的相似程度可以分为 F+、F、F-。F+ 指受测者的反应与墨迹形状甚为相似，受测者通常被认为具有现实性思维；F- 则相反，极差的外形相似性，可能意味着受测者思维过程混乱。②运动反应（M），受测者在墨迹中看到人或动物在运动。M 多表示情感丰富，M 少可能意味着人际关系差，M 也是表示内向性的符号。③浓淡反应（K），受测者的反应决定于墨迹的阴影部分，可被认为是焦虑的指标。④色彩反应（C），受测者的反应由墨迹的色彩决定。C 分高表示外向，情绪不稳定。

（3）反应内容

反应内容是指受测者所联想到的具体形象，主要有以下四方面的反应内容：人（H）、动物（A）、解剖（At）、性（Sex）、自然（Na）、物体（Obj）等等。如果 A 分高，表示智力低下，思维刻板。

（4）普遍性反应

普遍性是指受测者反应的内容是否具有独特性。有普通反应（P）和独创反应（O）两种情况。作出比较特殊反应的受测者可能是富有创造性，也可能是病态思想的表示。这只有经验丰富的主试才能作出正确的区分。

罗夏墨迹测验的评分和解释是很困难的，极费时费力，需要训练有素经验丰富的人才能掌握这种方法。而且对测验结果还必须多方面做综合的解释，不能单凭任何一个结果的情况来判断一个人的人格。

2. 主题统觉测验

主题统觉测验是另一种与罗夏墨迹测验齐名的人格投射测验，是由美国默里构思并与摩尔根等人共同编制的。它在投射测验中的地位仅次于罗夏墨迹测验，它与韦氏成人智力量表、罗夏测验一起，被认为是三种基本成套测验。主题统觉测验是一种窥探受测者的主要需要、动机、情绪和人格特征的方法。它是向受测者呈现一系列意义相对模糊的图卡，并鼓励他按照图卡不假思索地编述故事。

图 10-2　图中老妇人流露出怎样的情绪？　　　图 10-3　图中的女人为何掩面？她的情绪是怎样的？

A：邪恶，她们之间可能隐藏着冲突。　　　　A：悲伤，女人发现丈夫有了婚外情。

B：同情。　　　　　　　　　　　　　　　　B：忧郁，丈夫醉酒在床。

C：焦虑、关心。　　　　　　　　　　　　　C：关心，丈夫重病躺在床上，可能即将死去。

编制这种测验的基本假设是：

（1）人们在解释一种模糊的情境时，总是倾向于将这种解释与自己过去的经历和目前的愿望相一致。

（2）在面对测验卡编故事时，受测者同样的用到他们过去的经历，并在所编造的故事中表达了他们的感情和需要，而不论他们是否意识到这种倾向。

投射测验的优点是弹性大，被试可在不受限制的条件下，随意做出反应。由于投射测验使用墨迹图或其他图片，因而便于对没有阅读能力的人进行测验，进而推论其人格倾向。

投射测验也有缺点：首先，评分缺乏客观标准，对测验的结果难以进行解释。同样的反应由于施测者的判断不同，解释很可能不一样。其次，这种测验对特定行为不能提供较好的预测。例如，测验结果可能发现，某人具有侵犯他人的无意识欲望，而实际上，他却很少出现相应的行为。最后，由于投射测验适于个别施测，因而它需要花费大量的时间，这一点不如自陈量表法优越。

第四节　良好人格的塑造

一、影响人格形成的因素

人格不是先天的，先天的遗传素质只为人格的形成和发展提供物质基础和发展可能；人格是人们在生活实践中，在主体和客观现实相互作用中形成发展起来的，是个体在漫长的社会化进程中受到社会环境的影响和自身努力培养的结果。

人格形成的实质是个体的社会化过程。由社会熏陶与学习训练，从自然人变为社会人的过程，就叫作社会化过程。社会化在个体身上发生反射和内化两个过程。最初的自然人属于一个单一的生物机体，但他们一出生便生活在被人类所特定安排的社会化生活环境中，随时随地受到周围环境的潜移默化作用。

社会生活环境对人格的形成和发展起着决定性作用。社会生活环境主要由五个方面构成，即个体出生背景、家庭影响、学校教育、社会角色、社会文化等，它们交织一起，作用于个体的人格体系，并通过个体的社会实践活动，形成了不同的人格特征。

（一）生物遗传因素

心理学家对"生物遗传因素对人格具有何种影响"的探讨已持续很久。由于人格具有较强的稳定性特征，因此研究者便会注重遗传因素对人格的影响。

许多心理学家认为双生子的研究是研究人格遗传因素的最好方法，并提出了双生子的研究原则：同卵双生子具有相同的基因形态，他们之间的任何差异都可归因于环境因素。异卵双生子的基因虽然不同，但在环境上有许多相似性，如出生顺序、母亲年龄等，因此也提供了环境控制的可能性。完整研究这两种双生子，就可以看出不同环境对相同基因的影响，或者是相同环境下不同基因的表现。

艾森克通过研究总结指出：在同一环境中成长的同卵双生子，其外倾性的相关系数为0.61，而分开在不同环境下成长的同卵双生子，其外倾性的相关系数为0.42；异卵双生子的外倾性的相关系数为-0.17。在神经质方面也发现同样的情况，在相同环境中成长的同卵双生子其相关系数为0.53，在不同环境中成长的同卵双生子其相关系数为0.38；异卵双生子的相关系数为0.11。弗洛德鲁斯等人于1980年对瑞典的12000名双生子进行人格问卷的施测，结果表明同卵双生子在外向和神经质上的相关系数是0.50，而异卵双生子的相关系数只有0.21和0.23。这说明同卵双生子在外向和神经质上的相似性要明显高于异卵双生子，在这两项人格特征上具有较强的遗传性。在一项有关高中生的双生子研究中，共对1700名学生进行了《加州心理调查表》(CPI)的施测，这一人格调查表包括18个分量表，其中有一些与社会相关较大的人格成分，如支配性、社会性、社交性、责任心等。得到的结论仍旧是同卵双生子比异卵双生子的相关高。20世纪80年代，明尼苏达大学对成年双生子的人格进行了比较研究，有些双生子是一起长大的，有些双生子则是分开抚养的，平均分开的时间是30年。结果是同卵双生子的相关比异卵双生子高很多，分开抚养的与未分开的同卵双生子具有同样高的相关。

遗传因素到底对人格的影响有多大，我们应如何看待遗传对人格的影响，并不是一个简单的问题。根据以往研究，我们认为遗传是人格不可缺少的影响因素，遗传因素对人格的作用程度因人格特征的不同而异，通常在智力、气质这些与生物因素相关较大的特征上，遗传因素较为重要；而在价值观、信念、性格等与社会因素关系紧密的特征上，后天环境因素更重要。在个体发展过程中，人格是遗传与环境交互作用的结果，遗传因素影响人格的发展方向及难易。

人既是一个生物个体，又是一个社会个体。一个人从出生开始，各种环境因素的影响就开始了，并会作用人的一生。后天环境的因素是多种多样的，小如家庭因素，大如社会文化因素等。

（二）家庭环境因素

一位人格心理学家曾说："家庭对人的塑造力是今天我们对人格发展看法的基石。"家庭是社会的细胞，不仅具有自然的遗传因素，也有着社会的"遗传"因素。父母们按照自己的意愿和方式教育着孩子，使他们逐渐形成了某些相似于父母的人格特征，"有其父必有其子"的话不无道理。

强调人格的家庭成因，重点在于探讨家庭间的差异对人格发展的影响，探讨不同的教养方式对人格差异所构成的影响。1949年西蒙斯所著《亲子关系动力论》一书，详细论述了父母对孩子的各种反应（如拒绝、溺爱、过度保护、过度严格）及对人格所产生的后果。他得出的一个最重要的结论是：儿童人格的发展和他（她）与父母之间的关系息息相关。这意味着当我们考虑亲子关系时，不仅要注意它们对造成心理情绪失调和心理病理状态的影响，也得留意它们与正常人格、领导力和天才发展的关系。

研究者通常把家庭教养方式分成三类，这三类方式造就了具有不同人格特征的孩子。第一类是权威型教养方式，这类父母在对子女的教育中表现为过分支配，孩子的一切均由父母来控制。在这种环境下成长的孩子容易形成消极、被动、依赖、服从、懦弱，做事缺乏主动性，甚至会形成不诚实的人格特征。第二类是放纵型教养方式，这类父母对孩子过分溺爱，父母对孩子的教育甚至达到失控状态，让孩子随心所欲。这种家庭里的孩子多表现为任性、幼稚、自私、野蛮、无礼、独立性差、蛮横等。第三类是民主型教养方式，父母与孩子在家庭中处于一个平等和谐的氛围中，父母尊重孩子，给孩子一定的自主权，并给孩子以积极正确的指导。父母的这种教育方式使孩子形成了一定积极的人格品质，如活泼、快乐、直爽、自立、彬彬有礼、善于交往、容易合作、思维活跃等。由此可见，家庭确实是"人类性格的工厂"，它塑造了人们不同的人格特征。

综合分析家庭因素对人格影响的研究资料，我们可以得出以下结论：家庭是社会文化的媒介，它对人格的形成具有强大的塑造力；父母教养方式的恰当性，会直接决定孩子人格特征的形成；父母在养育孩子的过程中，表现出了自己的人格，并有意无意地影响和塑造着孩子的人格，形成家庭中的"社会遗传性"。

（三）早期童年经验

"早期的亲子关系定出了行为模式，塑成一切日后的行为。"这是麦肯侬（1950）有关早期童年经验对人格影响力的一个总结。正如中国的一句俗语所说："三岁看大，七岁看老"。人生早期所发生的事情对人格的影响，历来都是人格心理学家所重视的。为什么人格心理学家们会如此看重早期经验对人格的作用呢？西方一些国家的调查发现，"母爱丧失"的儿

童（包括受父母虐待的儿童），在婴儿早期会出现神经性呕吐、厌食、慢性腹泻、阵发性绞痛、不明原因的消瘦和反复感染，这些儿童还表现出胆小、呆板、迟钝、自闭、敌对、攻击、破坏等人格特点，这些人格特点会影响他们一生的顺利发展，出现情绪障碍、社会适应不良等问题。早期童年经验的问题引发了许多争论，如早期经验对人格会产生什么影响？这种影响会是永久性的吗？

我们认为：其一，人格发展的确受到童年经验的影响，幸福的童年有利于儿童向健康人格发展，不幸童年可能会引发儿童不良人格的形成。但二者不存在一一对应的关系，如溺爱也可使孩子形成不良人格特点，逆境也可磨炼出孩子坚强的性格。其二，早期经验不能单独对人格起决定作用，它与其他因素共同来决定人格。其三，早期儿童经验是否会对人格造成永久性影响是因人而异的。对于正常人来说，随着年龄的增长、心理的成熟，童年的影响会逐渐缩小、减弱，其效果不会永久不衰。

（四）学校教育因素

学校是一种有目的、有计划地向个体施加影响的场所。教师对学生的人格的发展具有指导定向的作用。

教师的言传身教对学生会产生巨大的影响，教师自己的风格可以为学生设定一个"气氛区"，在不同的气氛区中，学生会有不同的行为表现。有研究发现，在性格冷酷、刻板、专横的老师所管辖的班集体中，学生的欺骗行为增多；在友好、民主的教师气氛中，学生欺骗减少。教师的公正性对学生也有非常重要的影响。研究表明，学生非常看重教师对他们的态度是否公正和公平，教师的不公正态度会使学生的学业成绩和道德品质下降；学生需要教师的关爱，在教师的关爱下，他们会朝着教师期望的方向发展，即教育中的"皮格马利翁效应"。

学校同时也是同龄人会聚的场所，同伴群体对学生人格会产生巨大的影响。少年同伴群体之间的关系、气氛对个体的人格形成具有非常重要的影响。在这样的群体中既有上下级关系的"统领者"和"服从者"，也有平行关系的"合作者"和"互助者"。青少年在这样的群体中了解什么是团体易于接纳的品质，尝试和学习待人接物的礼节和团体规范，他们也可以在榜样和同伴中互相学习模仿。因此，学校、家长及社会要用强有力的、积极健康的教育手段帮助学生形成良好的人格品质。

> **【信息栏】10-2：教师的态度对学生性格的影响**
>
> **教师的态度对学生性格的影响**
>
> 教师对学生的态度、师生关系会直接影响学生的性格。有人曾把教师的态度分为三种，即放任型、专制型、民主型。
>
> 1. 放任型：表现为不控制学生的行为，不指导学生学习。学生则表现为无集体意识、无团体目标、纪律性差、不合作。
>
> 2. 专制型：表现为包办学生的一切学习活动，全凭个人的好恶对学生赞誉、贬损。学生则表现为情绪紧张、冷漠、具有攻击性、自制力差。
>
> 3. 民主型：表现为尊重学生的自尊心和人格。学生则表现为情绪稳定、态度积极友好、开朗坦诚、有领导能力。

可见，教师在学生心中是很具有权威性的，教师是学生学习、效仿的榜样，其言传身教对学生性格特征的发展是潜移默化的，其作用是不可估量的。

（五）社会文化因素

文化对人格的影响是极为重要的，每个人都处于特定的社会文化之中。社会文化塑造了社会成员的人格特征，使其成员的人格结构朝着相似性的方向发展，而这种相似性又具有一个维系社会稳定的功能。这种共同的人格特征又使得个人正好稳稳地"嵌入"整个文化形态里。

社会文化对人格的影响力因文化而异，这要看社会对文化的要求是否严格，越严格，社会文化对人格的影响力就越大。影响力的强弱也要视其行为的社会意义的大小，对于不太具有社会意义的行为，社会容许较大的变异。但对在社会功能上十分重要的行为，社会文化的制约作用就越大，就不允许有太大的变异。但是，若个人极端偏离其社会文化所要求的人格基本特征，不能融入社会文化环境之中，可能就会被视为行为偏差或心理疾病。社会文化具有对人格的塑造功能，这反映在不同文化的民族有其固有的民族性格。例如，米德等人研究了新几内亚的三个民族的人格特征，各具特色，鲜明地体现了社会文化对人格的影响力，居住在不同自然环境下的民族也反映出了人文地理对人格的影响。居住在山丘地带的阿拉比修族，崇尚男女平等的生活原则，成员之间互助友爱、团结协作，没有恃强凌弱，没有争强好胜，一派温馨、亲和景象。居住在河川地带的孟都吉姆族，他们生活主要靠狩猎，男女间有权力与地位之争，对孩子处罚严厉，这个民族的成员表现出攻击性强、冷酷无情、嫉妒心强、妄自尊大、争强好胜等人格特征。然而居住在湖泊地带的张布里族，男女角色差异明显，女性是这个社会的主体，每日操作劳动，掌握着经济实权，男性则处于从属地位，其主要活动是艺术、工艺与祭祀活动，并承担孩子的养育责任。这种社会分工使女人表现出刚毅、支配、自主与快活的性格，男人则有明显的自卑感。社会文化对人格，特别是后天形成的一些人格特征具有重要的影响。社会文化因素决定了人格的共同性特征，它使同一社会的人在人格上具有一定程度的相似性。

（六）自然物理因素

生态环境、气候条件、空间拥挤程度等这些物理因素都会影响到人格的形成和发展。一个著名的研究实例是，拜瑞（Berry）关于阿拉斯加州的爱斯基摩人和非洲的特姆尼人的比较研究，这项研究验证了生态环境对人格形成的影响。

位于阿拉斯加州的爱斯基摩人以渔猎为生，夏天在船上打鱼，冬天在冰上打猎。主食为肉，没有蔬菜，居无定所，过着流浪生活，以帐篷遮风避雨。这个民族是以家庭为单元，男女平等，社会结构比较松散，除了家庭约束外，很少有持久、集中的政治与宗教权威。在这种生存环境下，父母对孩子的养育原则是培养其能够适应成人生活的独立生存能力。父亲在外面教男孩打猎，母亲在家里教女孩家务。儿女教育比较宽松、自由，不打骂孩子，鼓励孩子自立，使孩子逐渐形成了坚定、独立、冒险的人格特征；而生活在非洲的特姆尼人生活在灌木丛生的地带，以农业为主，种田为生。居住环境固定，形成300~500人的村落。社会结构紧固，有较为分化的社会阶层，建立了比较完整的部落规则。在哺乳期内，父母对孩子很

疼爱，断奶后孩子就要接受严格的管教。这种生活环境使孩子形成了依赖、服从、保守的人格特点。

此外气温也会影响人的某些人格特征的出现频率。如热天会使人烦躁不安，对他人采取负面的反应，发生反社会行为。世界上炎热的地方，也是攻击行为较多的地方。早在 20 世纪初，德国一位精神病学者就发现了一种与寒冬有关的精神障碍，命名为"冬季抑郁症"。每当寒气降临，冰封大地时，许多人就会抑郁沉闷，无精打采，注意力分散，工作效率明显下降。

但自然环境对人格所起的作用并非决定性的。在生活中，人们还会发现，即使处在相同的物理环境中，人们还会表现出不同的行为特点，揭示了其他影响因素的存在并共同对人格的形成起作用。

综上所述，在人格的培育过程中，各种因素对人格的形成与发展起到了不同的作用。遗传决定了人格发展的可能性，环境决定了人格发展的现实性。

二、学生优良性格的培养

（一）加强人生观、世界观和价值观教育

世界观、人生观、价值观决定人们的理想信念，影响人们的思想境界。因此，应加强针对学生人生观、世界观和价值观的教育，让他们学会明辨是非，区分美与丑、善与恶，用合理的信念指导自己的行为，从而塑造良好的性格。

（二）及时强化学生的积极行为

根据行为主义学习理论，及时强化学生的积极行为，就会增加这一行为重复出现的概率。同时，及时强化学生的积极行为，也是潜移默化地告诉学生什么该做，什么不该做，这对还不能准确明辨是非的学生是来说是非常有必要的。

（三）充分利用榜样人物的示范作用

教师应经常给学生讲解优秀人物的事迹，激励学生向他们学习。除此之外，用教师本身良好的性格去影响学生也是非常重要的。教师面对的教育对象是正在成长中的可塑性极强的学生，教师是学生经常接近的人，更应该成为学生学习的楷模。

（四）利用集体的教育力量

一个好的集体是锤炼并完善一个人的大熔炉，生活在一个具有良好组织纪律性和凝聚力的集体里，才能让学生产生集体荣誉感和归属感，并在集体活动中锻炼自己坚忍不拔的毅力，通过与他人的合作、交流建立良好的人际关系，逐步完善自己的性格。另外，集体舆论的力量也能对学生产生深刻的影响。

（五）提供实际锻炼的机会

学生的性格是在后天经过各种实践活动不断形成的，性格的不断发展与完善也还要通过具体的实践活动才能实现。教育者在为学生提供实际锻炼机会的同时，要给学生提出明确的锻炼要求与目的，对不同的学生提出的锻炼要求也要有所区别，对学生在具体实践活动中是否达到锻炼要求与目的的情况要有监督、检查，使实践活动真正起到培养学生良好性格的作用。

（六）及时进行个别指导

个别指导在性格培养中特别重要。教师在对学生进行性格培养时，既要考虑学生的共性，也不能忽视个别性。这里的个别性包括以下两种情况。

第一，性格品质特别优秀的学生和性格的不良品质居多的学生，相对大多数儿童，他们的性格品质具有个别性，需要具体的指导。例如，对性格上已形成较明显的不良特征的学生，要帮助他们明辨是非，启发他们的上进心，培养他们的自制力和克服困难的品质；对性格上较优秀的学生，除了给予积极的肯定外，也要注意防止他们养成骄傲自大、不虚心等性格特征。

第二，就每个学生而言，其各自性格特征的个性组合是不同的，更需要有针对性地实施教育指导。例如，对性格较固执的学生，要使他认识到固执带来的危害，懂得在真理面前善于修正自己的错误意见和勇于改正错误的行为，并使之明白这是性格修养问题；对于有自卑感的学生，教师要善于发现他们性格中的优点并给予及时的肯定和公开的表扬，以确立他们的自信心，对其性格中的缺点，多以婉转的方式规劝，不要过多地批评、指责。

（七）提高学生的自我教育能力

做任何事情想要成功都要具有强烈的自觉能动性，外因只是起一个辅助作用，而内在的主观能动性才是决定性的因素。因此，在教学过程中，应注意培养学生的自我教育能力，养成良好的自我教育习惯。

【信息栏】10-3：发挥学校人格教育的优势

发挥学校人格教育的优势

1.针对学生的特点，开展良好的人格教育

培养和发展学生良好的人格特征，克服已经形成的不良人格倾向，是学校的一项重要任务。为此，教师应该根据学生的人格特点，采取相应的教育方法和方式。例如，对自尊心强的学生要注意照顾其面子，有问题用个别谈心的方式解决；对好胜自负的学生，要一面肯定成绩，一面指出问题，使他在工作的成功或失败中看到自己人格上的积极和消极因素，以利于克服骄傲和自满，发展良好的人格素质；对情感易冲动的学生，应让他们冷静后再讲明道理，指出危害性，以减少学生的对抗情绪；对情感脆弱、自卑心重的学生，要多表扬鼓励，即使点滴进步亦要肯定成绩，使他们看到自己的优点和能力，增强自信心。在教育工作中，教师要特别注意善于发现和依靠学生人格中原有的良好品质，以此为出发点，引导他们不断地增强和发展良好的人格特征，以利于消除不良的性格影响。

2.充分发挥学校集体教育的优势

教育者应充分发挥学校集体组织的积极作用，使其形成对学生人格的正面影响。学校中集体组织很多，有班集体、共青团、学生会等组织，这些组织的活动，对学生人格形成起着直接或间接的影响。特别是班集体与学生的关系最为密切，班风、班纪、人际关系以及个体在班集体中所扮演的角色的成功与否，对个体人格的形成与发展都有很大影响。教师应对个体在群体中的位置倍加关注，并帮助他们在集体中找到合适的位置，扮演成功的角色。

学校心理学

3.教师是学生塑造人格的楷模

在学校里，教师是学生最亲近、最尊敬的人，学生具有天然的"向师性"，教师往往成为学生最直接的模仿对象。教师的理想人格会像一丝丝春雨，"随风潜入夜，润物细无声"，潜移默化地影响着学生的人格。教师的人格之光对学生心灵的烛照深刻且久远，甚至可能影响学生的一生。可以说，优秀的教师是人生道路上的楷模和导师。我国伟大的人民教育家陶行知先生就是一个光辉的典范。他对教师的要求提出了很多精辟的论述，并躬行实践，表现出特有的教师人格魅力。他有"捧着一颗心来，不带半根草去"的献身精神，也有"富贵不能淫，贫贱不能移，威武不能屈"的高风亮节。他的思想和行为深刻地影响他的学生，使许多学生走上了革命道路，他的伟大人格至今仍为他的学生以及学生的学生所敬仰。鲁迅留学日本时的教师藤野先生纯真的品质、博大的胸怀曾给身处异国他乡的鲁迅以极大的温暖，使得鲁迅在回国20多年以后，还深深地怀念着老师。在鲁迅晚年，深感写作极其疲倦时，抬头看见藤野先生的照片，便激起无穷的力量，点一支烟继续奋笔疾书。鲁迅把藤野先生作为自己奋斗的力量源泉，这正是教师人格的特殊魅力。

人格塑造是长期的、持续的过程，良好健全的人格是青少年人生发展阶段的重要基础。人格如同绚丽多姿的画卷，人们要用一生来描绘它。

【反思与探究】

1.心理学家是如何界定人格的？人格具有哪些特征？

2.人格结构包含了哪些成分？人格的核心成分是什么？

3.结合所学人格特质的种类，剖析个人人格特质的表现特点。

4.人格差异表现在哪些方面？对照各种人格差异的特点分析自己的人格特征。

5.人格测验方法有哪几种？

6.影响人格形成与发展的因素有哪些？它们对人格的作用是什么？

【第十章资源链接】

1.郭永玉.人格心理学导论[M].武汉：武汉大学出版社，2007.

本书以人格心理学的六大理论和三大主题为学科基本架构。理论介绍包括特质理论、生物学理论、精神分析、行为主义、人本主义和认知理论，主题阐述包括人格表现、人格动力和人格发展，阅读本书能够帮助读者了解人格心理学领域的主要时代特征和发展趋势。

2.Jerry M.Burger.人格心理学[M].7版.北京：中国轻工业出版社，2010.

本书围绕精神分析理论、特质理论、生物学流派、行为主义、人本主义和认知理论等六种人格理论流派，对有关人格的理论进行了全面而系统的介绍。本书行文流畅、通俗易懂，融入了丰富的生活案例，并穿插了一些新闻报道和相关自测题，帮助读者测验自己或他人的人格特征。

3.杜安·舒尔茨.人格心理学[M].8版.北京：北京大学出版社，2007.

本书从精神分析、新精神分析、毕生发展论、特质论、认知心理学、行为主义等角度展示了多位心理学家对人格心理学的研究，介绍了每种理论的假设、定义、核心概念与研究方法，阅读本书，能够帮读者了解心理学家的个人生活与专业研究是怎样影响了他们各自的理论体系建构。

4.里赫曼.人格理论[M].8版.西安：陕西师范大学出版社，2005.

本书内容主要包括：精神分析、新精神分析和特质理论，其中还包括对理论的简评、思考题、推荐读物、重要检索词等内容。阅读本书能够帮助学生更好地理解书中所介绍的不同理论与观点。

第十一章
中小学生心理发展与教育

【内容提要】

　　本章首先介绍了中小学生心理发展的一般规律，然后重点分析论述了中小学生的心理过程、个性和社会性等方面的发展规律与特点以及相应的教育措施。

【学习目标】

　　1. 掌握中小学生心理发展的一般规律及影响身心发展的因素。

　　2. 掌握中小学生心理发展特点，并能掌握相应的教育促进措施。

　　3. 掌握中小学生个性和社会性发展规律与特点。

　　4. 能够做到学以致用，用学到的有关理论和心理发展规律指导自己及学生的成长。

　　中小学生都有其自身生理与心理的发展规律。要想成为一名优秀的中小学教师，教育者必须根据中小学生的身心发展规律进行教育、教学，充分调动和发挥中小学生学习的主动性、积极性和创造性，促进其身心健康发展，提高教育的科学性和收益。

第一节　中小学生心理发展概述

一、个体身心发展概述

　　个体身心发展是指作为复杂整体的个体在生命开始到生命结束的全部人生过程中，不断发生的变化过程。人的身心发展包括生理的发展和心理的发展两个方面，生理的发展是心理发展的物质基础，心理的发展也影响着生理发展的效率与效果。人的一生包括两种不同的变化趋向：一种是"向上"的变化，这种变化表现为"从无到有"和"从简到繁"两个方面。从无到有是指心理的发生，如胎儿逐渐出现了最简单的感觉形式，以及个体出生后，各种新的动作机能和心理机能的出现等。从简到繁是指心理机能的不断完善，如儿童从能说出单词句到能说出双词句或简单句，从直觉行动思维到具体形象思维再到抽象逻辑思维的发展变化等。另一种是"向下"的变化，如成年人随着年龄的增长某些认知功能出现老化或衰退。

根据个体的年龄和主要的发展任务，一般个体的一生发展分为八个阶段，即产前期（受精~出生）、婴儿期（出生~3岁）、幼儿期（3~6岁）、童年期（6~11、12岁）、青少年期（11、12~17、18岁）、成年早期（17、18~40岁左右）、成年中期或中年期（40岁左右~60岁左右）、成年晚期或老年期（60岁以上）。其中前五个阶段也称为儿童心理的发展。作为一个科学概念，儿童是指从出生到进入成熟之前的整个阶段的个体，即从出生到17、18岁的青少年。

二、中小学生身心发展的一般规律

教育只有遵循个体身心发展的规律，才能更好地促进学生的身心发展。中小学生身心发展的一般规律如下。

（一）定向性和顺序性

中小学生身心发展在整体上具有一定的定向性，身心发展的个别过程和特点的出现也具有一定的顺序性。比如，身体的发展遵循着从上到下、从中间到四肢的顺序，心理的发展遵循从不随意性到随意性的顺序，思维过程由具体形象思维上升到抽象逻辑思维等。教师对学生的教育必须遵循由浅入深、由易到难、由低级到高级的顺序进行，要循序渐进，不要"拔苗助长"，不能"凌节而施"。

（二）阶段性

阶段性是指个体心理的发展从一定时期发展到另一新时期在功能发展水平上存在质的差异，表现为心理特征多方面复合模式的差异，从而显示出发展上质的飞跃。学生身心发展的阶段性要求教育要根据不同年龄阶段学生的特点，提出不同要求，采用不同的内容和方法，切忌"一刀切"。

（三）不均衡性

个体从出生到成熟并不总是按相同的速度直线发展，而是体现出多元化发展的特点。个体身心发展的不均衡性表现在两个方面，首先是同一方面的发展速度，在不同的年龄阶段发展是不平衡的。例如，个体的身高体重在出生后的第一年和青春发育期发展最快，称之为发展高峰期。其次是不同方面发展的不平衡性。有的方面在较早的年龄阶段就已达到较高的发展水平，有的方面则要在较晚的年龄阶段才能达到成熟的水平。如感知觉成熟在先，思维成熟在后。

根据人的身心发展的不均衡性，心理学家提出了发展关键期或敏感期的概念。发展关键期是指身体或心理的某一方面机能和能力最适宜于形成的时期。在这一时期中，对个体某一方面的训练可以获得最佳成效，并能充分发挥个体在这一方面的潜力。错过了关键期，训练的效果就会降低。教师要善于抓住中小学生身心发展各个方面的关键期，不失时机地进行教育，就容易取得最佳效果。

（四）个别差异性

个别差异性存在于个体身心发展的不同层次上。从群体的角度来看，首先表现为男女性别的差异，它不仅是生理上的差异，还包括由性别带来的心理机能、社会角色和交往群体的

差别。其次，个别差异表现在身心的所有方面。其中有些是发展水平的差异，有些是心理特征表现方式上的差异。这些差异性的成因主要是由于个人的先天素质、内在机能以及环境因素的差异所致。因此，在教育工作中必须尊重和理解个体发展的个别差异性，发现并研究个体间的差异特征，做好"因此施教""长善救失"，促使每个学生都能够健康成长并得到最大的发展。

三、影响中小学生身心发展的因素

(一) 遗传与环境影响个体身心发展的争论

在探讨影响个体心理发展因素的过程中，一直存在着关于遗传和环境在个体发展中所起作用的争论，即心理发展中先天与后天的关系之争。这场争论从中世纪开始一直持续到现在，大致经历了四个阶段。

1. 遗传决定论

该理论认为个体的遗传素质在其后天的发展过程中起决定性的作用，个体的智力和品质在其生命刚诞生时的生殖细胞中就已经决定了，后天的环境和教育对于个体的影响只能起延迟或加速这些先天遗传能力的实现，但不能从根本上改变它们，因此也被称为内发论。这种理论看到了遗传素质对于人的后天发展的巨大作用，但是夸大了这种作用。

遗传决定论以英国优生学创始人高尔顿（Francis Galton，1822—1911）为代表，他认为个体的发展及其品性早在生殖细胞的基因中就决定了，发展只是内在因素的自然展开，环境与教育仅起引发作用。

在儿童发展心理学研究中，秉承遗传决定论的代表学说是霍尔的复演说。霍尔（G. Stanley. Hall，1844—1924）是美国儿童心理学的创始人。霍尔受到当时进化论和复演论的影响，提出了复演说，认为胎儿在胎内的发展复演了动物进化的过程；而出生后个体的心理发展，则复演了人类进化的过程。他进一步强调，在个体心理发展的过程中，"一两的遗传胜过一吨的教育"。复演说的主要不足之处在于把个体发展史和种系发展史完全等同起来，从而引向生物决定论。

此外，孟子是中国古代内发论的代表。孟子提出了"人之初，性本善"的"性善论"观点。他认为人的本性是善的，万物皆备于我心，人的本性中就有恻隐、羞恶、辞让、是非四端，这是仁、义、礼、智四种基本品性的根源，人只要善于修身养性，向内寻求，这些品性就能得到发展。

2. 环境决定论

环境决定论者重视教育和环境对儿童心理发展的作用，但是他们片面地强调和机械地看待环境或教育的作用，认为儿童心理的发展完全是由环境决定的，因此又被称为外铄论。这种观点看到了环境在人的发展中的巨大作用，但是把这种作用夸大到不适当的程度，犯了形而上学的错误。

环境决定论的代表人物是行为主义的创始人华生。华生认为环境和教育是心理发展的唯一条件，教育是万能的。英国17世纪的哲学家洛克（John Locke，1632—1704）的"白板说"也是环境决定论的代表。他认为人的心灵犹如一块白板，它本身没有内容，可以任人涂抹，外部的力量决定了人的发展状况。中国环境论的代表是荀子的"性恶论"。荀子认为人不存在仁义礼智等先天品质，如任其本性发展不加节制，必然导致社会动乱；人之所以能为善，全靠后天的努力。

3. 二因素论

遗传决定论和环境决定论因其明显的片面性和绝对性而难以服人。后来，人们提出了各种折中的观点，这些观点被统称为"二因素论"。二因素论认为发展是由遗传和环境两个因素共同决定的。二因素论合理地对遗传和环境各自所起的作用给予应有的地位，但把二者看作两种相互孤立存在的因素，没有揭示出它们之间的更为复杂的关系，因而只能是环境决定论和遗传决定论这两种观点的简单而机械的拼凑。

其代表人物与观点主要有：（1）斯腾的辐合论。斯腾在《早期儿童心理学》一书中说："心理的发展并非单纯是天赋本能的渐次显现，也非单纯由于受外界影响，而是内在本性和外在条件辐合的结果"。"两种因素同为发展的不可缺少的成分，虽然其所占比重可因事而异"。（2）格赛尔的成熟优势论。格赛尔认为支配儿童心理发展的因素是成熟和学习，学习需要一定的成熟作为基础，某机能的生理结构未达成熟之前，学习训练是不能进行的，只有在达到足以使某一行为模式出现的成熟状态时，训练才能奏效。"同卵双生子学习爬梯实验"论证了成熟优势论的观点。

【信息栏】11-1：同卵双生子学习爬梯实验

同卵双生子学习爬梯实验

格塞尔（Arnold Gesell，1880—1961）是美国著名的儿童心理学家，他的儿童心理发展观称为"成熟优势论"。该理论提出支配儿童心理发展的因素有两个：遗传因素——成熟和环境因素——学习。为了证明遗传因素和环境因素究竟谁是发展中的主要力量，格塞尔设计了同卵双生子爬梯实验。实验选择的被试是一对同卵双生子，这样两名儿童就具有相同的遗传基因。然后把双生子中的一个放在自然条件下，而对另一个给予特殊训练，看其结果如何。具体做法是：先对这对双生子进行观察，测定他们行为发展的基线水平，然后在他们48周大时，对双生子1进行爬楼梯训练，每天10分钟，连续6周，双生子2不进行任何训练。到第52周，对两个孩子进行测验，结果发现接受训练的双生子1在行为方面有缓慢的增长，它能熟练地爬上5级楼梯，而不接受训练的双生子2爬楼梯的能力没有增长。然后继续训练双生子1，并在双生子2达到能够学习爬梯的成熟水平时，也对其进行爬梯训练，结果发现经过少量的训练，双生子2就达到了与双生子1相同的爬梯熟练水平，即通过他人帮助，就可以爬到楼梯顶端。由此，格塞尔得出的结论是：在儿童生理上未达到准备状态（即成熟）时就无从产生学习，学习只是对成熟起一种促进作用；而一旦在生理上有了完成这种动作的准备，训练就能起到事半功倍的效果。因此，格塞尔的成熟优势论认为遗传因素是引导和影响儿童发展的主要力量。

4. 相互作用论

相互作用论认为，个体的发展是环境与遗传二者相互作用的结果，两种因素在个体发展过程中相互依存、相互转化、相互渗透。

相互作用论是在20世纪五六十年代由皮亚杰（J. Piaget，1896—1980）首先倡导的。皮

亚杰假设个体天生有一些基本的心理图式，在个体与外部环境相互作用时，通过同化与顺应的机制，不断改变和发展原有的心理图式，最后达到较高层次的结构化，使儿童对环境的适应能力也越来越强。

（二）影响个体身心发展的因素

1. 遗传与生理成熟是影响个体身心发展的生物因素

遗传是指遗传物质从上代传给下代的现象。通过遗传，下代获得上代的许多生物特征。遗传对个体的心理发展的影响主要表现为：第一，人通过基因遗传给后代一个足以与外界环境发生反应的生理结构和机能，这个生理结构载有潜在的智能库，储存着潜在的动作图式和对外界信息进行加工的潜能；同时，这个生理结构具有生物性动力，具有内驱力、好奇心、情绪和需要等先天动因，为个体心理发展提供了物质前提。第二，遗传因素影响着个体智力和能力的发展。由于每个人基因排列组合的差异，导致了个体对外界的敏感性和倾向性的差异和对外界信息刺激加工方法的差异，因而导致了个体间智力和能力的差异。林崇德比较了在类似或相同环境中长大的同卵双生子和异卵双生子的智力品质，研究结果表明，遗传对智力品质的影响是显著的，同卵双生子智力品质的相关系数大于异卵双生子的相关系数[①]。第三，遗传通过气质类型影响着个体人格的发展。如个体的气质类型影响着父母的教养方式，从而影响个体人格的形成。但遗传素质不能预定或决定人的发展，所以不能夸大遗传的作用。

生理成熟是指个体生长发育的水平，它依赖于个体种族遗传的成长程序，有一定的规律性。当某种生理结构和机能达到一定成熟水平时，如果环境给予及时的相应刺激，某种心理品质就会形成和发展。因此，生理成熟制约着个体心理发展的年龄特征和个别差异。

2. 环境是影响个体身心发展的外部条件

遗传为个体心理发展提供了可能性，而环境和教育是将这种可能性变为现实性的必要条件。环境是指个体在其中生活并影响其发展的各种环境事物的总称，包括自然环境和社会环境两大部分。

环境在个体身心发展的主要作用是：第一，环境使遗传提供的发展可能性变成现实。环境是个体身心发展、成熟的客观条件。第二，环境对个体发展的影响有积极和消极之分。对于教育者而言，分析、综合利用环境中的积极因素，抵制消极影响是非常重要的工作之一。第三，个体是主动、积极地接受环境的影响和作用的。个体在社会实践过程中，既接受着环境的影响，也同时改造着环境，并在改造环境的过程中塑造着自己。

3. 教育特别是学校教育在个体身心发展中起主导作用

教育是一种有目的、有计划地影响人的活动，包括学校教育、家庭教育和社会教育。其中学校教育在人的身心发展中起主导作用，原因在于：（1）学校教育是有目的、有计划、有组织的培养人的活动，它规定着人的发展方向。学校教育根据社会的要求，按照一定的目标，选择合适的内容，采取有效的方法，利用集中的时间，有计划地向学生进行各种科学文化知识教育和思想品德教育，对人进行系统的培养。（2）学校教育由专门从事教育工作的教师负责。这些教育工作者"术业有专攻"，明确教育目的和任务，熟悉教育内容，掌握教学的方法

---

① 林崇德. 遗传与环境在儿童智力发展上的作用——双生子的心理学研究 [J]. 北京师范大学学报（社会科学版），1981（1）：64-72.

与手段，了解学生身心发展的规律和特点，能够更好地对学生进行教育和培养。（3）学校能对影响学生发展的各种环境因素加以有效控制。学校能在一定程度上协调各种影响学生发展的因素，让学生处于最佳的发展环境之中。同时学校教育能够排除和控制一些不良因素的影响，给学生更多的正面教育。

4. 个体的主观能动性

外因通过内因起作用。个体身心发展的内因在于个体的主观能动性。只有外部环境的客观要求转化为个体自身的需要，才能发挥环境的教育的影响；个体身心发展的特点、广度和深度，主要取决于其自身的主观能动性的高低；在个体的发展过程中，个体不仅能反映客观环境而且也能改造客观环境以促进自身的发展。

四、中小学生心理发展的基本理论

与中小学生心理发展相关的理论主要有两类：一类是中小学生认知发展理论，如皮亚杰的认知发展阶段理论、维果茨基的文化—历史发展理论；另一类是中小学生人格发展理论，如弗洛伊德的人格发展理论、埃里克森的心理社会发展阶段理论。

【信息栏】11-2：维果茨基的文化—历史发展理论

维果茨基的文化—历史发展理论

维果茨基（Lev Vygotsky，1896—1934）是苏联建国时期卓越的心理学家，"文化—历史发展理论"认为人的高级心理机能是社会历史的产物，受社会规律的制约，他特别强调人类社会文化对人的心理发展的重要作用，以及社会交互作用对认知发展的重要性。

1. 心理发展的实质

维果茨基将心理机能分为两种：低级心理机能和高级心理机能。低级心理机能是指依靠生物进化而获得的心理机能；高级心理机能是社会历史发展的结果，其实质在于以人类社会特有的语言和符号为中介，受社会历史发展规律的制约，如思维、有意注意属于高级心理机能。低级心理机能是动物和人类所共有的，而高级心理机能则是人类所特有的。

维果茨基认为心理发展的实质就是个体的心理自出生到成年，在环境和教育的影响下，在低级心理机能的基础上，逐渐向高级心理机能转化的过程。儿童心理机能从低级发展到高级主要有四个方面的表现：（1）随意机能的不断发展；（2）抽象—概括机能的提高；（3）心理结构的形成；（4）心理活动的个性化。

2. 内化学说

维果茨基用"内化说"来解释人类高级心理机能的形成，即"一切高级心理机能都是内化了的社会关系"。他认为人类的高级心理机能起源于外部活动，然后才内化为个人内部的心理机能。由此，维果茨基清楚地阐明了人类心理活动的社会制约性。

3. 教育和发展的关系

（1）"最近发展区"思想

"最近发展区"是维果茨基提出的一个非常重要的概念。他认为，对儿童的教学至少要明确儿童心理发展的两种水平。第一种水平是儿童现有的发展水平，是指儿童在独立的活动中所达到的解决问题的水平。第二种水平是指在有指导的情况下，借助成人的帮助所

达到的解决问题的水平。这两者之间的差距，即儿童的现有水平与经过他人帮助可以达到的较高水平之间的差距，就称为"最近发展区"。"最近发展区"的思想注重儿童发展的可能性，并向传统教育学中的"量力性"或"可接受性"等教学原则及"成熟决定论"等提出了挑战。

（2）教学应当走在发展前面

根据最近发展区的思想，维果茨基提出了教学与发展之间的关系，即"教学应走在发展前面"。这意味着：第一，教学在发展中起主导作用，它决定着儿童的发展，决定着发展的内容、水平、速度以及智力活动的特点；第二，教学创造着最近发展区。教学一方面应适应学生的现有水平，但更重要的是发挥教学对发展的主导作用。

（3）学习的最佳期限

维果茨基认为发挥教学最大作用的途径就是抓住"学习的最佳期限"，过早或过迟的学习均不利于儿童发展。教学需以成熟为前提，但更重要的应使教学建立在正在开始但尚未形成的心理机能之上，走在心理机能形成之前。对一切教学和教养过程而言，最重要的恰恰是那些处于形成阶段，但还未到教学时机的过程，只有在此时施以适当的教育，才能最大程度地发挥教育的作用，促进儿童心理发展。

第二节　小学生的心理发展与教育

童年期是指儿童从6、7岁到11、12岁这一时期，由于这一阶段与小学阶段大致对应，因此也称为小学时期或学龄初期。在经历了以游戏为主要活动的幼儿期之后，小学时期的儿童开始进入学校，接受正规的学校教育，掌握基础的科学文化知识，学习生活的基本技能，其心理发展也相应出现一系列变化与发展。

一、小学生感知觉发展的特点与教育

（一）感知觉由明显的无意性向有意性发展

小学低年级学生的感知还带有明显的无意性，在良好教育的影响下，他们感知的有意性不断发展起来。教师应注意加强小学生，尤其是低年级学生的言语指导，在每次感知前向儿童提出明确的、具体的要求，养成良好的学习习惯。

（二）感知觉由笼统性向精确性发展

小学低年级学生对事物的感知往往是整体感知，缺乏精细分辨的能力，表现出感知的笼统性。从中年级开始，感知由笼统性向精确性发展。在教学中，教学应引导学生对事物进行比较分析，将学生容易遗漏的细节重点突出，有效地呈现在学生的面前，使之产生精确的感知。

（三）小学生的观察力正在发展中

观察是有目的、有计划、比较持久的知觉，是人对客观世界感性认识的一种主动表现。

总体而言，小学生的观察缺乏精确性、顺序性和深刻性，观察的目的性也较差，常被一些次要的、新鲜的事物吸引注意，而忽视主要的内容。教师要逐渐引导学生从知觉事物表面特征发展到知觉事物的本质特征。

二、小学生注意的发展特点与教育

初入学的儿童依然带有无意注意已充分发展、有意注意逐步形成的特点。在小学期间，随着学校教育和生活环境不断向儿童提出新的更高的要求，儿童的注意得到了很大的发展，但仍然水平有限。

小学生注意品质的发展特点表现在以下几个方面。

（1）注意集中的深度增加。由原先的只能集中注意于具体形象的事物，发展到开始专注于事物的本质属性和内部联系。

（2）注意的稳定性增强。一般而言，7~10岁儿童一般情况下能持续集中注意20分钟左右，10~12岁儿童25分钟左右，而12岁以上儿童可以达到30分钟左右。

（3）注意广度扩大。如小学低年级儿童在阅读时总是一个字一个字地念，而高年级儿童可以在阅读某个句子的时候，同时注意到前后的几个句子，并关心句子间的联系。

（4）注意分配能力发展缓慢。例如，刘景全等人采用注意分配实验仪进行的一项研究表明，小学生大都具备一定的注意分配能力，但五年级学生和二年级学生的差异不显著，这说明注意分配能力在小学期间发展十分缓慢。[①]

根据这些发展特点，教师在教学中：第一，要充分运用学生的无意注意。如使用具体生动的教学方法，采用多样化的教学形式，充分吸引学生的无意注意。此外，还要注意消除容易分散学生注意的无关因素，防止学生分心。第二，积极调动学生的有意注意。教师可通过强调课程的学习目的和学习的重要性等，使学生认识到学习的目的和意义，从而对学习活动保持持久有效的有意注意。第三，教学组织中要充分发挥各种注意品质的作用。

三、小学生记忆的发展特点与教育

（一）小学生记忆的发展特点

1.意义识记逐渐超过机械识记

低年级小学生大多运用机械识记，这主要是由于他们的智力发展水平有限，缺乏一定的知识经验，言语发展不充分，不熟悉意义识记的方法。随着年龄增长，小学生在学习过程中不断掌握学习方法和技巧，促使记忆方法由机械识记向意义识记过渡。

2.有意识记逐渐超过无意识记

低年级小学生在很多情况下都是通过无意识记获得知识，他们常常可以记住一些有趣的事情，而对不感兴趣的东西，记忆的效率较低。但随着年龄的增长，在教学的影响下，小学生逐步学会使自己的记忆服从于识记的任务和材料的性质，因而有意识记开始逐渐发展起来。

---

① 刘景全，姜涛.关于小学生某些注意品质的实验研究 [J].天津师范大学学报（自然科学版），1993（4）：32-35.

3. 抽象记忆迅速发展

低年级小学生的知识经验水平较低，第一信号系统还占优势，因此，他们在识记事物时常常表现为形象识记。但在教学的影响下，随着小学生智力的发展和知识的丰富，词的抽象识记日益发展起来，并逐渐占据主要地位。

（二）小学生记忆能力的培养

1. 明确记忆目的，加强记忆自觉性，培养学生有意识记的能力

研究表明，记忆材料的目的越明确，记忆效果越好。但是，学生通常很难自觉地提出识记任务和目的，他们还需要外力帮助，而且这种帮助最好具体、明确。因此，教师不仅要向学生提出记忆任务，还要进行必要的督促和检查，在帮助他们按时按要求完成识记任务的同时启发其自觉性。

2. 正确组织复习和练习，培养良好的学习习惯

合理安排好复习、练习的时间对于记忆也很重要。根据艾宾浩斯遗忘规律，不仅要求学生及时复习，还要帮助学生学会利用零碎的时间进行复习。

3. 在理解基础上记忆，培养学生意义识记的能力

只有在理解识记材料基本含义的基础上，学生的识记效果才最好，并能长久地保持在记忆中。所以，教师在教学中要有计划、有步骤地指导学生逐步对教材的内容进行剖析，深入理解，并教给学生记忆的方法。

4. 让多种感官参加记忆活动，提高记忆效率

学生在接受信息时，要充分调动多个感官，充分发挥眼、口、手、耳等感官的作用，牢固地记住所要识记的材料。

四、小学生思维的发展特点与教育

关于儿童思维的发展，我国发展心理学家朱智贤和林崇德等人曾经做过许多有价值的研究，并构建了在我国发展心理学界具有深远影响的相关理论体系。

小学生思维发展的基本特点是：

1. 在整个小学时期内，小学生思维以具体形象思维为主要形式逐步过渡到以抽象逻辑思维为主要形式，但这种抽象逻辑思维在很大程度上仍然是直接与感性经验相联系的，仍然具有很大的具体性。

2. 儿童思维由具体形象性到抽象逻辑性的过渡存在着一个明显的"关键年龄"。小学儿童思维成分中抽象概括性开始占优势，是有一个转折时间的。这一"关键年龄"一般而言是在小学四年级，也就是 10~11 岁的时候。教育者在实践中应该注意儿童的这个"关键年龄"，顺应儿童思维发展的这种飞跃，采取适当的教育。

需要指出的是，教育对思维发展的促进作用也不可忽视，如果有意识地对小学生进行系统的思维训练，转折期是可以提前到三年级的。林崇德的研究指出，在一般的教育条件下，四年级儿童在数概括能力发展中有显著变化；但研究中的追踪班，由于着重抓了思维的智力

品质的训练，到了三年级下学期时，全班86.7%的儿童已达到了这一水平。[①]

3. 童年期儿童逐渐具备了人类思维的完整结构，但结构还有待进一步完善和发展。从小学阶段起，儿童逐渐具备明确的思维目的性；表现出完整的思维过程；有着较完善的思维材料和结果，思维品质的发展使个体思维表现出显著的差异性；儿童思维的监控或自我调节的能力也在日益加强。这表明，童年期儿童思维结构在从不完善向完善水平过渡。[②]

4. 在从具体形象思维到抽象逻辑思维的发展中存在着不平衡性。不平衡性既表现为个体发展的差异，也表现为思维对象（不同的学科、不同的教材等）的差异。对于儿童熟悉的学科、富有经验的任务，儿童思维中抽象的成分较多，抽象的水平较高；而对于儿童不熟悉的学科、缺乏经验的任务，儿童思维中的具体的成分较多。例如，在数学学习中，学生已经达到了较高的抽象水平，可以离开具体事物进行抽象的思考，但是在历史教材的学习中，仍旧停留在比较具体的表象水平上，对于历史发展规律的理解仍感到很大的困难。

在教学过程中，教师要不断向学生提出新要求，促进思维的发展。第一，要丰富小学生的感性知识经验。丰富的感性知识经验是小学生进行思维的基础，教师可通过组织参观、游览等活动，使用多种直观教具等方式，引导学生通过观察和分析，为思维活动积累丰富的材料。第二，要培养学生发现问题和解决问题的能力。教师可通过创设问题情境，引导学生进行独立思考、发现问题等方式，促进学生抽象思维能力的发展。第三，注重对学生思维品质的训练。

五、小学生情绪情感的发展特点

（一）小学生情绪情感的丰富性不断扩展

对于小学生而言，学习成为主导活动，完成各项学习任务成为小学生主要的需求，这些与学习活动和学校生活相关的事物内容构成了小学生情绪的主要内容。同时小学生的社会性情感如道德感、理智感、美感也在不断发展。

（二）小学生情绪情感的稳定性逐渐增强

虽然与成年人相比，小学生的情绪仍然具有较大的冲动性，还不善于掩饰、控制自己的情绪，但他们的情绪已开始逐渐内化，情绪的控制能力逐渐提高，他们开始意识到控制情绪的必要性，并付诸实施。小学高年级学生已逐渐能意识到自己的情绪表现以及随之可能产生的后果，情绪的稳定性和平衡性日益增强，冲动性和易变性逐渐减少。

（三）小学生情绪情感的深刻性不断增加

随着小学生年龄的增长，知识技能的丰富，儿童的情绪体验逐步深刻。

第三节 中学生的心理发展与教育

中学生指的是11、12岁至17、18岁的儿童，也称为青少年期。青少年期是个体从儿童

① 林崇德.小学儿童数概念与运算能力发展的研究 [J].心理学报，1981（3）：289-298.
② 朱智贤，林崇德.思维发展心理学 [M].北京：北京师范大学出版社，2002：427.

期向成人期、从不成熟向成熟的过渡时期，身心发展非常迅速。

一、中学生感知觉和观察力的发展

(一)感知觉的发展特点

中学生的视觉感受性不断提高，主要表现在区别各种颜色和色度的精确性明显提高。研究发现，初中生区别各种颜色的能力要比小学一年级学生提高60%。同时，初中生的视敏度已经发展到一生中的最高水平，也就是说，已经达到或超过成人的水平。初中生听觉感受性的提高主要表现在区别音高的能力明显增长，与此同时，他们运动觉和平衡觉也在不断发展。中学生知觉的发展更为明显：知觉的有意性和目的性提高，能够自觉地根据教学的要求去知觉有关的事物；知觉的精确性和概括性也逐渐发展起来；空间和时间知觉也基本发展成熟。

(二)观察力的发展与培养

中学生的观察力比小学生有了长足进步。第一，中学生的观察具有明确的目的性。观察的目的性是指善于组织知觉活动达到预期观察目的的品质。中学生观察力的发展经历了由被动地接受家长或教师的任务进行观察，逐步发展为自觉主动地制定观察计划，进行有意识的观察。第二，观察的持久性明显发展。中学生的意志力和自我调控能力不断增强，因此，在观察活动中，能够主动排除各种干扰刺激，专心进行观察。第三，观察的精确性和概括性逐渐增强。中学生不仅能够在观察中善于区分出事物细微的差异，而且能够发现事物的异同，找出事物的规律及事物间的内在联系。

在学校教育中，培养中学生的观察力，可从以下几个方面入手：第一，提出明确的观察目的和任务。只有明确观察的目的和任务，才能提高学生观察的主动性，增强知觉的选择性。第二，激发学生的观察兴趣。第三，指导学生掌握观察的方法和技能。教师要有意识地指导学生学会有计划、有步骤地进行观察，在观察的同时进行记录，最后对观察结果进行分析和总结。

二、中学生注意的发展特点

中学生的有意注意取代无意注意占据了注意的主导地位，并且无论是无意注意还是有意注意，都在不断地深化。另外，注意的各项品质也在不断提高，具体表现在以下几个方面。

（1）注意稳定性增强。李洪曾等人研究了中学生的注意稳定性，发现13~15岁的中学生注意稳定性迅速发展，且这一时期女生注意稳定性要高于男生。[1]林镜秋等人采用划消数码表所进行的研究则显示，初中同龄女生无干扰注意稳定性高于男生，而高中同龄男女生无性别显著性差异；有干扰注意稳定性初、高中同龄男女生无显著性差异。[2]

（2）中学生的注意广度已经接近于成年人水平，但受本身知识经验和知觉对象的特点的影响比较大。陈惠芳等人采用速示器对儿童注意广度进行了研究，结果表明，与7~8、9~10岁儿童注意广度的迅猛发展相对应，11~14岁儿童的注意广度发展则较为平稳而缓慢。[3]另外，

① 李洪曾，王耀明，陈大彦等.中小学学生注意稳定性的研究[J].心理科学，1987（6）：13-64.

② 林镜秋，杨广兴，李桂荣等.关于中学生注意品质的实验报告[J].天津市教科院学报，1994（5）：21-22.

③ 陈惠芳，程华山.4~14岁儿童注意广度发展的实验研究[J].心理科学，1989（1）：45-47.

初中低年级学生由于缺乏经验，注意的广度较窄，随着知识经验的增加，注意广度也会有所提高。

（3）中学生的注意分配和注意转移能力的发展并不显著。林镜秋等人采用注意分配仪和注意转移测试仪对中学生注意分配能力和转移能力进行了研究，结果表明初、高中学生的注意分配无显著差异，初二到高二期间为学生注意力转移发展的停滞期。[①]

三、中学生记忆的发展特点

在整个人生全程中，中学生时期是综合记忆能力最为强盛的时期。这一时期，无论是记忆的深度、广度，还是记忆的内容、方法，都有了较大的发展。

中学生的意义记忆占据主导地位，并且意义记忆和机械记忆具有不同的发展趋势。研究表明，从初一到初二，机械记忆的效果随年级而提高，但是从初二开始机械记忆效果随年龄增加而有所下降；意义记忆的效果则一直随年龄的增长而上升。[②]

相对于无意记忆，中学生的有意记忆占据绝对优势的地位。中学生不仅有意识地为自己设立记忆的任务，而且也能有意识地调节自己的记忆活动，使之服务于一定的目的。从效果的角度而言，中学生有意记忆的效果要明显好于无意记忆的效果。

此外，杨治良等人的研究认为，中学生时期是再认能力发展的鼎盛时期。[③] 他们的研究以具体实物图形、抽象图形和语词为实验材料，对幼儿、小学、中学、大学、中年人、壮年人和老年人的再认能力进行了比较，结果发现：对于具体实物图形材料的再认，小学高年级学生的成绩最高；对于抽象图形材料的再认，中学生的成绩最高；对于语词材料的再认，也是中学生的成绩最高。

四、中学生思维的发展特点

（一）抽象逻辑思维占据优势地位

中学生的思维能力迅速发展，他们的抽象逻辑思维日益占据优势地位，思维已超出具体事物和过程的限制，使形式从内容中解放出来，可以利用语言文字，进行抽象的逻辑思维和命题运算。

从思维的发展水平来看，初中生和高中生又有所不同。初中生的思维中，抽象逻辑思维虽然开始占据优势，但很大程度上还属于经验型，他们的逻辑思维需要感性经验的直接支持，属于形式逻辑思维阶段。而高中生的抽象逻辑思维则属于理论型，他们已经能够用理论作指导来分析综合各种事实材料，从而不断扩大自己的知识领域，已呈现出辩证逻辑思维的特征。形式逻辑思维和辩证逻辑思维是抽象逻辑思维发展的两个阶段，前者是后者的基础，后者是前者的发展。形式逻辑思维是完整的表象过渡为抽象的规定阶段；辩证逻辑思维是抽象的规定在思维中导致具体再现的阶段。中学生的形式逻辑思维和辩证逻辑思维都得到了很大的发展。

---

① 林镜秋，杨广兴，李桂荣等.关于中学生注意品质的实验报告 [J].天津市教科院学报，1994（5）：21-22.

② 张莉.儿童发展心理学 [M].武汉：华中师范大学出版社，2006：91.

③ 杨治良，叶奕乾，祝蓓里等.再认能力最佳年龄的研究——试用信号检测论分析 [J].心理学报，1981（1）：42-50.

（二）思维的独立性和批判性还具有片面性和偏执性的特点

中学阶段由于独立思考的要求，使中学生思维的独立性和批判性有了显著的发展。中学生开始理解自然现象和社会现象中的一些复杂的因果关系，同时，由于自我意识的自觉性有了进一步的发展，常常不满足教师、家长或书中的对于问题的解释，他们更喜欢独立地寻求答案，也喜欢与人争论，这样，他们思维的独立性就到达了一个新的水平。

但中学生还同时存在对问题的看法比较片面，难以深刻理解事物的本质，甚至偶尔会出现钻牛角尖的偏执性特征。因此，教师和家长一方面要鼓励中学生进行独立思考，另一方面还要对他们在独立思考中出现的缺点给予耐心的说服教育。

【信息栏】11-3：形式运算阶段的假设演绎推理

形式运算阶段的假设演绎推理

处于形式运算阶段的青少年能够进行假设—演绎推理。当面对问题，他们从所有影响结果的可能因素的一般理论开始，并从可能发生什么的特殊假设进行推论，然后以有序的方式验证这些假设，看哪些在现实中起作用。

在皮亚杰著名的钟摆问题中，给学龄儿童和青少年呈现不同长度的绳子、系在绳子上不同重量的物体和一根用来挂绳子的横木。然后要求他们每一个人指出是什么影响钟摆的速度。

形式运算阶段的青少年提出四种假设：（1）绳的长度；（2）挂在绳上的物体的重量；（3）在释放前物体的高度；（4）推物体的力量。然后保持其他因素恒定，一次改变一个因素，他们试验了每一种可能性。最后发现只有绳子的长度引起速度的不同。

对比起来，具体运算期的孩子的实验是不系统的。他们不能分离每种变化的结果。例如，他们可能验证绳长的影响而不保持重量恒定，比较短的轻钟摆和长的重钟摆。同样，他们也没有注意到那些不能由任务中的具体材料立即暗示出来的变量——钟摆释放的高度和推钟摆的力量。

资料来源：贝克.儿童发展[M].5版.吴颖，等，译.南京：江苏教育出版社，2002：356.

五、中学生情绪情感的发展特点

（一）情绪情感更加强烈，具有冲动性和爆发性

随着学习、生活范围的扩大以及自我意识的觉醒，中学生的情感更加丰富、高亢而热烈，他们富有朝气，容易动感情，也容易被激怒，甚至会由于一时的冲动而不顾一切。特别是初中生的情绪是强烈的，被称为"暴风骤雨"时期，他们的情绪有时具有不可遏制性。

（二）情绪情感不够稳定，具有两极性

由于中学生自我意识的发展，他们对自己的优缺点都十分敏感。有时会过高地估计自己，有一种高傲的感觉；有时又常常为自己的不足担心，所以在情绪、情感方面常常表现不稳定，容易从一个极端走向另一个极端，表现出两极性的特点。

（三）情绪理解力增强，学会运用情绪表达规则，具有一定的掩饰性

中学生能更好地认识到情绪的产生有复杂的心理原因，他们对他人的情绪非常敏感，对他人和自己的情绪理解也较准确。中学生也逐渐学会如何运用情绪表达规则，正确、合适地表达自己的情绪，表现出一定的掩饰性。

（四）能采用有效的情绪调节策略

中学生的情绪调节经历了由外部调节转到内部自我调节的过程。中学生逐渐掌握了转换认知角度、自我暗示、适当宣泄、升华等有效地情绪调节策略。

（五）情绪持续时间增长，出现心境化趋势

无论是外显的情绪反应，还是内心的情绪体验，随着中学生年龄的增长，持续时间都会逐渐延长。

（六）情绪体验的内容更加深刻丰富，社会性情绪占主导地位

随着知识结构的完善，社会经验的丰富以及想象能力的发展，中学生的情绪体验日益深刻，体验的内容日益广泛，道德感、理智感、美感等社会性情绪情感逐渐上升到主导地位，社会性情绪的水平也不断提高。

 【信息栏】11-4：青少年的情绪调节策略

青少年的情绪调节策略

青少年面临着很多的情绪困扰，教育者应该让他们掌握必要的情绪调节策略。

1. 认知重评：指改变对事物个人意义的认知，使情绪得到调整。认知重评策略又可分为评价忽视与评价重视两种具体策略。"忽视"为减弱性调节方式，表现为个体以忽视、回避和减弱等方式，对情境中可能引起情绪的刺激进行评价，尽可能地不去感受情境可能引起的情绪。"重视"是一种增强型调节方式，表现为个体通过增强对可能引起情绪的情境的评价，增强情境与个人的关联性。

2. 自我暗示：指有意识地将某种观念暗示给自己，从而对情绪和行为产生影响的一种方式。如林则徐为了使自己制怒，在墙上挂"息怒"二字；在考场中，为了克服考试焦虑，可自我安慰"我怕，别人也许更怕，所以没有什么好怕的"。

3. 注意转移：指有意识地将注意从当前对象转至其他对象，从而使情绪得到调节的一种先行关注策略。例如，当遇到不愉快的事物时，转移注意对象，如做剧烈运动、与朋友散步或做些其他自己感兴趣的事情，都可以很好地调节不愉快的情绪。

4. 表达抑制：指抑制将要发生或正在发生的情绪表达。如当遇到不愉快的事件，人们常抑制自己不满的行为表现，如愤怒，以免影响人际关系。当遇到非常愉快的事件时，也常抑制表现，如成功时避免得意忘形，以免对他人表现出一种炫耀之感。

5. 情绪宣泄：是指对自己情绪释放的适应性表达，包括替代表达与直接表达。替代表达指通过间接表达情绪，使情绪得到释放的一种情绪调节方式。例如，通过倾诉（直接与人倾诉或通过写日记等方式间接倾诉）、高喊、哭泣或对令你情绪不佳的假想对象进行发泄等方式可以宣泄不快的情绪，从而使情绪回归平静。直接表达指面对激发情绪的事物，直

学校心理学

接表达自己的情绪的一种情绪调节方式。例如，当受别人侮辱时，直接通过言语或武力等方式释放自己的愤怒情绪。

资料来源：巫文胜，郭斯萍，郭薇. 青少年发展过程中的情绪调节能力 [J]. 江西教育科研，2007（5）：22-24.

第四节　中小学生个性和社会性发展

一、自我意识的发展

自我意识是指个体对自己身心状态及对自己同客观世界的关系的意识。自我意识是人类独有的一种现象，是个体在后天生活过程中逐渐形成的，包括自我认知（自我概念、自我评价）、自我情绪体验和自我监控等成分。

（一）小学生自我意识的发展特点

1. 自我概念的发展

自我概念是指个体对自己的特征、能力、态度、信念和价值观的总的认识。幼儿的自我概念刚刚开始形成。7 岁之前的幼儿对自己的描述主要限于身体特征、年龄、性别和喜爱的活动等方面，还不会描述内部的心理特征。小学生的自我描述是从比较具体的外部特征的描述向比较抽象的心理术语的描述发展。

2. 自我评价的发展

个体的自我评价能力一般出现在 4 岁左右，整个幼儿期，儿童的自我评价发展水平较低。直到小学高年级，个体的自我评价能力才有了长足发展，主要具有以下特点：（1）从受外部条件的制约过渡到受内部道德认识的制约。大约从四年级起，可以明显地看到儿童开始以道德原则来评价自己或他人的行为。（2）从注重行为的效果过渡到注重行为的动机，转折年龄在 9 岁左右。（3）从注重行为直接后果过渡到注重行为或后果的性质。在这个过程中，小学生逐步形成"人比物重要"的概念。（4）自我评价的独立性日益发展，并且有了一定的批判性。（5）从对具体行为的评价到有了一定概括程度的、涉及某些个性品质的评价。（6）在整个小学时期内，儿童自我评价能力一般落后于评价别人的能力。在评价别人时比较清楚，在评价自己的时候比较模糊。

3. 自我情绪体验

国内研究表明（韩进之，1986），儿童在 3 岁时，自我情绪体验还不明显，自我情绪体验发生的转折年龄在 4 岁，5~6 岁儿童大多数已表现出自我情绪体验。幼儿的自我情绪体验是从低级向高级发展的，即由与生理相关的体验（如愉快、愤怒）向社会性体验（如自尊、内疚等）发展。

自尊感是儿童最重要的自我情绪体验之一。自尊是指个体对自我价值的判断以及伴随而产生的一种情绪体验。幼儿期是儿童自尊开始形成和发展的时期。6 岁左右的儿童基本都能体验到自尊感，到童年期，小学生的自尊感出现分化并逐渐趋于稳定。自尊感来源于儿童对自我各方面能力的判断，而儿童最初是通过他人对自己的评价认识自己的，因此，获得成功机会较多的儿童，获得别人奖励的机会也会较多，从而自我感觉良好，自尊水平也就较高。因此，家长和教师应做到正确评价儿童，善于发现每一个儿童的优点，肯定儿童点滴的进步，营造团结友爱的班集体，这些都有利于提高儿童的自尊水平。

（二）中学生自我意识的发展

1. 自我意识的发展特点

1~3 岁是个体自我意识发展的第一个飞跃期，这一期间儿童开始区分出自己与他人的不同，开始会使用代词"我"来标志自己。而中学时期则是继此之后自我意识快速发展后的第二个飞速发展期，因而也被称为"自我的第二次诞生""自我的发现"时期。

朱智贤认为中学生自我意识发展的一般特点主要表现在以下几个方面。[①]

（1）对人的内部世界、内心品质发生了兴趣，开始要求了解别人的和自己的个性特点，了解自己的体验和评价自己。

（2）能更自觉地评价别人的和自己的个性品质。最初是学会评价别人的个性品质，以后才逐步学会评价自己的个性品质；并且这种评价能力是逐步完善起来的。

（3）中学生评价别人和自己的品质的能力同青年或成年人比较起来，还是不高的，有一定的差距，而且是不稳定的。这首先表现在中学生对人的评价或自我评价常常是不客观的，而且评价别人时比较清楚，评价自己是比较模糊；其次，中学生对人的评价或自我评价常常是不全面的，或者只看到一点缺点，就抹杀全部优点，或者是只看到一点优点，就忘掉主要缺点；再次，中学生对人的评价或自我评价常常是不稳定的，有时过分夸大自己的能力，以至觉得自己了不起，有时又过分低估自己，显得非常消沉。

中学生对自我世界的关注常使得他们对外部世界不屑一顾，这就往往会导致他们个性上的主观偏执性。一方面，他们总是认为自己是正确的，听不进别人的建议和劝告；另一方面十分敏感，总觉别人在以挑剔的眼光看待他们。中学生这种突然高涨的自我意识，使个性出现了暂时的不平衡性，因而中学生普遍存在着反抗心理和各种情绪上的矛盾。

2. 反抗心理的出现

反抗心理是当个体自觉或不自觉地感受到某些方面享有的自由被剥夺时，自身激发的一种抗拒心理，其目的是表现个性，突出自我。个体发展过程中存在着两个反抗期，第一个反抗期是大约 2~4 岁的时候，这一阶段儿童主要是反抗成人对自己身体活动的约束。第二个反抗期就是中学生时期，这时儿童反抗的是有关心理方面的内容，因而有人称这一时期为"心理断乳期"。

中学生产生反抗心理，主要有三方面的原因：一是自我意识的高涨，使他们有强烈的维护自尊的愿望，通过反抗行为获得他人的重视；二是神经中枢系统的兴奋性过强，对细微的刺激也会引发较大的反应；三是独立性的增强，使得中学生希望能够不受外人干涉，以成熟个体的方式自己去行事。

中学生的反抗心理的外在表现，往往会有两种不同的类型：一种类型是激烈、外显的表

---

① 朱智贤. 儿童心理学 [M]. 北京：人民教育出版社，1993：527-531.

现，对于他人的言语和行为进行直接和粗暴的反抗，且听不进任何的劝阻，来势十分猛烈；另一种类型则是冷漠、内隐的表现，虽然与他人不发生激烈的直接冲突，但却并不意味着听从他人的意见，而是当作耳旁风，依旧我行我素。

3. 自我同一性的发展

所谓自我同一性，是一种关于自己是谁，在社会上应占什么样的地位，将来准备成为什么样的人以及怎样努力成为理想中的人等一串感觉。在埃里克森的心理发展阶段理论中，中学生的发展课题就是自我同一性的形成和防止自我同一性扩散。

马西亚（J. E. Marcia）认为，个体在解决同一性危机的过程中，可能会出现以下四种同一性状态：

同一性形成是指个体通过自己的积极探索，考虑了各种实际选项，形成了自己对价值观和人生目标的选择。

同一性早期完成是一种盲目的认同，个体过早地、匆匆地就形成了自己的价值观和人生目标，没有考虑各种选择的可能，就停止了同一性的探求。同一性早期完成的青少年往往缺乏主见，遵从他人的目标、价值观和生活方式。这里的他人往往是父母、教师或其他权威人物。

同一性延缓指的是个体还处于对自我同一性的探索阶段，正在积极地搜集各种信息，比较各种可能性，渴望发现适合自己的价值观和人生目标。这种状态是一种积极的状态，因为在当今的复杂社会，对大多数人来说，自我同一性的达成是一个逐渐缓慢的探索过程，而不是外在的急剧变化，因而延期选择是正常的，也是积极而健康的。

同一性扩散是指个体不知道自己是谁，不知道想做什么，没有明确的发展方向。他们无法成功地做出选择，或者他们会逃避思考问题。

根据埃里克森的理论，同一性形成和同一性延缓都是健康有益的。许多中学生在最初的时候处于同一性早期完成或同一性扩散的状态，随着认知的成熟，逐渐进入同一性形成或同一性延缓，表现出一定的年龄发展趋势。

二、性别角色的发展

性别是社会进行分类的一个基本标准，幼儿期是完成性别认知的重要阶段。个体对性别的认知主要表现在性别概念的获得和性别角色知识的获得。

（一）性别概念的获得

研究表明（张文新，1999），儿童对性别概念的理解主要包括三个方面：性别认同、性别稳定性和性别恒常性。这三个方面在儿童性别概念的理解中出现的时间是不一样的，其中，性别认同出现的最早，大约在1.5~2岁；然后是性别稳定性，大致在3~4岁；最后是性别恒常性，大约在6~7岁。

1. 性别认同

性别认同是指对自己和他人的性别的正确认识。美国心理学家汤姆逊（W. R. Thompson，1975）的研究发现，2岁儿童的性别认同水平还较低，他们还不能正确地把自己归到男性或女性类别中。到3岁时，儿童能够正确回答自己的性别，并且能够区分图片中人物的性别，也开始知道自己与图片中的同性别的人更相似，但是仍然不能根据性别来挑选与自己性别适合的物体。

在研究儿童的性别认同时，首先向 2~3 岁的幼儿提供一些具有不同性别的洋娃娃和杂志的图片，然后要求儿童按照性别把这些图片分类，并同时问幼儿自己的性别以及他们的性别与这些图片是否一样。接下来给每一个幼儿拍摄一张快照，让他们把照片添加到已经分类的图片中。最后把两张中性物品的图片分别标上"好"或者"坏"，或者标上"给男孩"或"给女孩"，让他们从中选一个带回家去。研究者把 50% 的正确率这一水平作为缺少性别认同的标准，把 75% 的正确率这一水平则作为性别认同出现的标准。研究结果发现，在进行性别认同的线索方面，幼儿与成人之间存在差异。成人首先根据生理特点，其次是身体轮廓，最后是服饰特点等线索来确定性别。而幼儿往往先依据发型，特别是头发的长度，其次是服饰的特点来确认被观察者的性别。

2. 性别稳定性

性别稳定性是指儿童对人一生性别保持不变的认识。性别稳定性一般在 3~4 岁出现。这一年龄的儿童能够认识到一个人的性别在一生中是稳定不变的。幼儿早期性别稳定性的形成主要是由于父母日常生活中的话语（如父母总说"儿子，过来"或"丫头，过来"等）和自己所发现的解剖学上的性别差异。

3. 性别恒常性

性别恒常性是指对人的性别不因为其外表和活动的改变而改变的认识。如获得性别恒常性的儿童知道无论自己穿什么衣服，留什么发型，自己的性别都不变。性别恒常性是儿童性别认知发展中的一个重要的里程碑。儿童一般要到 6、7 岁才能获得性别恒常性的认识。儿童性别恒常性的发展顺序是：（1）自身的性别恒常性；（2）与自己相同性别的他人的性别恒常性；（3）异性的性别恒常性。

 【信息栏】11-5：性别认同障碍

性别认同障碍

虽然大多数人在心理性别的发展中符合文化所期望的性别定型特征，但仍有一部分存在着性别认同障碍。性别认同障碍的男孩在幼儿期就喜好穿女装，沉湎于女孩的游戏和活动，他们甚至厌恶自己的外生殖器，希望变成女孩，上学后会因此受到其他男孩的羞辱、嘲笑，并越来越被孤立，有内疚、羞耻或卑部感。在青春期，女性化的举止会有所减轻，往往在青春期中或以后表现出同性恋倾向。性别认同障碍的女孩喜欢穿男装、结交男伴，对洋娃娃没有兴趣，对体育运动和激烈争斗的游戏极为喜爱，不喜欢在游戏中扮演女性角色，不愿乳房发育、来月经，甚至声称自己是男孩等。大部分在青春期会收敛对异性活动或服装的追求，情绪低落，对活动丧失兴趣。同时仍有一部分保留男性性别的认同，逐渐显露出同性恋倾向。

（二）性别角色知识的获得

由于性别角色行为具有较强的情境性，不易进行系统的实验研究，因此，关于儿童性别角色发展的大量研究主要集中在儿童性别角色知识的发展上。性别角色知识或性别成见，是指个体关于男性和女性各自适宜的行为方式和活动的认识。对儿童性别角色知识发生和发

展的研究，通常采用的方法是向儿童列举一些典型的男性或女性的行为活动，如打架、烧饭、玩玩具枪、玩洋娃娃等，让儿童说出哪些活动是适合男孩干的，哪些活动是适合女孩干的，借此达到考察其性别角色知识发展的目的。此类研究发现，3 岁儿童就形成了一些对男性和女性行为特点的认识。

从婴儿期到青少年时期，儿童性别成见的发展呈一种"U"形趋势。年龄较小的儿童，由于其认知能力发展的局限，通常把规则看作是必须绝对服从的要求，因而不能容忍不适宜性别行为的出现，而年长的儿童由于能够认识到规则只是一种社会习俗，因而在性别角色认知上其态度相对灵活，认为在某些社会情境中，出现不适合性别的行为是可以理解的。但是需要指出的是，在青春期，由于性意识的觉醒，青少年会产生相当强烈的与性别相联系的期望，他们的性别角色态度会重新恢复到早期所曾有的刻板状态（Schaffer，1996）。

【反思与探究】

1. 中小学生心理发展的规律有哪些？

2. 试比较影响个体心理发展因素的不同观点。

3. 小学生的感知觉、注意、记忆和思维等的发展有哪些规律和特点？如何在教育中应用这些规律和特点？

4. 中学生的认知发展有哪些规律和特点？如何在教育中提升中学生的认知发展？

5. 结合自我意识发展规律，分析自己的自我意识现状。

6. 结合实例分析中学生自我同一性的发展状况。

【第十一章资源链接】

1. 林崇德. 发展心理学 [M]. 北京：人民教育出版社，1995.

本书由北京师范大学林崇德教授主编，书中第四章至第十一章，详细阐述了个体从产前期直至生命终老的人生全程中心理的发展特点和规律。阅读本书可使读者了解当代发展心理学研究的新进展、新趋势，并树立起关于生命全程的辩证发展观。

2. 沈德立. 小学儿童发展与教育心理学 [M]. 上海：华东师范大学出版社，2007.

该书立足于发展心理学的基本理论和前沿研究，从认知、道德、学习动机和学习策略等方面详细阐述了小学儿童的心理发展特点，剖析了小学儿童需要重点解决的发展问题，并提出了培养小学儿童积极心理品质的方法。该书言简意赅、生动有趣，十分具有可读性和应用性。

3. 林崇德. 中学生心理学 [M]. 北京：中国轻工业出版社，2013.

该书不仅阐述了中学生心理发展的基本规律，而且从学习、言语、思维、观察、记忆与想象、社会性、情感、意志、理想、动机、兴趣与价值观、性格、品德、心理健康与心理卫生、人际关系，以及创新心理等诸多方面详细介绍了中学生的心理发展特点与现状，并为教师和家长提出了一些有针对性的教育建议，对于中学教师提高教学效率具有很好的指导作用。

第十二章
学习心理

【内容提要】

在介绍学习定义和类型的基础上，概述了联结派和认知派的主要学习理论；讨论了学习动机的含义、理论及激发；介绍了常用的学习策略；探讨了学习迁移的相关问题。

【学习目标】

1. 准确掌握学习、学习动机、学习策略和学习迁移等概念。
2. 深入理解各种学习理论、学习动机理论和学习迁移理论。
3. 熟练运用各种学习策略，以及激发学习动机和促进学习迁移的方法。

学习是人适应环境的重要途径，提高学习效果一直是心理学家致力于解决的问题。经过百余年的发展，心理学家提出了多种学习理论，针对不同种类的学习进行了深入研究，学习心理已经成为心理学最重要的领域之一。

 ## 第一节　学习概述

一、学习概述

（一）什么是学习

广义上，学习是指学习者因经验而引起的行为、能力和心理倾向相对持久变化的过程。它具有以下三个特征：首先，学习者身上必须产生某种变化，这种变化是相对持久保持的，并且这种变化不是由生理成熟、疲劳、药物等因素引起的，才可以认为发生了学习；其次，虽然学习者的经验或心理结构的变化是内在的，难以直接观察，但学习可以通过行为的变化表现出来，这是因为心理是行为的内部调节机制，所以其发展变化可以根据学习者的行

为变化来加以推断；最后，学习者的这种变化是在与环境的相互作用中发生的，是与环境保持动态平衡的结果，因此，学习实质上是一种适应活动。

狭义上，学习是指学生在教育情境中，经过教师的指导和帮助，获得知识信息、训练和提高心智及操作技能、发展能力、形成一定的行为方式的过程。学生的学习不同于一般人的学习：第一，学生的学习主要以接受间接的知识经验为主，是间接经验的学习。第二，学生的学习是在教师的指导下，有计划、有目的和有组织地进行的。第三，学生的学习具有一定的被动性。同时，学生的学习不仅引起行为上的改变，而且会导致价值观念、态度、情感，乃至个性心理等多方面的变化。

（二）学习的分类

学习是一种非常复杂的现象，内容广泛、形式多样、过程复杂，因此，研究者们分别从不同的理论观点和角度出发，对学习类型进行了不同的划分。

1. 冯忠良的学习分类

我国学者冯忠良根据学习的内容不同，将学习分为知识的学习、技能的学习与社会规范的学习。（1）知识的学习：主要是掌握反映客观事物属性、联系与关系的知识与知识体系。（2）技能的学习：是指通过训练或练习，建立合乎法则的活动方式的过程。（3）社会规范的学习：也称行为规范的学习，即把外在于主体的行为方式转化为主体内在行为需要的内化过程。

2. 加涅的学习分类

（1）按照学习水平分类

根据个体进化的水平和学习过程的繁简难易程度，加涅将学习划分为八种类型：①信号学习：学习对某种信号做出某种反应。这是最简单的一类学习，取决于有机体先天的神经组织。②刺激—反应学习：主要指操作性条件作用或工具性条件作用。③连锁学习：是一系列刺激与反应的联合。④言语联想学习：其实质就是语言单位的连锁学习。⑤辨别学习：能识别各种刺激特征的异同并做出相应的不同反应。⑥概念学习：对刺激进行分类，并对同类刺激做出相同的反应。⑦规则的学习：也称原理学习，就是了解事物（概念）之间的关系，掌握概念之间的联合，并支配心理和行为操作。⑧解决问题的学习：在各种条件下应用规则或规则的组合去解决问题。

（2）按照学习结果分类

加涅在《学习的条件》一书中，对学习结果进行分类，提出了五种学习结果：①言语信息学习：主要指学生掌握的是以言语信息传递（通过言语交往或印刷物的形式）的内容或者学生的学习结果是以言语信息表达出来的。②智慧技能学习：解决"怎么做"的问题，主要用以处理外界的符号和信息，又称过程知识。③认知策略学习：即学生用以支配自己的注意、学习、记忆和思维的内在组织的才能，这种才能使得学习过程的执行控制成为可能。④动作技能学习：通过练习获得的、按一定规则协调自身肌肉运动的能力。动作技能学习的实质是通过练习，个体的肌肉按照相应的运动规则协调起来，最终达到自动化水平。⑤态度学习：指个体习得的对人、对事、对物以及对自己的反应倾向。在这五种学习结果中，言语信息、智慧技能和认知策略属于认知领域，动作技能属于心因动作领域，态度属于情感领域。

3. 奥苏伯尔的学习分类

根据学生获得知识的方式，奥苏伯尔将学习分为发现学习和接受学习。接受学习是指通过聆听教师的讲授和学生的理解，将新知识同化到学生认知结构中的过程。发现学习是布鲁纳提倡的一种学习方式，它是指学生通过阅读教材和参考书，通过调查或实验，自己独立获得知识的过程。

从学生获取经验的性质上，奥苏伯尔将学习划分为意义学习和机械学习。意义学习是指学生利用认知结构中已有的知识经验与新知识建立起一种实质性的和意义联系的过程。机械学习是指学生在学习无意义的材料或自己不理解的新知识时所建立的逐字逐句的联系过程。

4. 布鲁姆的学习分类

布鲁姆（B. Bloom，1913—1999）将教育目标分为认知领域、情感领域和动作技能领域。认知领域的具体分类如下：（1）知识：指对先前学习的材料的记忆，包括具体事实、方法、过程、理论等记忆，其所要求的心理过程主要是记忆。这是最低水平的认知学习结果。（2）领会：指能把握材料的意义。学生可以借助三种形式来领会材料。一是转换，即用自己的话或用与原先的表达方式不同的方式表达自己的思想；二是解释，即对一项信息加以说明或概述；三是推断，即估计将来的趋势。领会超越了单纯的记忆，代表最低水平的理解。（3）运用：指能将习得的材料应用于新的具体情境，包括概念、规则、方法、规律和理论的应用。运用代表较高水平的理解。（4）分析：指能将整体材料分解为组成成分，并理解其组织结构，包括部分的鉴别，分析部分之间的关系和认识其中的组织原理。分析代表了比运用更高的智能水平，因为它既要理解材料的内容，又要理解其结构。（5）综合：指能将部分组成新的整体。（6）评价：指对材料作价值判断的能力，包括按材料内在的标准（如组织）或外在的标准（如与目的适当性）进行价值判断。

5. 阿瑟雷伯的学习分类

美国心理学家阿瑟雷伯根据学习的意识水平，将其分为内隐学习和外显学习两类：（1）内隐学习：是指学习者在与环境接触的过程中不知不觉地获得知识和经验而改变其之后的行为的学习。（2）外显学习：是指学习者有意识地去解决问题的学习。

二、主要的学习理论

学习理论是揭示个体学习活动的特点和规律，解释和说明学习过程的心理机制，指导人类学习的心理学原理。

（一）联结派的学习理论

联结派学习理论的核心观点是学习过程是有机体在一定条件下形成刺激与反应的联系，从而获得新经验的过程。

1. 桑代克的学习理论

桑代克（E. Thorndike）是联结派学习理论的鼻祖，通过对动物学习行为的研究，他提出了学习的"联结说"。联结说认为，学习是有机体通过"尝试错误"偶获成功而逐渐形成的具体问题情境与特定反应之间的联结。桑代克通过"猫的迷笼实验"还提出了学习的定律，即准备律、练习律和效果律以及一些学习副律。桑代克认为，在尝试错误学习中，行为的后

果是影响学习最为关键的因素，如果行为的结果是得到了奖励，行为就能保留下来，否则就会作为错误行为而放弃。

2. 巴甫洛夫的学习理论

巴甫洛夫利用狗看到食物或吃东西之前会流口水的现象，提出了条件反射。条件反射建立的情境涉及两个刺激和两个机体反应：一个刺激是无条件刺激（UCS），它在条件反射形成之前就能引起预期的反应。无条件刺激的唾液分泌反应叫作无条件反应（UCR），这是在形成条件反射之前就会发生的反应。另一个刺激是条件刺激（CS），它是中性刺激，在条件反射形成之前，它并不引起预期的、需要学习的反应，实验中的铃响就是条件刺激。由条件反射的结果而开始发生的反应叫作条件反应（CR），即没有食物，只有铃响的唾液分泌反应。当两个刺激紧接着（在空间和时间上相近）反复地出现，就可形成条件反射。一般说来，无条件刺激紧跟着条件刺激出现，条件刺激和无条件刺激相随出现数次后，条件刺激就逐渐引起唾液分泌，即狗形成了条件反应。虽然巴甫洛夫并没有概括过学习规律，但是根据他的实验可以概括出五个学习律，即习得律、消退律、泛化律、辨别律和高级条件作用律。

 【信息栏】12-1："巴甫洛夫很忙"

"巴甫洛夫很忙"

在巴甫洛夫生命的最后一刻，当时有人敲门想进来看看他，得到的回答都是"巴甫洛夫很忙……"。巴甫洛夫将自己关在屋子里忙什么呢？忙着写遗嘱、分遗产、交代后事吗？忙着向万能的主祈祷吗？忙着过电影一样回顾一生中那些精彩的瞬间吗？忙着哀求医生不惜一切代价用最好的药吗？都不是。在生命的最后一刻，巴甫洛夫一直密切注视着越来越糟糕的身体状况，不断地向坐在身边的助手口授生命衰变的感觉，他要为一生挚爱的科学事业留下更多的感性材料。对于人们的关心和探望，他只好不近人情地加以拒绝："巴甫洛夫很忙……巴甫洛夫正在死亡。"来人被拒之门外，只好心情复杂地走了……。

3. 赫尔的学习理论

赫尔（K. L. Hull）提出了系统性行为理论。他认为有机体是借助于两种S—R的联结从而实现对环境的适应：一种是神经组织中固定下来的先天的S—R的联结，另一种是后天确立的、通过学习习得的S—R的联结，这是在一定的需要或内驱力驱使下形成的联结。赫尔认为，学习的根本目的在于降低内驱力和满足需要，使有机体与环境保持平衡，因此，其系统性行为理论也称为内驱力降低说。赫尔的系统性行为理论主要是建立在三个基本变量之上的：（1）习惯强度：指把刺激与反应联系在一起的力量。（2）内驱力：当有机体处于需要状态时都会产生激活并导致行为的"内驱力"。（3）反应抑制和反应阈限：赫尔提出对抗反应发生的两类抑制力，一类为作用短暂的反应抑制，另一类是作用长久的条件抑制，是在刺激存在的情况下不做出反应的习惯。为了解释动物在学习中不总是积极的，赫尔又提出了"震荡"的补充概念，这也是一种抑制，在动物身上每时每刻都会变化，震荡值低时，学习积极性高涨，反之则低落。同时，为了解释动物有时不发生反应或不表现活动，赫尔又提出了"反应阈限"的概念，认为反应只有超过一定的阈限值时才能发生学习。

4. 斯金纳的学习理论

斯金纳（B. F. Skinner）将学习分为两种形式：一种是经典式条件反射学习，用以塑造有机体的应答行为；另一种是操作式条件反射学习，用以塑造有机体的操作行为。同时，斯金纳认为强化在操作性条件反射形成中具有重要作用，并对强化特别是间歇强化程序进行了一系列研究。他把间歇强化分为两种：间隔强化和比例强化。间隔强化是借助于时间进行强化，两次强化之间有一定的时间间隔，如果几次强化之间的时间间隔是固定的，称之为"固定间隔"强化，如果时间间隔不固定，称之为"变化间隔"强化。比例强化指个体做过一定次数的反应之后才能得到强化，如果反应的次数是固定的，称为"固定比例"强化，否则称为"变化比例"强化。斯金纳还对惩罚与负强化进行了说明，负强化是通过讨厌刺激的排除来增加反应在将来发生的概率，而惩罚是通过厌恶刺激的呈现来降低反应在将来发生的概率。斯金纳认为，惩罚并不能使行为发生永久性的改变，它只能暂时抑制行为，而不能根除行为。因此，惩罚的运用必须慎重。

5. 托尔曼的学习理论

托尔曼（E. C. Tolman）提出了"目的性行为主义"和学习的"认知—期待说"。他提出心理学应该研究"目的性"行为和"整体性"行为，并首次提出"中介变量"的概念，把行为主义公式"S—R"改写成"S—O—R"。托尔曼认为动物学会的是对目标和达到目标的途径和手段的认知，这种预先的认知即期待，它将支配动物的后继行为。也就是说，学习是有目的，是期待的结果。此外，托尔曼还认为，学习是对完形的认知，是形成认知地图的过程。托尔曼指出，有机体在达到目的的过程中，会遇到各种环境条件，个体只有认知这些环境条件，才能克服困难到达目的。这种对环境条件的认知是达到目的的手段和途径。托尔曼将有机体在对整个环境条件认知的基础上形成的内部表征称作认知地图。

（二）认知派的学习理论

1. 格式塔心理学的学习理论

格式塔心理学首先认为学习是知觉的重新组织，构成一种完形，而非形成刺激—反应联结。学习过程中问题的解决，是由于对情境中事物关系的理解而构成一种完形。再者，格式塔心理学认为学习是通过顿悟，而非"试误"。苛勒认为学习不是由于盲目的尝试，而是由于出现了"完形"，是由于对情境的顿悟才获得成功的。所谓"顿悟"是突然地理解或领会到自己的动作是为什么目的，怎样进行，领会到自己的动作和情境，特别是和目的的关系。格式塔心理学家认为，"尝试与错误"除了干扰外，对学习并不起作用，学习的成功完全是由于顿悟的结果。

2. 布鲁纳的学习理论

（1）认知学习观

布鲁纳认为，学习的实质是一个人把同类事物联系起来，并把它们组织成赋予它们一定意义的结构，而不是被动地形成刺激—反应的联结，学习就是认知结构的组织和重新组织。布鲁纳提出学生的学习活动主要包含新知识的获得、知识的转化和评价三个几乎并行的过程。学习活动首先是新知识的获得，新知识可能是以前知识的精练，也可能与原有的知识相违背。新知识获得后，还需要对它进行转化，个体可以超越给定的信息，运用各种方法将它们变成其他形式，以适合新的学习任务，从而获得更多的知识。评价是对知识转化的一种检查，通过评价可以核对我们处理知识的方式是否适合新的任务，或者运用是否得当。

（2）发现学习

所谓发现学习，指的是学生通过自己独立阅读书籍和资料，独立地思考而获得对于学习者来说是新知识的过程。发现学习的基本步骤包括：①提出和明确使学生感兴趣的问题；②使学生对问题体验到某种程度的不确定性，以激发探究的欲望；③提供解决问题的各种假设；④协助学生搜集和组织可用于作结论的资料；⑤组织学生审查有关资料，得到应有的结论；⑥引导学生运用分析思维去验证结论，最终解决问题。总之在整个问题解决过程中，要让学生亲自发现特定的结论或规律，使学生成为发现者。学生在发现学习活动中是一个积极的探究者，老师的主要作用是：①鼓励学生有发现的信心；②激发学生的好奇心和求知欲；③帮助学生找到新问题与已有知识的联系；④训练学生运用知识解决问题；⑤协助学生进行自我评价；⑥启发学生进行对比。

3. 奥苏贝尔的学习理论

（1）意义学习

意义学习指语言文字或符号所表述的新知识能与学习者认知结构中的有关旧知识建立一种实质性的和非人为的联系。所谓"实质性的联系"是指新的知识观念与学习者认知结构中已有的事物表象、已被理解的符号、概念、命题或观念之间的联系。所谓"非人为的联系"，也称"非任意的联系"，指新知识与学习者认知结构中的有关观念建立起一种合理的或者是逻辑上的联系。奥苏贝尔根据意义学习的复杂程度，将意义学习划分为三种类型：①代表性学习：又称表征学习，指学习单个符号或一组符号所代表的事物和意义。②概念学习：是掌握同类事物或现象的共同关键特征或本质特征。③命题学习：学习以命题形式表达的观念的新意义。

（2）"先行组织者"教学模式

奥苏贝尔认为，认知结构中有三个变量影响着新知识的获得和保持。这三个认知结构变量分别是对新知识起固定作用的旧知识的可利用性、新知识与旧知识的可辨别性和认知结构中起固定作用的旧知识的稳定性和清晰性。为了提高学习效果，发挥认知结构中三个变量在新知识学习中的积极作用，奥苏贝尔提出了所谓的"先行组织者"教学策略。这种策略是指在向学生传授新知识之前，给学生呈现一个短暂的具有概括性和引导性的说明。先行组织者的作用在于：第一，为新知识的学习提供可利用的固定点，即唤醒学生认知结构中与新知识学习有关的旧知识或旧观念，增强旧知识的可利用性和稳定性；第二，说明新旧知识之间的本质区别，增强新旧知识之间的可辨别性。

（3）学习动机

奥苏贝尔提出了学习动机的三种内驱力：认知内驱力、自我提高内驱力和附属内驱力。认知内驱力指学习者渴望认知、理解和掌握知识，以及陈述和解决问题的倾向。自我提高内驱力指学习者通过自身努力，达到一定目标，取得一定成就从而赢得一定社会地位的需要。附属内驱力指学习者为了赢得或保持他人的赞许而表现出来的一种把学习或工作做好的需要。

4. 加涅的学习理论

（1）学习的模式

加涅（B. M. Gagne）利用信息加工的模型来解释和阐述知识学习的过程。信息加工模型包括信息加工系统和控制系统：信息加工系统指信息从外部输入依次进入感觉登记、短时记忆、长时记忆进行信息加工和储存，再依相反的历程检索提取信息；控制系统包括预期事项和执行控制，前者是指学生期望达到的目标，即学习的动机，正因为学生具有学习动机，教师的反馈才有强化作用，执行控制决定哪些信息从感觉登记进入短时记忆，再到长时记忆并检索和提取哪些信息，以及如何进行信息编码、储存，采用何种信息提取策略等。

（2）学习的阶段

在学习的信息加工模式基础上，加涅将学习分为八个阶段：①动机阶段：加涅把学习动机分为诱因动机、操作动机和成就动机三种，它们引导学生向着教师、学校和社会所期望的方向发展。②领会阶段：这个阶段包括学习者对刺激的注意与察觉。③习得阶段：学习者将感知到的信息编码储存到短时记忆中。④保持阶段：短时记忆中的信息进一步编码加工后转入长时记忆中的过程。⑤回忆阶段：搜索记忆库，并使学习到的材料得到复现的过程。⑥概括阶段：它是指学习到的知识推广到更广泛的范围之中，使其具有更广泛的意义。⑦作业阶段：根据长时记忆中再现的内容，学习者完成作业。⑧反馈阶段：当学习者获得他的学习行为并且已经满足一定的预期的反馈后，就可以强化他的学习动机。

5. 班杜拉的观察学习理论

班杜拉（A. Bandura）认为人类可以通过观察示范者的行为而习得行为，获得间接经验，"通过示范进行学习"就是观察学习，又称无尝试学习或替代性学习。它包括四个过程：①注意过程：注意过程决定了学习者在大量的示范事件面前观察什么、知觉什么、选取什么。班杜拉认为示范活动的显著性和复杂性、行为模式的成败、榜样因素、观察者的知识经验和认知能力等因素都会影响注意。②保持过程：保持过程是示范者把示范经验转换成表象或言语符号保持在记忆中，形成示范活动的内部形象，以便日后指导操作。③动作复现过程：指把以符号形式编码的示范信息转化成适当行为的过程。④动机过程：这一过程决定了哪一种经由观察而习得的行为得以表现。

（三）人本主义学习理论

人本主义心理学是 20 世纪五六十年代在美国兴起的一种心理学学派，被称为心理学的"第三势力"，其主要代表人物是马斯洛和罗杰斯。人本主义强调人的潜能和价值，主张把自我实现、自我选择和健康人格作为追求的目标。

1. 知情统一的教学目标观

人本主义心理学认为学习的实质不仅是使学生获得知识和技能，更应该注重学生的情感、人格以及自我价值的培养。学习的目的是将学生培养成一个完整的人，使学生的潜能得到全面发展，提倡培养既用情感方式也用认知方式行事的知情合一的人。

2. 有意义的自由学习观

罗杰斯将学习方式分为无意义学习和意义学习两种类型。罗杰斯认为无意义学习只涉及心智，而不涉及感情或个人意义。有意义的学习能促进个体的发展。意义学习具有四种特点：

全神贯注、自动自发、全面发展、自我评估。

3. 以学生为中心的教学观

教师的任务不是教学生学习知识，也不是教学生如何学习，而是为学生提供各种学习资源，提供一种促进学习的气氛，让学生自己决定如何学习。针对教师教学和课堂气氛的调节，罗杰斯提出了几点建议：（1）真诚或坦诚相待；（2）积极关注和无条件接纳；（3）理解或移情。

（四）建构主义学习理论

1. 建构主义的知识观

第一，知识是主动建构的，而不是被动接受的。建构主义理论认为，如果没有主体的主动建构，知识是不可能由别人传递给主体的，主体也不会对别人传递的知识原封不动地全部照收。主动的关键就在于，主体会根据自己先前的知识经验来衡量他人所提供的各种知识并赋予其意义。

第二，知识是个人经验的合理化。个体先前的知识经验是有限的，人们是在根据自己有限的知识经验来建构知识的意义，因而其所建构出来的知识是否就是最终结果是无法确定的，因此，知识并不是说明世界的真理，而是个人经验的合理化。

第三，知识是个体与他人磋商并达成一致的社会建构。建构主义理论虽然强调知识是个体主动建构的，而且只是个人经验的合理化，但这种建构也不是随意的任意建构，而是需要与他人磋商并达成一致来不断地加以调整和修正，在这个过程中不可避免地要受到当时社会文化因素的影响。

2. 建构主义的学习观

建构主义的学习观包括三方面：首先，强调学生的经验。建构主义理论认为，知识是主体个人经验的合理化。因而在学习过程中，学生先前的知识经验是至关重要的。其次，注重以学生为中心。既然知识是个体主动建构的，无法通过教师的讲解直接传输给学生。因此，学生就必须主动地参与到整个学习过程中来，传统的老师"讲"、学生"听"的学习方式就不复存在。第三，尊重个人意见。既然知识并不是说明世界的真理，只是个人经验的合理化。因而，建构主义理论主张不以正确和错误来区分人们不同的知识概念。第四，注重互动的学习方式。建构主义理论认为，知识是个体与他人经由磋商并达成一致的社会建构。因此，科学的学习必须通过对话和沟通的方式，大家提出不同看法以刺激个体反省思考，在交互质疑和辩论的过程中以各种不同的方法解决问题，澄清所生的疑虑，逐渐形成正式的科学知识。

3. 建构主义的教学观

（1）从学生的经验出发

教师在传授科学知识之前应认真考虑学生先前的（原有的）知识经验，使要学习的科学知识落在学生可能的"建构区"范围之内，并与学生的经验紧密结合。只有这样，才能引起学生有意义的学习。建构主义者在教学设计上遵循自上而下的路线展开教学，他们选择与儿童生活经验有关的问题，同时提供更好的理解和解决问题的工具。然后，让学生单独地或在小组中进行探索，发现解决问题所需的基本知识和技能，在掌握这些知识和技能的基础上，最终使问题得以解决。

（2）随机通达教学

随机通达教学也称随机进入教学，随机通达教学的核心主张是，对同一内容的学习，要在不同时间、在重新安排的情景下，带着不同目的以及从不同的角度多次进行，以此达到高级知识获得的目标。

（3）情境性教学

建构主义提倡情境性教学。首先，这种教学法应使学习在与现实情境相似的情境中发生，以解决学生在现实生活中遇到的问题为目标。学习的内容要选择真实性任务，不能对其做过于简单化的处理，使其远离现实。教师不是将提前已准备好的知识内容教给学生，而是在课堂上展示出与现实中专家解决问题相类似的探索过程，提供解决问题的原型，指导学生去探索。教师是学习环境的建构者，在教学活动中应注重调整现有的教学材料，布置适当的问题情境，制造学生在认知上的冲突，以引起学生的反省并思考出解决问题的方法，而不是照本宣科。

第二节　学习动机

一、学习动机的含义

学习动机是激发个体进行学习活动、维持已引起的学习活动，并致使个体的学习活动朝向某一目标的一种内部启动机制。由于研究者所采用的分类标准不同，因此，对学习动机的分类多种多样。

根据学习动机的动力来源，可以将学习动机划分为内部动机和外部动机。内部动机是指由个体内部需要引起的动机，外部动机是指由外部诱因引起的动机。

根据学习动机的作用与学习活动的关系，可以将学习动机划分为近景的直接性动机和远景的间接性动机。前者是与学习活动直接相连的，来源于对学习内容的兴趣或学习结果的期盼，后者是与学习的社会意义和个人的前途相连的动机。

根据学习动机起作用的大小不同，可以把学习动机分为主导性的学习动机和辅助性的学习动机。前者指在一定的时期或某个特定的活动上处于支配地位，发挥着主导作用的动机，它对人的活动起着主要作用，制约着活动驱力的大小、持续时间的长短及活动的方向。其他动机则处于从属地位，只起辅助作用，称为辅助动机。

二、学习动机的功能

在学习活动中，学习动机的作用主要表现为以下几个方面．

（1）使个体的学习行为朝向具体的目标。具有一定学习动机的个体经常会设定某种目标，并使自己的行为朝向这些目标。因此，动机首先影响着个体需要做出何种选择，比如是玩耍还是写作业。

（2）使个体为达到某一目标而努力。动机决定了个体在某一活动中所投入的努力、热情的多少。动机越强，努力越大，热情越高。

（3）激发和维持某种活动。研究表明，动机决定了个体在多大程度上能主动地从事某种

活动并坚持下去。学生更愿意从事感兴趣的学习活动,并能克服困难坚持完成。

(4)提高个体的信息加工水平。根据信息加工理论,学习动机影响着个体加工何种信息以及怎样加工信息。学习动机强的个体注意力更集中,而注意在获取信息以进入工作记忆上起着关键作用。

(5)决定了何种结果可以得到强化。个体取得学业成就的动机越强,则获得好成就时自豪感(自我强化)就越强,而获得不良成绩时受挫感或厌恶感就越强。具有学习动机的学生往往因某种结果得到强化而趋向它,因某种结果得到惩罚而避开它。

三、学习动机理论

(一)强化论

学习动机的强化论由联结主义学习理论家提出。他们认为个体的学习倾向完全取决于先前的这种学习行为与刺激因强化而建立起来的稳定联系,强化可以使个体在学习过程中增强某种反应发生的频率和强度。由于联结主义学习理论的核心概念是刺激与反应之间的联结,因此,如果学生因学习而得到强化,他们就会有较强的学习动机;如果学生的学习没有得到强化,就缺乏学习的动机;如果学生的学习受到了惩罚,则会产生避免学习的动机。

(二)需要层次论

马斯洛认为动机源于需要,认为人的需要从低到高分为五种:生理的需要、安全的需要、归属与爱的需要、尊重的需要、自我实现的需要。在需要层次结构中,最基本的是生理需要,它主要包括对食物、水和性的需要。在人的所有需要中,生理需要是最强有力的。安全的需要就是避免危险,包括寻求稳定的职业、无疾病、社会环境的安定等。处于归属与爱这一层次需要的人把爱看得极其重要,希望拥有幸福的家庭,渴望得到一定社会与团体的认同,并与周围人建立和谐的人际关系。如果归属与爱的需要得不到满足,个体就会产生强烈的孤独感。上述三种需要均得到满足后,个体产生尊重的需要,即涉及自尊与自信等方面,最后是自我实现的需要,马斯洛将其解释为一种理想的状态,是个人潜能得到充分发挥的理想境界。

(三)归因理论

归因就是对事情的发生原因进行推理的认知过程。海德(F. Heider)认为人行为的原因可以归因于奖励、运气和工作难易等外部原因,也可以归因于个体的人格、动机、情绪、态度、能力和努力等内部原因。罗特(J. B. Rotter)把人划分为"内控型"和"外控型"。内控型的人认为自己可以控制周围的环境,不论成功还是失败,都是由于自己的能力和努力等内部因素造成的;外控型的人感到自己无法控制周围的环境,不论成败都归因于他人的压力以及运气等外部因素。韦纳(B. Weiner)在海德和罗特研究的基础上将行为结果的归因进行了系统探讨(详见第八章第二节)。

(四)成就动机论

阿特金森提出影响某一动机强度的因素有动机水平、期望和诱因,其关系可以用下列公式来表述:动机的强度 =f(动机 × 期望 × 诱因)。根据这一理论,如果一个学生获取成就的动机大于避免失败的动机,他们在探索问题遇到一定量的失败之后,反而会提高他们去解决这一问题的愿望,相反,如果获得成功太容易的话,反而会降低这些学生的动机。研究表明,这种学生最有可能选择成功概率约为 50% 的任务，因为这种选择能给他们提供最大的现实挑战，他们能抵制不可靠的意见，有自己独立的见解，在学校进行的智力测验中能得到较好的分数。他们对完全不可能成功或稳操胜券的任务，动机水平反而下降。相反，如果一个学生对失败的担心大于获取成就的动机，那么，他也有可能由于失败而灰心丧气。由于成功而得到鼓励，这种学生在选择任务时，倾向于选择非常容易或非常困难的任务，选择容易的任务可使他们免遭失败，而选择的任务极其困难，那么即使失败，也可找到适当的借口，从而可减少失败感。

（五）成就目标理论

德韦克（Dweek，1986）以阿特金森的成就动机理论为基础提出了成就目标理论。德韦克认为个体持有的能力观有两种：能力增长观和能力实现观。持能力增长观的个体认为能力随着学习的进行是可以改变的；持能力实现观的个体认为人的能力不会随学习而改变，能力是固定的。前者倾向确立掌握目标，他们希望通过学习来提高自己的能力，后者倾向确立表现目标，他们希望在学习过程中可以证明或表现自己的能力。由于目标定向不同，因此，个体在活动中的表现也不同，具体表现为：在任务选择方面，掌握目标者倾向选择能够提供最多的学习机会的任务，而表现目标者倾向选择能证明自己能力的、避免失败的任务；在评价标准方面，前者根据是否取得进步来评价学习结果，后者根据与他人的比较来评价自己的学习结果；在情感反应方面，前者对简单的学习任务或付出较少努力即可获得经验感到失望，后者对简单的学习任务或付出较少努力即可获得经验感到自豪；对学习结果的归因方面，前者往往将结果的成败归因于努力，后者将成败归因于能力或运气；在控制感方面，前者认为努力与学习结果之间的关系是直接的，可以控制，而后者认为在学习与结果之间有许多因素是无法控制的；在对教师角色的看法方面，前者将教师看作是帮助学习的资源和向导，而后者则认为教师是给予奖惩的法官。

（六）预期——价值模型

在预期—价值模型中，Eccles 等人假定选择同时受到消极与积极任务特征的影响，并且假定所有的选择都有着相应的精确花费。因此，不同选择的成功可能性预期与相对价值是选择的关键性因素。期望与价值受特定任务信念的影响，例如，能力知觉、不同任务难度知觉、个人目标与自我图式。此外，Eccles 等人给出了四种任务价值成分：获取价值、内部价值、效用价值与花费。获取价值指成功完成特定任务对个体的重要性；内部价值是个体从某项活动中得到的乐趣或对这一对象的主观兴趣；效用价值取决于任务与当前或将来目标联系有多好的程度；花费是价值的关键部分。他们从参与任务的消极方面给出花费的概念，这些消极方面像焦虑与对成功与失败的担心，以及做了这种而不是另一种选择而失去的机会与成功所要付出的努力等。

（七）自我效能感理论

班杜拉在其动机理论中指出，人的行为受行为结果因素与先行因素的制约，行为的结果因素就是强化，行为的先行因素为期待。班杜拉认为，无论是直接强化、替代性强化还是自我强化，都能激发和维持学生的学习行为。而且，他认为，行为的出现并非是由于随后出现的强化，而是由于人们认识了行为与强化之间的依赖关系后，形成了对下一次强化的期待。

班杜拉认为除了结果期待之外，还存在效能期待，即个体对自己能否实现某种成就行为的能力的判断，它意味着个体是否确信自己能够成功地进行引发某一结果的行为。当个体确信自己有能力进行某一活动时，他会产生高度的"自我效能感"，并能实际实施这一活动。班杜拉认为，传统学习心理学的研究集中在知识和技能的获得过程上，而传统动机理论的研究停留在提供什么强化才能促进个体进步的行为上。但是，当个体掌握了相应的知识技能后，并不一定能够去从事某种活动，因为它要受到自我效能感的调节。同时，班杜拉认为，除非学生真正地认为自己在获得知识和技能方面有能力且取得了进步，否则他们是不会感到自己是有效能的，即使他们的行为得到了奖励或行为结果优于他人。

四、学习动机的培养与激发

学习动机的激发是指在一定教学情境下，利用一定的诱因，使学生已形成的学习需要由潜在状态变为活跃状态，形成学习积极性的过程。下面一些方法可以借鉴。

（一）创设问题情境，引导学生积极思考

所谓问题情境，指的是具有一定难度，需要学生努力克服，而又是力所能及的学习情境。简单地说，创设问题情境，就是为学生提供一种有适宜难度的教学情境，让学生思考与讨论。问题情境的难度要稍高于学生的实际学习水平，这样有利于激发他们的学习动机，难度过高会挫败其自信心，难度过低就难以激发其积极性。创设问题情境的方式可以多种多样，它既可以用教师设问的方式提出，也可用作业的方式提出；它既可以从新旧教材的联系方面引进，也可以从学生的日常经验引进。问题情境的提出，既可以在教学的开始阶段，教学过程中，也可以在教学的结束阶段。

（二）根据作业难度，恰当控制动机水平

教师在教学时，要根据任务的不同难度，恰当控制学生学习动机的激起程度。在学习较容易、较简单的课题时，则应尽量创造轻松自由的课堂气氛；在学生遇到困难或出现问题时，要尽量心平气和地慢慢引导，以免学生过度紧张与焦虑。

（三）有效利用学习结果的反馈作用

心理学研究表明，来自学习结果的反馈信息，对学习效果有明显影响。这是因为一方面学习者可以根据反馈信息调整学习活动，改进学习策略；另一方面学习者为了取得更好的成绩或避免再犯错误而增强了学习动机，从而保持了学习的积极性和主动性。利用学习结果反馈作用需要把握两个要点：首先，学习结果的反馈要及时。其次，学习结果的反馈要具体。

（四）正确运用奖励与惩罚，维护内部动机

奖励与惩罚是对学生学习成绩和态度的肯定或否定的一种强化方式。它可以提高学生的认识水平，激发学生的上进心与自尊心。运用奖励与惩罚应抓住几个要点：第一，要使学生树立正确的奖惩观。教师应引导学生树立正确的奖惩观，把奖励与惩罚看成是增强学习积极性的手段，而不是目的。第二，奖励与惩罚一定要做到公平与适当。公平是奖励与惩罚能够起到应有效果的先决条件，如果奖励与惩罚没有做到公平，那么宁可没有奖励或惩罚。第三，奖惩应注意学生的年龄特点、个性特点和性别差异。

（五）运用有效的方法，适当开展学习竞赛

由于在竞争过程中，学生的求胜动机会变得更加强烈，克服困难的毅力也会大大提高，因此，正确使用竞赛是激发学生学习动机的一种有效手段，它具有激发学生的学习积极性的作用。学习竞赛的方式可以分为自己与他人竞赛、自己与自己竞赛和合作型竞赛。但是，学习竞赛必须慎重，如果运用不当，轻则加重学生的负担，使学生产生紧张气氛，重则损害学生的身心健康。因此，在竞赛过程中一定要掌握一定的规则，注意恰当选择竞赛的方式，不可滥用。

（六）指导学生对学习结果进行正确归因

心理学的研究表明，学生对学习结果的归因，不仅解释了以往学习结果产生的原因，而且归因的结果对学生以后的学习行为也会产生影响。教师应在学生完成某一学习任务后指导他们进行成败归因。一方面，要引导学生找出成功或失败的真正原因，即进行正确归因；另一方面，教师也应根据每个学生过去一贯的成绩的优劣差异，从有利于今后学习的角度进行积极归因。

总之，激发学生学习动机的方法远不仅上述几种，教师可以根据教学过程中的实际情况，有针对性地、有的放矢地采取不同的方式激发学生的学习动机。

第三节 学习策略

一、学习策略的含义

学习策略是指学习者为了提高学习的效果和效率，有目的、有意识地形成和运用促进学习的方案和方法的总和。根据这个定义，学习策略包括以下四个特征：第一，学习策略是学习者为了完成学习目标而积极主动使用的。学习者为了提高学习效率，他们会有目的、自主地制定学习方案，并在学习过程中经常运用它们。学习策略的发展和形成依赖于个体的积极性和主动性。第二，学习策略是有效学习所需的。学习策略可以帮助学习者掌握和理解学习方法和学习内容，并对学习过程进行调节和控制，从而帮助学习者达到学习目标。第三，学习策略是有关学习过程的。学习策略不是先天就有的，它是伴随着学习活动的展开而形成的。如果不学习，就无法形成学习策略，学习策略是在学习过程中逐步形成和发展起来的。第四，学习策略是学习者制定的学习计划，由规则和技能构成。

二、学习策略的类型

（一）认知策略

认知策略是个体对认知过程进行调节与控制的能力。它一般是用来处理外部信息的，主要的认知策略包括复述策略、精细加工策略和组织策略，这些策略主要运用于陈述性知识的学习。

1. 复述策略

复述策略是在工作记忆中为了保持信息，运用内部语言在大脑中重现学习材料或刺激，

以便将注意力维持在学习材料上的方法。在学习中，复述是一种主要的记忆手段。对于简单的陈述性知识，主要通过反复地读、写和看来记住它们；对于复杂的陈述性知识，复述策略包括边看书边理解材料，并且在阅读过程中，对文章重点、难点和要点用符号、圈号标记出来。我们经常使用的复述策略还包括以下几种。

（1）利用随意识记和有意识记。随意识记是指没有预定目的、不需经过努力的识记。我们的许多生活经验就是通过随意识记记住的。例如，我们在日常生活、学习和工作中偶然感知到的事物，看到的新闻报道，这些东西我们都没通过意志努力，自然而然就记住了。在教学过程中，教师要尽量运用这些条件，培养学生对某门学科的兴趣，从而加强他们的随意识记。有意识记是指有目的、有意识的识记。在对一组材料进行记忆时，有意识记的效果往往要好于无意识记的效果。因此，教师也要经常鼓励学生进行有意识记。

（2）排除相互干扰。当前后记忆的信息在内容或形式上很相近时，学生往往无法记住这一信息，其原因是学生在记忆一个信息时受到了相似信息的干扰。先前所学的信息对后面所学信息的干扰被称为前摄抑制；后面所学的信息对前面所学信息的干扰被称为倒摄抑制。学生在学习新知识或复习旧知识时，要尽量避免两种抑制的影响，避免前后所学习知识在内容或形式上太接近。另一方面，我们还要注意首位效应和近位效应。在记忆一系列单词时，起始部分和结尾部分的回忆成绩要优于中间部分，这两种现象分别被称作首位效应和近位效应。因此，在复习一系列知识时，首先要复习重要的知识，并且在最后还要对重要的知识进行总结。

（3）整体识记和分段识记。整体识记和分段识记主要针对阅读材料的篇幅和结构而言。对于篇幅短小或是内在结构紧密的材料，适于采用整体识记，即整篇材料一起记，直到记牢。对于篇幅较长、难度较大，或者内在结构联系不紧密的材料，适于采用分段识记，即将整篇材料分成若干段，先分段记牢，然后合成整篇记忆。

（4）多种感官参与。在采用复述策略时，可同时运用多种感官协同记忆，例如，可以同时采用听、说、读和写，这样可以加强记忆印象，提高记忆效果。

（5）复习形式多样化。复习应注意几点：第一，复习要及时。这是因为对于简单的陈述性知识，我们多采用机械式的复述策略，容易遗忘；对于复杂的陈述性知识，如不及时复习，容易忘记复习的重点。第二，复习的形式要多样。最好的复习方式就是在实践中应用所学知识。

（6）画线。画线是阅读时常用的一种复述策略。心理学家在研究画线的作用时发现，当要求学生自由画出一段文章中的任何句子比只要求他们画出最重要的句子记忆效果好。原因在于学生在自由画线时，可以将文章中已有的结构联系起来。

2. 精细加工策略

精细加工策略是一种将新学材料与头脑中已有知识联系起来，从而增加新信息意义的深层加工策略。下面是一些常用的精细加工策略。

（1）记忆术。记忆术是指为了便于记忆而将信息加以组织的技巧，它是一种典型的精细加工策略。主要的记忆术有以下几种：①位置记忆法。位置记忆法是一种传统的记忆术，学习者在头脑中创建一幅熟悉的事物图像，从而将所要记的项目全部视觉化，并按顺序将这条路线上的各个点联系起来。回忆时，按这条路线上的各个点提取所记的项目。②缩简和编歌诀。缩简就是将识记材料的每条内容简化成一个关键性的字，然后编成自己所熟悉的事物，从而将材料与过去经验联系起来。编歌诀就是将识记材料编成比较上口的歌曲。③谐音联想法。学习一种新材料时运用联想，假借意义，对记忆也很有帮助。在记忆历史年代和常数时，采用这种方法记忆效果比较好。例如，有人记忆马克思的生日"1818 年 5 月 5 日"时，联想为"马克思一巴掌一巴掌打得资产阶级呜呜地哭"。④关键词法。关键词法就是将新词或概念与相似的声音线索词通过视觉表象联系起来。例如，英文单词"TIGER"可以联想成"泰山上一只虎"。⑤视觉想象。视觉想象就是通过心理想象来帮助人们进行联想记忆。联想时，想象越有创造性，加工越深入细致，记忆越深刻。⑥语义联想。通过联想，将新材料与头脑中的旧知识联系在一起，赋予新材料以更多的意义。

（2）做笔记。做笔记是阅读和听讲时常用的一种精细加工策略。做笔记有助于指引学生的注意，发现知识之间的内在联系以及新旧知识之间的联系。做笔记分两步：首先是记下听讲的信息，然后是理解记下的信息。为促进学生做笔记和复习笔记，教师在讲课时要注意：讲课速度要适中；重复复杂的主题材料；为学生提供做笔记的线索；在黑板上写出重要的信息；为学生呈现一套完整的笔记；给学生提供结构式的辅助手段，例如，列提纲。

（3）生成性学习。生成性学习是指训练学生对他们所阅读的东西产生一个类比或表象，例如，图形、图像、表格和图解等，以加强他们对阅读内容的深层理解。其中，记笔记是一种广为研究者推崇的一种生成技术。记笔记不是简单地记录和记忆信息，不是从书中摘取句子，而是需要学习者对材料进行积极的加工，要产生：课文中没有的句子；与课文中重要信息相关的句子；用自己的话组成的句子。

3.组织策略

组织策略是一种通过整合新知识之间、新旧知识之间的内在联系，形成新的知识结构的策略。

（1）列提纲。结构提纲通过提供大小标题及其层次和序号，可以使学生清晰地了解课文的内在逻辑关系，所列的提纲要有概括性和条理性。教师可以采用如下步骤训练学生列提纲：给学生提供较完整的结构提纲，其中留出一些下位的细目空位，要求学生通过阅读或听讲填补这些空位；提纲中只有一些大标题，所有小标题要求由学生完成；提纲中只有小标题，要求学生写出大标题。

（2）画图形。图形的形式有四种：系统结构图、流程图、模式图和网络图。系统结构图就是将学习信息归为不同水平、不同结构，从而形成系统（见图12-1）。流程图可用来呈现步骤、事件和阶段的顺序。流程图一般是从左向右展开，用箭头连接各步（见图12-2）。模式图就是利用图解的方式来说明在某个过程中各要素之间是如何相互联系的（见图12-3）。网络图如一棵倒置的知识树，把最概括的概念置于树干的顶端，把局部的概念置于支干。这种网络关系图越来越受重视，人们也称它为概念图（见图12-4）。

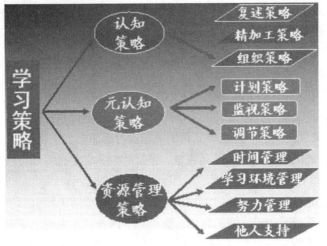

图 12-1 学习策略的系统结构图

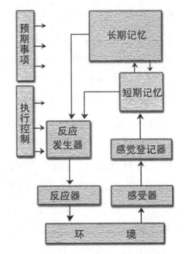

图 12-2 记忆过程的流程图

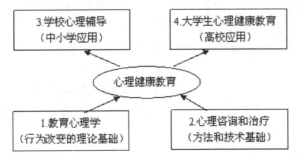

图 12-3 心理健康教育的学科模式图

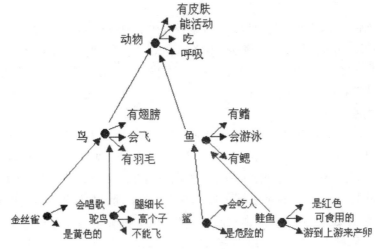

图 12-4 语义记忆的网络图

（3）列表格。表格的形式主要包括一览表和双向表。在列一览表时，学生首先要对材料进行全面的综合分析，然后抽取出主要信息，并从某一角度出发，将这些信息全部陈列出来。例如，学习中国历史时，可以以时间为主轴，将各朝代、主要的历史人物、历史事件全部展现出来，制成一幅中国历史发展一览图。双向表是从纵横两个维度罗列材料中的主要信息。

（二）元认知策略

个体用于计划、监视和调节学习过程的一切策略，统称为元认知学习策略。

1. 计划策略

元认知计划策略是根据认知活动的特定目标，在活动开始之前所进行的认知活动，包括设置活动计划、预计结果、选择策略、提出各种解决问题的方法等。元认知计划策略包括设置学习目标、浏览阅读材料、产生待回答的问题以及分析如何完成学习任务。

2. 监视策略

元认知监视策略是在认知活动进行的实际过程中，根据认知目标及时评价、反馈认知活动的结果，正确评估自己达到认知目标的程度和水平；根据标准评价各种认知行动、对材料进行自我提问、考试时监视自己的速度和时间。由于监视对象不同，监视的方法也各不相同。一般的监视策略包括自我记录技术、自我记分技术、自我提问技术。自我记录技术一般所采用的形式是让学生在学习活动完成之后填写一种学习记录表或记录清单。记录表或记录清单涉及的内容包括某一学习行为发生的频数、持续时间等。自我记分技术就是在一定的考试时间内，让学生对自己的答题情况进行检查，并且估算自己可能得到的分数。自我提问技术指在学习之前或学习的过程中为自己构建一些问题，以引导学习过程或检查自己的学习质量。

3. 调节策略

元认知调节策略是根据对认知活动结果的检查，如果出现问题而采取的相应补救措施，并且根据对认知策略效果的检查，及时修正和调整认知策略。元认知调节策略与监控策略有关。例如，当学生意识到自己无法理解材料的某一部分时，他们就会退回去重读理解困难的段落，在阅读困难或不熟的材料时放慢速度，复习他们不懂的课程材料，以及在测验时会跳过某个难题，先做简单的题目等。

（三）资源管理策略

1. 时间管理策略

①统筹安排学习时间。学生应明确意识到自己当前的时间使用情况。为了完成自己的学习目标，每个学生都应当根据自己的总体目标，对时间做出总体安排，并通过阶段性的时间表来落实。②高效利用最佳时间。在不同的时间里，人的体力、情绪和智力状态是存在个体差异的，即学习的最佳时间可能不一样。因此，学生在安排自己的学习时间时应注意：首先，要根据自己的生物钟安排学习活动。其次，要根据一周内学习效率的变化安排学习活动。再次，要根据一天内学习效率的变化来安排学习活动。此外，学生还要根据自己的工作曲线来安排学习活动。③灵活利用零碎时间。学生可以利用零碎时间处理学习上的杂事，也可以在零碎时间看报纸杂志，拓展自己的知识面。此外，还可以与他人进行讨论，在轻松愉快的气氛下交流，有助于启发学生的创造性思维。

2. 学习环境管理策略

舒适的环境可以改善学习者的情绪状态，提高学习效率。在学习环境的设置上，首先，要注意调节自然条件，例如，保证空气流通、温度适宜、室内光线明亮及色彩和谐等。其次，要设计好学习的空间，例如，空间范围、室内布置、用具摆放等。

3.努力管理策略

努力是学生取得优异的学习成绩的必要因素，学生要学会维持自己的意志努力，教师要不断地鼓励学生进行自我激励。教师要善于激发学生学习的内在动机，树立为了掌握而学习的信念，帮助他们选择有挑战性的任务，调整成败的标准，正确认识成败的原因，并能对自己的学习成果进行自我奖励。

4.学习工具利用策略

随着科技的发展，运用先进的学习工具获得最新的信息日益成为重要的学习手段，学生要善于利用参考资料、工具书、图书馆、广播电视以及网络等途径获取信息。

5.社会资源利用策略

学生要善于利用周围的社会性人力资源，尤其要主动寻求老师的帮助，多与同学讨论问题，以此加深对学习内容的理解。

三、学习策略的使用原则与学习习惯的培养

人们在学习、阅读时常常使用各种不同的策略，教育心理学家们一直在争论到底哪种学习策略最有效。托马斯和罗瓦（Thomas & Rohwer，1986）提出一套适用于具体学习方法的有效学习原则：（1）特定性：指学习策略一定要适于学习目标和学生的类型，即通常所说的具体问题具体分析。同时，还要考虑学习策略的层次，必须给学生大量的各种各样的策略，不仅有一般的策略，而且还要有非常具体的策略，比如前面所讲的各种记忆术。（2）生成性：就是要利用学习策略对学习的材料进行重新加工，产生某种新的东西，这就要求学习者进行高度的心理加工。（3）有效的监控：教学生何时、何地与为何使用策略似乎非常重要。如果交代清楚何时、何地与为何使用一个策略，那么就更有可能记住和应用它。（4）个人效能感：即应该关注成绩和态度之间的关系。学生可能知道何时与如何使用策略，但是如果他不愿意使用这些策略，教师一定要给学生一些机会使他们感觉到策略的效力。

除了让中小学生掌握学习策略，学习习惯的培养也是提高学习效率的重要方式。心理学研究表明，人的学习习惯在10岁左右就已基本形成，以后如果不给予特别的教育，形成的习惯很难有多大的改进，所以尽早使孩子养成良好的学习习惯对孩子的终身发展是极其重要的。那么，我们应如何帮助学生从小培养良好的学习习惯呢？

第一，循序渐进，逐步发展。良好的学习习惯包含很多方面，它的养成绝不是一朝一夕的事。它有一个由简单到复杂的逐渐形成过程。所以我们要根据学生的年龄特点，根据教学的具体情况，结合学生能力提高的需要，循序渐进，逐步提出具体的切实可行的要求，使他们良好的学习习惯由小到大，持续稳定地得到发展。如在小学低年级，要让学生养成专心地听、说、读、写，按时完成作业等简单的切实可行的学习习惯；随着年龄的增长，学习水平的提高，知识的不断更新，到了小学高年级和中学，就要在简单的学习习惯基础上逐步训练养成高级的学习习惯，如大量阅读的习惯、独立思考的习惯、学习反思的习惯、勇于创新的习惯等。

第二，严格训练，密切配合。良好习惯的养成，必须依靠学生多次反复的实践，并且对学生来说，应主要放在课堂上进行。小学生自制能力差，一些良好学习习惯易产生，也易消退，所以我们要有目的有计划地增强学生"一心向学"的意识，让学生在自主学习的过

程中养成良好的学习习惯。但不能只讲要求，而应结合教学实际，精心备课，细心指导，反复训练，认真检查，严格督促，使良好习惯的养成融于课堂教学之中，同时在反复实践和强化训练中尤其要注意各科教师之间，教师与家长之间，班与班之间的密切配合，步调一致。

第三，家校联合，注重方法。首先，给孩子制订学习规范。父母要针对孩子的实际帮助制订具体的家庭学习规范，如设计一个时间表，每天安排固定的时间让孩子复习、预习、完成作业等，要求不完成学习任务就先不做其他事情，使孩子在家的学习活动有计划、有规律，逐步养成习惯。其次，多关心、了解孩子的学习情况。父母每天应抽出一定时间询问孩子的学习，了解孩子应该在家里完成的学习任务，热情帮助孩子在学习中遇到的困难和问题，使孩子感受到你时刻在关心他的学习。最后，家长以身作则，给孩子作榜样。模仿是加强学习习惯培养的一个重要途径。对孩子来说，能否引起模仿，取决于父母或其他家庭成员的表现。因此孩子学习时，父母和其他家庭成员应以身作则，自觉学习，如读书、看报等，能与孩子一起讨论问题，共同学习则更好。大人不应该一方面要求孩子专心学习，另一方面自己却在玩扑克、看电视、猜拳行令等。这样既会分散孩子的注意力，又给孩子的过失留有借口：你都没做好凭什么严格要求我，使习惯培养成为空话。

第四节　学习迁移

一、学习迁移的含义

学习迁移的定义最初由桑代克提出，他将学习迁移定义为先前的学习对后继学习的影响。学习迁移一般是指先行学习对后继学习的促进作用。但是，也有的先行学习对后继学习非但没有促进作用，反而有干扰或破坏作用。考虑到两个不同学习之间可能存在着各种不同的影响，所以，教育心理学家把学习迁移概括地定义为：一种学习对另一种学习的影响。一种学习对另一种学习产生的促进作用，称为"正迁移"；一种学习对另一种学习产生的干扰作用，称为"负迁移"。学习迁移还有方向之别，先行学习对后继学习的影响称为"顺向迁移"，例如，先学汉语拼音对后学汉字发音的影响就是顺向迁移。而后继学习对先行学习的影响称为"逆向迁移"，例如，后学汉语拼音字母的发音对先前学习过的英文字母的发音的影响就是逆向迁移。把迁移的性质和方向组合起来，就构成了四种基本的迁移类型，即顺向正迁移、顺向负迁移、逆向正迁移和逆向负迁移。

除了上述四种基本的迁移类型之外，随着学习迁移研究的不断深入，教育心理学家们不断发现并提出新的迁移类型。

二、学习迁移的类型

（一）一般迁移和特殊迁移

从学习迁移的具体内容和迁移范围来看，布鲁纳将学习迁移分为"一般迁移"和"特殊迁移"。一般迁移是指将一种学习中获得的一般原理或学习策略应用到另一种学习中。例如，掌握了写作的基本方法，就会对撰写各个领域的论文有所帮助。特殊迁移是指具体知识内容

和基本技能的迁移，或者从一个具体问题的解决到另一个具体问题的解决之间的迁移。例如，在高等数学课上学习的微分方程可以直接迁移到有关物理知识的学习。练习过体操的运动员如果学会了游泳，也可以改学跳水。

（二）水平迁移与垂直迁移

根据两种学习的难度水平，加涅把学习迁移划分为"水平迁移"和"垂直迁移"。水平迁移也称为"横向迁移"，指的是先前学习对在难度与复杂性上基本属于同一水平的后继学习的影响。在水平迁移中，既可能有正迁移，也可能有负迁移。例如，学习了某个物理学公式后，能够运用这个公式来解决具体的物理问题，这是一种正的水平迁移。垂直迁移也称为"纵向迁移"，指的是作为低一级水平的先行学习对更高一级水平的后继学习的影响。一般来说，垂直迁移是一种正迁移，这种迁移的出现必须以熟练掌握先前学习为前提条件。例如，掌握了三角形全等的判定定理和平行四边形的概念后，学生可以通过证明得到平行四边形的性质和判定定理。

（三）高路迁移和低路迁移

从学习迁移的自动化程度来划分，可以分为"高路迁移"和"低路迁移"。高路迁移是指从一种情境中有意识地提取要素，并将其运用到新的情境中。高路迁移既可以是顺向的高路迁移也可以是逆向的高路迁移。前者指学习者在一种情境中习得了一些知识技能，然后对其进行有意识的抽象和概括，寻求在其他地方应用的可能性；后者指在面临一个问题情境时，从此情境中提取出主要的特点，然后，从自己的经验中寻找与之匹配的特点，以求找到解决的办法。低路迁移是指通过大量的、广泛的练习而自动将引发出的学习行为运用到一个新的内容中。这是一种自动化的、不需要有意注意的、自动使用先前经验来解决新问题的迁移。低路迁移的发生有两个必不可少的条件：一是迁移的知识或技能要达到或接近熟练化或自动化的程度。二是迁移情境与学习情境要存在知觉相似性。例如，反复练习大量类型相同的数学习题。

（四）近迁移与远迁移

从学习迁移的效果来划分，可以将学习迁移分为"远迁移"和"近迁移"。近迁移指已经习得的知识在与原先学习情境相似的情境中的应用；远迁移指已经习得的知识在与原先学习情境不相似的情境中的应用，即近迁移问题与已经习得的知识比较相似，而远迁移问题与已经习得的知识不相似。远、近迁移的划分往往是相对的，根据研究的具体问题而定。例如，如果将微积分的基本公式运用于解决数学问题是近迁移，那么将微积分的基本公式运用于解决物理问题、化学问题等就是远迁移。

二、学习迁移的理论

（一）早期的学习迁移理论

形式训练说　官能心理学认为人的心智是由许多不同的官能组成的，这些官能包括注意、意志、记忆、知觉、想象和判断等。各种官能可以通过特定的学科，像训练肌肉一样通过练习得到增强。一旦心理官能在这些学科的训练中得到提高，就可以在解决其他相类似的问题时产生迁移作用，因此教育的目的只在于进行形式训练。

共同要素说 要素说是由桑代克等人提出来的。共同要素说认为，迁移是具体的而且是有条件的，只有当两个学习情境有相同的要素时，才能产生迁移。这里所说的共同要素或共同成分指的是两项作业中共同的显而易见的知觉特征，如颜色和形状等。

概括化理论 概括化理论由贾德（H. Judd，1908）提出。概括化理论认为，先前学习之所以能迁移到后继的学习中，是因为在先前学习中获得了一般的原理，这种一般原理可以部分或全部运用于应用该原理的另一种学习之中。所以，两种学习之间的共同成分只是迁移产生的必要条件，概括出两种学习的共同原理才是学习迁移的关键。

关系转换说 苛勒（W. Kohler，1929）是关系转换说的主要代表人物。该学说认为，迁移不是由于两个学习情境具有共同成分、原理或规则而自动产生的，而是由于学习者突然发现两个学习经验之间存在的关系的结果。学习者必须发现两个事件之间的关系，迁移才能产生，而对关系的觉察是通过顿悟实现的。

认知结构迁移理论 奥苏贝尔于1963年在有意义言语学习理论的基础上提出认知结构迁移理论，该理论认为一切有意义的学习都是在原有认知结构的基础上产生的，不受原有认知结构影响的有意义学习是不存在的。一切有意义的学习必然包括迁移，迁移是以认知结构为中介进行的，先前学习所获得的新经验，通过影响原有认知结构的有关特征影响新学习。

学习定势说 定势说的奠基人是哈罗（H. Harlow，1949）。迁移的学习定势说强调的是学习方法的迁移。学习定势是一种学习策略，即指学会如何学习。

（二）知识学习的迁移理论

1. 奥苏贝尔的认知结构迁移理论

认知结构的学习迁移理论从知识获得与运用的角度探讨了迁移发生的条件和机制，强调迁移的产生取决于学习者良好的认知结构。所谓认知结构就是个体头脑中的知识结构。个体原有认知结构中的原有知识的可利用性、可辨别性和稳固性影响着新知识的学习。原有知识结构的可利用性是指学习新知识时，能够用于同化新知识的原有知识，包括概念、命题或者具体例子等。原有知识结构的可辨别性是指利用新知识同化旧知识时，学习者意识到新知识和旧知识之间的相同点和不同点。原有知识结构的稳固性是指同化新知识的旧知识的巩固性程度，即面临新知识的学习时，被用来同化新知识的旧知识是否已经被牢固掌握。

2. 安德森的产生式迁移理论

安德森（Anderson，1981）的产生式学习迁移理论适用于解释基本技能的迁移。他认为学习迁移的本质以产生式为基本单元，通过知识编辑机制来实现的。所谓产生式，就是一个条件与一种操作相结合的操作规则。两项技能的产生式重叠越多，迁移量就越大。产生式的学习迁移理论一方面强调一种技能到另一种技能的迁移量取决于两者共同产生式的重叠量，另一方面强调知识编辑对产生式的获得与迁移有直接的影响。

3. 佛莱威尔的元认知迁移理论

元认知是个体对认知过程的认识。它负责对认知过程进行监控、调节和协调。元认知的学习迁移理论认为，学习者的元认知水平是影响学习策略迁移的重要因素。元认知能力高的学习者，会对自己的认知过程自觉地进行监督、控制和掌握，寻求解决问题的策略，这是学习策略得以迁移的重要保障。相反，元认知能力低的学习者往往不理解认知策略的使用范围，

或者不能根据具体情境对认知策略及时进行调整。由此，即使他已经掌握了某一认知策略的具体内容，也无法使之得以成功地迁移。

4. 季克和霍约克的图式迁移理论

季克（Gick）和霍约克（Holyoak）认为人们能够在不同的问题解决领域之间成功地迁移，是因为问题解决者获得了解决问题的图式。图式是对两个或两个以上问题的一般性描述，或知识表征的单元。他们认为，问题解决的迁移不仅是因为图式的获得，还有解题操作的自动化，并且图式的获得发生在规则自动化之前。

5. 类比迁移理论

类比迁移是指学习者利用已经学习并解决过的问题（源问题）来解决新问题（靶问题）。类比迁移的理论认为，迁移最有可能发生在靶问题与源问题具有许多共同特征的时候，问题之间相似性的越多，迁移的可能性越大。发生在具有相同的结构特征的两种不同概念领域的类比迁移称为不同领域间的类比迁移；发生在相同或非常接近的概念领域的类比迁移称为相同领域间的类比迁移。许多研究者都认为类比迁移是解决所有新问题的一个主要方法，甚者有人认为它是解决新问题的唯一方法。虽然这一极端观点受到人们的质疑，但是它足以说明类比迁移在问题解决中的重要地位。

三、影响学习迁移的因素

影响学习迁移的因素有很多，关于影响的机制也存在着许多疑难问题。从有关迁移的理论和研究中发现的对迁移影响比较明显的两类因素有：（1）主观因素，包括智力、学习态度、认知结构、心向和定势、年龄因素和主体建构；（2）客观因素，其中包括学习内容的特性、学习材料的相似性、学习情境和教师的指导。

四、促进学习迁移的教学方法

1. 明确教学目标，培养学生的迁移意识

具体的教学目标指导整个教学活动，引导学生了解学习的方向。教学目标不应是简单的知识传授，而是要帮助每一个学生进行有效的学习，使每一个学生了解学习重在接受知识，积累知识，以提高解决当前问题的能力，是一种适应性学习。例如，在向小学生教授数学计算知识时，不能简单地要求小学生记住一个计算结果，更重要的是让小学生理解这种计算在实际生活中的用处，并且明白知识学习最终目的是要从课堂情境中迁移到各种现实情境中。

2. 突出知识结构，强调知识的呈现顺序

奥苏贝尔非常重视学生的知识结构，曾明确指出："假如必须把一切教育心理学还原为一条原理，我就要说，影响学习最重要的一个因素是学习者已经知道了什么。弄清楚学习者已经知道了什么，并在此基础上进行教学。"认知结构不仅可以贮存知识，而且具有同化新知识和帮助解决新问题的能力。学习内容的结构和顺序是影响学习迁移的客观因素，而如何将知识以最佳的结构和顺序呈现就是教学设计阶段需要解决的问题。

3. 创设迁移情境

在教学过程中，教师要尽量为学生设置与实际情况相近的情境。同时，教师还要考虑知识或技能在实际运用中的种种情况。例如，学习 SPSS 统计软件，不仅要让学生单纯地学会

计算的规则与操作，还应该给他们提供一些实际的数据，让他们通过对实际数据的统计来解决实际问题，同时，当统计结果呈现后，还要让学生进行实际报告，从而将统计学习与实际论文写作联系起来。此外，课堂上开展的学习活动，在日后学生能将其活动应用于相类似的实际生活时才是有效的。有许多技能的学习如讲演、表演、操作等，在类似于真实的情况下进行训练最为有效。

【 反思与探究 】

1. "榜样的力量是无穷的"这句话是什么意思？你怎么运用学习理论解释这种现象？

2. 在教学中，有的学生因老师和家长的表扬而努力学习数学，有的学生因为爱好和兴趣而学习数学，运用动机理论来解释两种学生的学习现象。

3. 小明记忆知识很快，但一到实际应用就很差，这是为什么？如何改进？

【 第十二章资源链接 】

1. 格莱德勒. 学习与教学：从理论到实践 [M].5 版. 张奇，等，译. 北京：中国轻工业出版社，2007.

作为教育学和心理学等学科的专业教材，《学习与教学：从理论到实践（第五版）》比较全面而系统地介绍和评论了一百多年来心理学家提出的、对学校课堂教学实践产生了一定影响的有代表性的学习理论，在总结理论流派的同时提出了许多课堂教学建议。

2. 布罗菲. 激发学习动机 [M]. 陆怡如，译. 上海：华东师范大学出版社，2005.

《激发学习动机》通篇都采用一种面向教师的视角，关注在课堂上切实可行的概念与原理，通俗易懂，很少有艰涩的专业术语，任何教师或培训者都可以从本书中获益，进而形成自己的动机激励理念和方法。

3. 曹宝龙. 学习与迁移 [M]. 杭州：浙江大学出版社，2009.

《学习与迁移》从课程改革的实际需要出发，以与课程相关的三个核心概念知识、学习和迁移为论述重点，介绍了一百年以来主要的迁移理论和一些著名的迁移研究，并以作者从教的高中物理为研究学科，介绍了迁移研究的过程与方法，学科教学中迁移的影响因素、规律、方法及学科应用。

第十三章
品德心理

【内容提要】

在对品德概念进行了定义和解释的基础上，阐述了品德的心理结构，介绍了品德发展的经典理论，概述了影响品德形成和发展的因素、良好品德形成的方法和品德不良的矫正方法。

【学习目标】

1. 理解品德的概念及其心理结构的四种成分。
2. 掌握品德发展的基本理论。
3. 理解影响个体品德形成和发展的因素。
4. 掌握良好品德形成和品德不良矫正的方法。

"国无德不兴，人无德不立"。中华民族历来是讲文明、讲道德的民族，而立德树人是振奋我们民族精神之根本。随着社会生产力的发展和精神文明建设的深入，提高人们的品德，势必会成为迫切需要解决的问题。因此，探讨品德的含义、结构、基本理论、影响因素和培养的问题，就成为一个非常重要的科学研究问题了，而且，在心理学研究领域中，品德更是一个非常重要的主题。

 ## 第一节 品德概述

一、品德的含义

（一）什么是品德

品德，是"道德品质"（moral trait，moral qualities）的简称，即个人的道德面貌。品德是社会道德现象在个体身上的表现。个体可以依据一定的行为准则产生某些有关道德方面的态度、言论和举动。个体在一系列的道德行为中所体现出来的经常性的共同倾向，就是个体的品德。①

品德是一种心理现象，心理学尤其是品德心理学主要研究的是品德的含义、结构、影响因素等内容。心理学在研究个体的道德品质时，尽管要探讨道德品质与一定社会或阶层的道德准则和规范的关系，强调品德是一定社会道德关系的表现，但是它更侧重个体的道德面貌，侧重研究个体的品德"是什么"的问题。

众所周知，心理学是研究心理现象的科学。脑是心理的器官，客观现实是心理内容的基础和来源。也就是说，个体的心理是人脑对客观现实的能动的反映。作为一种重要的心理现象，品德是一种反映的表现形式，它具体表现为一定社会道德要求的个人意识和行为的特征。品德是个体在社会实践活动中，在道德舆论和社会道德关系的影响下形成和发展的，品德是社会客观现实在人脑中的主观能动的反映。与此同时，品德作为一种心理现象，它也应遵循心理形成和发展的规律。同所有的心理现象一样，品德是对社会现实的一种主观能动的反映。

从心理学的角度看，品德是个体依据一定的社会道德规范和准则在实际行动中所展现出来的某些稳定的和持续一贯的特征，它是个性中具有道德价值的核心部分。然而，品德并不是个性心理结构中的一种简单的因素，而是个性心理的一种特殊表现。之所以说品德是一种特殊的个性心理，主要是因为它体现一定社会道德的准则和规范，具有稳定的个人道德意识和行为的根本属性。

（二）品德与道德的关系

品德与道德的区别主要表现在：（1）道德是依赖于整个社会而存在的一种社会现象，而品德是依赖于个体而存在的一种个体现象；（2）道德的内容反映的是整个社会生活的要求，而品德的内容仅仅只是道德规范的部分体现；（3）道德的发展完全受到社会发展规律的支配，而品德不仅要受到社会发展规律的支配，还要受到个体心理活动规律的支配。

品德与道德的联系主要表现在：（1）社会道德是个人品德的内容来源，个人的品德是社会道德的构成要素，个人品德和社会道德都会受到社会发展规律的支配；（2）品德是在后天的社会环境中（主要是在社会道德舆论和学校道德教育的影响下）形成和发展的；（3）尽管个人品德要受到社会道德的影响，但个人品德对社会道德也具有反作用，实际上社会道德是由很多的品德组成的。

二、品德的心理结构

品德是一个统一的心理结构。品德的心理结构是指个体在外界影响下产生道德行为的中介过程所涉及的心理成分，以及其相互关联和制约的模式或动力机制。②关于品德的心理结构，当下最为流行的是"四因素说"。例如，"一般来说，品德是一种在道德动机的驱使下产生的行为。进一步分析，通常可认为品德主要是由道德认识、道德情感、道德意志和道德行为四种成分组成。"③再比如，"任何一种品德都包含一定的道德认识、道德情感、道德意志和道德

---

① 林崇德.品德发展心理学 [M].西安：陕西师范大学出版总社，2014：4.
② 林崇德.品德发展心理学 [M].西安：陕西师范大学出版总社，2014：16.
③ 马文驹.当代心理学手册 [M].上海：上海科学技术出版社，1990：478.

行为方式等四种基本成分，简称为品德结构的知、情、意、行。"[1]

综合已有研究，品德的心理结构可以概括为道德认识（或道德认知）、道德情感、道德意志和道德行为四部分。其中，道德认识是基础，是道德情感和道德意志产生的依据，并对道德行为具有定向调节作用；道德情感与道德意志是构成道德动机和道德信念的重要组成部分，是道德认识向道德行为过渡的中介环节；道德行为是品德的最重要标志，道德行为既是道德认识、道德情感和道德意志的外在具体表现，又可以通过道德行为巩固、发展道德认识，加深和丰富道德情感，促进道德意志的锻炼。[2]可见，品德结构中的四种心理成分之间是彼此联系，相互促进的。

为了准确理解和把握品德的心理结构，下面对道德认识、道德情感、道德意志和道德行为四种心理成分做进一步的阐述。

（一）道德认识

道德认识，又称道德认知，是对于道德规范和道德范畴及其意义上的认识，它是人的认识过程在品德上的表现。道德认识是品德心理结构的一个重要组成部分。

道德认识表现在三个方面：一是道德思维发展的水平，主要表现为道德认识的形式；二是道德观念变化的程度，主要体现为道德认识的内容；三是道德认识的方式、方法或角度，主要表现为道德认识的方法论。道德认识，首先表现在道德知识、判断和评价上。从一定程度上来说，这些是道德思维水平的反映，同时，人的思维能力的高低也往往影响到道德认识的水平。道德思维的发展，既反映了时代、阶级和社会特点，也反映了不同社会中人类共同的道德规范。道德认识，也表现在各种道德范畴的观念，特别是道德是非观念上。道德认识的方法论很重要，人与人之间看待道德问题的角度各有差异。[3]

（二）道德情感

道德情感，也称"道德感"，是直接地与人所具有的对于一定道德规范的需要相联系的一种体验。当人的思想意图和行为举止符合一定社会准则的需要时，就感到满足；否则就感到悔恨或不满。道德情感是人的情感过程在品德上的表现。[4]

道德情感表现在两个方面，一个是道德情感的形式，另一个是道德情感的社会性内容。如果以道德情感产生的诱因、道德情感和道德认识的关系为指标，那么道德情感形式可以分为三个层次：一是直觉的情绪体验，是由对某种情境的感知而引起，对于道德规范的意识往往是不明确的；二是道德形象所引起的情绪体验；三是伦理道德的情感体验，是由道德认识所支配，清晰地意识到道德要求和道德伦理。如果以道德情感的社会内容为指标，那么道德情感可以表现在不同的方面，例如爱国主义情感、正义感、责任心等。[5]

（三）道德意志

道德意志是一个人自觉地克服困难去完成预定的道德目的、任务，以实现一定道德动机

① 陈泽河，戚万学．中学德育概论 [M]．济南：山东教育出版社，1991：46.

② 汪凤炎，郑红，陈浩彬．品德心理学 [M]．北京：开明出版社，2012：34.

③④ 林崇德．品德发展心理学 [M]．西安：陕西师范大学出版总社，2014：32-33.

⑤ 林崇德．品德发展心理学 [M]．西安：陕西师范大学出版总社，2014：33-34.

的活动。道德意志是调节道德行为的内部力量，它是人的意志过程或主观能动性在品德上的表现。[①] 道德意志的基本特征主要表现在三个方面：一是需要有明确的预定道德目的才表现人的道德意志，那种盲目的行为不属于意志的范畴；二是道德意志通过克服困难集中表现出来；三是道德意志直接支配人的道德行动。由此可见，道德意志在道德认识向道德行为转化的过程中起着重要的作用。[②]

（四）道德行为

道德行为是在一定道德意识支配下所采取的各种行动。人的道德面貌是以道德行为来表现和说明的。也就是说，道德行为是一个人道德意识的外部表现形态。道德行为主要包括道德的行为技能和道德习惯两个成分。道德的行为技能即道德行为方式方法，它主要是通过练习或实践而掌握的。在一个人品德的发展上，逐步地养成道德习惯是进行道德训练的关键。道德行为有两种表现，一种道德行为是不稳定的、有条件性的，另一种道德行为是无条件的、自动的、带情绪色彩的。前一种是不经常的道德行动，后一种则形成了道德习惯。良好的道德行为习惯，能使品德从内心出发，不走弯路而达到高境界；不良的道德行为习惯，会给改造不良品德工作带来困难。[③]

道德认识、道德情感、道德意志、道德行为这四种成分相互联系、互相渗透、相互影响、有机结合。从心理构成的层面研究品德的心理结构，不仅有助于我们更加成熟地把握品德的实质，而且能为学生的品德教育工作提供重要的理论依据。

第二节 品德的发展理论

品德发展（moral development）是指个体自出生以后在适应社会环境的过程中，因社会文化因素的影响与其自身心智的不断成长，使其在对待自己和别人的一切心理与行为上，随着年龄增长而逐渐发生变化的历程。在对品德的发展研究领域中，当属皮亚杰、科尔伯格等人的贡献最为突出。[④]

一、皮亚杰的道德认知发展理论

瑞士心理学家皮亚杰（J. Piaget，1896—1980）采用对偶故事法对儿童的道德判断进行了大量研究，在其1930年出版的《儿童的道德判断》一书中提出了儿童的道德发展理论（四个阶段），对品德心理研究作出了重要的贡献。

（一）理论的主要观点

第一个阶段是自我中心阶段（2~5岁），又称作前道德阶段。儿童不顾规定，按照自己的想法去执行规则，即规则对于他来说，还不具有约束力。在这个阶段，儿童还不能将主体与客体相分离，还不能将自己与外界环境区分开来，他们与成人或同伴之间还没有形成合作关

---

①③ 林崇德．品德发展心理学 [M]．西安：陕西师范大学出版总社，2014：33-34.

② 汪凤炎，郑红，陈浩彬．品德心理学 [M]．北京：开明出版社，2012：37.

④ 汪凤炎，郑红，陈浩彬．品德心理学 [M]．北京：开明出版社，2012：84.

系，他们把外在环境看作是自我的延伸。[1]

第二个阶段是权威阶段（6~8岁），又称作道德实在论或他律道德阶段。儿童表现出对外在权威绝对的尊重和服从的愿望，即他律道德在一些情感反应和作为道德判断所特有的某些显著的结构中表现出来，其特点包括：一是绝对遵从父母、权威者或年龄较大的人。儿童认为服从权威就是好的，反之，就是坏的；二是对规则本身的尊重和服从，即把人们规定的准则看作是固定不变的。[2]

第三个阶段是可逆性阶段（8~10岁），又称作道德相对论或自律道德阶段。儿童的思维进入具体运算阶段，突出的特点就是具有守恒性和可逆性。他们达到了基于遵从的新的道德关系，从而导致一定程度的自律。这一阶段的儿童已不把准则看作是一成不变的东西，而把它看作是同伴间共同约定的。换句话说，儿童已经开始认识到，只要所有的人都同意的话，规则是可以改变的。[3]

第四个阶段是公正阶段（10~12岁）。公正观念或正义感是在可逆性阶段的基础上发展起来的。这种公正观念往往从抛弃父母的意见而获得的（如当父母不自觉地有不公正行为时）。此后，儿童与成人之间的关系就从权威型过渡到了平等型。在这一阶段，儿童的道德观念倾向于主持公平公正，儿童体验到公平公正应当符合个人的特殊情况。[4]

 【信息栏】13-1：对偶故事法

对偶故事法[5]

第一步，设计出两个内容大致相同但仅在行为动机与结果上相反的配对故事。第二步，将这两个对偶故事一一呈现给儿童，请他们认真理解和领会故事情节。第三步，等儿童充分理解了故事情节后，再请儿童回答一些关于两个故事情节所提出的问题。第四步，分析儿童对不同问题的作答情况，推导出儿童的道德发展水平。例如，皮亚杰在研究中曾经使用过的两个小对偶故事：

故事A：有一个叫朱利安的男孩子。有一天当父亲出门后，他偷偷到父亲的书桌上，打开墨水瓶用笔蘸墨水画画。一不小心将墨水滴在桌布上，弄脏了一小块。

故事B：有一个叫奥古斯都的男孩子，他发现父亲书桌上墨水瓶已经空了，于是决定帮助父亲做一件事，就趁父亲不在家的时候，偷偷地将大墨水瓶的墨水倒入父亲书桌上的小瓶里，没想到不小心将墨水溢出，弄脏了一大片桌布。

向儿童呈现完这两个故事后，皮亚杰问儿童："这两个儿童犯了一样的错误吗？你认为谁的过失较大？"

（二）理论的简要评价

皮亚杰的道德认知发展理论的主要贡献在于发现了以下规律：儿童的道德认知是呈阶段式发展的，这些阶段与认知发展密切相关。这为人们正确开展道德教育提供了理论依据。然而，近年来的一些研究也证明，该理论可能也存在一些不足：第一，明显低估了幼儿和低年

①②③④ 林崇德.品德发展心理学[M].西安：陕西师范大学出版总社，2014：42.
⑤ 汪凤炎，郑红，陈浩彬.品德心理学[M].北京：开明出版社，2012：85.

级儿童的道德判断能力；第二，高估了高年级儿童的道德发展水平。

二、科尔伯格的道德发展阶段理论

科尔伯格是当代美国著名的道德发展心理学家，他在研究儿童的道德发展时继承了皮亚杰的道德认知发展理论，在此基础上采用道德两难故事法，于20世纪50年代末提出了道德发展阶段理论（经典的三水平六阶段理论）。

（一）理论的主要观点

1. 前习俗水平 [1]

前习俗水平的主要特点是个体着眼于人物行为的具体结果及其与自身的利害关系，认为道德的价值不取决于人和准则，而是取决于外在的要求。这个水平包括第一和第二两个阶段。

第一个阶段是服从与惩罚的道德定向阶段。处于这一阶段的个体，为了免遭惩罚，对成人或准则采取服从的态度。

第二个阶段是相对的快乐主义的道德定向阶段。处于这一阶段的个体，在进行道德评价时开始从不同的角度把行为与需要联系起来，但具有较强的自我中心，即认为符合自己需要的行为就是正确的。

2. 习俗水平 [2]

习俗水平的主要特点是个体着眼于社会的希望和要求，认为道德的价值在于为他人和社会尽义务，以维持社会的秩序。这个水平包括第三和第四两个阶段。

第三个阶段是"好孩子"的道德定向阶段。处于这一阶段的个体，在进行道德评价时总是考虑他人和社会对一个"好孩子"的期望和要求，并总是尽量按这种要求展开思维。

第四个阶段是遵从权威与维护社会秩序的道德定向阶段。处于这一阶段的个体，更加广泛地注意到维持普遍的社会秩序的重要性，开始强调每个社会成员都应当遵守全社会共同约定的某些行为准则，也就是强调对法律和权威的服从。

3. 后习俗水平 [3]

后习俗水平的主要特点是个体不仅自觉地遵守某些行为公则，还认识到法律的人为性，并在考虑全人类的正义和个人尊严的基础上形成某些超越法律的普遍原则。这个水平包括第五和第六两个阶段。

第五个阶段是民主地承认法律的道德定向阶段。处于这一阶段的个体，不再将社会公则和法律看成死板的、一成不变的条文，而是认识到了它们的人为性和灵活性。

第六个阶段是普遍原则的道德定向阶段。处于这一阶段的个体，同时认识到社会秩序的重要性与维持这种共同秩序所带来的弊端，因而看到了社会公则与法律的局限性。

[1][2][3] 林崇德. 品德发展心理学 [M]. 西安：陕西师范大学出版总社，2014：48-49.

【信息栏】13-2：道德两难故事法

道德两难故事法[1]

第一步，设计出一个或几个充满道德两难情境的故事。第二步，将这个充满道德两难情境的故事呈现给被试，请他们认真理解和领会故事情节。第三步，等被试充分理解了故事情节后，再请被试回答一些基于这个道德两难故事情节所提出的问题。第四步，分析被试对不同问题的作答情况，推导出被试的道德发展水平。科尔伯格曾设计出很多道德两难故事，其中最著名的当属"海因兹偷药的两难故事"，其内容如下：

欧洲有个妇女患了癌症，生命垂危。医生认为只有本城的某药剂师新研制的药能治好她。配制该药的成本为200元，但售价却要2000元。病妇的丈夫海因兹到处借钱，可最终只凑了1000元。海因兹恳求药剂师，能否将药便宜点卖给他，或者允许他赊账，因为他妻子快要死了。药剂师不仅没答应，还说："我研制这种药，就是为了赚钱。"海因兹别无他法，晚上撬开药剂师的仓库门，把药偷走了。

在这则故事后，科尔伯格要被试回答以下几个问题：

（1）海因兹应不应该偷药？为什么？

（2）海因兹偷药是对还是错？为什么？

（3）法官该不该判海因兹的罪？为什么？

（4）海因兹有责任或义务去偷药吗？为什么？

（5）你认为人们是否有必要竭尽全力地去拯救他人的生命？为什么？

（6）海因兹偷药是犯法行为，从道德的角度看这是正确的还是错误的行为？为什么？

（7）仔细回想故事中的困境，你认为海因兹最负责任的行为应该是做什么？为什么？

（二）理论的简要评价

科尔伯格的道德发展阶段理论的优点主要表现在：一是它比皮亚杰的道德认知发展理论更加详细和完善，尤其是揭示了处于青年期的儿童的道德发展水平。二是它对道德发展的探讨，不仅仅局限于符合社会规范、法律准则的道德行为，还从道德思想的实质角度提出了后习俗道德的思想。三是它非常强调道德思维推理能力的决定作用。[2]

该理论也存在一些不足之处，主要表现在：一是在关于社会化以及不同文化对儿童道德发展的作用大小问题上并没有较为清晰的说明，而只是强调儿童的思维发展水平的影响。二是它主要探讨的是道德思维并认为它和道德行为之间应该具有某些关联，导致有些忽视两者间的差异。三是在对儿童的教育举措上也仅强调对道德思维能力的训练和培养，忽视道德行为的培养问题。[3]

① 汪凤炎，郑红，陈浩彬．品德心理学 [M]．北京：开明出版社，2012：94-95.

②③ 林崇德．品德发展心理学 [M]．西安：陕西师范大学出版总社，2014：49.

第三节　品德的形成和发展

如前所述，品德在社会生活各个领域中起着重大的作用。因此，在本节中，我们将讨论影响个体品德形成与发展的因素，以及促进良好品德形成的方法。

一、影响品德形成与发展的因素

除了遗传素质和环境等因素影响品德的形成和发展之外，影响个体品德形成与发展的因素还有很多，既有来自家庭、学校和社会方面的外部因素，也有来自个体自身方面的内部因素。

（一）影响品德形成和发展的外部因素

1. 家庭教养方式

个体的品德受到其所处家庭的教养方式的深刻影响，不同的家庭教养方式对孩子的道德认知、道德情感、道德意志和道德行为等方面产生不同的影响。有研究证明，过分严厉与放任型的教养方式会对孩子的品德造成不良的影响，民主型的教养方式会对孩子良好品德的塑造产生积极的影响。[①]

2. 学校教育方式

学校教育方式对个体的品德发展有着重要的影响。在教育过程中，教师可通过对学生道德行为的强化来加以引导。合理的表扬和批评会促进学生形成良好的品德。教师所提倡和表扬的人和行为往往会变成学生们模仿与学习的素材，而教师所反对和批评的不良行为常常成为学生们尽力克服的内容。因此，可以通过教师的表扬和批评来塑造学生们良好品德的形成。[②]

3. 社会文化风气

随着儿童年龄的增长，社会文化风气对他们的影响会变得越来越重要。社会文化风气是由大众传媒、社会舆论、名人的榜样示范等方面构成的。学生的生活世界不可能与社会相分离，他们的道德理想、信念与价值观正处于形成过程中，属于可塑性较强的时期，既容易接受良好社会风气的影响，也容易接受不良社会风气的影响。因此，教育者要特别重视社会文化风气对青少年学生的影响。[③]

4. 榜样和同伴的作用

青少年的态度和道德行为在一定程度上是由他们的同伴集体的行为准则和风气决定的。这也就是社会心理学中所说的模仿与从众现象。青少年的品德往往是通过模仿身边的重要他人（如家长、教师或同伴）的行为而形成的。榜样对学生品德的形成和发展起到潜移默化的影响。同时，随着年龄的增长，他们逐渐与父母开始疏远，喜欢和同伴交往，希望得到同伴们的认可和接纳。不管同伴们的思想是健康还是不健康的，都对青少年品德的形成和发展有着重要的影响。[④]

[①][②][③][④] 汪凤炎，郑红，陈浩彬. 品德心理学 [M]. 北京：开明出版社，2012：114-115.

（二）影响品德形成和发展的内部因素

1.个体拥有社会经验

个体拥有的社会经验的丰富程度对于个体品德的形成和发展具有一定的影响。一般来说，个体拥有的社会经验越多，越有利于个体品德的形成和发展，相反，个体拥有的社会经验越少，就有可能越不利于个体品德的形成和发展。例如，有研究证明，当一个人因为自己的过失而感到内疚时，他们更愿意在未来提供志愿帮助，从而减少内疚。[①]

2.认知失调

许多研究都已表明，个体具有一种维持平衡和一致性的需要，即力求维持自己的观点、信念的一致，以保持心理平衡。当认知不平衡或不协调时，如新出现的事物和自己原有的经验不一致，或者自己的观点与他人的不一致等，这时内心就会有不愉快或紧张的感受，个体就会试图通过改变自己的观点或信念，以达到新的平衡。因此，认知失调是品德改变的先决条件。[②]

3.态度定势

个体由于过去的经验，对所面临的人或事可能会具有某种肯定或否定、喜好或厌恶等内心倾向性。这种事先的心理准备或态度定势往往支配着一个人对事物的预料与评价，进而影响着是否接受相关的信息。对教师有消极的态度定势，将会对教师的教诲和要求视若无睹，甚至引发冲突。帮助学生形成对教师、集体的积极态度定势是使学生接受德育的重要前提。[③]

4.道德认知发展水平

品德的形成与发展取决于个体已有的道德规范和准则的理解与掌握水平，取决于已有的道德判断水平。根据皮亚杰和科尔伯格等人的研究，要改变或提高个体的道德水平，应该要顾及其接受能力，遵循先他律后自律的渐进原则。因此，在实施道德教育时，不应只注意德育的形式进行道德说教，而应该结合学生的实际生活和切身体验，晓之以理。[④]

二、促进中学生形成良好品德的方法

综合已有关于中学生品德的研究，我们对促进中学生形成良好品德的方法进行了梳理和概括，主要包括以下几个方面。

（一）丰富中学生的道德知识，提高其道德认识

在德育工作中，教师要帮助中学生理解和掌握道德概念及相关知识，同时，教师还要引导中学生把道德知识转化成内在的道德信念。

（二）培养中学生的道德评价能力

道德评价是指运用道德知识对自己或他人的行为作出是非、善恶的判断。已有研究发现，中学生道德评价水平的高低同参与道德问题的讨论等实践活动的多寡成正相关。要培养中学生的道德评价能力，教师应该时常对社会上的是非、善恶等行为做正确的评价，给学生做道德评价的示范。

---

① 汪凤炎，郑红，陈浩彬.品德心理学 [M].北京：开明出版社，2012：114-115.

②③④ 汪凤炎，郑红，陈浩彬.品德心理学 [M].北京：开明出版社，2012：116-117.

（三）激发和培养中学生的道德情感

道德情感总是伴随着道德认识和道德评价出现的，人们对符合社会道德准则的行为表示喜爱，对不符合道德准则的行为表示厌恶等情感都属于道德情感。教师要丰富中学生相关的道德概念，并使其与各种情绪体验联结起来，激发他们的情感；还可以为中学生提供榜样的具体形象和生动事例，引起他们情感上的共鸣。

（四）培养和锻炼中学生的道德意志

要使中学生形成良好的品德，必须重视其道德意志的培养和锻炼，增强抵制各种诱惑的能力。在教育过程中，教师应该为中学生提供道德意志锻炼的榜样，引发他们锻炼意志的愿望；向中学生提供具有适度困难的任务，让他们经过努力并最终取得成功，对学生在活动中作出的各种意志努力要及时肯定和鼓励；为中学生组织有关意志锻炼的讨论和交流等活动，提高他们锻炼意志的自觉性。此外，还要根据中学生不同的意志特征，对其有针对性地施以教育影响。

（五）训练中学生的道德行为和习惯

道德认识到道德行为的转化，体现着由内部的意识活动向外部的实践活动转化，这是品德形成过程的一个阶段。只有当道德行为转化为经常性的道德行为习惯时，才是品德形成的标志。要形成良好的品德，教师应该指导中学生选择合理的道德行为练习和训练，提高其行为练习的自觉性；积极为中学生创设合理的、良好的教育环境，促使他们良好的道德行为不断重复出现，尽可能避免和排除不良行为的重复机会；要恰当利用表扬和批评，培养中学生的良好行为习惯。

三、品德不良的矫正方法

品德不良是指个体具有的不符合社会道德要求的道德品质与行为，表现为个体经常违反道德准则或犯有较严重的道德过错，有的甚至处在犯罪的边缘或已有轻微的犯罪行为。[1] 在本节中，我们将简要地对品德不良产生的原因和矫正的方法进行阐述。

（一）学生品德不良产生的原因

要想对品德不良的学生提出切实可行的矫正措施，应首先搞清楚学生品德不良产生的原因有哪些。在这里，我们结合已有研究对品德不良产生的原因进行了梳理，大致包括家庭、学校、社会和个体自身因素四个方面[2]。

1. 家庭方面

（1）家长的溺爱和迁就。

（2）家庭对孩子有着过高和过严的要求，同时，又缺乏正确的教育方法。

（3）家庭成员教育的不一致性，主要是家长对子女要求前后不一致。

（4）家长缺乏模范表率作用。

（5）家庭结构的剧变，比如经常吵架、父母离异甚至一方身故等原因。

① 朱智贤. 心理学大词典 [M]. 北京：北京师范大学出版社，1989：473.

② 汪凤炎，郑红，陈浩彬. 品德心理学 [M]. 北京：开明出版社，2012：238-243.

2.学校方面

（1）教师的教育观念有偏差，教育方式不当。

（2）学校管理机制不完善，对学生中不正确的行为缺少约束和引导。

（3）个别教师不重视自身的德行，无法发挥模范表率作用。

（4）教师和家长缺乏必要的沟通和交流，造成家庭教育和学校教育相脱节。

3.社会方面

影响学生品德形成的社会环境有两个方面：一是广义的社会环境，是指整个社会关系和社会风尚；二是狭义的社会环境，是指除学校和家庭以外的环境，主要包括学生的朋友、邻居、社区，以及影响个体的各种社会活动等。如果个体长期生活在一个不良的环境里，就比较容易滋生不良品德。此外，不良同伴对学生不良品德的形成也具有极其重要的作用。

4.个体自身因素方面

（1）某些合理需要未及时得到满足。

（2）学生某些性格上的缺陷会直接导致品德不良。

（3）受错误道德观或错误道德逻辑的支配。

（4）明显的意志薄弱。

（5）异常的情感表现。

（6）良心未觉醒。

（二）矫正学生品德不良的方法

矫正学生的不良品德，既要了解导致其不良品德形成的原因，还应采取科学有效的矫正方法。一般来说，品德不良学生的转化过程大致要经历醒悟、转变和自新三个阶段。

1.醒悟阶段

一些品德不良的学生往往意识不到自己的不良行为会给与自己有切身利益的人或事物带来的不良后果，如果教育者能够抓住时机适时引导，激发学生良心上的觉醒，往往可能促使他们的醒悟。例如，有些品德不良并犯有较严重道德错误的学生，当发觉教师为此伤心不已、父母为此气病等情况时，会引起他们的内疚与悔恨，从而产生自我反省，进而达到醒悟的阶段。[1]

2.转变阶段

当品德不良的学生产生了改过自新的意向，并且对自己的错误初步有所认识之后，在行为上会产生一定的转变。教育者必须清醒地意识到这只是开始，在整个转变阶段必然要经过不断反复的矛盾过程，最终才能成为一个"新人"。[2]

3.自新阶段

品德不良的学生转变之后，如果长期不再出现或者很少出现反复，就逐步进入自新阶段。进入这个阶段的学生，完全以崭新的面貌出现在社会生活中。对于这样的学生，教育者必须要注意：一是避免歧视和翻旧账，给他们充分的信任和尊重，加倍关心他们的成长；二是要

① ② 汪凤炎，郑红，陈浩彬.品德心理学 [M].北京：开明出版社，2012：243-244.

更为积极地帮助他们形成完整的自我概念。①

针对品德不良的学生，我们应采取的教育措施是：（1）创设良好的道德环境，消除敌意和对抗情绪；（2）抓住时机，引起内心震动，促使转化；（3）提供典型事例，明确是非观念，提高道德认识；（4）保护自尊心，培养集体荣誉感；（5）锻炼意志力，增强抗诱惑的能力，培养良好习惯；（6）应当考虑学生的年龄、性别和个性特点，做到因人而异，使各项措施更具有针对性。

【反思与探究】

1. 什么是品德？如何理解品德的心理结构？

2. 结合皮亚杰和科尔伯格的道德发展理论来解释社会实际问题。

3. 影响个体品德形成和发展的因素有哪些？

4. 简要介绍促进中学生形成良好品德的方法以及矫正品德不良的方法。

【第十三章资源链接】

1. 陈泽河，戚万学. 中学德育概论 [M]. 济南：山东教育出版社，1991.

2. 林崇德. 品德发展心理学 [M]. 西安：陕西师范大学出版总社，2014.

3. 马文驹. 当代心理学手册 [M]. 上海：上海科学技术出版社，1990.

4. 汪凤炎，郑红，陈浩彬. 品德心理学 [M]. 北京：开明出版社，2012.

5. 朱智贤. 心理学大词典 [M]. 北京：北京师范大学出版社，1989.

---

①② 汪凤炎，郑红，陈浩彬. 品德心理学 [M]. 北京：开明出版社，2012：243-244.

第十四章
社会心理

【内容提要】

社会心理学的核心就是社会影响，准确地说就是用科学的方法研究人们的思维、感觉和行为是以怎样的方式受到真实或想象中他人的影响的。本章中，我们将一起深入奇妙的社会心理世界，内容包括社会认知、态度及其改变、人际吸引和群体心理。

【学习目标】

1. 掌握归因过程的本质及各种归因错误，并灵活运用。
2. 掌握态度改变的理论和方法，并灵活运用。
3. 掌握人际吸引的影响因素，并灵活运用。
4. 理解各种群体心理现象。

第一节　社会认知

想象一下，假如你遇到过这样的情况：你几次给朋友电话留言、发手机短信，但对方一直都没回音。你想知道原因，于是就开始广泛收集关于他的信息，然后对这些信息进行整理、判断和解释：朋友一直没有回信息是生你的气了还是手机没电了？或者欠费了？或者此时不方便回复？你对事件和他的整个认识和推理过程就是社会认知的过程。

社会认知，也称为社会知觉，是个体对他人的心理状态、行为动机和意向作出推测与判断的过程。由于人们对他人的社会行为进行推测与判断时往往是根据自身经验和体会进行的，因此这种推测和判断往往出现错误和偏见。

一、印象形成

大家是否记得《红楼梦》中宝玉初见黛玉时觉得似曾相识、一见如故的情节？如此美好的第一印象是如何形成的呢？印象形成即对他人形成印象的过程，是指我们把他人若干有意义的人格特征进行概括、综合，形成一个具有结论意义特性的过程。

（一）印象形成的模型

1. 平均模型

平均模型（the averaging model）认为在印象形成过程中，我们以简单平均的方式处理所获得的有关他人的信息。例如，在第一次约会后，小花对小明的印象如表 14-1 所示，喜爱清洁程度打 10 分，聪明程度打 10 分，体贴程度打 4 分，身高（1.65 米）扣 5 分，衣着打扮不合时宜（黑色皮大衣配白色运动鞋，戴一顶毛线织的帽子）扣 9 分。最后，小花把自己对小明的单个评价加起来，并求其平均数，就可以得出对小明的整体印象。在本例中，小花对小明的整体印象分是 2 分。

表 14-1 第一次约会后小花对小明的印象

小明的个别特质	小花的评价
清洁	+10
聪明	+10
体贴	+4
身高	−5
衣着	−9
整体印象	+10/5=2

2. 累加模型

累加模型（the additive model）是指人们对他人信息的整合方式进行累加而不是加以平均。仍然以小花对小明的评价为例，小花喜欢小明的体贴（+6），后来又得知一些稍微对他有利的信息，例如小明比较谨慎（+1）。根据平均模型，小花将不会喜欢小明，因为平均数（+3.5）比原来更低。但根据累加模型，小花将会更喜欢小明，因为一项正性信息加到已有的正性印象之上，最后的整体印象值会更大。

两种模型所得到的结果完全不一样，可以看出累加模型更侧重整体，整体得分越高，形成的印象也就越好。平均模型更注重印象形成时的细节。心理学家安德森（N. Anderson）通过一系列实验证明，在生活中大多数人是使用平均模型形成对他人的印象。为了更好地说明和解释印象形成，安德森提出了加权平均模型。

3. 加权平均模型

加权平均模型（the weighted average model）认为，人们形成整体印象的方式是将所有特质加以平均，但对较重要的特质给予较大权重。例如，对科学家而言，智力因素的权重大，而对演员来说，吸引力的权重更大。与平均模型和累加模型相比，加权平均模型解释的范围更广，是我们对他人形成印象时最常用的模型。

（二）印象形成中的偏差

1. 第一印象

第一印象指两个素不相识的人第一次见面时所获得的印象，主要是获得对方表情、姿态、身材、年龄等方面的印象，也叫作首因效应。例如，在前面我们提到的宝玉见到黛玉时的第一印象，它在两人的交往中起到了先入为主的作用。第一印象影响我们对他人的认知，往往决定了双方今后是否继续交往。在人际交往中，我们要试图留给他人美好的第一印象。

2. 近因效应

近因效应指的是人们对新得到的信息比以往所得到的信息感知更加强烈，据此作出对他人的判断。例如，朝夕相处了四年的同学，对方没有给你留下什么印象，在毕业前的散伙饭上对方的一番深情坦诚的言辞深深打动了你。那么毕业之后，你对对方的印象可能就会有很大的改变。这就是因为最近得到的信息比之前的信息具有更强烈的影响，即近因效应起作用了。首因效应和近因效应似乎是相互矛盾的，那么两者中究竟哪个会起到主要作用呢？心理学家（A. S. Lochins）认为，当两种信息连续出现时，首因效应明显，而当两种信息间断出现时，则近因效应较为突出。

3. 晕轮效应

晕轮效应（halo effect）又称为光环效应，指的是评价者对一个人多种特质的评价往往受其某一特质高分印象的影响而普遍偏高。用通俗的话说即"一好百好"。例如，一个长相漂亮的人在社会融洽性、职业地位、称职的丈夫或妻子、社会幸福及职业幸福、结婚的可能性等方面都被别人做较高的评价。Landy，Sigall 等人（1974）在研究中，让男性被试看一篇关于电视对社会生活的影响的论文，并评价论文的质量。假设该论文是由一位女大学生写的，论文上同时附有作者的相片。在这些相片中，有的很吸引人，有些则不吸引人。有的论文写得很好，有的写得很差。结果发现，不论论文客观的质量是好还是差，由漂亮的人写的文章都被给予较高的评价。与晕轮效应相对的是负晕轮效应（negative-halo effect），也叫作扫帚星效应（forked-tail effect），指评价者对一个人的多种特质的评价往往受某一特质低分印象的影响而普遍偏低，即"一差百差"。

4. 社会刻板印象

社会刻板印象指的是人们对某个社会群体形成的一种概括和固定的看法。社会刻板印象有很多种，如性别刻板印象、地域刻板印象、民族刻板印象等。性别刻板印象，例如，男性有独立精神，富有竞争性，有抱负；女性则是依赖性的，温柔和软弱的。地域刻板印象，例如，北方人憨厚、直爽；南方人精明、能干。民族刻板印象，例如，黑人迷信、懒散、无忧无虑等；美国人民主、天真、乐观；日本人爱国、尚武、进取等。人们的刻板印象一般是通过两条途径形成的，其一是通过直接与某些人或某个群体的接触，然后将一些特点固定下来；第二是根据间接资料，如媒体宣传等形成对某个群体的概括性印象。大多时候是第二条途径在发挥作用。

二、归因

本节开头所举的例子中，你想知道朋友为什么一直都没有回音。这个关于"为什么"的解释过程就是归因过程。归因指的是观察者根据外在的行为作出有关行动者或他本人的内部状态的推论过程。

（一）归因过程的本质

1. 海德的通俗心理学

海德（Fritz Heider）被誉为"归因理论之父"。他认为，人们就像是业余的科学家，尝试着拼凑各种信息以了解他人的行为，直到找到一个合理的解释为止。海德提出了简单的二分法，即人们在解释别人为什么会有那些行为时，可以作出两种归因：内部归因和外部归因。内部归因是指，一个人之所以出现这样的行为，其原因与自己有关，如人格、态度或个性等。外部归因是指，一个人之所以出现这样的行为，原因与他所处的情境有关，并假设大多数人在同样的情境下会作出相同的反应。例如，在判断餐厅卖菜的师傅为什么板着脸时，我们可以认为这个师傅素质太差，心肠不好（内部归因），也可以认为他昨天晚上因为孩子生病了，没睡好觉而且心情不好（外部归因）。"内因—外因"成了行为归因的一个基本维度。

2. 凯利的三维归因理论

凯利（Harold Kelley）对归因理论的主要贡献是，他提出了当我们对他人形成印象时会注意并思考不止一种信息。凯利指出了三种重要信息，即一致性、一贯性和独特性信息。一致性信息，针对人，其他人也会和行动者一样对同一刺激作出同样的反应吗？一贯性信息，针对情境，行动者在任何时候和任何情境，对同一刺激所做的反应都相同吗？独特性信息，针对刺激物，行动者对同类其他刺激也会作出这样的反应吗？例如，小明是一个高中生，在一次学校举办的舞会中，发现小花一直对他微笑，小明会做何解释呢？他会不会由此展开对小花的追求呢？在这个例子中，小花是行动者，小明是刺激物。根据凯利的三维归因理论，小明应该进行的归因见表14-2。

表14-2 小花为什么对小明微笑的归因分析

条件	独特性信息	一贯性信息	一致性信息	归因
1	低—她对别的男生也微笑	高—她以前也经常对小明微笑	低—别人都没有一直对小明发笑	行动者：小花
2	高—她没有对别的男生微笑	高—她以前也经常对小明微笑	高—别人也都一直对小明发笑	刺激物：小明
3	高—她没有对别的男生微笑	低—她以前几乎没有对小明笑过	低—别人都没有一直对小明发笑	情境

3. 维纳的成败归因理论

维纳（Bernard Weiner）在肯定海德把行为归因于"内—外"维度的基础上，着重研究了人们对成功与失败的归因，并提出了成败归因的另一个维度"稳定—非稳定"因素，这里的稳定因素包括了能力、人格、工作难度、法律法规等，而非稳定因素包括了情绪、努力、机遇、运气等。他认为通过这两个维度才能作出总结性的归因。维纳的成败归因理论最重要的是指出了归因结果对个体以后成就行为的影响，对成败的不同归因可以引起个体不同的情感与认知反映。把成功归于内部的稳定的因素（如能力），会使个体产生自豪；而把失败归于内

部的稳定的因素，会使个体产生羞耻感。因此，成功的时候做内部归因，失败的时候做外部归因，有利于个体充满信心，去争取成功。

（二）归因中的错误

1. 基本归因错误

基本归因错误（fundamental attribution error）指的是在解释别人的行为时，高估内在性格因素，低估情境因素的倾向。例如，小明向同宿舍的同学借一下手机用，但遭到了对方拒绝。这时小明可能首先会认为，"这个人真小气"。而不会想到，这个同学可能此时心情很不好，或者他自己也要用手机。犯基本归因错误的原因可能有两个：一是人们总有一种对自己的活动结果负责的信念，所以更多的人从内因去评价结果，而忽略外因对行为的影响；二是因为情境中的行动者比其他因素更突出，所以人们把原因归于行动者，而忽略情境因素。

2. 行动者与观察者差异

行动者与观察者差异（actor-observer deviation）指的是把自己的行为归因于外在因素或情景因素，而把他人的行为归因于内在原因。例如，小花的男朋友是个人民警察，以前每次见面后，男友都会送自己去车站，但是最近这一次见面他却没有这么做。小花认为男友变心了，没有刚开始恋爱时对自己体贴了，黯然伤心。但小花的男朋友却认为自己仅仅是当天晚上有任务，无法分身而已，作为人民警察的他有时会有紧急任务。行动者与观察者差异其实是基本归因错误的一个有趣的变式。为什么行动者与观察者的归因会如此不同呢？一个原因是，行动者比观察者掌握更多关于他们本身的信息，对自己的行为在不同时间及不同情境下的相似性与差异性比旁观者清楚得多。

3. 探照灯效应

探照灯效应（spotlight effect）指的是高估自己行为和外表在他人眼中的显著程度。我们倾向于相信我们的行为和表现在很大程度上都被别人注意到并作出了评估，就像我们处于一盏探照灯下一样。正是这种探照灯效应的作用，我们才会对自己的不合适行为感到担忧或尴尬。例如，在课堂上回答问题时说了一些我们自认为很愚蠢的话，在吃自助餐时把一盘子食物掉在大家面前，或者某天不幸地理了个糟糕的发型。而事实上我们远远不必感到尴尬或担忧。研究者让排球队员对他们自己在争球训练中的表现进行评价，同时还要报告，他们认为其他队员会对他们当天的运动表现作何评价。有队员报告，其他人注意到了他糟糕的发型，或笨手笨脚的发球。然而事实上，其他队员根本就没有像他自己那样过分注意他在外表和训练上的变化。

4. 自利归因

自利归因（self-serving attribution）指的是将成功归于自己（内部因素），失败归于他人（外部情境因素）。例如，在体育比赛中，当解释获胜的原因时，队员及教练一致认为那是因为整个球队或每个球员的努力。研究发现，经验较少的运动员比经验老到的运动员更可能做自利归因，因为经验丰富的运动员知道失败有时是他们自己的错，而胜利却不见得全是自己的功劳。另外，个人运动的运动员也比团体运动的运动员做更多的自利归因，因为他们知道无论胜利或失败，他们都要自己负责。印象管理理论认为人们总是试图创造一个特殊的、良好的印象以使他人对自己有良好的评价。该理论可以较好解释归因中的自利偏差。

第二节 态度及态度的改变

当听到有人说"我对昆虫、咖啡的态度都是中立的"时，我们肯定感到奇怪。人们不是这个世界的中立观察者，对所遇到的大多数事物都持有一定的态度，例如，对足球运动的态度，对咖啡的态度，对婚前性行为、堕胎的态度，对网络的态度等等。态度是社会心理学最早的关注点之一，在本节中我们将对态度做深入了解。

一、态度概述

（一）什么是态度

态度是个体对特定的人、观念或事物的稳固的，由认知、情感和行为倾向三个成分组成的心理倾向。认知成分（认识成分或信念成分）指的是个人对外界对象的心理印象，是态度的信息因素，是其他成分的基础。情感成分指的是对态度对象产生的评价，有正性情感和负性情感之分，是态度的核心。行为倾向成分指的是个体的预先具有的心理准备状态，或一种定势。

想一想你对足球运动的态度。首先，你的情感反应是什么？你可能非常兴奋、激动，当然对不喜欢足球运动的人来说，可能是恶心或愤怒。其次，你的认知反应是什么？可能你认为足球运动是一项富于激情的运动，足球比赛精彩紧张。再次，你的行为倾向是什么？可能你一有空闲时间就去踢足球，也可能即使是在深夜，只要有精彩足球赛事你都会去看。如果你在认知成分、情感成分和行为倾向成分这三个方面都表现出对足球的喜爱，那么可以说你是真正的球迷。然而，生活中也有很多伪球迷。他们也说很喜欢足球运动，但是却从不看球或踢球，即使机会就在眼前。态度三种成分之间的关系，如图 14-1 所示。

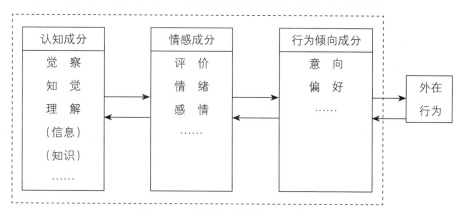

图 14-1 态度的三种成分之间的关系

态度是否总是和行为相一致呢？拉普尔（1934）在 20 世纪 30 年代对此进行了一项研究，当时美国人对亚洲人的偏见非常普遍。一对年轻的中国夫妇到美国旅游，途中经过 251 个地方，所到之处的旅馆、餐馆等只有 1 处拒绝提供服务。而对这些所到之处的旅馆等写信询问他们是否会接待一名中国游客时，在回信的人当中，只有一个说会，90% 以上的都说不会。这个研究惊人地表明了，人们的态度和行为之间的不一致。

（二）外显态度与内隐态度

态度一旦形成，可以以两种形式存在。外显态度是指我们意识到的并容易报告的。内隐态度是指自然而然的，不受控制的，而且往往是无意识评价。例如，关于种族态度，当要求你自我报告的时候，你真诚地认为所有种族都是平等的，你没有任何种族偏见和歧视。但当你去了芝加哥，身处黑人当中，一些负面情绪可能会自发产生，你甚至可能会有意离他们远点。自我报告的时候，你所报告的是外显态度，那些自发出现的态度则是内隐态度。

二、态度的改变

（一）有关态度改变的理论

1. 海德的平衡理论

海德（1958）从人际关系的协调性出发，认为我们的认知对象有的各自分离，有的则联成一体被我们认知，海德将联成一体的两对象间的关系称为单元关系。个体对单元两个对象的态度通常是一个方向的，如你喜欢小明，你和小明都喜欢足球，这时候你的认知体系处于平衡状态。反之，当评价不一致时就会产生不平衡状态，例如你喜欢小明，小明喜欢足球，但你却讨厌足球，这种不平衡状态将引起不快和紧张，个体会设法解除。解除方式有两种，一是你也喜欢足球，二是你不喜欢小明。显然，这种解除紧张的过程也就是人们态度改变的过程。

2. 认知失调理论

费斯廷格（1959）认为，认知因素之间有些是独立的，有些是相互关联。相互关联的认知因素之间有的呈协调关系，有的呈不协调关系。例如，"吸烟有害健康"与"我不吸烟"是协调的认知，而"吸烟有害健康"与"我喜欢吸烟"就是不协调的认知。当人们出现认知不协调的时候，就会设法减轻或消除这种不协调。我们如何减少失调呢？有三种方法可以选择。

第一，改变某一认知元素。例如，认知元素 A"吸烟有害健康"与认知元素 B"我喜欢吸烟"是不协调的。一个人可以改变 A 为"吸引有害健康是不可靠的"，或者改变 B 为"我不喜欢吸烟"，从而达到协调状态。

第二，增加新的认知元素。就上例中的认知元素 A 与 B，我们可以增加新的认知元素 C"伟人大多都是吸烟的"或者"世界上吸烟而长寿的人非常多"，可以降低原来不协调的程度。

第三，强调某一认知元素的重要性。如上例中，可以强调 A"吸烟的确有害健康，容易罹患肺癌，身体健康最重要，可以少抽烟甚至不抽烟"，也可以强调 B"吸烟的感觉太棒了，可以让我心身放松，不管以后会得什么病，我还是要吸烟"。

显然，减少认知失调的过程也是态度改变的过程。我们可以通过引起人们的认知失调，进而改变其态度。引起失调的原因主要有以下几种。

一是理由不足。想象这样两个情景：两个孩子张三和李四都喜欢上网玩游戏，经常逃课去上网，沉迷网络，回家都很晚。张三回到家之后经常受到父亲的呵斥，甚至打骂，而李四回到家之后却仅仅受到父母温和地责备，甚至妈妈见到他回来很晚，赶紧去厨房给他做饭。

这两个孩子谁会真正地改变对网络沉迷的态度呢？根据认知失调理论，李四会慢慢改变对网络的沉迷，而张三却依然我行我素，虽然他的父母经常苦口婆心恨铁不成钢地教训他。用认知失调理论的观点来看，张三"喜欢上网"与"要好好学习"的认知是不协调的，当他从网吧回到家中，挨了爸爸一顿打之后，这件事所造成的失调程度却变小了，因为他挨了爸爸的打，挨打成了一个充分理由。有了一个充分理由，失调程度就少，态度改变也就小。而对李四而言，上一天网之后没有挨打，只是受到妈妈温和地告诫，他的认知失调程度更大，进而态度改变也更大。

二是诱因不足。这方面研究的经典实验是由费斯汀格和卡尔斯密斯（J. M. Carlsmith, 1959）做的。被试一走进房间，实验者介绍说这则实验是有关"对成绩进行测量的"，然后让被试看一块大木板，上面有许多方形的孔，孔中插着长方形的木条。接下来实验者要求被试先把这些木条向左转一个面，接着又向右转一个面。这样继续做下去，一直到被试完全厌倦了为止。于是被试认识到这个实验实在是枯燥无味。当被试做完时，主试要求他去告诉另一个被试即将做的实验是有趣的。这时，被试已经形成了一个信念，即这个实验单调乏味，令人不感兴趣。但是，现在却要公开陈述这个实验是有趣的。认为实验单调乏味的信念与对实验有趣的公开陈述，二者之间产生了认知失调。

实验操作的关键解释完了之后，有些被试被告知，将付给他1美元作为酬谢；另一些被试则被告知会得到20美元。在哪一种奖励条件下被试会真正改变对实验任务的态度呢？结果表明，得到20块钱那一组被试认为实验任务单调乏味，但是，为1块钱而做出违反真实态度的行为的被试认为任务是有趣的。这是为什么呢？为了1块钱而去说谎是不值得的（即诱因不足），但是他毕竟亲口讲了"这个实验是有趣的"，这是没法改变的，只能改变自己的态度来减少失调，因此拿1块钱奖励的这些被试会真的认为任务是有趣的。拿20块钱奖励的被试虽然也说谎了，但是20块钱可以充当说谎的诱因，因此他还是会坚持最初的态度，即认为实验是枯燥的。

三是公开观点。假如你想改变朋友对吸烟的态度，那么你可以在只有很少外部正当理由的情况下（如单位组织的公益演讲，演讲人的照片可以登在学校校报上），请他进行一次反对吸烟的演讲，也许你会成功。为什么呢？根据认知失调理论，他自己喜欢吸烟，却进行反对吸烟的演讲，这两者会产生失调。失调产生之后，他无法为自己的演讲行为找到外部的正当理由（仅仅为了把照片登在学校校报上就去演讲？），就会尝试寻找内在理由，使其态度和行为更加接近。他可能会想"吸烟的确有许多的害处"，"也许我该考虑戒烟了"。正如一句话所形容的"说了就相信了（saying is believing）"。

虽然认知失调技巧非常有力，但是要运用在对大众的态度改变上仍然有困难。例如，假设你要进行全国性的反吸烟宣传活动，不可能让所有吸烟的公民正好在缺乏外部正当理由的情况下进行反对吸烟的演讲。这时，就需要采用说服性的沟通了。

 【信息栏】14-1：认知失调理论的提出

认知失调理论的提出

社会心理学家利昂·费斯廷格在1956年首次在其著作《当预言失灵》中提出了认知失调理论。他和他的助手研究了形成于二十世纪五十年代早期，被称为"拯救者（the seekers）"的群体。密歇根一个小镇的一个妇女基奇宣称，她不断收到来自一个星球的生命体的信息。外星人告诉她，他们发现地球的地壳构造存在问题，因此，北美洲将于12月21日沉入大海。然而，基奇太太和她的信徒们并不害怕，因为外星人告诉他们12月20日午夜有一个飞碟会来救他们，把他们带到安全的外星去。基奇和她丈夫（一名医生）立即到处宣扬大灾难即将到来，呼吁人们加入拯救人类的运动中。有些人确实与这对夫妇聚在一起来讨论解决办法，举行会议，缓解人们的压力等。基奇的丈夫甚至因为在工作时向病人宣讲而丢失了作为医生的工作。当大难的日子来临时，信徒们聚集到基奇太太家中，这些人当中就包括费斯廷格和他的助手，他们观察了该群体成员的行为，尤其是当关键的时刻来临以及后来并没有任何灾难发生时人们的行为。许多人都是抱着热切的希望和虔诚的信念而来的，并已经为离开地球而舍弃了工作和一切财产。12月20日夜幕降临了，午夜已过了，地球仍然存在。有些人悲痛欲绝，有些人欲哭无泪，一言不发，有些人默默呆坐。12月21日凌晨5点钟，基奇太太宣称她收到了一个新的消息：正是这些信徒的虔诚拯救了地球！

在12月20日以前，这些人并不热衷于接受电台记者的任何采访，而现在他们开始给报纸和广播电台打电话，说他们如何拯救了地球，让人们相信他们的功劳。为什么在证明地球没有灭亡之后他们反而更加坚信基奇太太了呢？费斯廷格认为，因为地球灭亡的预言失败，"预期落空"增加了认知的失调程度，大多数没有心理准备的成员们，为了减缓这种心理失调而改去接受新的预言，亦即，外星人已经因为他们的虔诚而饶恕了这个星球。

（二）说服性沟通与态度改变

人们经常通过说服来改变他人的态度，说服成了改变他人态度的最有效的方法。心理学家霍夫兰德（Hovland）在研究的基础上提出了说服模型，即"谁对谁说了什么"。具体指沟通者（如演讲者的专业特点）、沟通信息本身（如争论的性质、演讲者是否提供正反两面观点）、听众的特性（如含有敌意的听众）。

1. 沟通者

（1）沟通者的可信性（权威性）。有可信度的人或者专家向我们提供的信息总是让人相信。例如，在SARS和甲型流感肆虐的时候，呼吸疾病专家、中国工程院院士钟南山的观点比一般记者的观点更有说服力。

（2）沟通者的吸引力。在某些方面（如外表或者个性特征）有吸引力的人比吸引力低的人更能说服别人。例如，各种类型的广告中都选用明星做代言。

2. 沟通过程

（1）利用情感。研究者发现人们的态度改变和心情是有密切关系的，当沟通对象心情好的时候，对其进行说服，信息会具有更强的说服力，这被称为"好心情效应"。另外，也可以通过唤起人们内心的恐惧感来达到宣传的目的，比如宣传戒烟时，呈现给人们肺癌手术的血淋淋的图片。

（2）采取单面沟通还是双面沟通。单面沟通时只呈现有利于沟通者的立场的观点，双面沟通时同时呈现支持和反对沟通者的立场的观点。一般而言，假如沟通者确定能驳斥的观点，双面沟通更有效。

（3）先呈现正面材料，还是先呈现反面材料。一般而言，先呈现正面材料，然后呈现反面材料，最后再呈现正面材料。这样既利用了首因效应，又利用了近因效应，使沟通者传达的信息更有说服力。

（4）利用登门槛效应。指先提出一个较小的要求，当被接受之后再提出更大的要求，从而达到改变人们态度的目的。例如，在商店里，当顾客选购衣服时，精明的售货员为打消顾客的顾虑，"慷慨"地让顾客试一试，当顾客将衣服穿在身上时，他会称赞该衣服很合适，并周到地为顾客服务，在这种情况下，当他劝顾客买下时，很多顾客难以拒绝。这是因为人们都有保持自己形象一致的愿望，一旦表现出助人、合作的言行，即使别人后来的要求有些过分，人们也愿意接受。

（5）利用门面效应。指先提出一个难度较大的任务再提出一个中等难度的任务，以达到改变态度的目的。例如，研究者要求大学生担任一个少年管教所的义务辅导员，这是一件费神的工作，几乎所有的人都谢绝了。他们接着又提出一个小的要求，让大学生带领少年们去动物园玩一次，结果50%的人接受了，而当实验者直接向大学生提出带少年们去动物园这一要求时，只有16.7%的人同意。那些拒绝了第一个大要求的学生认为这样做损害了自己富有同情心、乐于助人的形象，为恢复他们的利他形象，便欣然接受第二个小要求。

3. 听众的特性

听众本身的特性也影响态度改变。首先，个体的易说服性影响其态度的改变，那些易说服性高的人态度改变更容易。其次，在沟通过程中那些分心的听众比未分心的听众更容易被说服。再次，个体的智商和自尊水平也影响其态度的改变。智商低的人通常比智商高的人更容易受到他人的影响，自尊程度中等的人通常比自尊程度高或低的人更容易受影响。最后，个体的年龄对其态度的改变也有影响。18~25岁的人更易于改变态度，此年龄范围之外的人们态度较稳定，不易于改变。

第三节　人际吸引

归属的需要是人类最重要、最基本、最广泛的社会动机。与他人建立良好的人际关系，不仅可以使我们克服生活中的寂寞，而且人际关系所提供的社会支持对我们心理健康也有重要的作用。

一、人际吸引的影响因素

（一）时空接近性

回想我们高中或大学时期最好的朋友，你可能会发现，我们与之交往最多的人往往最可

能成为我们的朋友或者恋人。费斯汀格、沙赫特等在麻省理工学院以已婚学生为对象进行的一项研究（1950）发现，被试报告说他们65%的朋友都与他们住同一幢宿舍楼里，尽管其他宿舍楼距离也不远。即使在同一宿舍楼里，大多数房间的距离只有5.8米，距离最远的房间之间也不过27米，但是41%的人和隔壁邻居成了好朋友，22%的人和隔壁两三家成为朋友，只有10%的人是和宿舍另一端的住户成了好朋友。这充分说明了物理距离的接近性是人际吸引的重要因素，这是因为物理距离的接近增加了人们交往的频率，导致了熟悉效应。

（二）熟悉性

心理学研究发现我们接受某种刺激越多，就越可能对其产生好感，这又被称为曝光效应。想想我们的好朋友是不是同时也是交往最多、最熟悉的人？某个人只要经常出现在你的眼前，就能增加你对他的喜欢程度，这就是熟悉性对喜欢的影响。但是，是不是任何情况下，只要交往的次数越多就越会导致互相吸引呢？研究结果发现，只有一开始对他人的态度是喜欢甚至是中性时，见的越多才越喜欢，如果一开始就讨厌对方，那么见面越多反而越讨厌。

政治候选人不遗余力地花大量人力物力通过广告等各种手段宣传自己，就是利用了熟悉性导致喜欢的规律。

（三）相似性与互补性

想一想你所有的好朋友，分析下你们在对学习的态度、对生活的态度和爱好兴趣等方面是不是有很大相似性？人们倾向于喜欢在态度、价值观、兴趣及人格等方面与自己相似的人。正所谓是"物以类聚，人以群分"，我们都喜欢交志同道合的朋友。对人际吸引有重要影响的相似性包括人口特征的相似性（如性别、社会阶层、年龄甚至宗教等）和态度的相似性。

然而，还有另一句俗语"异性相吸"。在恋爱关系中，人们往往喜欢与自己在某些方面相互补的人。例如，一个比较粗心的男生会喜欢细心的女孩，一个单纯的女生会喜欢成熟稳重的男生。那么，对于恋爱和婚姻而言，到底是相似性还是互补性更重要呢？有研究发现，是相似性而不是互补性把人们结合到了一起（Bersceid & Reis, 1998）。在互补性导致吸引的恋爱和婚姻中，当初吸引你的对方身上与众不同的因素随着时间的流逝，恰恰可能变成你离开对方的原因。例如，当初你认为对方那么成熟稳重和睿智，似乎没有他搞不定的事情，但是随着时间的流逝，现在你可能认为对方那么老，根本不是你当初认为的那样稳重和睿智。

（四）互惠式好感

我们都喜欢被别人喜欢。仅仅知道某个人喜欢我们，就足以提升我们被那个人吸引的程度，这就是互惠式的好感。研究者要求大学生以结对的方式参加实验，在参加实验之前他们互不认识。研究者让某些学生认为他们的伙伴对他有好感，而让另外一些学生认为他们的伙伴对他没有好感。当这一对学生见面并再次交谈时，结果发现，那些相信对方喜欢自己的人，在交谈中有更多的自我暴露，更加热情，表现得更让人喜欢。这说明，在人际交往中，他人更倾向于采取跟我们一样的行为方式。我们喜欢对方，对方也会喜欢我们，反之，我们不喜欢对方，对方也不会对我们有好感。

（五）外貌吸引力

外表对人际吸引力的影响是巨大的。有研究发现，人们几乎无一例外地拜倒在外表的石榴裙下，而且男女在这点上并无显著差异。在选择约会对象及婚姻方面，心理学家发现人们倾向于选择与自己在长相上相似的异性做伴侣，这被称为"匹配假设"。之所以出现外貌的匹配假设是因为人们认为与自己长相接近的人与自己有相同的社会交换价值。

Buss（1989）对37个文化群体的研究发现，在异性关系中，男性喜欢年轻的女性，而女性却喜欢年长一点的男性（西班牙除外），这种现象被称为相貌换地位（looks-for-status）。男性喜欢年轻女性是因为她们漂亮，而女性喜欢年长的男性是因为他们成熟且有地位。也有研究发现在大学生中，男生只要有地位，即使不帅也能吸引女性，而没有什么地位的女性只要长相漂亮仍然吸引男性。

二、亲密关系

在人际吸引的基础上，人们之间的关系会从一般性的关系发展为亲密关系，例如恋人、夫妻等。维系这种亲密关系的感情即是爱情。对美好爱情的追求是人类永恒的理想。

（一）什么是爱情

1. 弗洛姆的观点

弗洛姆在《爱的艺术》中指出爱是一门艺术，是人们需要学习的。他认为爱是对人类存在问题的回答，爱只有在自由中才能得到发挥，而且永远不是强制的产物。他认为爱的五个要素是给予、关心、责任、尊重、了解。爱首先是一种给予而不是索取。给予是潜能的最高表达，在给予的行为中有生命力的表达。其次，爱意味着关心。爱是对所爱对象的生命和成长的积极关心，爱的本质是为之劳作，使之长大。再次，爱是责任。责任是我们对另一个生命表达出来或尚未表达出来的生命的响应。再次，爱是尊重。尊重不是害怕和敬畏，而是说有能力将对方按本来面目来看，看到对方的独特个性。尊重意味着关注对方按照自身的本性成长和表现。最后，爱是了解。不了解对方，尊重对方是不可能的，关心和责任也都是盲目的。

2. 友谊式的爱和激情式的爱

心理学家在给爱下定义的时候区分了友谊式的爱和激情式的爱两种不同的爱。友谊式的爱指的是，当我们对某个人非常在乎时所感觉到的亲密和情感，但当那个人在场时，我们并不会感受到激情或生理唤醒。激情式的爱指的是对某个人强烈的渴求，伴随着生理唤醒。当爱是相互的时候，我们感觉到极大的满足和狂喜；当爱是单方面的时候，我们感受到痛苦和绝望。心理学家开发了激情式爱情问卷，如果你想知道自己是否正在经历激情式的爱情（或曾经经历过），那就填填下面的问卷吧。

【信息栏】14-2：激情式爱情量表

激情式爱情量表

想一个你现在爱的最热烈的人，如果你从未谈过恋爱，想一个你最关心的人。"____"代表的就是这个你想的人。选择答案时，请回忆一下你感觉最强烈时的感受。对以下题目，用1~9的数字来尽量准确地描述你的感受，1代表完全不正确，5代表一般，9代表完全正确。

1.____要是离开我，我会感到极度绝望。

2.我有时候觉得无法控制自己的想法，它们总是关于____。

3. 当我做了一件让＿＿＿快乐的事情时，我会感到很快乐。

4. 我宁愿和＿＿＿在一起，而非其他人。

5. 想到＿＿＿曾经和其他人谈过恋爱，我就会很嫉妒。

6. 我渴望知道与＿＿＿有关的一切事情。

7. 我希望在肉体上、情感上和心理上都得到＿＿＿。

8. 我对＿＿＿的爱的渴望是无止境的。

9 对我来说＿＿＿是最理想的情人。

10. 每当＿＿＿触摸我时，我能感受到我身体的回应。

11. ＿＿＿似乎总是在我脑海中。

12. 我希望＿＿＿理解我、我的情感、我的恐惧和希望。

13. 我急切地寻找任何关于＿＿＿渴望我的迹象。

14. ＿＿＿对我有强烈的吸引力。

15. 当我和＿＿＿的关系出了问题时，我会变得非常沮丧。

计分方法：求15题的总分，在15~135之间。分数越高，你对对方的感觉越反映出激情爱。那些你给予相对高分的条目反映了在激情式爱情中你所体验到的较为强烈的成分。

3. 爱情三元论

斯腾伯格（Sternberg）从理论上对爱情进行了分析，提出了爱情三元理论。在斯腾伯格看来，爱情有三个成分构成：亲密、激情和承诺。激情指情绪上的着迷，亲密指心理上喜欢的感觉，承诺指心理或口头的预期。这三种成分构成了七种爱情形式，每种都含有不同程度的亲密、激情和承诺。（1）喜欢式爱情：只有亲密，没有激情和承诺，如友谊。（2）迷恋式爱情：主要是激情，没有亲密和承诺，如初恋。（3）空洞式爱情：以承诺为主，没有亲密和激情，如以结婚为目的的爱情。（4）友谊式爱情：以亲密和承诺为主，没有激情。（5）浪漫式爱情：以亲密和激情为主，没有承诺。（6）愚昧式爱情：以激情和承诺为主，没有亲密。（7）完美爱情：同时包含亲密、激情、承诺。

（二）亲密关系的结束

1. 分手的过程

结束一段感情是人生最痛苦的经历之一。心理学家发现，亲密关系的解体并不是单一的事件，而是包含了许多步骤。分手的过程可以分为四个阶段：一是个体层面，个体不断思考他或她对关系的不满意感；二是两个个体之间的层面，个体与伴侣讨论分手的问题；三是社会层面，向其他人宣布分手；四是个体层面：从分手的经历中恢复过来，并对这段经历的过程和原因形成自己的陈述。

2. 问题关系中四种类型的行为

心理学家研究发现，在亲密关系出现问题的时候，人们往往采取四种不同的对待方式。（1）主动损害关系：如虐待伴侣、威胁分手、结束关系等，这是一种主动的破坏性策略。（2）被动旁观关系的恶化：如忽视伴侣或很少花时间共处，对关系不进行任何投入等。许多男士经常采取这种忽视对方的消极策略，甚至有人直接"玩消失"。（3）主动尝试改进关系：

如讨论问题、主动改变等，这是一种主动的建设性的方式，双方尽力维持亲密关系。（4）被动地保持对关系的忠诚：如等待并希望事情会变好，表现出支持而非开战的态度等。采用这样策略的人往往是耐心等待，希望自己的真诚能使对方回心转意。

关系出现问题之后，双方不可避免地会出现争吵。心理学家 Gotlib 和 Colby（1988）针对争吵提出了一些建议。争吵的时候，切忌：（1）不分谁对谁错，一味道歉；（2）对争吵的问题保持沉默或者置之不理；（3）借他人之口贬低对方；（4）引出与争吵无关的问题；（5）为了和谐而违心地同意对方的观点等等。当争吵不可避免地发生时，要尽力做到以下几点：（1）私下吵架，不要让孩子听到；（2）对所争吵的事情，就事论事；（3）表达出你的积极或消极的情绪；（4）说出你同意什么，反对什么；（5）等待自然的和解，而不要妥协；（6）提出一些能增进双方关系的积极建议。

3. 分手的体验

当一段亲密关系结束时，双方都会经历痛苦。但是双方的感受方式是否不同呢？主动提出分手的人（终结者）与被动接受的人（承担者）的痛苦程度会一样吗？心理学家研究发现，承担者在分手后的几周内是感觉非常糟糕的，甚至会体验到各种躯体症状，相对而言，终结者的沮丧程度、痛苦程度和焦虑程度都更低。生活中经常发生由于分手的痛苦而导致的悲剧。2009 年 11 月 15 日凌晨，广西河池市环江县雅脉村发生了一起特大杀人案，当地一名 30 多岁的石姓男子闯进一户人家中，见人就杀，造成 5 人死亡，2 人重伤。根据初步的调查，犯罪嫌疑人杀害的是他的女朋友一家，男子之所以下这样的狠手，是因为两人恋爱遭到了女方家庭的反对。那么，分手以后是不是就一定是不相往来呢？双方还能否做朋友呢？研究发现，男性并没有和他们前任女友成为朋友的动机，而女性则更倾向于保持朋友关系，尤其是当她们扮演"承担者"的时候。

第四节 群体心理

人们几乎无时无刻不生活在群体里。是不是所有的人群的集合体都是一个群体呢？火车站候车大厅的人群是不是一个群体呢？在图书馆学习的同学是不是一个群体呢？社会心理学对群体有几个限制条件，群体包括两个或两个以上彼此互动、彼此依赖的人，他们的需要和目标使他们相互影响。如果在图书馆一张桌子上学习的同学都是为了复习心理学期末考试，那他们就是一个群体。如果没有共同的目标，也没有相互依赖和影响，就不是一个群体，而只能是人群。本节将带领大家讨论群体的影响。

一、遵从行为

做多数人做的事，人们就会赞赏你。

人们的想法都一样并不一定最好；意见不一致才有了赛马。

以上两句话，你更相信哪一句？

选择以第一句作为自己的人生信念的人，就更容易受到他人的影响，更容易产生遵从行为。所谓遵从指的是由于真实的或想象的群体压力而产生群体成员行为或信念的改变，也称

为从众行为。

(一) 遵从的实验研究

1. 谢利夫：规范形成的自主运动范例

谢利夫让被试进入一个黑房间，给他看一个发光点，要求他判断光点移动多远。事实上，光点是静止不动的，但是对于在黑房间里注视着发光点的被试来说，光点似乎在移动，这种现象叫作自主运动。所看到的运动距离各人彼此不同，但对于一个特定的个体来说这种运动距离是一致的。个体大声报告所估计的光点移动的距离，让其他群体成员听到。有意思的是，群体成员的估计数慢慢地接近，一段时间之后，每个人报告的距离同其他组员完全一样了。这样，虽然在开始的时候，组员对所知觉的光点运动距离有很大的差异，但是研究结束时，全体成员所报告的运动距离都一样了。谢利夫认为，这些研究表明了，在模糊的情景中，群体会建立一定的规范和标准，并且群体成员会服从这些规范。

2. 阿希的范例

阿希认为，谢利夫实验中的被试之所以遵从，其原因之一就是他们所要判断的刺激是模糊的，如果刺激是清楚的，情况可能有所不同。为此，阿希（1951）进行了线段判断的遵从实验。当一个被试走进实验室时，已经有六个其他的被试坐在那里了。其他人都是围着桌子坐的，这个被试也挑了桌子旁边的一个空位子坐下来。实验者进来告诉被试说，这个实验是有关判断精确性和视知觉的。他向被试显示了两张卡片，其中一张卡片上只有一条线，是标准线，另一张卡片上有三条线A、B、C（见图14-2）。实验者告诉被试，他们的任务是要从三条线中找出与标准线相匹配的同长度的线。实验情境如图14-3所示，倒数第二个回答的人是真被试，其余5个人是实验的合作者，即是假被试。

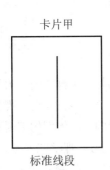

图 14-2　阿希实验中的刺激　　　　图 14-3　阿希的实验情境

实验者要求每个被试轮流报告与标准线段匹配的线条，真被试前面的五位假被试都选B，现在轮到那个被试了，那个被试也说B。在下一次实验中，第一个假被试选择A。真被试正在怀疑第一个被试是不是脑子有毛病，因为明显B是正确的回答。第二个被试十分仔细地看了看线条，然后也选择了A。接下来第三和第四假被试都选择A线条。现在轮到真被试，他会怎么办呢？在阿希的实验中，他发现他的被试在三分之一以上的次数里附和了群体不正确的观点，即使他们知道群体是错误的。当面对着群体一致的不正确观点时，绝大多数被试至少遵从一次，只有四分之一被试能够坚持正确的回答。

（二）遵从的原因

假如你和一群同学在一起看电视新闻，这时电视里正在播出的是在丹麦哥本哈根进行的气候变化大会，很多岛国比如斐济的代表在陈述中声泪俱下，要求这次大会就各国节能减排的任务达成一致。你刚想开口表达"全球气候根本不一定会变暖，这些岛国的表达太夸张了吧"的观点时，张明忽然动情地说"那些海洋国家太可怜了，全球气候正在变暖，这次大会一定要取得成效啊"，你身边的李四也说"气候变暖太可怕了，各国一定都要共同努力"，其他同学也都附和说"气候变暖将是人类的'2012'啊！"此时，你仍然会表达你的真实观点吗？还是会和其他人一样，认为气候变暖将是人类不远将来的大灾难？你很可能会识趣地选择掩藏你真实的观点，而附和了其他人的观点。为什么人们会遵从群体的行为呢？

心理学家研究发现，遵从主要是因为个体感受到来自群体的压力。群体压力又可以分为两种，一种是信息性压力，另一种是规范性压力。例如，在谢利夫对自主运动的实验中，实验情境比较模糊，其他人可能成为有价值的信息来源，被试可能会这么想"光点到底移动了多少距离，我也不确定，但是其他人好像更知道"。这时，我们依赖于其他人来获得社会信息，这些人对我们就具有信息性的压力。谢利夫发现，当实验结束后，再要求被试单独在黑房间里判断光点的运动距离时，他的估计与群体最后的估计完全相同。这说明了由于群体的信息性压力导致的遵从行为，人们往往从内心接受了群体的信息。

除此之外，群体还可以利用规范性压力来影响我们。群体规范指的是群体所确立的行为标准。如果个体的行为或观点不符合群体的规范，就可能遭到群体的拒绝、排斥、嘲笑等。因此，群体的遵从往往是由群体规范性压力下的害怕或者焦虑引起的。规范性压力导致的遵从往往只是导致个体的公开服从，而不是内心的接受。

二、服从

所谓服从即是指在他人的直接命令下做出某种行为的倾向。二战当中为什么平时经常来往的街坊邻居，在当局发出歧视和抓捕犹太人的命令之后，竟变成了屠杀对方的刽子手。1945年犹太人集中营大屠杀的惨状至今仍然让人震惊，2004年又爆出美军虐待伊拉克战俘事件。报道中的图片显示美军士兵用尽各种手段虐待毫无还手之力的俘虏。为什么在不同的年代都存在这些残忍甚至是丧心病狂的屠杀者或虐待者呢？他们是喜欢滥杀无辜，还是在强大的社会压力下做出这些行为的？

图14-4　美军士兵虐待伊拉克俘虏

心理学家米尔格兰姆（1974）为了回答这个问题，进行实验来研究服从现象，这个实验也成为心理学史上最著名的实验之一。如果你是米尔格兰姆实验的被试，你一来到实验室，刚好遇到了另外一名参加者，一个矮矮胖胖的家伙。穿着白大褂的实验者（主试）跟你们解释了实验的内容，主要研究惩罚对学习的影响。你和这个矮胖的家伙一个人扮演教师，另一个扮演学生。通过抽签，你的角色是教师。你的任务是念一系列词语（如湖水、幸福、稻草、太阳、水鸟等），然后让对方重复念一遍，如果对方出现错误，就要对他施加一次电击。实验情境如图14-5所示，你坐在电击发生器前面，它有30个不同的级别，分别是15伏、30伏、

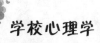

图 14-5　米尔格兰姆服从实验的电击发生器

45 伏……一直到 450 伏，扮演学生的参加者坐到隔壁的房间，你看到他被绑在椅子上，手臂上还粘上电极。如果"学生"第一次出错，你按 15 伏的电击，第二次出错就按 30 伏的电击，随着错误的增加，电击强度也逐渐增加。当电击的强度达到 150 伏时，"学生"喊道"我受够了，我有心脏病的，请放我出去"，到 300 伏时，他强烈地痛苦地持续呻吟"让我出去"，你看看穿白大褂的实验者，要求停止实验，可是他面无表情地让你继续实验。那么，有没有人会一直坚持增加电击强度，直到给对方施加 450 伏的电压呢？如果有的话，大概百分之几的比率呢？米尔格兰姆实验前的调查显示，大家认为没有人会施加超过 330 伏的电压。实验结果显示，被试平均最大电击是 360 伏，并有 62.5% 的参加者一直增加强度到 450 伏。为什么这么多人会服从实验者的要求，把巨大的痛苦强加到他人身上呢？这除了个性因素之外，更多的则是来自群体的规范性和信息性压力的影响。米尔格兰姆的实验对为什么二战中普通人会在纳粹当局的命令下变成残忍的刽子手提供了一种解释。

米尔格兰姆的实验虽然揭示了人们在强大压力下的惊人的服从，但是也受到了很多批评。这项研究对参加者的心理带来了很大的伤害，他们中有些人的自我概念甚至发生了变化，很长时间甚至终生都无法接受自己在实验中的形象。

三、社会促进与抑制

试想，一种情况下人们单独骑车，另一种情况是骑车的时候有一个人跑步陪伴，同样是骑车 25 英里路程，哪一种情况下人们骑的速度更快呢？心理学家特里普利特在 1897 年的研究发现，当有人跑步陪伴的时候，人们骑车的速度更快。这种有人在场，或与别人一起活动所带来的行为效率的提高就是社会促进，又叫社会助长。如果别人在场或者与别人一起活动，造成了行为效率的下降，被称为社会抑制，或者社会干扰。

那么，当他人在场时什么时候会导致社会促进，什么时候又会造成社会抑制呢？根据扎琼克的观点，首先要区分优势反应和非优势反应。优势反应是个体在长期的实践中已经掌握并习惯了的或者是本能的反应，比如吃饭、跑步、骑自行车等，非优势反应是指新异的、复杂的或没有尝试过的行为，如解数学难题、背英语单词等。如果我们正在进行的是优势反应，如骑自行车，其他人在场会促进行为效率，出现社会促进。如果正在进行非优势反应，如背英语单词，其他人在场会降低行为效率，出现社会抑制。

四、群体决策

生活中处处充满了决策，例如，要不要考研，要不要买这款手机。除了这类个体决策，还有群体决策，即由两个以上的个体进行的决策。现代社会中的大多数决策都是群体决策，如政府决策、商业决策、军事决策等。那么是不是群体决策一定优于个体决策呢？答案是不一定。群体决策容易出现两种偏差，即群体思维和群体极化。

（一）群体思维和群体极化

群体思维（group thinking），又被称为小群体意识，指的是为了维持群体表面上的一致，人们在决策和思考问题时对问题的各种解决方案不能作出客观实际的评价。这种思维方式容易导致灾难性后果。1986年1月美国联邦宇航局做出了发射挑战者号航天飞机的决定。结果，飞机发射73秒后爆炸，机上7人全部遇难。其中，6位是职业宇航员，1位是教师。这是航天史上最严重的灾难之一，它打乱了美国的航天计划。1991年，莫尔·海德（MoorHead）、佛伦斯（Ference）和尼克（Neck）专门对总统委员会收集的资料进行研究，发现在当时温度低于安全允许的最低温度的情况下做出发射的决策是导致惨案发生的直接原因。为什么会出现这样草率的决策呢？实际上，群体决策时包括两位高级管理人员在内的一些管理人员积极支持发射，也有人提出异议，不支持发射。他们要求反对者拿出绝对证据证明发射是不安全的。当然，谁都知道，绝对的证据是不可能得到的。迫于群体压力，反对者保持沉默，于是出现了一致通过的假象。

群体极化（group polarization）是在群体讨论之后，成员的决策倾向更趋极端的现象。假设你们正面临一个两难的决策，一位年轻的朋友身患重病，如果不做手术，则很快就会失去他年轻的生命，如果做手术，则面临很大的风险，因为这项手术还处在实验阶段，没有百分百的成功率。如果手术成功的可能性有10%、20%、30%、40%、50%、60%、70%、80%、90%、100%十种，在多大成功的可能情况下，你会选择动手术？你们可以分成几个群体，通过群体讨论，进行群体决策。比较一下大家最初选择的可能性与最后群体达成一致的可能性，会发现什么样的规律呢？

心理学家的研究结果发现，当人们进行个体决策时，愿意冒的风险较小，往往选择较为保守的方案，如只有当手术有90%，甚至100%成功的可能性时，才选择手术。但是在群体决策中，最后的决策却比个体决策时冒险得多，如认为当手术有50%，甚至更低的成功的可能性时就选择手术。这种群体决策比个体决策更冒险的现象是群体极化的一个表现，又被称为冒险转移。为了克服群体思维和群体极化，人们提出了各种群体决策的方法。

（二）群体决策的方法

1. 群体头脑风暴

头脑风暴（Group Brainstorming）是由奥斯本（A. Osborn）于1957年提出的一种通过面对面的群体互动促进观点产生的方法。奥斯本提出了头脑风暴的4个规则：第一，禁止在提意见阶段批评他人，反对意见必须放在最后提出；第二，鼓励自由想象，只需要报告进入大脑的任何想法，而不去考虑想法的质量如何及是否实用；第三，鼓励产生更多的点子，想法越多的人越可能最终获胜；第四，群体成员应当尽力对别人的观点进行整合、改善及发展。

2. 具名群体技术

心理学家德贝克（A. Delbecq）等1975年提出具名群体技术（Norminal GroupTechnique），用来克服面对面讨论中其他因素对群体决策的干扰，尤其是那些阻碍所有群体成员透彻讨论的群体过程。具名群体技术包括四个步骤：第一，主持人提出问题，并给予群体成员10~20分钟，让他们尽量写出想法，越多越好。最佳的群体规模是7~10人。第二，每个成员轮流陈述自己的方案，主持人把每个方案都记录在黑板上。第三，对解决方案进行开放式讨论，强调对每一个想法进行分类和评价，不一定要达成一致。第四，要求每一个成员私下对解决方案做出排序，由主持人进行综合后得出群体的偏好。

3. 德尔菲法

德尔菲法（Delphi Method）又叫专家评估法，是通过主持人发送问卷来搜集专家群体就某个研究主题的意见的方法。它不是面对面的交流，而是一种背对背的技术。主持人（可以是个体，也可以是团队）是专家之间交流的通道。首先，主持人确定最初问卷发送的专家小组。最初的问卷除了包含预备性主题（如解释项目的程序，争取参与者对项目的承诺等），还应该提出根本性的问题作为后面进一步讨论的基础。这些问题应当是开放性的，目的是让群体成员而不是主持人来定义相关建议的范围。第二步，问卷回收之后，主持人提出新的问卷。新问卷应当准确客观的总结群体成员最初的意见，同时提出更加聚焦的问题作为下一轮讨论的基础。新的问卷再次发给群体成员，关于前一轮讨论的反馈应当确保群体成员的匿名性。如果群体成员的意见还可以进一步整合，那么重复进行发放问卷、回收并总结、再发问卷的过程。这一过程至少需要两轮。

德尔菲法适用于以下几种情况：（1）虽然手头有相应的信息但决策只能依靠主观判断；（2）不可能进行面对面讨论；（3）人们想避免面对面讨论所带来的各种可能削弱群体决策效果的问题。德尔菲法的局限性在于它要求参与者完成几轮问卷。如果群体成员很忙，问卷复杂或冗长，都会影响德尔菲法的有效性。另外，这个过程也是昂贵而费时间的。

五、群体凝聚力

（一）群体凝聚力的概念

群体对其成员的吸引力以及群体成员彼此之间的吸引力就是群体的凝聚力（group cohesiveness）。群体凝聚力与平常我们所说的群体团结有些相似，又有所区别。凝聚力主要指群体内部的团结，而且可能出现排斥其他群体的倾向；而团结往往既包括群体内部的团结，也包括与其他群体的相互支持和相互协调。

凝聚力强的群体具有以下特征。

1. 认同感

群体成员对群体有强烈的认同感。群体成员对重大的事件及原则问题都保持共同的认识和评价。

2. 归属感

群体成员对群体有强烈的归属感。作为群体的一员，具有"我们"和"我们的"这种情感。当群体取得成功或遭到失败时，群体成员有共同感受。

3. 力量感

当群体成员表现出符合群体规范的行为时，群体会给群体成员以支持和鼓励，群体成员更有信心，更有力量。

（二）群体凝聚力的影响因素

1. 群体的领导方式

群体的领导方式有民主、专制、放任自流三种不同方式。有研究考察了三种领导方式对工作效率和群体氛围的影响。结果发现，民主的领导方式效果更好，群体成员之间关系更紧密，群体凝聚力更高。

2. 目标整合

如果群体的目标与群体成员的目标能够统一起来，保持一致，即目标整合。当群体成员的目标与群体的目标完全重合时，群体凝聚力最强。当群体成员的个人目标与整体目标基本一致，但不完全重合时，群体凝聚力次之。当群体成员之间的目标基本一致，但与整体目标不一致，或者群体成员之间的目标也不一致时，群体凝聚力最差。

3. 外界的压力与威胁

当群体处于外界的压力下，或者遇到威胁时，群体的凝聚力会更高。有研究表明，开展组间竞争的组比不竞争的组团结更紧密，成员之间更多相互合作，更亲密宽容。不管是小群体还是大群体，只要外界存在压力与威胁，都会使群体成员更加团结。

4. 群体的成功

当群体经常取得成功时，群体成员都会对自己群体取得的成就感到自豪，珍惜自己的群体成员资格，群体对他们的吸引力更大，群体的凝聚力自然会更高。

5. 群体规模

群体规模也会影响群体凝聚力。一般来说，群体规模越大，群体中的矛盾和冲突也会越多，因此也缺乏凝聚力。群体规模相对小的群体，群体成员更有机会参与讨论群体问题，因此群体凝聚力也更强。

（三）群体凝聚力的作用

群体凝聚力会影响生产效率。沙赫特的经典实验中，将被试分成五个组：强凝聚力＋积极诱导；强凝聚力＋消极诱导；弱凝聚力＋积极诱导；弱凝聚力＋消极诱导；对照组。研究结果发现，凝聚力的强弱和不同的诱导对群体的生产率产生了显著影响。四个群体的生产效率从高到低依次是：强凝聚力＋积极诱导；低凝聚力＋积极诱导；高凝聚力＋消极诱导；低凝聚力＋消极诱导。这个实验说明，积极诱导能够提高生产效率，尤其是对凝聚力强的群体影响更大；消极诱导则会降低生产效率，尤其是对低凝聚力组的群体影响更大。

本章简要论述了社会心理学的主要内容，社会认知和态度及态度的改变属于个体过程，人际吸引属于人际或社会互动过程，团体心理属于群体过程。

【反思与探究】

1. 归因偏见有哪些？如何在生活中避免归因偏见？

2. 如何改变他人的态度？认知失调理论对儿童教育有什么启发？

3. 人际吸引的影响因素有哪些？

4. 为什么会产生遵从？

【第十四章资源链接】

1. Elliot Aronson. 社会心理学 [M]. 5 版 . 侯玉波，等，译 . 北京：中国轻工业出版社，2005.

阿伦森的语言生动有趣，叙述风格成为我们学习社会心理学的一种享受。目前这本书已

经被美国哈佛大学、耶鲁大学等 700 多所高校所采用，是一本值得好好读的"畅销式教科书"。

2. Peter B S，Michael H B，Cigdem K. 跨文化社会心理学 [M]. 严文华，权大勇，等，译. 北京：人民邮电出版社，2009.

这是一本从跨文化角度来讨论社会心理学重要命题的专著。把心理学放在生态—社会—文化的大背景下来阐述，值得那些想拓宽视野的同学好好阅读。

3. David G Myers. 社会心理学 [M]. 8 版. 侯玉波，乐国安，张智勇，等，译. 北京：人民邮电出版社，2006.

这本教材是少数真正把各个学科的相关论述与社会心理学的有关理论和发现结合起来的论著之一，即使是没有心理学背景的读者也会发现这本书的内容和描述引人入胜，发人深省。丰富多彩的插图和插话令读者趣味盎然。

第十五章
心理健康

【内容提要】

本章简要介绍了心理健康的常识。首先是对心理健康的理解，包括心理健康的概念、心理健康标准、心理健康的鉴别途径。其次介绍了常见的心理问题及其成因。最后讨论了心理辅导的几个主要方法。

【学习目标】

1. 理解什么是心理健康。

2. 重点掌握中小学生常见的心理问题。

3. 能在学习心理问题成因的基础上，对简单的心理问题进行心理辅导。

健康是人类永恒的话题，对健康的认识随人类的发展而进步。最早，认为生命和健康是由神灵主宰的，只有通过祈祷才能获得健康。15世纪后，工业革命兴起，机械唯物主义思想被广泛接受，把人的生命和健康视为机器，疾病被认为是一个"零部件"出了问题，保持健康就要更换部件。进入19世纪后，对健康的认识上升到生物医学模式，发现了多种细菌，认识到疾病是细菌对机体侵害的结果，健康就是无病。20世纪50年代后，感染疾病减少，慢性病增加，人们认识到疾病与多种因素有关，从而提出了"生物—心理—社会医学模式"，即从生物、心理、社会的多个视角来看待健康，这些因素之间是有关联的。健康就是生物、心理、社会环境之间的平衡，心理健康开始受到关注。

第一节　心理健康概述

一、心理健康概念与标准

健康与非健康是对立的两极，人们一般把没有心理异常症状的状态看作是健康。这种理

解对心理健康标准的要求比较低。如果从高标准要求，心理健康是一种良好的、持续的心理状态与过程，表现为个人具有生命的活力、积极的内心体验、良好的社会适应，能够有效地发挥个人的身心潜力以及作为社会一员的积极社会功能。所以，同是心理健康者，也存在水平、程度的差异。有些心理健康者靠近健康的一极，有些心理健康者靠近不健康的一端。

心理健康是一个包含多种特征、结构复杂的概念。众多学者对该问题进行了研究，对心理健康标准的表述有几十种之多。标准之多的原因是多方面的，首先，不同群体的健康标准是有差异的，如儿童心理健康的标准不同于成人；其次，不同文化对心理健康的理解是有差异的，西方人强调坦率，东方人重视含蓄；最后，对心理健康理解的视角不同，有从心理活动角度建构心理健康标准的，有从心理活动功能层面概括心理健康标准的。对于成年人的心理健康标准，笔者更赞同从心理功能角度概括心理健康的标准。因为，心理功能良好是以心理活动的正常为基础的。

台湾学者黄坚厚教授提出了简明、综合的心理健康的四条标准[1]。

第一，心理健康者有工作，而且能够把本身的智慧和能力，从其工作中发挥出来，以获取成就，他乐于工作，能够从工作中得到满足。

第二，心理健康者有朋友，他乐于与人交往，能和他人建立良好的关系，而且在与人相处时，正面的态度（如尊敬、信任、喜悦等）常多于反面的态度（如仇恨、嫉妒、怀疑、畏惧、憎恶等）。

第三，心理健康的人对于他本身应有适当的了解，并进而能悦纳自己，他愿意努力发展其身心的潜能，对于无法补救的缺陷，也能安然接受，而不作无谓的怨尤。

第四，心理健康者能和现实环境保持良好的接触，对环境能做出准确的、客观的观察并能够有效地适应，他能以切实的方法处理生活中遇到的问题，而不企图逃避。心理健康者未必都能够解决他碰到的一切问题，但他采取的方法总是积极的，适应方式是成熟健全的。

美国学者坎布斯（A. W. Combs）认为[2]，一个心理健康、人格健全的人应有四种特质。

第一，积极的自我观念。能悦纳自己，也能为他人所悦纳；能体验到自己存在的价值，能面对并处理好日常生活中遇到的各种挑战；虽然有时也感觉不顺意，也并非总为他人所喜爱，但是，肯定的、积极的自我观念总是占优势。

第二，恰当地认同他人。能认可别人的存在和重要性，既能认同他人又不依赖或强求他人，能体验到自己在许多方面与大家是相通的、相同的；而且能与别人分享爱与恨、乐与忧，以及对未来美好的憧憬；并且不会因此而失去自我。

第三，面对和接受现实。即使现实不符合自己的希望与信念，也能设身处地、实事求是地面对和接受现实的考验；能多方寻求信息，倾听不同意见，把握事实真相，相信自己的力量，随时接受挑战。

第四，主观经验丰富，可供取用。能对自己及周围的事物环境有较清楚的知觉，不会迷惑和彷徨。在自己的主观经验世界里，储存着各种可用的信息、知识和技能，并能随时提取使用以解决所遇到的问题，从而提高自己行为的效率。

---

[1] 朱敬先. 健康心理学 [M]. 台湾：五南图书出版公司，2001：91.

[2] 马绍斌. 心理保健 [M]. 广州：暨南大学出版社，1995：28-29.

心理健康的具体指标见仁见智，这里不一一列举。尽管对心理健康具体标准的阐述存在差异，但是，概括起来不外乎主观和客观两个指标。主观指标是指主体的感受、体验；客观指标是指学习、工作业绩和周围人对主体的评价、认可。主观和客观两个指标必须同时具备才能称为心理健康。一个学习、工作业绩好，受到大家认可和好评，但内心痛苦、每天体验焦虑和不安的人，不算是心理健康的；一个自我感觉良好、自我接纳，但学习、工作业绩不佳的人，受到周围人排斥，也算不上是心理健康的。

二、心理健康的判别

心理健康的对立面是心理不健康，亦称为心理异常。心理不健康者，主观上痛苦不堪，通常在客观指标上的学习、工作业绩不佳。鉴别个体心理是否健康，为心理不健康者提供帮助、解除痛苦是非常必要的。鉴别心理健康与否是一个在理论指导下的实践工作，需要更为具体的可操作的标准，以下四种视角是实践中常用的操作标准。

（一）经验标准

经验标准有双重含义，一是指医生或咨询师的经验，二是指来访者自己的经验。前者是医生或咨询师根据经验判断来访者心理是否健康，是普遍使用的标准。这一标准要求医生或咨询师有较丰富的经验，在运用的过程中主观性较大。后者是来访者根据自己体验到的消极情绪、不能控制的行为而认为自己有问题，从而主动寻求专业人员帮助。很多心理不健康者有自觉、自知的能力，但并非所有不健康者都有这种能力，有的甚至坚决否认自己有问题。

（二）统计学标准

以多数人心理特征为依据鉴别心理是否健康，是统计学理论在心理测量学中的应用。人的多数特征呈正态分布，那么围绕平均数周围的数据为正常，而距离平均数较远的两端为异常。这个标准中平均数是一个重要的参照点，而不同群体的平均数是不同的。这里，异常是一个相对的概念，其程度是根据与全体的平均水平偏离程度来确定的。这个标准比较机械，不是在任何情况下都可以使用的，有些行为的表现不一定是正态曲线；有些数量虽是正态分布，但仅有一端是异常，另一端是较好的状态，如智力水平，一端是低能，另一端则是超常。

（三）社会规范和适应标准

一个人的生存必须与环境互动，并与环境协调一致。人与环境的协调一致表现为遵守特定社会的行为规范和适应功能良好。

任何社会都有明确的行为规范（如法律等），以及不明确但大家认可的行为规范（如公共场所不大声喧哗等）。当然行为规范在不同时间、地点和族群是有差异的。遵守明确和非明确的行为规范是顺应环境的表现，有被动接受环境的意味；适应功能更多指学习、工作的业绩。个体间的业绩差异较大，学习、工作的业绩优秀者更多地体现了主体的能动性，有主动改造环境的意味。

（四）临床诊断标准

有些心理现象或致病因素在常人身上是不存在的，若在临床诊断中发现来访者有这些症状或病因，就可以被认定为"异常"。如麻痹性痴呆、药物中毒性心理障碍等不是人人都有的，这些症状可以被诊断为异常，这种诊断是以医学检测和生理心理测验结果为依据的。这

一标准在医学界普遍被认可，指标客观，但应用范围有限。因为，相当多的心理问题没有明确可查的生物学病因；一种心理问题可能是多个因素导致的结果。

上述这些标准各有优点，也存在不足。所以，对心理正常和异常的划分并非易事。在实际工作中，可以多种标准结合使用，取长补短；也可以在诊断问题时考虑具体问题而对某一标准有所偏重。一般来讲，对于严重的精神问题，所有的标准都是适用的。但在临界状态时，用哪种标准进行诊断都存在困难。

第二节　中小学生中常见的心理健康问题

中小学生中常见的心理健康问题有：抑郁症、焦虑症、恐惧症、强迫症、多动症和网瘾。其中，抑郁症、焦虑症、恐惧症、强迫症统称为神经症或者神经官能症，是一组大脑功能失调的疾病总称。神经症从起因来看属于心因性障碍，人格因素、心理社会因素是致病的主要原因。神经症属于机能障碍，没有器质性损伤，患者深感痛苦且妨碍心理功能或社会功能。从表现来看，神经症具有精神和躯体两方面症状。从时间维度来看是可逆的，外界压力大时症状严重，反之症状减轻或消失，社会功能相对良好，自制力充分。神经症具有一定的人格特质基础但非人格障碍。

一、抑郁症

（一）抑郁症的含义

抑郁症是以持续性的心境低落为特征的神经症，常伴有焦虑、躯体不适感和睡眠障碍。轻度抑郁表现为长期情绪低落、躯体不适、食欲不振、不合群；重度抑郁通常还伴有严重的睡眠障碍和焦虑。焦虑是个体面对压力情境的最先反映，如果有机体不能合理地应对这种情境时，抑郁就会取代焦虑成为个体主要心理特征。

（二）抑郁症的表现

情绪方面，表现为消极、悲伤、颓废、淡漠，失去满足感，没有生活乐趣；认知方面，表现为低自尊、无能感，从消极方面看事物，经常会责备自己，对未来不抱多大希望；动机方面，表现为被动，缺少热情；躯体方面，表现为疲劳、失眠、食欲不振等。

（三）抑郁症的成因

迄今，抑郁症的病因并不十分清楚，但可以肯定的是，生物、心理和社会环境等诸多因素与抑郁症的发病相关联。多数人认为个体遭受应激性的突发生活事件（如婚姻失败、亲人亡故、工作困难、严重的躯体疾病等）是抑郁症发作的重要条件。如果人格中有不良认知模式（如自我评价低、缺乏自信等）和依赖、胆小、软弱、敏感的特征，内外双重因素容易导致抑郁性神经症。研究显示，抑郁性神经症有一定的遗传倾向。

（四）抑郁症的治疗

首先，要给予他们情感上的支持和精神上的鼓励，让他们体会到温暖、关怀和爱的存在。其次，可以给他们安排一些力所能及的任务或引导他们积极参加团体活动，行动起来，在活动中体验到成功的喜悦和人际交往的愉悦。再者，采用认知行为疗法，改变学生消极的认知状态和不合理的归因模式，重塑积极的认知状态。最后，抑郁症情况严重者，可遵医嘱服用抗抑郁药物。

二、恐惧症

（一）恐惧症的含义

恐惧症又称为恐怖症，是指接触特定事物、人或情景时表现出的强烈恐惧，采取主动回避的方式消除恐惧。恐惧症常伴有焦虑症状和植物性神经功能障碍。

恐惧作为一种情绪，人人都体验过，正常的恐惧体验对人有积极意义。但是，过度恐惧会影响人的正常生活。

恐惧症的表现方式很多，主要有三类。一是广场恐惧症，在公开场合和人群聚集的地方感到恐惧，不敢去车站、电影院等地方。二是社交恐惧症，与人交往时局促不安，不敢正视对方，语无伦次等。三是特殊恐惧症，对特定的事物感到恐惧，如怕某种动物、怕坐飞机、怕动物血液等。

（二）恐惧症的成因

恐惧症与患者的个人气质类型有很大关系，相比较而言，抑郁质的人更容易患有恐惧症。行为主义理论认为，恐惧可以是后天习得的。认知学派心理学家认为，恐惧症源于个人对某些事物或情境的危险做了不切实际的评估，从而产生恐惧心理。精神分析理论认为，恐惧是对抗焦虑的一种防御机制。

（三）恐惧症的治疗

多个理论和治疗技术都对恐惧症的治疗有效。

行为主义治疗技术，包括系统脱敏疗法、暴露疗法等，是治疗特定恐惧症最重要的方法。其使用原则包括：一是消除恐惧对象与焦虑恐惧反映之间的条件性联系；二是对抗回避反应。

认知疗法。通过调整患者行为的同时，强调对患者不合理认知的调整，纠正患者歪曲的认知模式和信息处理过程。

情景疗法。让患者在一个假想的空间里，不断地模拟其恐惧的场景，不断地练习重复发生症状的情节，并持续鼓励患者直面这种场面，让患者从假想中适应这种引起紧张焦虑的情境。

社交技能训练。社交恐惧症的患者，往往有社交技能缺陷或低估了自己的社交技能，因此可以通过一定时间的社交技能训练来改善患者的恐惧症状，如治疗师的示范作用、社交性强化、暴露的作业练习、自我肯定训练等。

三、焦虑症

（一）焦虑症的含义

焦虑症是指个体不能达成目标或不能克服困难的威胁，致使自尊心、自信心受挫，或使失败感和内疚感增加，形成一种紧张不安的情绪状态，同时伴有明显的植物神经功能紊乱和运动性不安。

现实生活中人人都会有焦虑和紧张的体验，正常的焦虑是指向客观存在的事物，如临近重要考试时感到焦虑和紧张。焦虑症的焦虑往往指向实际并不存在的威胁，且紧张、焦虑程度极为严重。

（二）焦虑症的表现

焦虑表现分为两种。一种是急性焦虑症（惊恐障碍），发作时有明显的植物神经症状——心悸、呼吸困难、胸部不适、四肢发麻、出汗，伴有濒死感或失控感。持续时间 1~20 分钟，长时可达数小时，可反复发作多次。 另一种是广泛性焦虑，以经常或持续的无明确对象或固定内容的紧张不安，或对现实生活中的某些问题过分担心或烦恼为特征。这种紧张不安、担心或烦恼，与现实很不相称，让患者感到难以忍受，但又无法摆脱；常伴有植物神经功能亢进、运动性紧张和过分警惕。

中小学生的考试焦虑就属于广泛性焦虑。指考生面临考试情境时，屡因出现恐惧心理而无法自控，同时伴有各种身心不适症状并最终导致考试失利的心理症状。"考试焦虑"实为一种对考试恐惧的反应，有两种类型，一种是临到考试之前开始感到紧张和焦虑；另一种是在学习过程中长期存在焦虑情绪，到考试之前则表现得更为强烈。主要表现为以担忧为基本特征，考试时注意力不集中，感知觉范围变窄，思维刻板，心里慌乱，以防御或逃避为行为方式，无法发挥正常的学习水平，考试后又不能及时地放松下来。

（三）焦虑症的成因

焦虑症的病因尚无定论。研究表明焦虑与生物学基础和遗传倾向有关。精神分析理论认为，焦虑是内心的冲突所致。个体心理素质不良，遇事过分争强好胜或自卑胆怯，也会导致焦虑。持久、过度的考试，升学压力，父母或教师对学生有过高的期望是导致焦虑的外因。在考试中多次体验失败，加剧了焦虑体验。

（四）焦虑症的治疗

认知疗法。运用自助性认知矫正程序，指导学生在考试中使用正向的自我对话，学会察觉个人消极的自我意识，并及时改正，树立正确的自我意识，增强自我应试信心；改变个人头脑中已有的对考试的不合理认知，敢于直面考试，纠正偏差，重新认识考试。

行为主义治疗技术。行为主义的多种方法可以用于焦虑的缓解。比如放松训练，通过全身肌肉的放松，达到精神的放松，缓解压力，舒适心情。再如系统脱敏，将焦虑的场景根据导致焦虑水平的高低，从低到高进行排列，先想象自己正处于焦虑水平最低的那种场景，当焦虑感产生时，应用放松训练方法加以对抗，反复练习，直到想象这一场景时完全没有焦虑的感觉，然后进行下一焦虑水平高的场景的想象和放松。为防止考试焦虑发生，学校可以用团体辅导的方式，于考试前进行干预。

四、强迫症

（一）强迫症的含义

强迫症是以强迫观念和强迫行为为主要表现的一种神经症。个体能意识到自己不必要的反复出现的观念和行为，但是自己不能控制。其特点为有意识的强迫和反强迫并存，一些毫无意义、甚至违背自己意愿的想法或冲动反反复复侵入患者的日常生活，影响其学习、工作和人际交往。大多数人都有过强迫倾向，但只有当它干扰了我们的正常生活时，才是神经症的表现。

（二）强迫症的表现

强迫症可以表现为强迫观念和强迫行为两个类型。强迫观念是有某种联想、观念、回忆或疑虑等顽固地反复出现，难以控制。强迫行为是反复出现无意义的动作，如反复洗手、反复查看门窗是否锁好、反复核算账目是否正确。

（三）强迫症的成因

强迫的产生通常是外界的压力（生活环境的变迁、生活事件等）与内在的人格特征（追求完美、对琐碎细节过于关注、不自信、胆小等）共同作用的结果，当然，研究也发现了一定的遗传倾向。强迫症患者中以脑力劳动者居多。

（四）强迫症的治疗

认知疗法。主要以思维阻断法为主，思维阻断法是指当患者反复出现强迫思维时，通过转移注意力或施加外部控制，如听一听喜欢的音乐，来阻断强迫思维，必要时可配合放松训练来缓解焦虑。

行为主义治疗技术。以暴露与阻止反应法为主，鼓励患者逐步面对可引起强迫思维的各个情境而不产生强迫行为，如让有强迫洗手行为的人不断触摸他们认为不卫生的东西，并阻止他们想要洗手的冲动，他们的强迫洗手症状伴随的焦虑将在多次阻止洗手后缓解直至消退，从而达到控制强迫症状的目的。

森田疗法。日本的森田疗法认为，当事人力图控制强迫症状的努力以及这种努力所导致的对症状出现的专注和预期，只会加重当事人的此种强迫症状。因此，要想矫正强迫症状，应放弃对强迫观念或强迫行为做无用控制的意图，而采取"忍受痛苦，顺其自然"的态度治疗强迫行为。

五、多动症

（一）多动症的含义

多动症，全称为"儿童多动症"，又称为"注意缺陷多动障碍"，是一种常见的以行为障碍为特征的儿童综合征。患有多动症的儿童，一般智力正常或接近正常，但学习、行为及情绪方面有缺陷。大多始于幼儿早期，进入小学后表现显著。

（二）多动症的表现

1.注意力不集中。儿童注意力不集中，学习不专心，上课时专心听课时间不持久，主观控制力不足，对来自各方的刺激都予以反映。

2.活动过多。上课时在座位上不停扭动、东张西望、交头接耳、小动作不停；下课后如脱缰野马、狂奔乱跑、东摸西碰、精力旺盛。

3.冲动任性。易激动，好发脾气，做事缺乏考虑，破坏东西，不顾后果，常与同伴发生肢体冲突，甚至偷窃、斗殴。

4.学习困难。但由于注意力不集中等原因，容易出现学习困难、厌学，学习态度消极，

课堂学习和课外作业等学习活动完全处于消极被动状态。部分儿童存在认知活动障碍和综合分析障碍。

(三) 多动症的成因

导致儿童多动症，有可能是因为：儿童的中枢神经系统成熟延迟或是由于大脑皮质的觉醒不足引起精神发育受损或成熟延迟；后天经受轻微脑组织损害，导致脑神经递质数量不足，神经递质传递信息失调；不当饮食及其他生物化学因素。

(四) 多动症的治疗

让患儿少看电视，适当使用互联网；合理安排患儿日常生活，遵从规律性的作息时间，培养良好的生活习惯和学习习惯；通过简便易于操作的游戏或体育运动，训练患儿的感觉统合能力。

六、网络成瘾

(一) 网络成瘾的含义

网络成瘾是指上网者由于长时间、习惯性地沉浸在网络时空中，对互联网产生强烈的依赖，影响到了上网者的学习和生活而难以自我解脱的行为。

(二) 网络成瘾的表现

网络成瘾者具有长期强迫性使用网络的行为，上网时将自我沉浸于封闭的世界，下网后感到空虚、失落、烦躁，不愿与人交流。网络成瘾者常常会有躯体化反应、睡眠障碍和人际交往问题。

(三) 网络成瘾的成因

网络成瘾是内外两个因素共同作用的结果。网络能满足中小学生好奇、娱乐、交流、宣泄等个体内在需要，自控力水平低的个体更容易成为网瘾者；网络强大的诱惑力、学业压力、同伴群体和家庭不当的教养等是网瘾的外因。

(四) 网络成瘾的治疗

认知疗法。使网瘾者明确长期沉迷网络的不良后果：学业成绩下降、身体健康受损、心理健康受到威胁。通过改变网瘾者的认知实现改变网瘾者行为的目标。

行为主义治疗技术中可以使用系统脱敏法、厌恶干预法和替代法。系统脱敏法是家长或老师与网瘾者协商制定计划，在一定时期内逐步减少上网频率和时间，直至适度使用互联网。厌恶干预法是通过给予网络成瘾者惩罚性的厌恶刺激，来减少上网频率和时间，如将电脑开始声音设置为较长一段时间的噪音，或者循环给网络成瘾者播放戒除网络成瘾的影视宣传片。替代法是通过丰富网瘾者的活动内容，培养个人兴趣爱好，组织开展有意义的文体活动，转移网络成瘾者注意力，逐步减少上网时间和频率。

团体辅导。将网络成瘾的学生组成团体，通过团体辅导的形式有针对性地解决网瘾问题，给网瘾者提供朋辈支持，最终实现团体成员整体戒除网瘾的目标。

家庭治疗。营造和谐的家庭氛围，改善亲子关系，加强亲子沟通，为网络成瘾者的行为矫正提供情感支持。

第三节　心理问题的成因

人的心理是一个结构复杂的动态过程，影响人心理活动的因素是复杂多样的，所以，制约心理问题的因素也是非常复杂的。可以从个体和环境两个方面考察心理问题的成因。

一、生物遗传因素

人的心理是不能遗传的，但是，心理活动的产生、存在是以生物机体为基础的，身体和心理关系密切，生物有机体的结构与机能具有遗传性。

（一）遗传学基础

心理问题虽然不能遗传，但是有些心理问题与遗传关系密切。对精神病人家属的相关研究发现，亲属中血缘关系越近，患病率越高。现代分子生物学和分子遗传学的研究已经揭示了遗传作用产生的机理。

（二）大脑的解剖与生理基础

从18世纪开始，解剖学对精神病人的大脑结构形态进行观察，但缺乏可信的资料。直到1861年布洛卡发现了言语运动中枢，才开始获得可靠的资料。

后来的研究显示，大脑皮层及脑的各个部分不但在形态结构上是有差别的，而且在功能上也不完全一样，不同的区域存在不同程度的分工。诺贝尔奖获得者、美国学者斯陪利认为，大脑两半球机能是不对称的，两个半球既分工又相互补充、制约、代偿。

研究发现，右半球受损伤的人，表现出情绪高涨、兴奋、话多；而左半球受损伤的人，表现为情绪低落、沉默寡言等。这一事实说明，两个半球都与情绪活动有关，但又存在差异。

（三）神经生化基础

1. 中枢神经递质

神经化学研究始于19世纪70年代，主要研究脑的化学成分，研究生化物质与大脑机能的关系，对了解心理、行为异常与脑内生化物质的关系非常有帮助。

中枢神经递质是一类存在于中枢神经系统中对大脑功能有重要影响的物质，是一些小分子化合物，具有传导神经冲动或抑制神经冲动传导的作用。

2. 神经内分泌

动物体内某些特化的神经细胞能分泌一些生物活性物质，经血液循环或通过局部扩散调节其他器官的功能；这些生物活性物质叫作神经激素；合成和分泌神经激素的那些神经细胞叫作神经内分泌细胞。

内分泌系统与行为的关系，表现为内分泌激素是行为的调节剂，同时内分泌系统对行为的调节作用又影响内分泌激素的生物合成及代谢。

处于更年期的女性出现的心理异常，就与内分泌紊乱有关。更年期妇女，由于卵巢功能减退，垂体功能亢进，分泌过多的促性腺激素，引起植物神经功能紊乱，从而出现一系列程度不同的症状，如月经变化、面色潮红、心悸、失眠、乏力、抑郁、多虑、情绪不稳定，易激动，注意力难于集中等，称为"更年期综合征。"

二、心理因素

(一) 潜意识

精神分析理论认为人的精神活动，包括欲望、冲动、思维、幻想、判断、决定、情感等，会在不同的意识层次里发生和进行：意识、前意识和潜意识。弗洛伊德认为潜意识包括的是本能、与本能冲动有关的欲望，特别是性欲。由于这些冲动不被社会风俗、道德、习惯所容纳，而被排挤到意识阈之下，但它们并没有消失，而是在潜意识中积极活动，追求满足。潜意识心理内容是心理疾病的原因。

弗洛伊德认为，本能的冲动和道德的要求之间经常发生矛盾，这种矛盾导致人的痛苦、焦虑。在不知不觉中，人以某种方式缓解这种矛盾、冲突。这种缓解矛盾冲突的方式被称为心理防御机制。若适当使用，防御机制可减缓冲突、减轻痛苦，防止精神崩溃。但过度使用或使用不恰当，则会造成焦虑、抑郁等病态心理症状。

自我防御机制有三个特点。首先，防御机制的作用是避免和减轻消极的情绪状态，它不仅可以作用于焦虑，也可作用于心理冲突和各种挫折。其次，大多数防御机制是通过对现实的歪曲起作用的，它可对各种事实视而不见、听而不闻。最后，大多数防御机制在起作用时，人们通常意识不到，如果意识到自己在歪曲现实，这种歪曲就不能起到避免和减轻消极情绪的作用。

常用的防御机制被概括为十种。(1) 压抑，将意识层面的东西，驱赶到无意识中去的防御机制。(2) 否认，指有意或无意地拒绝承认那些不愉快的事实，这样可以逃避现实，不必面对生活中那些无法解决的困难与无法达成的愿望，从而减轻内心的焦虑。(3) 投射，就是把自己内心存在的不为社会所接受的欲望、态度和行为推诿到他人身上或归咎于别的原因。(4) 退行，当人受到挫折无法应付时，以较幼稚的行为应付现实困境，放弃已经学会的成熟态度和行为模式。(5) 反向作用，有些隐藏在潜意识中的欲望不愿、不便表露，在行为上采取与欲念相反的方向来表示。此种内外趋向两端的现象，称为反向作用。(6) 移置(转移、置换)，指个体将对某人或某事物的情绪反应转移对象，以寻求发泄的过程。例如，一个在工作中受挫的人，回家后向弱妻、幼子大逞威风；失去爱子的母亲特别疼爱别人家的孩子。(7) 抵消，以象征性的行为来抵消已往发生的痛苦事件。(8) 合理化，个体遭受挫折时用有利于自己的理由来为自己辩解，为自己不能面对的痛苦、信念做辩护。(9) 认同(内投射或仿同)，指个体在现实生活中遭受挫折不能获得成功的满足时，采用模仿或比拟的方式来满足自己。模仿成功的人，把自己比拟为成功或强悍的人，消减因挫折而生的焦虑、痛苦。(10) 升华，指被压抑的不符合社会规范的原始冲动或欲望，转化成被社会要求许可的方式表达出来。

(二) 认知

认知就是觉知、了解。认知的对象很广泛，他人与自己、人物与事物都可以是我们的认知对象。这里主要是指社会认知，个体在与他人交往过程中，观察、了解他人并形成判断的心理过程。

认知是心理活动的一个过程，作为复杂心理现象的一部分，认知与其他心理过程相互联系、相互影响。认知影响人的情绪与行为，认知是情绪与行为的基础。消极的认知产生消极的情绪，积极的认知产生积极的情绪。几乎所有消极的认知都蕴含着严重的曲解、失真。改变人的认知、观念、态度可以改变人的消极情绪。

1. 阿尔伯特·艾利斯的研究

认知理论在心理健康中的应用被称为理性情绪行为疗法，曾先后被称为理性疗法、认知行为疗法、理性情绪训练。它是由临床心理学家阿尔伯特·艾利斯倡导的治疗体系，也被称为 ABC 理论。

A：Activating events，指发生的事件。

B：Beliefs，指人们对事件的认知、观念或信念。

C：Consequences，指观念或信念所引起的情绪及行为后果。

艾利斯认为事件并不能直接导致人的行为，即 A 并不能直接导致 C，而是通过 B 对 C 产生影响，因此 B 是非常重要的。人类的问题不是来自外部事件或环境，而是来自人对外部事件的观点、信念，即来自对外部事件的评价和解释。

艾利斯认为人的信念系统包括理性信念和非理性信念两部分，非理性信念是指歪曲现实，丧失客观性的认知。非理性信念是心理问题的根源，心理咨询的目标是改变非理性信念，从而改善心理状态、提高生活质量。

2. 伯恩斯的研究

伯恩斯概括了人的非理性思维方式。（1）非此即彼：如果你的言行不完善，那你就是一个失败者。（2）以偏概全：把一个消极事件看作是一个永远失败的象征。（3）心理过滤：对一件小事念念不忘。（4）贬抑积极的事情：对自己的成功或别人对自己的表扬予以贬抑，如"那算不了什么"，使自己维持一个消极的信念。（5）仓促做出结论：尽管没有令人信服的事实，但是已经做出了结论。（6）夸大其辞：过分夸大一件事情，或者过分贬低一件事情。（7）情绪推理：认为自己的情绪必然反映事物真实情况，如"我不高兴，所以是别人做错了"。（8）虚拟陈述："我必须得到所有人的喜爱""我应该做好所有的事情""他应该公平"。（9）诅咒和乱比附：用一些不确切又导致心情沉重的话语描述某件事情，当学习或工作不理想时想到的是"我是一个失败者"，而不是"我学习、工作有疏忽"，一棍子把自己"打死"。

3. 韦斯勒的研究

韦斯勒认为人的非理性信念表现为三个方面。第一是绝对化的要求，是自己主观意愿的表达，与客观事实有差距或出入。通常使用"必须""应该"等进行表述，如"我必须成绩第一""员工应该尊重领导"。在艾利斯提出的错误认知中"人应该得到自己生活中的每一位重要人物的喜爱与赞扬""一个有价值的人应该各个方面都比别人强"就是绝对化的表现。第二是过分概括化，是以偏概全、以点概面的表现。过分概括可以表现为对他人不合理的认知、评价，把他人一点小错误放大，认为他人一无是处，从而责备他人，进而产生愤怒。过分概括化还可以表现为对自己的苛求，遭遇一次失败就认为自己能力很差、什么都做不好。进而产生失望、沮丧的情绪。第三是糟糕至极，认为如果发生了一件不好的事情，那将是非常可怕的、非常糟糕的，是一场灾难。糟糕至极的不合理信念常常是与绝对化要求相联系的，当人们绝对化要求中的"必须"和"应该"的事物并未如他们所愿发生时，就会感到无法忍受，他们的想法就会走向极端，就会认为事情已经糟到极点了。这种认知导致个体消极情绪的出现。

4. 贝克的研究

贝克把人们在认知过程中常见的认知歪曲归纳为五种形式。第一是任意推断，在证据不足时便草率地做出结论，如"尽管考试成绩还没有公布，但是我感觉自己是一个失败者"。第二是选择性概括，仅依据个别细节而不考虑其他情况便对整个事件做出结论，这是一种以点概面、以偏概全的思维方式，如"我不是一个好学生，因为我的成绩不理想"。第三是过度引申，指在单一事件的基础上做出关于能力、价值等普遍性结论，如"因为这个题我不会做，所以我很笨"。第四是夸大或缩小，不是根据实际情况做出判断，而是夸大或缩小意义与价值，如"今天他有事情瞒着我，他是个不诚实的人""尽管他帮了我很大的忙，但这不能说明什么"。第五是极端思维，非此即彼式的思维，走极端，没有中间状态，如"如果他不能跟我继续做朋友，那他就是我的死对头"。

5. 观察学习

班杜拉认为人的行为，特别是复杂行为主要是后天习得的。行为习得有两种途径，一种是通过直接经验获得，即直接经验的学习（经典条件反射和操作条件反射均属于直接经验的学习）；另一种是通过观察示范者的行为而习得，即间接经验的学习。班杜拉的社会学习理论强调的是后者——观察学习。

观察学习又称为替代学习，是指对他人的行为及其强化结果的观察而获得经验。在观察学习中，观察学习的对象称为榜样或示范者，观察学习的主体称为观察者。班杜拉认为榜样或示范者不一定是人，也可以是以其他形式（艺术作品中）存在的人、事件等。观察学习具有如下的特点：首先，观察学习并不具有必然的外显反应。班杜拉区别了学习和操作，认为学习者由观察而获得的行为反应，并不需要外显的操作。其次，强化在学习中不是关键的因素，因为观察者没有表现出外在的操作，也就不可能获得强化，但学习依然可以发生。第三，强调认知过程在观察学习中起重要作用。观察本身就是认知过程的一部分，观察到的事件以表象或语言反映得以表征。最后，观察不同于模仿，模仿是指学习者对榜样行为的简单复制，而观察学习是指从他人的行为及其后果中获得信息，它既可能包含模仿，也可能不包含模仿，观察学习是比模仿更为复杂的学习过程。

四、学习活动

学生的主要任务是学习，学习具有强制性，要按一定要求做并达到相应的标准，接受必要的考核。学习压力对学生的心理健康构成威胁。

学习压力是学生的主要压力源[1]，学习压力是影响中小学生心理健康的首要因素[2]。由于难以承受学业压力，极端的负性事件时有发生。尽管大多数学生仍然坚持学习，但他们的健康状况令人担忧。

一项对河南21870名中学生的调查发现，心理问题检出率为45.7%，其中轻度者为40.7%，中度者为4.8%，重度者为0.2%，学习压力感是中学生最突出的心理问题的成因[3]。

[1] 杨升平，朱婵媚.广州市农村地区中学生压力源调查[J].开封教育学院学报，2017（4）：175-177.

[2] 林春燕，陈亚林，丁万涛.温州市中学生心理健康状况与生活事件的关系研究[J].预防医学，2017（1）：128-131.

[3] 何健，张丁，孙经等.河南省中学生心理健康现状分析[J].中国学校卫生，2013（3）：310-312.

五、环境

行为主义认为人的行为是由环境决定的，人的心理障碍、病态行为也是学习的结果。学习的机制是条件反射。

条件反射分为经典条件反射和操作条件反射。前者是俄国生理学家、诺贝尔奖获得者伊凡·巴甫洛夫最早发现的，后者是美国心理学家斯金纳提出的。

（一）经典条件反射与操作条件反射

巴甫洛夫在研究消化现象时，观察狗的唾液分泌。狗见到食物分泌唾液，是无条件反射。在给狗呈现食物的同时，还伴有一个中性刺激如铃声，食物和铃声同时多次出现后，狗会对中性刺激铃声给予反应，即没有食物只有铃声时，狗仍分泌唾液，形成条件反射。对铃声给予反应是学习的结果，这个中性刺激可以是任何刺激，如灯光，如果灯光和食物同时多次出现，狗也可以学会对灯光进行反应。

斯金纳的实验装置被称为"斯金纳箱"。木箱内装有一个可操作的按键或杠杆，还有一个提供食物强化的食盒。动物一触按键或按压杠杆，食物盒就出现一粒食物，对动物的操作行为给予强化，从而使动物按压杠杆的动作反应概率增加。斯金纳认为，这种先由动物做出一种操作反应，然后再受到强化，从而使受强化操作反应的概率增加的现象是操作性条件反射。

（二）强化

强化是条件反射形成的基础。所谓强化就是中性刺激（铃声、按压杠杆）与无条件刺激（食物）在时间上的结合。强化的次数越多，条件反射就越巩固。

一切来自体内外的有效刺激只要跟无条件刺激在时间上结合（即强化），都可以成为条件刺激。一种条件反射建立、巩固后，再用另一个新刺激与条件反射相结合，就可以形成第二级条件反射，同样，还可以形成第三级条件反射，在人身上则可以建立多级的条件反射。

斯金纳把强化分成积极强化和消极强化两种。积极强化是获得强化物以加强某个反应，如儿童美化了自己的行为没有说出事情的真相，而父母表扬了孩子，父母的表扬就强化了儿童的不诚实。消极强化是去掉厌恶的刺激物，由于刺激的退出而加强了那个行为。如当笼中的动物不断受到电击时，偶然碰到一个杠杆而免受电击（厌恶刺激解除），那么该动物按压杠杆的行为受到强化。

（三）泛化

泛化指某种特定条件刺激反应形成后，与之类似的刺激也能激发相同的条件反应，如狗对铃声产生唾液分泌反应后，对近似铃声的声音也会产生反应。"一朝被蛇咬，十年怕井绳"便是获得泛化的最好例证。

（四）条件反射的消退

当条件刺激（铃声、杠杆）不被无条件刺激（食物）所强化时，就会出现条件反射的抑制。条件反射建立以后，如果多次只给条件刺激而不用无条件刺激加以强化，结果是条件反射的反应强度将逐渐减弱，最后将完全不出现。例如，对以铃声为条件刺激而形成唾液分泌条件反射的狗，只给铃声，不用食物强化，多次以后，铃声引起的唾液分泌量将逐渐减少，甚至

完全不能引起分泌，出现条件反射的消退。

斯金纳特别强调惩罚的作用，目的是呈现消极强化物或排除积极强化物去消除某个反应。如一个孩子攻击了同伴，受到父亲的体罚，父亲的体罚降低了该儿童攻击同伴的行为，这是通过呈现消极强化物而消除行为。还可以通过解除积极强化物来降低儿童的攻击行为，如发生了攻击行为后，可以剥夺儿童看动画片的权利而降低攻击同伴的行为。

（五）经典条件反射与操作条件反射的不同

操作条件反射与自愿行为有关，经典条件反射是非自愿的。经典条件反射是由条件刺激引起反应的过程，写成公式是 $S \rightarrow R$；而操作性条件反射是首先做某种操作反应，然后得到强化的过程，写成公式为 $R \rightarrow S$。

由此，斯金纳进一步提出，人和动物有两种习得性行为。一种是应答性行为，通过建立经典条件反射的方式习得；另一种是操作性行为，通过操作条件反射获得。据此，斯金纳提出两种学习：经典性条件反射学习和操作性条件反射学习。两种学习形式同样重要，而操作式学习则更能代表实际生活中人的学习情况。在斯金纳看来，学习就是分别形成两种条件反射的过程。

 【信息栏】15-1：行为主义的治疗技术

行为主义的治疗技术

1. 放松训练

通过循序渐进的方式放松肌肉群从而达到放松心理的治疗技术。为了使初学者了解什么是放松，通常先让其了解什么是紧张，在对比中学会放松。

2. 系统脱敏

系统脱敏疗法又称交互抑制法，这种方法主要是诱导来访者逐步地暴露于导致其焦虑、恐惧的情境中，并通过心理的放松状态来对抗这种焦虑情绪，从而达到消除焦虑或恐惧的目的。

3. 厌恶疗法

又称惩罚法、对抗性条件反射疗法，把需要消除的行为与某种厌恶性或惩罚性的刺激结合起来，以建立厌恶条件反射，达到消除不良行为的目的。其原理是把令人厌恶的刺激，如电击、催吐、语言责备、想象等，与来访者的不良行为相结合，形成一种新的条件反射，以对抗原有的不良行为，进而消除这种不良行为。

厌恶疗法的使用，给来访者带来不愉快的体验，在使用之前应该向来访者有交代、说明；厌恶性刺激应该达到足够强度，通过刺激确能使来访者产生痛苦或厌恶反应，持续的时间为直到不良行为消失为止。这种方法适用于嗜酒、强迫和性行为变态。

4. 满灌疗法

也称暴露疗法、冲击疗法。把当事人感到恐惧、焦虑的刺激呈现在面前，让当事人暴露在刺激中，忍受、适应这种刺激，从而使不良行为消退。这种方法可以在实际情境中进行，也可以在想象情境中使用。这种方法适用于焦虑症和恐怖症。

5. 代币法

根据操作条件反射的强化原理而设计的一种行为治疗方法，把原来没有强化作用的中性刺激经过与强化物建立联系，就获得了强化的作用。通过这些获得强化作用的中性刺激强化当事人的正常行为，使不良行为逐渐消退。例如，教师给表现好的孩子发小红花，在期末的时候可以根据获得红花的数量来换取学习用具。

6. 示范

是以社会学习理论为基础而实施的一项行为矫治技术。通过给当事人提供一个模仿的榜样，建立新的行为模式，消除旧的行为模式。榜样的提供是多种方式的，电视、媒体中和现实生活中的人物皆可。

7. 行为契约

当事人为消除行为而约定的一个合同（通常是书面的），实质是一个治疗计划。这种治疗方法是将治疗目标分成一步一步的小目标。契约中明确规定一个疗程的目标、方法与步骤；规定当事人达到目标的奖励和没有达到目标的惩罚。

如某人一天抽一包香烟，现在想戒烟。其第一阶段治疗戒烟的目标是两天抽一包，如果做到了，就给予奖励（看足球比赛），如果没有做到就进行惩罚（给自己最不喜欢的人买一包香烟）。第一阶段的目标实现后，进入第二阶段，目标是一个星期抽两包烟……。这个约定需要严格的监督执行，要求当事人有较强的理性和自我约束能力。

六、社会文化

广义的社会文化包括政治、经济、法律、宗教、风俗习惯、传统意识以及衣、食、住、行的流行方式等。社会文化影响人的意识和行为，文化是心理问题形成的宏观背景，心理问题是文化的产物。

卡尔·罗杰斯是美国人本主义心理学家的代表，对人性持乐观而积极的态度，认为人性中的恶是后天文化导致的。罗杰斯认为丰富的物质、商业化、技术充斥整个社会，人类进入前所未有的"精神孤独"时代，这种物质、商业文化导致人心理问题的出现。

（一）社会文化影响心理问题评价标准

心理具有主观性，评价心理问题本身也是一个心理活动过程。因此，多数人的价值观念会成为一股强大的社会力量左右着人们的观念和行为。而不同社会文化的价值观念、行为标准是有差异的。因此，在一种文化背景下看来是正常的行为，可能在另一种文化背景下就是异常的。女性在海滩裸泳，在西方很多国家被认为是正常的行为，但在信仰伊斯兰教的民族中则被认为是异常行为。对于同性恋，有的国家将其合法化，属于正常行为；而有的国家则持排斥的态度，认为是行为异常的表现。

（二）社会文化影响对待心理问题的态度和处理办法

在不同社会文化背景下，对待心理问题的态度是有差异的。基督徒曾认为，一个人之所以精神出问题，是因为上帝在惩罚他。新中国成立前，我国老百姓对精神问题的认识是魔鬼附身、前世罪恶的报应。这样的认识导致的结果是，轻蔑、谴责精神有问题的人。

现代社会，随着科学技术的日益进步，人们对精神问题有了深入、正确的认识。把严重的精神问题看作是与脑损伤有关的疾病，给予精神关爱、心理治疗和药物治疗。

综上所述，个体和环境因素共同影响着心理健康，生物学因素只能决定心理现象的发生和存在，而环境因素则决定着心理现象发生、发展的方向。

 ## 第四节　心理健康的维护

心理健康的维护可以从两个层面进行，一方面是防患于未然，另一方面是心理问题出现后的补救。

一、心理素质

不健康的心理通常是内外双重因素共同作用的结果。主体很难控制外因，但可以通过对内因的控制，即具备良好的心理素质，从而减弱、减缓外因对心理的损伤，保持心理健康。

（一）认知

这里主要指社会认知能力，即对自己和他人的认识能力，要求认识既准确又全面。一个高估自己能力的人，做事眼高手低，总是碰壁失败；一个低估自己能力的人，做事畏首畏尾、凡事退缩，也很难体验成功。一个只看自己优点、对缺点视而不见的人，在人际交往中总是把责任归因于他人，很难维持良好的人际关系。

（二）情绪

很多心理问题最终都表现为情绪症状。调控情绪的能力首先表现为情绪反应适度，一次考试失败就感到绝望、对亲人亡故没什么感觉，这都是情绪反应不适度的表现。其次，善于从消极情绪中解脱，减少、避免消极情绪的影响。情绪调控能力强的人容易保持情绪的积极、稳定状态。

（三）自我控制

不论是学习还是工作都需要克服困难、排除诱惑，方能取得优秀业绩。在家庭中遵守"家规"、在学校遵守校纪都是自我控制能力的表现。延迟满足的实验及相关研究说明了自我控制能力的重要性。

上述三个方面是心理素质构成的基本单位，三者的结合还可以构成复合的心理素质，如个性。

二、心理辅导

学生心理健康教育工作，在学校中以心理辅导的形式来完成。心理辅导是指以心理学的理论和技术为主要依托，根据学生生理、心理发展特点，通过集体辅导、个别辅导、教育教学中的渗透等多种形式，帮助学生自我认识、自我接纳、自我调节，从而充分开发自身潜能，促进其心理健康与人格和谐发展的一种教育活动。学校心理辅导强调面向全体学生，以正常学生为主要对象，以心理辅导为主要形式，直接目标是提升心理素质，最终目标是促进学生人格的健全发展。

（一）学校心理辅导的目标

学校心理辅导的总目标是提高全体学生的心理素质，开发自身潜能，培养积极乐观的精神状态，提高学生心理健康水平。

学校心理辅导的具体目标包括三个方面。发展性目标——通过提高全体学生学习、生活、人际交往和社会适应性等方面的心理素质，充分开发潜能，促进心理健康。预防性目标——通过心理健康教育，对学生有可能出现的心理问题进行预防，促进学生心理机能和人格的完善发展。治疗性目标——针对已经出现心理障碍或心理疾病的学生，进行心理咨询与治疗。学校心理健康教育的首要目标是发展性的，其次是预防性的，最后是治疗性的。

总之，维护心理健康应该把重点放在提高心理素质和抗挫折能力上，不是出了问题再去解决，这也是心理健康工作的最终目标。

（二）学校心理辅导的内容

学习辅导。指教师运用心理辅导的专业技能，培养学生良好的认知、动机、情绪、行为等的学习品质与技能，提高学习效率，发挥最大潜能。

人格辅导。指教师着重对学生的自我意识、情绪和情感、意志品质、人际关系、青春期等出现的心理问题的辅导，培养其良好的个性心理品质和社会适应能力。

生活辅导。通过休闲辅导、消费辅导和日常技能辅导，培养学生健康的生活情趣、乐观的生活态度和良好的生活技能。

职业辅导。为学生未来的职业生涯做准备的教育活动，旨在帮助学生在了解自己的特质、人格倾向、能力、特长、兴趣爱好和当前的社会就业条件的基础上，确立自己的职业意向，为未来的职业选择做准备。

（三）学校心理辅导的途径

在学校心理辅导中以心理辅导课为主，将心理辅导内容渗透于各科教学和教育活动中为辅。专职教师以活动、体验的形式开设心理辅导课，可以在室内亦可以在户外；全员教师都要有心理健康的意识，并在日常学科教学课堂上渗透心理健康教育的内容；还可以结合班会、少先队或共青团活动开展心理健康教育；对出现心理问题的学生提供个别帮助。

【反思与探究】

1.请举例说明如何理解心理健康。

2.什么是心理防御机制？

3.举例说明心理防御机制与心理健康的关系。

4.行为主义认为学习的机制是什么？

5.艾利斯的理性情绪行为疗法的核心是什么？请结合实际用该方法解决一个问题。

6.举例说明韦斯勒概括的非理性信念的表现。

7.学校心理辅导的目标是什么？

【第十五章资源链接】

1. Morton Hunt. 心理学的故事 [M]. 李斯，王月瑞，译. 海口：海南出版社，2002.

在这个心理学被广泛关注的时代，本书力图准确解释人类行为的真正起因到底是什么。通过描述引人入胜的故事，使读者能迅速理解心理研究的方法和理论、心理治疗的方法和功效。

2. Barry A Farber. 罗杰斯心理治疗——经典个案及专家点评 [M]. 郑钢，等，译. 北京：中国轻工业出版社，2006.

本书编写非常出色，不仅有罗杰斯心理治疗过程的完整记录（许多经典个案为首次公开发表），什么是以人为中心的治疗思想，还有其他心理治疗学派的专家们对这些个案的点评，每一篇点评都独具特色。

3. http：//www.apa.org/ 美国心理学协会

APA 美国心理学协会是代表美国心理学界的一个专业科学组织，拥有 15 万名会员，是全球最大的心理学家协会。主要由学院派心理学家组成，重视基础理论和学术性较强课题的研究。通过会议及出版物传播心理学知识。

第十六章
教师心理

【内容提要】

　　教师心理因为其特殊的角色有其独特的特点，并影响教师的专业发展和心理现状。本章首先分析了教师角色的含义、构成、角色变化、形成阶段和教师的心理特征；其次，介绍了教师的成长心理、专业发展要求、专业发展途径、专业发展内容、教师成长的方法和专业素养的培养；最后探讨了教师心理健康的现状、问题、影响因素以及解决的途径。

【学习目标】

　　1. 了解教师角色心理。

　　2. 理解教师角色变化和构成。

　　3. 了解教师心理特征。

　　4. 理解教师专业发展的要求。

　　5. 掌握教师成长发展的途径和方法。

　　6. 掌握促进教师心理健康的理论与方法。

　　广义的教育本身包含学生人格的健康发展、个人潜能实现的含义。心理素质的培养是现代素质教育所面临的关键与核心问题。随着科学技术的迅猛发展，社会政治、经济、文化、生活剧烈而深刻地变化，成长中的青少年学生在各种传统、文化潮流和社会变动的多重影响和冲击下，承受着学习、生活等各方面的压力，面临着成长和发展中的各种问题。提高教育质量，增强学生心理素质，寻求解决方案，已成为教育界的当务之急。

　　学生心理素质的提升涉及学校教育的很多方面，但最终的效果终究要落实到教师本身的素质上。换句话说，学生心理素质的提升最终要通过教师的专业成长和心理的影响力来达成。

第一节　教师的角色与心理特征

一、教师的角色心理

教师的职业是一个特殊的职业，教师所扮演的角色具有多重性和复杂性。教师角色的多重性决定了教师素质的多样性。社会对教师素质的关注尤为突出，无论是关注其道德责任还是强调专业素质，都是从局外人的视角出发对教师的社会角色提出了规范。

(一) 教师角色的含义

"师者，所以传道授业解惑者也"，这一对于教师角色最简单同时也是影响最大的言说，直指教师职业的本质。

所谓教师角色，是指教师按照其特定的社会地位承担起相应的社会角色，并表现出符合社会期望的行为模式，它是由一系列角色构成的角色系统。

(二) 教师角色的构成

1. "家长代理人" 的角色

在许多学生和家长眼里，教师是父母的化身。学生入学后常常自然地把许多父母具有的特征、行为模式，与父母相处的经验、体会，推及自己与教师的交往中。所以，教师在课堂上、学习上是老师，在生活上是长者和父母。

这一角色在教师身上的积极意义主要在于，它激发教师产生一种对学生的父爱和母爱，产生"监护人"的作用；消极意义主要是教师可能会出现"家长制"作风，认为学生就像他的"孩子"一样可以任意处置，以致形成不良的师生关系。

2. "学生楷模" 的角色

教师作为学生的榜样，有着十分重要的功能。在学生心目中，教师是知识的源泉，是智慧的替身与行为的典范，教师所有的举止言行都无疑成为学生模仿和学习的表率，在学生心灵上打下深深的烙印。教师对学生的影响是巨大的，他肩负着传递社会文化价值与标准的任务，他也就被学生看作是代表这些价值的人。因而教育中强调身教重于言教，教师要通过自己的榜样、模范、表率作用去感染每一个学生，教育每个学生，对学生施加潜移默化的影响。

3. "知识传授者" 的角色

"知识传授者"是教师职业的中心角色。提到教师，人们不免想到，教师是一个知识的宝库，是一部内容丰富的教科书。教师的主要功能是给学生传授知识，指导学生学会学习，培养学生的各种能力，促进他们的智力发展，教师的这一角色主要是通过教学活动来实现的。教师的这一角色特征决定了教师不仅要有广博的基础知识，精深的专业知识以及邻近各个领域的知识，还要了解科学研究的新成果，而且还要对自己所教学科充满热情，善于调动学生积极性，鼓励学生自觉地学习。

4. "严格管理者" 的角色

"严格管理者"的角色主要表现在教师是学生集体的领导者和纪律的执行者两方面。学校的教学活动大都以集体的方式进行，教师领导并指导着作为一个整体的班级，对他们施加影响。社会也希望教师能够培养良好的班集体，使学生在班集体中受到良好教育。因此，教师作为学生班级的管理者，应有计划地去培养班集体，创造一种和谐、民主、进取的集体环境，形成良好的班风，运用奖罚来控制、调节学生的活动，帮助学生形成"律己"的习惯，加强自我管理。

5. "心理调节者"或"心理医生"的角色

教师所面对的是一个个有生命的个体，不同的学生有不同的个性特征，其中也有部分学生，由于社会、家庭等方面的原因，导致其心理上的困扰。对于这些现象，教师就要充当"心理调节者"或"心理医生"的角色，目的主要是帮助学生学习和适应更有效的生活方式；同时要掌握心理疏导技术，减轻、消除心理压力和矛盾，帮助学生学会主动调节自己的情绪，以保持积极向上的精神状态；对后进生给予较多的关怀，消除其压抑感；了解学生常见的心理异常症状，及时发现问题；尊重学生的个别差异，帮助学生形成健康人格等。

6. "学生的朋友和知己者"的角色

在日常生活中教师有时还需要淡化自己的地位角色，成为值得学生信赖的朋友和知己，对待学生热情、友好、同情、平等、民主，保持良好的师生关系。

当然，学校、家长和学生对教师的要求和期望是多方面的，这也说明了教师工作本身的责任和职业的崇高。

 【信息栏】16-1：学生喜欢的教师角色和形象

学生喜欢的教师角色和形象

有关研究表明，学生对教师的人格修养有着很高的期望，张旭东对627名中学生的调查结果显示，学生喜欢的教师形象如下。

（1）认真负责，与学生和睦相处，公平对待每一个学生，没架子；

（2）讲课生动，能够引起学生兴趣，有较渊博的知识，讲课能旁征博引，使学生受到启发、指导，不拖堂；

（3）关心和爱护学生，和蔼可亲，年轻的应该让学生感到像大哥哥、大姐姐，年长的则应像父母；

（4）尊重学生的人格，关心学生的疾苦，能时常了解学生们对他的意见，在学生心理遇到沉重打击时，亲如父母及时关怀；

（5）思想开放，不古板，经常与学生交流情感，与学生打成一片，有风度，有吸引的气质；

（6）能指导学生的学习方法，定期给学习差的学生辅导；

（7）能够理解学生们的某些做法，在大型活动或者班级重大问题上处理妥当；

（8）工作态度认真，对自己出现的错误敢于承认，不找任何借口，以身作则，身体力行，言行一致。

（9）认真批改作业，作业要留的适量，不要不留，也不要留的太多；

（10）照顾全体同学要全面，不要单单使一些学习好的同学听懂，下课时对同学的提问要耐心回答。

资料来源：吴增强.学校心理辅导通论 [M].上海科技教育出版社.2004：373-374.

（三）社会变迁中教师角色发展的趋势

在缓慢演变的社会里，教师角色仅仅被视为或者主要被视为将前人所积累起来的知识、经验和方法传授给年轻一代而已。然而，随着社会变迁速度的加快，教师角色的功能已经远远不限于如此了。在飞速发展的当今时代，教师角色的内容和重心都发生了巨大变化。1975年联合国教科文组织成员国向国际教育局提供的报告，揭示了教师角色转换的一般趋势。

在教学过程中更多地履行多样化的职能，更多地承担组织教学的责任；

从一味强调知识的传授转向着重组织学生的学习，并最大限度地开发社区内部的新的知识资源；

重视学习的个性化，改进师生关系；

实现教师之间更为广泛的合作，改进教师与教师的关系；

更广泛地利用现代教育技术，掌握必要的知识与技能；

更密切地与家长和其他社区成员合作，更经常地参与社区生活；

更广泛地参加校内服务和课外活动；

削弱加之于孩子们身上，特别是大龄孩子及其家长身上的传统权威。

教师角色的这些转换，不仅意味着学校教育功能的某些变化，而且对教师素养的要求以及相应的师资培训问题也提出了更高的要求。

（四）教师角色的形成阶段

教师职业角色的形成是一个连续的过程，通过教学实践，一位新手型教师逐渐成长为一个胜任教学工作的熟手型教师，其职业角色的形成主要经历以下三个阶段。

1. 角色认知阶段

角色认知是指角色扮演者对某一角色行为规范的认识和了解，知道哪些行为是合适的，哪些行为是不合适的。对教师职业角色的认知，就是教师对教育事业的深刻理解的过程，包括教育工作是怎样的职业，它所承担的社会职责是什么，它在历史、现实中处于怎样的地位等。

2. 角色认同阶段

教师角色的认同指个体亲身体验接受教师角色所承担的社会职责，并用来控制和衡量自己的行为。对教师角色的认同能在认识上了解到教师角色的行为规范、社会价值和评价，并经常用优秀教师的标准来衡量自己的心理和言行，自觉地评价与调节自己的行为。同时在情感上也有了体验，表现出较强的职业情感，如热爱教育事业、热爱学生等。

3. 角色信念阶段

信念是个体确信并愿意以之作为自己行为指南的认识。信念表现在教师职业中就是为教育事业献身的精神。在此阶段中，教师角色中的社会要求转化为个体需要，形成了教师职业特有的自尊心和荣誉感。教师意识和教师特有的情感，使他们自觉地奉献出毕生的精力。

（五）教师角色意识

教师的角色意识，就是指教师对自己所扮演的社会角色规范的认知和体验。教师的角色意识是教师自我意识的一项重要内容，只有形成明确的角色意识，教师群体才能形成一个符合社会要求的职业行为规范，教师个体也才能不断地调节、完善自己的职业行为，很好地完成教师的社会职责。

教师角色意识的心理结构包括以下三部分内容。

1. 角色认知

角色认知是指角色扮演者对角色的社会地位、作用及行为规范的认识和对与社会的其他角色的关系的认识。对于教师来说，只有具有清晰的角色认知才能在各种社会情境中恰当地行事，达到良好的社会适应。教师角色认知的实现是教师通过学习、职业训练、社会交往等，了解社会对教师角色的期望和要求。

2. 角色体验

角色体验是指个体在扮演一定角色的过程中，由于受到各方面的评价与期待而产生的情绪体验。一般来说，这种体验因主体行为是否符合角色规范并因此受到不同评价而有积极与消极之分。例如，责任感、自尊感或自卑感都是教师在角色扮演过程中产生的情绪体验。

3. 角色期待

角色期待是指角色扮演者对自己和对别人应表现出什么样的行为的看法和期望。它是因具体人和情境的不同而变化的。

教师的角色期待是教师自己和他人对其行为的期望。角色期待包括两方面：一是自我形象，即个人对自己的行为期望；二是公众形象，指他人对某一特殊角色的期望。这两者是相互作用和相互影响的。教师只有对教师角色的社会期待不断地认同与内化才能尽快地把社会期望转化为自我期待，从而减少角色混淆与角色冲突。

（六）教师威信

教师威信是指教师在学生心中的威望和信誉，是教师的教育教学行为对学生影响所产生的众望所归的心理效应。教师威信体现着对学生的凝聚力、吸引力、号召力和影响力，它实质上反映了一种良好的师生关系，是教师成功地扮演教育者角色、顺利完成教育使命的重要条件。

1. 教师威信的内容

教师威信是开展有效教学的基础和前提。赫尔巴特说："绝对必要的是教师要有极大的威信，除了这种威信外，学生不再重视任何其他意见。"教师的威信大致包含以下四方面的内容。

（1）思想威信

每个教师的世界观、知识水平、品德表现以及对每一事物的态度，都无时无刻不在对学生发生着潜移默化的影响。因此，教师在思想政治方面的威信，在学生的成长中起着重要的甚至决定性的作用。

（2）学识威信

对教师来说，学识是他们的宝贵财富，具有一种科学赋予的特殊力量，那么他在学生中便产生了影响力。

（3）品德威信

教师品德是调整教师之间、师生之间以及与社会各方面关系的行为准则。教师的品德条件主要指他们的道德、品行、人格、作风等对学生产生影响的因素。这些因素对于教师职业

来说就是师德。品德可以决定一个教师的行为的倾向，好的品德能够使学生产生敬重感，并形成一种感染力、影响力。

（4）情感威信

一个教师如果对他的学生既当老师，又做朋友，爱生如子，平等相待，从思想上、学习上和生活上予以关心爱护，学生就会产生信赖感。如果教师对学生怀着真挚的情感，为人谦逊，态度和蔼，会使学生产生亲切感。有了信赖感和亲切感，教师对学生的影响力就大，教师的威信相应就提高了。

2. 教师威信的建立途径

建立教师威信的途径具体包括：①培养自身良好的道德品质；②培养良好的认知能力和性格特征；③注重良好仪表、风度和行为习惯的养成；④给学生以良好的第一印象；⑤做学生的朋友与知己。

教师的威信只能依靠教师个人的学识才智、育人成果、社会贡献而获得，重在通过教育实践活动进行自我培养和提高。任何威信都有人际心理关系的内容。教师要建立和提高自己的威信，有助于疏通与学生的心理关系，建立融洽和谐的人际心理关系。

二、教师的心理特征

教师的心理特征是指教师在教育教学实践活动中，长期扮演的各种不同的角色并随之逐渐形成的特有的心理品质。教师的职业特点、社会角色决定了教师应具备一系列特定的心理品质，主要包括教师的认知能力和人格特征等。

（一）教师的认知特征

教师的认知特征表现在其知识结构和教学能力上。教师的知识结构主要包括：专业学科内容知识，教育、教学、心理学的知识和实践性知识。教学能力包括：组织和运用教材的能力、言语表达能力、组织教学的能力、对学生学习困难的诊治能力、教学媒体的使用能力以及教育机智等。

（二）教师的人格特征

教师的人格特征是影响教学的重要因素，其包含的内容是多方面的，如教师的职业信念、教师的性格特点和教师对学生的理解等。

在教师的人格特征中，有两个重要特征对教学效果有显著影响：一是教师的热心和同情心；二是教师富于激励和想象的倾向性。

（三）教学效能感

1. 教学效能感的含义

心理学上，把人对自己进行某一活动能否顺序完成的主观判断称为效能感，效能感的高低往往会影响一个人的认知和行为。教师在进行教学活动时也有一定水平的效能感。所谓教师的教学效能感，是指教师对自己影响学生学习行为、成绩、能力的主观判断。这种判断，会影响教师对学生的期待、对学生的指导等行为，从而影响教师的工作效率。

2. 教学效能感的分类

根据班杜拉的自我效能感理论，可以把教师的教学效能感分为个人教学效能感和一般教育效能感两个方面。

（1）个人教学效能感

个人教学效能感指教师认为自己能够有效地指导学生，相信自己具有教好学生的能力。教师的教学效能感是解释教师动机的关键因素。它影响着教师对教育工作的积极性，影响教师对教学工作的努力程度以及在碰到困难时他们克服困难的坚持程度等。

（2）一般教育效能感

一般教育效能感指教师对教育在学生发展中的作用等问题的一般看法与判断，即教师是否相信教育能够克服社会、家庭及学生本身素质对学生的消极影响，有效地促进学生的发展。这与班杜拉理论中的结果预期相一致。

3.教学效能感对教师与学生的影响和作用

（1）教学效能感对教师行为的影响

第一，影响教师在工作中的努力程度。效能感高的教师相信自己的教学活动能使学生成才，便会投入很大的精力来努力工作，在教学中遇到困难的时候，勇于向困难挑战；效能感低的教师则认为家庭和社会对学生影响巨大，而自己的影响则很小，因而常放弃自己的努力。

第二，影响教师在工作中的经验总结和进一步的学习。效能感高的老师，为了提高自己的教学效果，会注意总结各方面的经验，不断学习有关的知识，进而提高自己的教学能力，而效能感低的教师，由于不相信自己在工作中会取得成就，便难以做到在教学过程中不断地积累、总结和提高。

第三，影响教师在工作中的情绪。效能感高的教师，在工作时会信心十足、精神饱满、心情愉快，表现出极大的热情，往往会取得良好的教学效果，而效能感低的教师，在工作中感到焦虑和恐惧，常常处于烦恼之中，无心教学，以至于不能很好地完成工作。

（2）教学效能感对学生学业成就的影响

阿什顿和吉布森等人用根据班杜拉的社会认知学习论制定的教学效能感量表，来研究教师的教学效能感，结果发现教师的教学效能感与学生的学业成就具有显著的正相关，教师的教学效能感之所以能够影响学生的学业成就，是因为教师通过其外部的行为表现影响学生，而这种行为又影响学生学习的效能感，进而支配学生的学习行为，从而影响其成就，反过来学生的成就和他们的各种学习行为，又会影响教师的教学效能感。

4.影响教师教学效能感的因素

影响教师教学效能感的因素，一般可分为外部环境因素和教师自身因素。外部环境因素，包括社会文化背景、学校的特点、人际关系等。研究表明，工作发展的条件和学校的客观条件，对一般教育效能感具有明显影响；工作发展的条件、学校风气和师生关系，对教师的个人教学效能感具有明显的影响。教师自身因素，包括他的价值及自我概念等是影响教学效能感的关键。

（1）外部环境因素对教师教学效能感的影响

第一，社会文化背景对教师教学效能感的影响是显而易见的。

第二，某些传统教育观念也影响着教师的教学效能感。

第三，学校所处的环境，对教师的教学效能感有明显的影响。

第四，教师群体的学生观对教师的教学效能感也有影响。

（2）教师的主观因素对教师的教学效能感的影响

与外部因素相比较，教师的主观因素则是影响教学效能感的关键，其中最重要的是教师的价值和自我概念价值，通常被人看作用来区分好坏、重要性并指导行为的心理倾向系统。

第二节　教师的成长与培养

教师的职业一直被人们寄予厚望，这尤其体现在人们形容教师角色时所使用的隐喻之中，如"春蚕""园丁""人类灵魂的工程师"等往往都被视为教师的代名词。新课程改革以来，"知识的建构者""共同探究者""学生学习的促进者"等词语开始频繁出现，并被越来越多地用以形容教师。这反映出近年来教师公众形象的微妙变化：如果说以前人们多关注教师的道德责任，那么现在人们则综合考量教师的道德责任和专业素养的双重作用。

一、教师的专业发展

教师的专业发展主要是针对教师个体而言的，是指教师在整个专业生涯中，依托专业组织、专门的培养制度和管理制度，通过持续的专业教育，习得教育教学专业技能，形成专业理想、专业道德和专业能力，从而实现专业自主的过程。

从本质上说，教师专业发展是教师个人的专业性不断发展和提升的过程，是教师不断获取新知识，增强自身专业能力，完善自己的职业道德修养，以适应教育工作需要，不断提高教育教学工作质量的过程。要成为一名专业合格的教师要经历一个专业发展过程。

（一）教师专业发展的要求

1.学会学习，成为终身学习者

教师必须不断更新观念、知识和能力，掌握现代教育技术，并用于自己的教育教学，以适应不断变化的时代对教育提出的要求。每个教师都必须成为终身学习者，不断地学习，提高自己的知识水平。过去我们常常津津乐道于教师"一桶水"相对于学生"一杯水"的丰富渊博，现在"一桶水"的容量已经远远不能满足学生的需要，教师必须时刻吸纳新知，不断丰富和提高自己，成为学生的"源头活水"。否则，不仅难以在学生面前维持自己的威望，在专业发展方面也会遭遇重重困难。

2.勤于反思，成为反思的实践者

教育反思，就是教育者把自己已有的教育实践作为思考的对象，对已有的教育实践成败原因进行探求，从而获得解决教育实际问题的新知。教育反思作为一种专业发展的方法，应该以专业知识作为基础，以教育活动成败原因的探求为方向，以获得教育实际问题的解决为目的。

教师的教学反思一般会涉及对教育教学观念的反思，对课程内容、具体教学内容选择的反思和对教学过程及其教学方法的反思。教师常用的反思工具有教学后记、教学日志、教育案例等。

教师应该培植起自己的"反思"意识，不断反思自己的教育教学理念和行为，思考各种教育行为的后果，不断自我修正、调整和更新，从而加快自己的专业发展与成长。

3.恒于研究，成为教育教学的研究者

成为教育教学的研究者，对于教师来说曾经看似高不可攀，其实每一个有一定知识基础的人都能进行某方面的研究。教师对于自己的专业教育教学是天然的研究者。我们应该不断向研究型教师的目标迈进，积极发现自己教育教学中存在的问题，深入研究思考解决这些问题的方法，这样才能不断提高教育教学质量，促进自身的专业发展。

4.重视沟通，加强交往与合作能力

新课程改革要求教师高度重视交往和合作能力的培养。在现实情况下，教师之间存在竞争关系，也有合作关系。新时代的社会在竞争加剧的同时更是强调交流与合作，强调双赢和共赢。教师之间的交往与合作有多种形式。日常教学之余，教师之间可以相互交换意见，彼此分享经验。同科教师之间可以在一起讨论教学方法，相互合作设计课程。不同学科的教师也可以相互学习和借鉴，或在相关学科知识方面提供专业帮助等等。

新课改还提倡师生之间的交往与合作。在这方面教师应该积极主动，为"生"师表。教师应该努力成为师生关系的艺术家，积极与学生进行交流，必要时甚至可以积极与学生合作，共同完成教学。

5.勇于创新，加强创新精神和实践能力

教师必须通过创造性教育来培养学生的创新精神和创新能力，将学生培养成会创造的人。这首先要求教师培养起自己的创新能力。教师应该经常主动地更新观念、学习新知，在教育教学和日常生活的一点一滴中，有意识地培养和强化自己的创新精神，创造性地进行教育教学，不断提高自己的创新能力。教师的专业发展是在不断地创新中实现的。

（二）教师专业发展的内容

教师专业发展一般包括六个内容。

1.专业理想的建立

教师的专业理想是教师成为一个成熟的教育教学专业工作者的向往与追求，它为教师提供了奋斗的目标，是推动教师专业发展的巨大动力。具有专业理想的教师对教育教学工作会产生强烈的认同感和投入感，会对教育教学工作抱有强烈的期待。

2.专业人格的形成

教师的专业人格是教师在教育教学工作中所必须具有的道德品质方面的自我修养，诚实正直、善良宽容、公正严格是教师专业人格的重要内容。诚实正直是做人的根本，善良宽容是对学生的爱，公正严格是出于对教师的责任。学高为师，身正为范，才能赢得学生的信任和尊重，使学生心悦诚服，在潜移默化中影响学生的成长。

3.专业知识的拓展与深化

教师作为一门专门职业，必须具有从事专业工作所需要的专业知识。教师要想获得专业发展，就必须要系统地深化专业知识，丰富更多专业领域知识，解决存在的疑问。进一步阅读大量专业书籍，拓宽知识的广度，提高思考的深度。因此，专业知识是教师专业发展中的一个重要内容。

4. 专业能力的提高

教师的专业能力是教师综合素质最突出的外在表现，也是评价教师专业性的核心要素。教师专业能力可以分为教学技巧和教育教学能力两个方面。

（1）教学技巧

教学技巧是指教师运用已有的教学理论知识，通过练习而形成的稳固、复杂的教学行为系统。教师常用的教学技巧主要有导入技巧、提问技巧、强化技巧、变化刺激技巧、沟通技巧、教学手段应用的技巧以及结束的技巧等。

（2）教育教学能力

教育教学能力是指教师从事教师职业所必须具备的基本能力。主要包括设计教育教学活动的能力、教学实施的能力、教学组织管理能力、语言表达能力、学生评价能力、课程开发与建设能力、自我反思与教育教学研究能力等。

5. 专业态度和动机的完善

教师专业态度和动机是教师专业活动的动力基础。教师在这个方面的发展主要表现在教师对职业的态度、工作的积极性以及职业满意度等。从我国目前的情况来看，很多人从事教师职业都是考虑到教师的福利待遇以及教师的工作特点（稳定、假期长）等方面。这样的工作动机不利于自身更加投入地工作，也不利于产生较高的职业满意度。

6. 专业自我的形成

专业自我包括自我意象和自我尊重等。教师的专业自我是教师个体对自我从事教育教学工作的感受、接纳和肯定的心理倾向，这种倾向将显著地影响到教师的教育教学工作效果。

（三）教师专业发展的途径

一般而言，教师专业发展的途径包含着相互联系的四个方面。

1. 职前培训

职前培训是教师从事专业工作的重要的基础阶段，是入职前的准备阶段。在职前培训要掌握从事教师所必需的学科知识和教育教学知识，掌握专业技能，培养专业态度，形成专业素养，为从事教育工作奠定基础。

教师必须把握实际的教育活动，才能很好地将书本上的专业知识运用到专业实践中去，在实践中有效地把理论和实践相结合。在这个过程中，教师获得了一种知识，人们称之为"实践性知识"。在教师教育机构中所开展的教师职前培训，都包括了专业实践的部分。专业实践的方式包括参观学校活动、教育现场观察和教育实习等。

2. 入职培训

教师入职培训，是指经历过教师职前培训的人，在刚获得的教职岗位上，进一步了解、学习和掌握岗位知识和能力的培训。新教师对自己的工作岗位进行全面的了解和学习，并在老教师的指导下学习岗位知识，提高岗位工作能力。

教师要获得岗位知识，必须在自己的岗位上进行学习。这就要求入职者，一方面自觉地把自己的岗位作为学习的对象，悉心地全面了解自己的岗位要求，掌握岗位知识；另一方面，也在老教师的指导下进行岗位知识的学习，这两个方面都不可缺少。师徒结对是很多学校帮助新手教师入职专业发展的方法。

3. 在职培训

教师专业发展是一个持续的过程。在这个专业发展过程中，教师需要不断地更新自己的知识，提高自己的专业技能，加深对教育教学工作的理解，而这一切都需要教师不断地学习。在我国，有大量的教育机构承担着教师的在职进修提高的任务，为教师提供多样化的在职学习课程。同时，国家和地方也制定了一系列教师在职学习进修的制度，引导和鼓励教师不断地学习。具体包括以下途径。

（1）参加培训

参加培训，是指教师到大学或者教师进修学院参加学历教育或继续教育培训的途径。目前的任务主要有两种：一种是学历教育，即学历没有达到规定标准，而参加大专或者本科学历的学习；另一种是各种类型的继续教育培训，如教师资格培训、新课程培训、新教材培训、教学法培训、提高性培训、骨干教师培训等，一般是短期的。随着我国成人高等教育的发展，教师参加各种培训的机会大大增加。

（2）参加学术团体与学术活动

专业团体是教师职业专业化的标志之一，对教师个人而言，参加某个教育学术团体也是提高自己专业化水平的要求和途径。参加教育学术团体，对教师有多方面的帮助。第一，可以及时获得专业方面的最新信息和动态，有利于自己在专业上处于比较前沿的水平。第二，教育学术团体的主要活动是学术会议，参加会议要提交论文，这对于教师可以促进科研，提高科研能力、写作能力、思维能力等。第三，它是我们向他人学习的重要途径。第四，可以促进自己的反思。

（3）教育考察与观摩

教育考察、教育观摩也是教师向他人学习、向先进的教育理念与实践经验学习的重要途径。

在教育考察和观摩的过程中，教师应该事先制定考察的提纲和问题，有所准备地学习；考察和观摩时，要做好记录，有条件的可以照相或者摄像，搜集或购买有关资料；同时，还要和考察学校的教师、领导进行交流，询问更关心的情况；考察之后，要对搜集的资料进行整理和分析，吸取其精华，找出可以借鉴的地方，甚至可以写出"考察报告"和"听课的案例分析"，不要仅仅满足于表面的印象。

4. 自我教育

教师的自我教育就是教师专业自我的主动建构过程。在教育教学活动中，进行教学反思，在实践中提升专业发展。一个教师要从"新手教师"成长为一个成熟的教师，甚至是一个专家型的教师，其获得成长的最重要的途径是实践。许多优秀教师成长过程的研究都表明，做反思的实践者，在教育实践中研究教育，是教师获得自身专业发展的重要途径，也是最直接、最普遍的途径。具体包括以下途径。

（1）专业阅读

读书阅报仍然是教师学习的最重要的形式。

第一，掌握信息来源，大量收集信息。要在经济条件允许的情况下，多买些书，适当订阅一些主要的教育报刊。第二，掌握读书方法和资料积累方法，善于处理信息，丰富自己的知识。具体的方法如：读书时要画线、做记号、写批语和摘要；读报时，要做卡片，摘要记

录其要点和重要信息；对资料和卡片进行分类，把相同资料放在一起；围绕研究的问题进行读书、积累资料等。

（2）网络学习

网络学习是随着网络的出现而采用的一种新的学习形式。

通过网络，我们实现如下功能：第一，通过大学的网络课程，可以参加大学的学习。第二，可以到网上图书馆查书和资料，可以到网上书店查书、买书。第三，可以从网上阅读和查找资料，了解即时信息，可以给出关键词，查询有关的论文和资料。第四，通过电子邮件，与他人通信，或者交换资料，也可以把自己的论文发给专家进行批改。第五，通过建立自己的 BLOG，可以记录自己的教育历程和思想。

（3）行动研究

行动研究是行动和研究结合的产物，是研究型的教学实践，使教师的教学实践活动带有学术的、思考的、理性的成分。一般由教师自己提出教学中的问题，作为研究的课题，自己设计实践方案，边实践边记录情况，了解实践效果和存在的问题，并不断修正方案，以期达到更理想的教学效果。教师运用这种方法，既能学习有关的理论，又能结合自己的教学实践开展科学研究，最终促进教学的改革，是十分有效和综合的发展途径。

（四）教师专业发展的要求

教师是一个不断面临挑战的职业，所以，教师要有发展的愿望、发展的意识，才能与该职业的特点以及社会的期望相适应。否则，就会落伍甚至被淘汰。

1. 终身学习的意识

作为现代教师，首先应该是一个具有终身学习意识和能力的人。现代知识的迅速更新，要求教师不满足于原有的知识和经验，需要不断地学习，以完善自己的知识结构，充实自己的知识内容，从学习中获得更多的思想、观点和方法，用于改进自己的教育教学，提高教育教学能力。

（1）终身学习的特征

终身教育，是指人们在一生中都应当和需要受到各种教育培养。终身教育具有两个基本特征：一是贯穿人生始终的一种教育形态，具有时间的延展性；二是包容了所有现存的教育形态在内的教育过程，它并非单一或纯粹的教育形态，更多的是一种教育理论和教育观念。

（2）终身学习的内容

终身学习的内容包括以下几个方面。

学会学习。在当今社会，学会获取知识的方法比获取知识本身更为重要。学会学习，养成良好的学习习惯，使学习成为自己的一种生活方式将是每个人未来幸福生活的保证。

通晓自己所教学科，成为学科专家。人们越来越清楚地认识到，教师只有接受严格的、高层次的学科教育，才有可能在教学过程中应付自如、得心应手。仅仅接受中等教育和最低层次的高等教育是不可能全面掌握一门学科的。一个合格的教师应该全面学习一门学科，包括学科历史、学科结构体系、学科基础理论、学科知识应用以及跨学科知识等。

学习有关教育的学问。未来的教师必须是一个教育专家，必须在学习专业学科的同时掌握其他有关教育的学问，如教育学、心理学、教育哲学、教育技术等。

学习信息技术。教育信息化主要强调将现代信息技术转化为现代教学手段。它包括两大类：一是视听技术，如广播、电影电视、录像等；另一类是信息处理技术，主要是计算机的操作技术。

（3）终身学习的要求

终身学习的要求包括以下几个方面。

有不断学习的意愿，把学习看作是生活的一部分，成为生活的需要，成为生活的习惯。这是在学习中养成的，而不是天生的。

安排出一定的时间进行学习，无论是比较专门的时间，还是生活中的"边角料"，都尽可能用来学习。

把学习与工作改进、生活改进等联系起来，使学习有所运用，发挥学习的作用，不是为学习而学习，而是为变化、为发展而学习，要有强烈的应用意识。

掌握学习的方法和技术，提高学习的效率。因为知识信息十分庞杂，不善于选择，不善于抓核心，学习的效果就会受到影响，从而自己的发展也就受到影响。

2. 自主发展的意识

自主发展，即自己驱动的发展和自己实现的发展，反映的是专业发展的动力特点和方式特点。自主发展是自己驱动的，也是通过自己主动的活动实现的。它的优点在于能够从教师自己的实际出发，发展的愿望是内生的，发展的内容和方式是比较符合自己实际的。

教师自主发展体现在：第一，自我诊断，即教师要了解自己专业的优势与不足，对自己发展的目标有设计；第二，自我规划，即通过一定的形式设计自己专业发展的规划，设计一定时期专业发展的具体目标和具体措施；第三，寻求支持，即主动地寻求各种支持和专业发展的资源；第四，自我评价，即能够对自己专业发展的结果、进步情况进行自我反思、自我评价。

强调自主发展并不否定和排斥外部的支持和外部安排的专业发展计划，而应该把自己的发展需求和目标与外部的支持有机地结合起来，把个人目标与学校目标结合起来。

二、教师的成长与培养

（一）教师成长的历程

教师在不同的成长阶段所关注的问题不同，福勒和布朗根据教师的需要和不同时期所关注的焦点问题，把教师的成长划分为关注生存、关注情境和关注学生三个阶段。

1. 关注生存阶段

处于这一阶段的一般是新教师，他们非常关注自己的生存适应性，最担心的问题是"学生喜欢我吗""同事们如何看我""领导是否觉得我干得不错"等，因而有些新教师可能会把大把的时间都花在如何与学生搞好个人关系上，有些新教师则可能想方设法控制学生，因为教师都想成为一个良好的课堂管理者。

2. 关注情境阶段

当教师感到自己完全能够适应时，便把关注的焦点投向了提高学生的成绩，即进入了关注情境阶段，在此阶段，教师关心的是如何教好每一堂课的内容，一般总是关心诸如班级的大小、时间的压力和备课材料是否充分等与教学情境有关的问题，传统教学评价也集中关注这一阶段，一般来说，老教师比新教师更关注此阶段。

3. 关注学生阶段

当教师顺利地适应了前两个阶段后，成长的下一个目标便是关注学生，教师将考虑学生的个别差异，认识到不同发展水平的学生有不同的需要，某些教学材料和方式不一定适合所有学生，能否自觉关注学生，是衡量一个教师是否成长成熟的重要标志之一。

【信息栏】16-2：教师专业成长发展的阶段理论

教师专业成长发展的阶段理论

教师成长发展的五阶段理论是美国亚利桑那州立大学的伯利纳在人工智能领域的"专家系统"研究，以及德赖弗斯职业专长发展五阶段理论的基础上，根据教师教学专业知识和技能的学习和掌握情况提出的。

1. 新手阶段：新手型教师是指经过系统教师教育和专业学习，刚刚走上教学工作岗位的新教师，他们表现出以下特征：理性化，处理问题缺乏灵活性，刻板依赖规定。这个阶段教师的主要需求是了解与教学有关的实际情况，熟悉教学情境，积累教学经验。

2. 熟练新手阶段：新手型教师在积累了一定的知识和经验后逐渐发展成为熟练新手，其特征主要表现为：实践经验与书本知识的整合；处理问题具有一定的灵活性；不能很好地区分教学情境中的信息；缺乏足够的责任感。一般来说，具有2~3年教学经验的教师处于这一阶段。

3. 胜任阶段：大部分的新手教师在经过3~4年的教学实践和职业培训之后，能够发展成为胜任型教师，这是教师发展的基本目标。胜任型教师的主要特征是：教学目的性相对明确，能够选择有效的方法达到教学目标，对教学行为有更强的责任心，但是教学行为还没达到足够流畅、灵活的程度。

4. 业务精干阶段：一般来说，到第五年，积累了相当多的知识和教学经验的教师便进入了业务精干的发展阶段。在此阶段，教师表现出以下的特征：对教学情境有敏锐的直觉感受力，教师技能达到认知自动化水平，教学行为达到流畅、灵活的程度。

5. 专家阶段：专家阶段是教师发展的最终阶段，只有少部分教师才能达到这个阶段。专家教师在教学方面的主要特征是：观察教学情境、处理问题的非理性倾向，教学技能的完全自动化，教学方法的多样化。

（二）教师成长与发展的基本方法

教师成长与发展的基本途径主要有两个：一是通过师范教育，培养新教师作为教师队伍的补充；二是通过实践训练，提高在职教师素养。

对于教师个人来说，实践训练主要从以下几方面入手。

1. 观摩和分析优秀教师的教学活动

课堂教学观摩可分为组织化观摩和非组织化观摩，组织化观摩是有计划有目的的观摩，非组织化观摩则没有这些特征。

一般来说，为培养提高新教师和教学经验欠缺的年轻教师，易进行组织化观摩，这种观摩可以是现场观摩（如组织听课），也可以观看优秀教师的教学录像，非组织化观摩要求观摩者有相当完备的理论知识的洞察力，否则难以达到观摩学习的目的，通过观摩分析，学习优秀教师，驾驭专业知识进行教学管理，调动学生积极性等方面的教育机制和教学能力。

2. 开展微格教学

微格教学指以少数的学生为对象，在较短的时间内（5~20 分钟），尝试做小型的课堂教学，可以把这种教学过程摄制成录像，课后再进行分析，这是训练新教师和提高教学水平的一条重要途径。

微格教学使教师分析自己的教学行为更加直接和深入，增强了改进教学的针对性，因而往往比正规课堂教学的经验更有效。

3. 进行专门训练

要想促进新教师的成长，也可以对他们进行专门化训练，有人曾将某些有效的教学策略交给教师，其中的关键程序有：①每天进行回顾；②有意义地呈现新材料；③有效地指导课堂作业；④布置家庭作业；⑤每周、每月都进行回顾。

4. 反思教学经验

教学反思指教师以自己的教育教学实践活动为认知对象，有意识地对教育教学活动过程中的教育理念、教育思维方式和教育行为方式进行批判性的分析和再认知，从而实现自身专业发展的过程。

波斯纳提出了一个教师成长公式：经验＋反思＝成长。他还指出，没有反思的经验是狭隘的经验，如果教师仅仅满足于获得经验，而不对经验进行深入思考，那么它的发展将大受限制。

科顿等人在 1993 年提出了一个教师反思框架，描述了反思的过程。

（1）教师选择特定问题加以关注，并从可能的领域，包括课程方面、学生方面，收集关于这一问题的资料。

（2）教师开始分析收集来的资料，形成对问题的表征，以理解这一问题，他们可以利用自我提问来帮助理解。提出问题后，教师会在已有的知识中搜寻与当前问题相似或相关的信息。如果搜寻不到，教师就会去请教其他教师和阅读专业书籍来获取这些信息，这种调查研究的结果，有助于教师形成新的、有创造性的解决方法。

（3）一旦对问题情境形成了明确的表征，教师就开始建立假设，以解决情境和指导行动，并且还在内心对行动的短期和长期效果加以考虑。

（4）考虑过每种行动的效果后，教师就开始实施行动计划，当这种行动在被观察和分析时就开始了新一轮的循环。

布鲁巴奇等人于 1994 年提出了四种反思的方法。

（1）反思日记：在一天教学工作结束后，要求教师写下自己的经验，并与其指导老师共同分析。

（2）详细描述：教师相互观摩彼此的教学，详细描述他们所看到的情境，教师们对此进行讨论分析。

（3）交流讨论：来自不同学校的教师聚集在一起，首先提出课堂上发生的问题，然后共

同讨论解决的办法，最后得到的方案为所有教师及其他学校所共享。

（4）行动研究：为弄明课堂上遇到的问题的本质，探索用以改进教学的行动方案，教师以及研究者用于进行调查和实验的研究。它不同于研究者，由外部进行的，旨在探索普遍法则的研究，而是直接着眼于教学实践的改进。

（三）教师的职业素养及培养

教师是教育事业的主要依靠力量，教师的素养如何直接关系到我国教育事业的兴衰成败。教师应该具备哪些素质呢？时至今日，人才的"德、才、学、识"的要求，对教育工作者来说，仍有深刻的启示。但现代教师还应符合时代的新需求，具备以下素养。

1. 教师的职业素养

（1）教师职业道德修养

具体表现在以下几个方面。

对待事业：忠诚于人民教育事业。热爱教育事业，是做好教育工作的基本前提。许多优秀教师之所以能在教育工作中作出卓越的成绩，首先是因为他们热爱教育事业。这是一种真实的情感。

对待学生：热爱学生。热爱教育事业还体现在热爱学生上。教育是爱的共鸣，是心与心的交唤。爱学生是教师的天职，是教育好学生的重要条件。学生"亲其师"，才能"信其道"。教师对学生的爱是一种巨大的教育力量，也是一种重要的教育手段。教师对学生的爱还应该表现在对学生的学习、思想和身体的全面关心上。

对待集体：具有团结协作的精神。教师的教育活动具有集体性，需要教师之间相互协作、相互尊重，共同发挥好团体的教育力量，以最大程度地影响到学生。

对待自己：以身作则，为人师表。教师为人师表，必须以身作则，严于律己。一个教师只有以身作则，严于律己，用自己的行为展示高尚的道德，才能树立崇高的威望，受到学生的尊重。

（2）教师专业知识素养

教师的主要任务是通过向学生传授科学文化知识，培养其能力，促进其个性生动活泼地发展。因此，一个好教师的基本条件之一，就是要有比较渊博的知识和多方面的才能。具体包括以下几个方面。

本体性知识：教师的本体性知识是指教师所具备的任教学科的知识。例如，语文教师所具有的语言文学知识，也称为"学科专业知识"。

条件性知识：条件性知识是指教师必须具备的教育学、心理学和教育管理的知识。这类知识是用来支撑学科内容的本体性知识的，为教师的教学设计和实施提供教育学和心理学的基础，也称为必备的教育科学知识。

实践性知识：教师的实践性知识是指教师在实现有目的的教学行为中所具有的课堂情境知识以及相关的学科教学法知识。

文化知识：教师的文化知识是教师专业知识结构的基础，是指教师应具备的一般的人文知识、社会科学和自然科学知识，以及基本的艺术素养。

（3）教师教育专业素养

教师教育专业素养包括：基本的教育科学知识、先进的教育理念、较高的教育专业能力。

（4）教师职业心理素养

教师的心理健康问题不仅会直接影响教育工作的成败，而且会影响学生的心理健康，因此，教师应该具备健康的心理素质。具体包括：良好的情感特征；积极稳定的情绪特征；良好的性格特征。

2. 教师职业素养的培养

教师的培养和提高是建设师资队伍，办好学校，改革和发展教育事业，促进社会稳定前进的关键所在。培养和提高教师素养可以通过以下主要途径进行。

（1）加强和改革师范教育

师范教育承担教师的职前培训任务，是发展教育第一位的工作。几十年来，虽然我国的师范教育有了长足的发展，但是师范教育本身的战略重点还需要落实和改进。

（2）加强教师在职培训

一个选择了从教的青年学生在师范院校学习后，只获得了从事教育工作的基本知识和初步教学能力。如果想要成长和提高，就需要进行继续教育，不断学习。教师在职提高的途径，主要包括教学反思、校本培训、校外支援与合作等形式。

教学反思，是指教师把自己放到研究者、反思者的位置，通过对教育教学日常工作中出现的某些疑难问题的观察、分析、反思和解决，提升自己的专业理论水平和专业实践的智慧与能力。

校本培训，是指在教育专家指导下进行的，以教师任职的学校为基本培训单位，以提高教师专业素质为主要目标，通过教育教学实践和教育科研活动等多种形式，对全体教师实行的全员性在职培训模式。

校外专业支援与合作，是指以跨校合作、专家指导、政府教育部门和教研机构组织的各类专业培训和交流活动为主要形式的在职学习模式。

第三节 教师心理健康

学校教育需要凭借日常的、大量的潜移默化的影响，长期的熏陶作用，使学生通过耳濡目染、日积月累的方式，时时处处都沐浴在健康和谐的氛围中，才能真正收到实效。而这其中涉及学校教育的所有环节和每个方面，而最终的落实点就是学校的每一位教师。因此教师的素质提升对学生的心理健康及其教育的质量有着决定性的影响。

一、教师心理健康的意义

心理健康是教师从事教育工作的必要条件。学科教学过程中，师生关系、教师的课堂教学观与学生观、学生之间的竞争与合作、课堂心理氛围、课堂管理模式、课堂秩序、课堂上教师的表扬与批评、教师对学生课堂行为问题的处理、教师对学生学习结果的反馈与评价方式等，都将对学生的心理发展和心理健康产生重要的影响。教师健康的心理会对学生的心理

健康产生积极的促进作用。而学生的一些消极心理或心理障碍也常与某些教师不健康的心理状态有直接或间接关系。因此，对学生进行各种教育的同时，教师也要加强自身心理状态的调适。

教师对学生的影响不仅可以通过实际的教育、教学过程和学生管理工作来实现，而且教师自身的心理特点对学生所产生的深刻的、潜移默化的作用，也是不可忽视的。例如，教师如果缺乏健全的人格，喜怒无常、赏罚无度，就容易引起学生情绪困扰、适应不良，甚至出现心理障碍，尤其是对于人格尚处于形成过程中的中小学生来说更是如此。反之，教师人格健全，适应良好，能与学生建立良好的关系，能根据学生的心理特点组织活动，那么，对促进学生的心理发展有积极作用。所以教师的人格和心理健康状况，比教师的专业学科知识和教学方法更为重要，教师不仅是在传授知识，更是在塑造人格。同时，教师的心理健康还直接影响到教师自身的身心发展、生活、工作和家庭。

"学为人师，行为世范"，北京师范大学的校训充分体现了教师除了以学问培养人才之外的另外一项任务，就是以自己的言行去感染、引导学生。在道德教育上如此，在心理教育上也是如此。

(一) 教师心理健康对学生情绪的影响

情绪是具有传染性的，美国洛杉矶大学医学院的心理学家加利·斯梅尔经过长期研究发现，本来心情舒畅、开朗的人，若与一个成天愁眉苦脸、抑郁难解的人相处，不久也会变得情绪沮丧起来。因此，教师在课堂上轻松愉快的心境，可以让学生产生愉快的情感体验，使学生的创造性思维及想象力明显提高；相反，如果教师表现出情绪低落，精神萎靡不振或暴躁易怒等不良的心态，就会使课堂心理气氛紧张，使学生感到压抑，思维活动受束缚。

美国全国教育联合会在一份《各级学校的健康问题报告》里专门指出："由于情绪不稳定的教师对儿童的决定性影响，就不该让他们留在学校里面，一个有不能自制的脾气、严重的抑郁、极度的偏见、凶恶不能容人、讽刺刻薄或习惯性谩骂的教师，其对于儿童心理健康的影响犹如肺结核或其他危险传染病对儿童身体健康的威胁一样严重。"与此相反，一位情绪稳定、积极乐观的教师会使学生心情舒畅，一位善于以积极方式排解不良情绪的教师，同样也会使学生学会正当宣泄自己的不良情绪。

(二) 教师心理健康对学生学习动机的影响

教师良好的心理品质和人格特征，对学生有强烈的吸引作用，使学生"亲其师，信其道"，愉快地向教师学习，甚至把教师作为崇拜偶像藏在自己心灵的深处。这种良好的师生关系的形成，可以激发学生的学习动机，有利于课堂教学效果的提高。

(三) 教师心理健康对学生人际交往模式的影响

学生在学校里学习知识的同时，也在学习着适应社会。如果把学校和班级也看作是一个小社会的话，教师无疑是这个社会中具有主流影响力的人物。因为教师与学生的交往最为密切，教师的观念和行为方式会直接影响着学生。心理健康的教师在处理人际关系时能够相互尊重，学生较为信任和理解，不仅能够树立起自己的威信，也能够身体力行地教会学生正确的人际交往的方式，使学生乐于和善于与人交往。反之，心理不健康的教师则可能专横、粗暴、不尊重学生，使学生对人产生不信任、不安全的感觉，影响学生正常人际关系的培养。

（四）教师心理健康对学生人格健全发展的影响

在学校教育中，教师心理健康不仅能对学生心理健康的发展产生直接的、积极的影响，而且对学生健全人格的发展也有较大的影响。

一方面，教师和学生朝夕相处，教师的一言一行，都是学生模仿的榜样。教师心态良好、意志坚强，有进取心、同情心、创造力，人际关系协调，人格完善，能迅速调节不良情绪，就能与学生建立良好的师生关系，能以自身健全的人格力量和健康的心理去影响学生，使学生在潜移默化中养成良好的心理品质；反之，人格不完善、心理不健康的教师，常常是赏罚无度、喜怒无常、冷漠粗暴，很容易引起学生情绪困扰、适应不良，甚至发生心理障碍和形成一些消极的人格特征。另一方面，学生成长过程中出现的心理问题需要人格健全、心理健康的教师的指导。青少年学生正处于心理发展的关键时期，但由于他们身心发展还未成熟，大脑兴奋与抑制不平衡，生活经验少，自控力差，又缺乏分辨力，因此，在生活和学习中往往容易产生程度不同的心理障碍、交往障碍和青春期情绪困惑等问题。只有心理健康的教师，才能使这些问题得到及时、有效的教育和指导。

二、教师心理健康的标准

教师的心理健康会直接影响学生的心理发展和学业成绩，因此教师的心理健康状态不仅要符合一般人的心理健康标准，还要有特殊的要求。我们认为，教师心理健康的一般标准包含以下几个方面。

（1）能积极悦纳自我。即真正了解、正确评价、乐于接受并喜欢自己。

（2）有良好的教育认知水平。能面对现实，并积极地去适应环境与教育工作的要求。

（3）教师热爱职业，积极地爱学生。能从爱的教育中获得自我安慰与自我实现，从有成效的教育教学中获得成就感。

（4）具有稳定而积极的教育心境。教师的教育心理环境是否稳定、乐观、积极，将影响教师整个心理状态及行为，也关系到教育教学效果。

（5）能控制各种情绪情感。繁重艰巨的教育工作，要求教师有良好的坚强的意志品质及教学工作中有明确的目的性和坚定性，处理问题时决策的果断性和坚持性，面对矛盾沉着冷静的自制力，以及给予爱和接受爱的能力。

（6）和谐的教育人际关系。

（7）能适应和改造教育环境。

当然，心理健康与不健康之间很难划出一条明确的界线。关于教师心理健康的标准，不同的学者意见也不一致。在此我们根据一些心理学专家的意见和我们在实践中的经验，提出衡量教师心理健康的四个标准。

（一）对教师身份的认同

心理学家艾森克指出：对工作的投入，能使人获得成就感并提高自我价值感，对于心理健康相当有益。悦纳自己的教师身份，是教师心理健康最基本的标准之一。所谓悦纳就是愉快地接受自己的教师职务现状并为之发展创造条件。一个心理健康的教师首先应该承认自己教师的身份，热爱自己的本职工作，然后才能在工作中克服困难，施展才能，提高自我，从而有所创新和发展。

（二）积极的自我观念

心理健康的人能够正确地看待自己与别人，能够真实地感知并正确地评价自己，还需要坦然地承认和接受自己。一个人只有接纳自己，才能够以欣然的态度正视现实，并努力发展自己身心方面的潜能。比如，心理健康的人会说"我虽然不如期望中的聪明，但我仍然有其他的优点，我是快乐的"。自我眼中的我和别人眼中的我是否一致也是一个重要的关键。

（三）情绪乐观并能自控

心理健康的教师一般都很乐观、情绪稳定。他们能够真实地体验自己的情绪，并善于协调与控制，使情绪表现适度，适可而止。不会因消极情绪而导致自己的行为失控，或过度焦虑，影响正常的教学与生活。

（四）有效抵抗职业焦虑

随着社会对教师要求的不断提高和社会压力的不断增大，教师在工作中经常会出现一些焦虑反应。因此，能否抵抗一定程度的焦虑也是教师心理健康与否的重要标准之一。心理健康的老师能够以正确的方式对待失败和挫折，遇事镇静，并采取切实可行的方法处理问题。

除此之外，由于教师的工作特点和专业化发展要求，教师应该具有以下的良好心理特征。重视精神需要：教师崇尚精神需要重于物质需要。这是由教师的社会地位、文化修养和工作特点决定的。教师个人的自我意识和社会期待都会强化这种价值认同。

注重自我形象的改善：要为人师表，教师必然要注重自我形象的改善，注重修身养性，不断完善自己的品德、言行和仪表。这样对学生可以起表率作用，对个人则可以改变气质，止于至善，不断更新自我，达到更高境界。

关心热爱教育对象：每一位合格的教师都倾注爱心培养学生，真正期望弟子成才。

三、教师心理健康的现状

中国社科院发布的《2006 年人才蓝皮书》指出，教师如果不改变工作时间过长、心理压力过大、存在精疲力竭的亚健康状态，许多人随时可能因为积重难返突然引发身体潜藏的疾病，进而丧失生命。现在我国教师已经进入健康透支的十大行业之列，同时还属于心理健康的高危人群之一。

（一）教师心理健康现状

据统计资料显示，在教师当中有 15% 的人常对个人健康、睡眠和工作效率感到极度忧虑；有 36% 的人在角色转换和社交方面不适应；62.5% 的人觉得精神压力很大；81.7% 的人总感心身劳累不堪；在英年早逝的教师中 78.1% 生前曾有比较明显的心理疾患。自 1981 年联合国大会通过了关于《2000 年人人享有卫生保健的全球战略》的决议以来，心理卫生问题已经成了各国研究的热点。从国内已发表的成果看，在学校心理卫生方面研究最多的是学生的心理健康问题，对教师的心理健康问题的研究相对滞后，近几年来成果才逐渐增多。近年来的一系列研究发现，我国中小学教师的心理健康水平不容乐观。我国教师的心理健康水平要低于其他职业人群，有一半左右的中小学教师存在着心理问题，其中部分教师的问题还相当严重 。北京市曾对 554 名小学教师的问卷调查发现，有 58.46% 的教师在工作中烦恼多于欢乐，28.57% 的教师在工作中经常有苦恼。2000 年，国家中小学生心理健康教育课题组采用 SCL-90 对辽宁省内 168 所城乡中小学的 2292 名教师进行了测查，结果表明：51.3% 的教师存在心理问题，其中 32.18% 的教师属轻度心理障碍，2.49% 的教师已构成心理疾病。上海师资培训中心、上海精神卫生中心和上海师范大学教育科学学院等单位对全市 100 多所小学的 3000 多名小学教师的心理健康状况进行调查发现，心理健康问题的检出率高达 48%。杭州市教育学研究所对杭州市 28 所中小学共 1946 名教师的调查表明，有 13% 的教师存在心理问题。2003 年教师节期间，上海林紫心理咨询中心对本市教师心理健康测试的结果显示，有 40% 以上的教师存在不同程度的心理问题，5% 的人已出现了明显的症状。四川涪陵教育学院卢秀琼的调查表明，有 1/3 的教师自认为心理健康状况不佳。刘晓明等人采用精神症状自评量表对 760 名东北地区中小学教师的心理健康状况进行了调查研究，结果表明：有中度心理健康症状的中小学教师占被调查者的 3.4%，中小学教师的心理健康状况明显低于全国常模。教育部中小学心理健康教育课题组调查结果显示，教师的强迫症状、人际敏感、忧郁化以及偏执倾向都比一般人群高。昆山市教育局的杨慧玉对苏州地区的 300 名中学教师进行的心理健康调查表明，有 40% 的教师存在不同程度的心理问题。

（二）教师常见的心理冲突

综合相关的研究，我们可以看到，目前教师常见的心理冲突主要包含以下几种。

（1）负担过重，过于劳累。

（2）现实和理想之间反差巨大。

（3）个人的需要、理想等主观需要与这些需要难以实现之间存在矛盾。

（4）自我认知出现偏差。新教师的自我认知偏差主要表现为两种类型：一是自我扩展型；二是自我否定型。

教师作为社会的一个特殊的群体，其心理健康水平不仅关系到教师这个行业自身的发展，而且对学生心理健康发展起着重要的作用。因此，改善教师的心理健康状况，提高教师的心理健康水平，不仅有利于教师自身身心健康，而且有利于造福他人和社会。

教师的心理健康，不仅关系到教师自身能否顺利发展，而且对学生的心理健康有着极为重要的影响，因此，每一位教师都应该有意识地调整自己的身心状态，掌握各种处理问题的策略，养成正确看待周围事物的心态。

三、影响教师心理健康的主要因素

（一）教师职业压力

在当代社会中，每一个人都承受着一定的压力，面临着一定的危机，如下岗、工作变动、再学习等。

1. 教师职业压力的种类

教师的职业压力主要是由工作引起的，是教师对来自教学情境的刺激而产生的情绪反应。了解教师职业压力的来源，帮助教师有效地应对，是维护和促进教师的心理健康的重要途径。伍尔若和梅将教师职业压力按性质不同，分为五类。

（1）中心压力——较小的压力及日常的麻烦。例如，某次课的幻灯片丢了。

（2）外围的压力——教师经历的重大生活事件或压力情节。例如，换到一所新的学校或

长期的人际关系冲突。

（3）预期性压力——教师预先考虑到的令人不愉快的事件。例如，与校长将要进行一次谈话。

（4）情境压力——教师现在的心境。

（5）回顾压力——教师对自己过去的压力事件及相关经历进行的评价。

2. 教师职业压力的职业根源

教师除了面临一般的适应问题外，还要面临与教师职业有关的特殊适应问题。教师面临的特殊适应问题主要源于教师的工作特点。

（1）教师从事的是一种辛苦而又有创造性的复杂脑力劳动

教师的工作任务不可能机械化、数量化、标准化，而只能依靠教师发挥专业能力和创造力来完成。

（2）教师的工作要求情感投入

人际关系是教师影响力发生作用的主要渠道。教师必须身心投入，真诚地与学生交往。

（3）教师必须具备与他人合作的愿望和能力

完成教学任务、促进学生成长是长期教育过程的综合效应，是全体通力合作的结果。高明的教师往往是通过协调群体关系、创造团体文化氛围的途径来培养大量优秀人才。因而沟通与合作能力是新型教师必备的专业素质。

（4）教师的工作要求教师的人格具有榜样示范作用

教育教学过程，既包含知识的传授、能力的培养，又包含人品道德的影响。教师必须言行一致、表里如一，致力于道德锻炼和心理健康，不断完善自己的人格。只有这样才能"不言之教"，潜移默化，润物无声。

（5）教师要终身学习，不断探究

在教育实践中，教学方法要多元化，教学手段越来越多，教师的工作既有定则，又无定法，需要根据具体情境做出专业判断，灵活运用方法策略。自主决策要求高度的责任感和高超的专业素养，因此教师的职业生涯必然是不断自我超越的探究过程。

（6）教师的主要工作是教学，而教学实际是一项孤寂的专业工作

教师虽然可以和同事共同讨论如何教学，但是在绝大部分的教学实践中，教师必须独立地面对学生，必须全身心地投入工作中，独立完成备课、上课、批改作业等工作。甚至由于某些学科的内容变化小，教师不得不重复同样的内容和话语，时常体会到乏味感与孤寂感。

社会信息多元化趋向越来越明显，信息传播速度也快，学生的知识较以往越来越丰富，某些方面超过老师已是司空见惯。面对这些现状，许多教师都会有一种压力。那么，如何改革教师心理培训制度和模式，提高教师自身心理健康水平？如何建立一套教师心理支持网络，为教师搭建一个交流、沟通、成长的平台？这些问题的严峻与迫切性，可以说，并不亚于未成年人心理健康教育方面的问题。

（二）教师职业倦怠

职业倦怠是指个体在长期的职业压力下，缺乏应对资源和应对能力而产生的身心耗竭状态。教师的职业倦怠是指由于长期从事教师职业，压力过大、不善于自我调节，导致不良的

心理状态。

教师的职业倦怠历程首先是情绪耗竭，其次是去人性化，最后是成就感降低。具体表现如下。

一是情绪耗竭，主要表现在生理耗竭和心理耗竭两个方面。如极度的慢性疲劳、力不从心、丧失工作热情、情绪波动大等。

二是去人性化，即刻意在自身和工作对象间保持距离，对工作对象和环境采取冷漠和忽视的态度。教师以一种消极的、否定的态度和情感对待学生。

三是个人成就感降低，表现为消极的评价，自己贬低自己工作的意义和价值。

教师的职业倦怠和其所拥有的社会支持之间有显著的相关性，也就是说教师所拥有的社会支持越多，就相应地表现出更少的职业倦怠，同时教师的教学成就感越强，其倦怠感越低。教龄越长的教师，一般所承担的教学任务及担任的责任相对越多，但他们的体力和精力相对缺乏，特别是那些已为人父母者，工作之余的大量时间都用于孩子的抚养和教育上，因而对于健康问题的关注，就没有未婚者明显，这可能是他们在工作中更容易表现出较多的情绪衰竭的原因。

四、教师心理健康维护的途径

随着社会转型向纵深发展，人们的价值观、社会文化都趋向于多元化。青少年厌学、自杀、犯罪（甚至是恶性犯罪）问题；教师体罚、伤害、侵犯学生等问题屡屡见诸报端。教师作为未成年人心理环境的"重要他人"，他们的言行会直接、间接地对未成年人的身心健康和成长产生影响。在大家普遍关心未成年人心理健康的今天，我们不禁还要多问一句："老师的心理健康谁来负责？"农业社会，教师因"传道授业解惑"而被无限神化；工业时代，教师作为知识、技能等谋生手段的象征而被敬畏；信息时代，教师丧失主导地位，尤其是新教育中的教师开始扮演"学习的服务者"。社会角色认同的改变给教师的心理带来挑战。

教师这一职业在现代社会中产生心理压力并引起教师情绪上的波动，这是正常的心理反应。面对压力，教师是无法回避的，那就要正面直视它，客观地迎合它。要相信一个真理：任何外界的力量也无法彻底帮助教师减缓自身的压力，要缓解自己的压力，并把不良情绪抛于一边，主要靠教师的自我心理调适。教师如何调控好自己的情绪，做到心平气和、情绪饱满呢？

（一）教师自我修养的提高

自我不仅在社会生活中为个体所关注，而且也是心理学重要研究课题。教师自我修养的提高主要涉及自我认识与教师的自我职业观念等。

1. 增强自我认识

在生活中，我们会经常思考以下几个问题："我是谁""我到底是怎样一个人""我有什么目标""我将来会是什么样子"等等。我们再问一个简单的问题：当你向别人描述你自己时，你首先想到的会是什么呢？是你的性格如外向、内向，你的外表如高、矮、胖、瘦，还是你的社会性别如男女？对这些问题的回答与我们的自我意识有着很大关系。对这些问题的探讨也是自我修养提高的第一步。

每个人对自己的认识同对客观世界的认识一样，是一个变化发展的过程，随着年龄、阅历的变化，自我认识也在变化。个体自我意识是个体生理和心理能力在一定程度的成熟基础上发生、发展的，这是前提；它还是个体在与社会环境长期的相互作用过程中形成和发展的，即有赖于个体参与社会生活、与他人相互作用；在这个过程中，许多社会因素对自我意识的形成和发展起着重要作用，如社会经济地位、社会文化环境、家庭、他人的评价、参照群体等。

教师作为压力较大的一个群体，更需要不断去了解自己，探索自己，增强自我认识。只有能够不断增强认识自我才能适度地把握自己的行为、培养健全的个性、充分发挥个人潜能、建立良好的人际关系、享有积极健康的生活。如果教师能够不断了解自己了，那么他会在自己的情绪、态度和行为中，以及在和别人的交往接触中，就会有恰当的表现。对于教师如何真正了解自我、探索自我，我们可以从古人的论述中有所借鉴。

早在古希腊时期，哲人苏格拉底就提出了"认识你自己"的口号，这标志着人类自我意识的觉醒，人类开始关注现实人生，开始将目光从神的光彩投身人类自身。人类对自我意识的真正的研究始于文艺复兴运动，人文主义者针对中世纪神学对人性的扼杀、对个性自我的否定进行了尖锐的批判，并喊出了"我是凡人，我有凡人的要求"的人性解放之声。此后，法国哲学家笛卡尔最先使用了"自我意识"这一概念，提出了"用心灵的眼睛去注意自身"的精辟论断，揭示了对自我意识的发现的途径。

2. 改善教师自我职业观念

自我概念指个人对自己多方面知觉的总和。它包括个人对自己性格、能力、兴趣、欲望的了解，个人与他人和环境的关系，个人对处理事物的经验，以及对生活目标的认识与评价等。

教师这一职业起到为人师表的作用，对自身的形象和价值更为关注，因此教师要不断改善自我概念，才能不断提升自身修养。具体包括：在生活中，要注意自我表达以及倾听其他人对自我的表述内容，建立合理的自我评价标准，通过不断的自我体验、反省、分析自己，树立正确的自我观念，认识到每个人都具有多面性，清楚自己的特点是什么，相信自己良好的成长发展趋势。对自己的心理行为能够理解、认同、接纳，对生活充满信心和勇气。能够把自己放在合适的位置上，有较高的自我认识水平。能够认识到自我的发展是一个动态的过程，自我认识的过程也是变化发展的过程，对自己的认识比较全面、客观，以积极的发展变化的眼光来看待自己，有健康向上的生活态度，自信、自尊。

要改善自我观念，确立良好的自我意象，改变对自我的不恰当的认识，还必须处理好现实自我与理想自我的关系。现实自我，就是指个体对自己现状的认识和评价，理想自我就是自己希望自己要成为的样子。理想的自我与现实的自我距离过大的人，总是追求完美，总是给自己设置过高的、力所不能及的目标。因而，不管他已经取得多大的成功，他总是不满足，总认为自己做得不够好，所以他总是有失败和挫折的感觉，总是使自己陷入自卑和焦虑之中。而现实自我和理想自我距离适当的人，能根据自身的实际情况来确立恰当的、力所能及的目标。所以，他能够体验到成功的快乐，不断地增强自信自尊，从而使自己已有的良好的自我意象更加巩固、深化，而良好的自我意象又能促进个体才能的充分发挥，从而形成良性循环，促进个体心理的健康发展。

此外，要确立良好的自我意象，还应无条件地接受认同自己的教师身份，自己的职业，职业是个体社会性自我的有机组成部分，是个体自我价值充分实现的根本途径。因此，对自己所从事的职业的认同程度，会影响个体对自己的评价，从而影响个体的自我意象。

3. 建立积极的思维方式和内在对话

自我内在对话是一种自己说、自己听的自我沟通过程，一个人对自己说的话决定了他要做的事。有着各种心理障碍的人所使用的自我对话通常是消极的，自我批判和自我毁灭的，如"不得了了""糟糕透了""没法活了"等，解决的办法是发展积极的内在对话。在看到事物不利方面的同时，更应该看到它有利的方面。这种看问题的方式，容易使你增强信心，振奋起来，并对之做出积极的反应。当不良情绪已经发生的时候，除了通过行为上的改变加以调控，如尽情参加你喜欢的文体活动，或找朋友尽情倾诉等，还可进行认知重建。

4. 个体积极的自我调适

个体自我调适的目的是通过改变个体自身的某些特点，来增强适应工作环境的能力。自我调适的主要方法有放松训练、认知压力管理、时间管理、社交训练和态度改变、归因训练、加强训练等，教师尤其需要转变观念，采取积极的应对策略和归因方式，做到合理的饮食和锻炼，保持身体健康。

【信息栏】16-3：影响教师一生的好习惯——控制好你的情绪

影响教师一生的好习惯——控制好你的情绪

一个人如果能够控制自己的情绪、欲望和恐惧，那他就胜过国王。

——（英国）著名政治家约翰·米尔顿

现代社会，人们的生活压力越来越大，常常处于情绪不佳的状态，教师也不例外。经研究，消极情绪对我们的健康十分有害，不少人因此患上了这样那样的身心疾病。因此，我们常常需要与那些消极的情绪作斗争。而由于教师职业的特殊性，控制好自己的情绪就显得尤为重要。

罗伯·怀特说过："任何时候，一个人都不应该做自己情绪的奴隶，不应该使一切行动都受制于自己的情绪，而应该反过来控制情绪。无论境况多么糟糕，你应该努力去支配你的环境，把自己从黑暗中拯救出来。"

有一则著名的关于情绪的小故事：

有一个脾气很坏的小男孩，动不动就发脾气，令家里人很伤脑筋。

一天，父亲给了他一大包钉子和一只铁锤，要求他每一次发脾气后，必须用铁锤在他家后院的栅栏上钉一颗钉子。

第一天，小男孩就在栅栏上钉了30多颗钉子，但随着时间的推移，小男孩在栅栏上钉的钉子越来越少。他发现自己控制脾气要比往栅栏上钉钉子更容易些。

一段时间之后，小男孩变得不爱发脾气了。于是父亲对他建议："如果你能坚持一整天不发脾气，就从栅栏上拔下一颗钉子。"又过了一段时间，小男孩终于把栅栏上所有的钉子都拔掉了。

这时候，父亲拉着儿子的手来到栅栏边，对他说："儿子，你做得很好。可是，你看看那些钉子在栅栏上留下的小孔，栅栏再也不会是原来的样子了。"当你向别人发过脾气之后，你的言语就像这些钉子孔一样，会在人们的心灵中留下疤痕。你这样做就好比用刀子刺向别人的身体。无论你说多少次"对不起"，那伤口都会永远存在。

5. 组织有效的干预

组织干预的思路就是通过削减过度的工作时间，降低工作负荷，明确工作任务，积极沟通与反馈，建立有效的社会支持系统，防止和缓解教师的心理压力。

当然，改善教师的心理健康状况是一项复杂的系统工程，既需要教师自身的不懈努力，更需要全社会的大力支持。

（二）学校要加强教师心理健康教育

1. 学校应树立教师也需要心理保健的观念，健全教师心理教育机制

首先，要建立教师心理状况定期检查和心理素质测查制度，让教师了解自己的心理健康状况，为调整自己的心态提供依据。其次，采取听讲座、观看录像等多种形式，让教师掌握一些心理保健、心理卫生等方面的知识，使他们能够有效地进行自我调适。此外，应建立教师心理健康咨询服务机构，为教师的不良情绪和心理障碍提供疏导、排解渠道。聘请知名的教育学、心理学专家及心理医护人员，定期为教师提供心理健康咨询服务，让教师出现的一些消极的心理感受能够及时得到疏解。

2. 健全教师心理健康的校内保障系统

制订和实施符合本校实际的教师心理辅导计划。学校应该把心理健康教育列入教师继续教育的内容之中，为教师开办心理健康教育培训班，请专家开设讲座，解答教师提出的心理问题，化解教师心理压力，帮助教师掌握心理调适的方法，如调节情绪状态、悦纳自我、陶冶情操、消除紧张感、从容对待挫折和失败、消除心理不适等，促进教师心理健康。学校还应为教师建立心理档案，使辅导工作能科学地进行。

（三）构建社会支持网络

维护教师心理健康，需要建立一个和谐的社会支持网络。社会各界要对教师的角色期待进行合理的定位，国家应切实采取措施提高教师的经济待遇和社会地位，维护教师的合法权利，使教师切实感受到社会的尊重，教育部门应探索出有效的教师教育培训体系，将入职之前与之后的培训有机结合，提高教师智力与非智力能力，重视教师承受压力和自我缓解压力的训练。

【**反思与探究**】

1. 教师的角色含义是什么？教师的角色变化有哪些趋势？

2. 教师的心理特征是什么？举例说明。

3. 教学效能感如何影响教师和学生？又有哪些因素影响教学效能感？

4. 教师专业发展有哪些要求？我们可以通过哪些途径实现专业发展？

5. 教师成长和发展的方法有哪些？举例说明。

6. 教师存在的主要心理问题是什么？如何来解决教师的心理问题？

【第十六章资源链接】

1. 郑淑杰. 教师心理健康 [M]. 北京：北京大学出版社，2014.

本书以教师心理健康的具体问题为基本架构，详细介绍了教师在各个方面存在的问题及解决方法。概述方面的内容包括：心理健康概述、教师常见的心理问题、心理问题成因。具体的主题论述包括：教师认知与心理健康、教师职业角色与心理健康、教师压力应对与心理健康、教师情绪与心理健康、教师人际交往与心理健康、教师家庭婚姻与健康、教师休闲与心理健康，阅读本书能够帮助读者了解教师心理问题的核心内容和问题解决方法。

2. 胡惠闵. 教师专业发展 [M]. 上海：华东师范大学出版社，2014.

本书以教师专业发展为框架，详细介绍了教师专业发展的理论与实践。理论方面重点阐述了教师这个职业，以及教师专业发展的知识。实践部分重点介绍了教师在入职之后、在学校的背景中可以通过哪些途径来实际获得专业上的提升和再塑。这些途径既包括可以完全由个人掌控的方法，如个人发展规划、自我反思、个人自传；也包括可以通过同事间相互学习和指导而获得发展的方法，如师徒结对、学校教研活动、合作研究等等。阅读本书可以帮助未来教师和在职教师更好地认识教师专业发展问题。

参考文献

[1] 曹日昌. 普通心理学 [M]. 北京：人民教育出版社，1984.

[2] 程利国. 皮亚杰心理学思想方法论研究 [M]. 福州：福建教育出版社，1999.

[3] 陈琦. 教育心理学 [M]. 北京：高等教育出版社，2001.

[4] 戴海崎. 心理与教育测量学 [M]. 广州：暨南大学出版社，1999.

[5] 董奇，陶沙. 脑与行为——21 世纪的科学前沿 [M]. 北京：北京师范大学出版社，2000.

[6] 冯忠良. 教育心理学 [M]. 北京：人民教育出版社，2000.

[7] 方富熹，方格. 儿童发展心理学 [M]. 北京：人民教育出版社，2005.

[8] 傅小兰等. 情绪心理学 [M]. 上海：华东师范大学出版社，2016.

[9] 侯玉波. 社会心理学 [M]. 北京：北京大学出版社，2002.

[10] 黄席珍. 睡眠忠告 [M]. 广州：广东人民出版社，2003.

[11] 黄希庭，郑涌. 心理学十五讲 [M]. 北京：北京大学出版社，2005.

[12] 黄希庭. 心理学导论 [M].2 版. 北京：人民教育出版社，2007.

[13] 江可达. 益智情绪学 [M]. 北京：人民出版社，2008.

[14] 李虹. 压力应对与大学生心理健康 [M]. 北京：北京师范大学出版社，2004.

[15] 李伯黍，燕国材. 教育心理学 [M]. 上海：华东师范大学出版社，1993.

[16] 林崇德. 发展心理学 [M]. 北京：人民教育出版社，1995.

[17] 林崇德，杨治良，黄希庭. 心理学大辞典 [M]. 上海：上海教育出版社，2003.

[18] 刘大文，杨广学. 心理学 [M]. 沈阳：辽宁人民出版社，1998.

[19] 刘金花. 儿童发展心理学 [M]. 上海：华东师范大学出版社，1997.

[20] 梁平. 新课程与学习方式的变革 [M]. 北京：北京师范大学出版社，2001.

[21] 李玲. 管理好你的情绪 [M]. 北京：中国水利水电出版社，2007.

[22] 莫雷，张卫. 学习心理研究 [M]. 广州：广东人民出版社，2005.

[23] 蒙培元. 情感与理性 [M]. 北京：中国社会科学出版社，2002.

[24] 孟昭兰. 婴儿心理学 [M]. 北京：北京大学出版社，1997.

[25] 孟昭兰. 通心理学 [M]. 北京：北京大学出版社，2003.

[26] 彭聃龄. 普通心理学 [M]. 北京：北京师范大学出版社，2004.

[27] 时蓉华. 新编社会心理学概论 [M]. 上海：东方出版中心，1998.

[28] 施良方. 学习论 [M]. 北京：人民教育出版社，1994.

[29] 宋采. 合理使用与保护大脑——脑科学新进展的启示 [M]. 哈尔滨：黑龙江人民出版社，1990.

[30] 王晓萍. 心理潜能 [M]. 北京：中国城市出版社，1997.

[31] 许远理，李亦非. 情绪智力魔方 [M]. 北京：北京广播学院出版社，2000.

[32] 许燕 . 实用心理学 [M]. 北京：中央广播电视大学出版社，2006.

[33] 杨治良，郭力平，王沛等 . 记忆心理学 [M].2 版 . 上海：华东师范大学出版社，1999.

[34] 袁军 . 心理学概论 [M]. 南宁：广西教育出版社，2001.

[35] 姚本先 . 心理学新论 [M]. 北京：高等教育出版社，2005.

[36] 叶奕乾 . 普通心理学 [M]. 上海：华东师范大学出版社，2004.

[37] 叶浩生 . 西方心理学理论与流派 [M]. 广州：广东高等教育出版社，2004.

[38] 俞国良，辛自强 . 社会性发展心理学 [M]. 合肥：安徽教育出版社，2004.

[39] 于兰，贾占玲 . 睡眠与睡眠障碍 [M]. 长春：吉林人民出版社，2006.

[40] 叶素贞，曾振华 . 情绪管理与心理健康 [M]. 北京：北京大学出版社，2007.

[41] 章志光 . 心理学 [M]. 北京：人民教育出版社，1988.

[42] 朱智贤 . 儿童心理学史 [M]. 北京：北京师范大学出版社，1988.

[43] 朱智贤 . 心理学大辞典 [M]. 北京：北京师范大学出版社，1989.

[44] 朱智贤 . 儿童心理学 [M]. 北京：人民教育出版社，1993.

[45] 郑全全 . 社会心理学 [M]. 杭州：浙江大学出版社，1998.

[46] 张文新 . 儿童社会性发展 [M]. 北京：北京师范大学出版社，1999.

[47] 张厚粲 . 大学心理学 [M]. 北京：北京师范大学出版社，2001.

[48] 张莹 . 发掘大脑的学习潜能 [M]. 北京：海潮出版社，2003.

[49] 张积家 . 普通心理学 [M]. 广州：广东高等教育出版社，2004.

[50] 张春兴 . 教育心理学 [M]. 杭州：浙江教育出版社，1998.

[51] 张春兴 . 现代心理学 [M]. 上海：上海人民出版社，2005.

[52] 张奇 . 当代学习理论与实践 [M]. 长春：吉林人民出版社，2005.

[53] 朱德全 . 现代教育统计与测评技术 [M]. 重庆：西南师范大学出版社，2005.

[54] 张道祥 . 当代普通心理学 [M]. 长春：吉林大学出版社，2006.

[55] 郑雪 . 人格心理学 [M]. 广州：暨南大学出版社，2007.

[56] 张朝 . 心理学导论 [M]. 北京：清华大学出版社，2008.

[57] 张述祖，沈德立 . 基础心理学 [M]. 天津：天津教育出版社，2008.

[58] 郑日昌 . 情绪管理——压力应对 [M]. 北京：机械工业出版社，2008.

[59] 章泽渊，陈科美，钱颖 . 教育心理学 [M]. 北京：人民教育出版社，1987.

[60][英] 安东尼·史蒂文斯 . 人类梦史 [M]. 杨晋，译 . 海口：海南出版社，2002.

[61][美]John B. Best. 认知心理学 [M]. 黄希庭，等，译 . 北京：中国轻工业出版社，2000.

[62][俄] 波果斯洛夫斯基 . 普通心理学 [M]. 魏庆安，等，译 . 北京：人民教育出版社，1979.

[63][美] 丹尼斯·库恩 . 心理学导论——思想与行为的认识之路 [M]. 郑钢，等，译 . 北京：中国轻工业出版社，2004.

[64][美] 戴维·迈尔斯 . 社会心理学 [M].8 版 . 侯玉波，乐国安，张智勇，等，译 . 北京：人民邮电出版社，2006.

[65][德]Dirk Revenstorf & Reinhold Zeyer. 自我催眠 . 方新，译 . 北京：中国轻工业出版社，2007.

[66][美]Elliot Aronson. 社会心理学 [M].5 版 . 侯玉波，等，译 . 北京：中国轻工业出版社，2005.

[67][奥]Freud S. 释梦 [M]. 北京：商务印书馆，1996.

[68][美] 胡安·阿巴斯卡尔 . 压力控制 [M]. 苏静，译 . 北京：中国劳动社会保障出版社，2006.

[69][美]K·T·斯托曼 . 情绪心理学 [M]. 张燕云，译 . 沈阳：辽宁人民出版社，1987.

[70][美] 劳拉·E. 贝克 . 儿童发展 [M]. 吴颖，译 . 南京：江苏教育出版社，2002.

[71][美] 理查德·格里格，菲利普·津巴多 . 心理学与生活 [M]. 王垒，等，译 . 北京：人民邮电出版社，2003.

[72][英]M·艾森克 . 心理学——一条整合的途径 [M]. 阎巩固，译 . 上海：华东师范大学出版社，2004.

[73][英] 迈克尔·赫普，温迪·德雷顿 . 心理催眠术 [M]. 贺岭峰，等，译 . 上海：上海社会科学院出版社，2007.

[74][英] 塞勒·维拉 . 睡眠的力量 [M]. 颜克香，译 . 长沙：湖南科学技术出版社，2004.

[75][美]D. R. Shaffer. 发展心理学——儿童与青少年 [M].6 版 . 邹泓，等，译 . 北京：中国轻工业出版社，2005.

[76][美]S. E. Taylor, L. A. Peplau, D. O. Sears. 社会心理学 [M].10 版 . 谢晓非，谢冬梅，张怡玲，等，译 . 北京：北京大学出版社，2004.

[77][英] 雅各布·恩普森 . 睡眠与做梦 [M]. 陈养正，译 . 北京：生活·读书·新知三联书店，2005.

[78] 晨风 . 恐龙是如何灭绝的 [J]. 科学大观园，2007（6）：78-79.

[79] 蒋震，张彩元 . 两种语言任务脑功能区激活的功能磁共振成像比较 [J]. 苏州大学学报（医学版），2008（3）：450.

[80] 李抒彧 . 儿童多动症的临床表现和治疗对策 [J]. 山西医药杂志（下半月刊），2007（6）：454-455.

[81] 刘健，林绪芳 . 老年痴呆症的治疗与关怀 [J]. 中国临床保健杂志，2006（5）：523.

[82] 李鸿敏，覃耀真 . 儿童多动症的病因及中医药防治 [J]. 山西中医学院学报，2009（2）：77.

[83] 王宏方 . 左右脑功能：一个分裂脑病例研究的启示 [J]. 河北师范大学学报（教育科学版），1999：29-34.

[84] 顾娅娣 . 中国古代心理学思想中的注意问题 [J]. 心理科学，2001，24（2）：175-177.

[85] 王惠萍，孙宏伟 . 儿童发展心理学 [M]. 北京：科学出版社，2010.

[86] 王致诚 . 爱因斯坦的"神脑"探秘 [J]. 大众文艺，2002：7.

[87] 王敏 . 有关催眠 [J]. 医学心理指导（校园心理），2005（12）：57.

[88] 文宇翔，陈宗阳 . 左、右利手个体认知控制能力的差异研究 [J]. 心理研究，2009（5）：26-27.

[89] 夏祥河 . 老年痴呆症的发病机制及中医药治疗方面的研究进展 [J]. 职业技术，2009（7）：85.

[90] 喻韬，罗蓉 . 婴儿早期脑损伤后神经学评估与后遗症风险研究进展 [J]. 中华妇幼临床医学杂志，2009（5）：539-540.

[91] 祖秋风，贺新芳 . 脑卒中失语症的康复 [J]. 医学理论与实践，2007（6）：647.

[92] 郑平，徐纪文 . 胼胝体切开术治疗难治性癫痫的临床进展 [J]. 立体定向和功能性神经外科杂志，2008（4）：253-255.

版权声明

根据《中华人民共和国著作权法》的有关规定，特发布如下声明：

1.本出版物刊登的所有内容（包括但不限于文字、二维码、版式设计等），未经本出版物作者书面授权，任何单位和个人不得以任何形式或任何手段使用。

2.本出版物在编写过程中引用了相关资料与网络资源，在此向原著作权人表示衷心的感谢！由于诸多因素没能一一联系到原作者，如涉及版权等问题，恳请相关权利人及时与我们联系，以便支付稿酬。（联系电话：010-60206144；邮箱：2033489814@qq.com）